本书是"中国陆地边疆治理协同创新中心"的研究成果，得到该中心的出版资助。

边疆&边疆治理丛书
丛书主编 周平

Frontier & Frontier Governance Series

当代中国陆地边疆治理

方盛举◎主编

The Frontier Governance of Contemporary China

中央编译出版社
Central Compilation & Translation Press

目录 Contents

序 言 ··· 1

第一章　中国陆地边疆 ·· 1
一、陆地边疆的界定 ·· 1
二、陆地边疆省区的基本概况 ··· 3
三、我国陆地边疆的基本特点 ··· 9

第二章　中国陆地边疆治理 ·· 48
一、边疆治理的内涵 ·· 49
二、边疆治理的一般客体和特殊客体 ··· 55
三、边疆治理在国家治理中的地位和作用 ··································· 71

第三章　中国陆地边疆治理的环境分析 ··· 83
一、当代中国陆地边疆治理环境概述 ··· 83
二、当代中国陆地边疆治理环境的特点 ······································ 96
三、当代中国陆地边疆治理环境与边疆治理的互动 ····················· 111

第四章　中国陆地边疆治理的价值追求 ······································· 120
一、富裕边疆 ·· 120
二、法治边疆 ·· 123
三、文明边疆 ·· 127
四、和谐边疆 ·· 130
五、平安边疆 ·· 134
六、美丽边疆 ·· 137

第五章　中国陆地边疆治理的制度设计 …… 144
一、"四个基本制度"与陆疆治理 …… 145
二、功能性制度与陆疆治理 …… 151

第六章　当代陆地边疆治理的公共政策规划 …… 164
一、当代陆地边疆治理中的公共政策需求 …… 164
二、当代陆地边疆治理中的公共政策供给 …… 172
三、当代陆地边疆治理中的公共政策选择 …… 190

第七章　中国陆地边疆的规制型治理与情感型治理 …… 199
一、边疆治理模式创新及其意义 …… 200
二、边疆规制型治理模式 …… 206
三、边疆情感型治理模式 …… 220

第八章　中国陆地边疆的文化型治理与合作型治理 …… 235
一、陆地边疆的文化型治理模式 …… 235
二、陆地边疆的合作型治理模式 …… 252
三、建构多元模式有机统一的边疆治理格局 …… 266

第九章　中国陆地边疆治理体系与治理能力现代化 …… 273
一、当代陆疆治理体系与治理能力的反思 …… 273
二、陆疆治理体系与治理能力现代化的紧迫性 …… 284
三、陆疆治理体系与治理能力现代化的基本要求 …… 297
四、陆疆治理体系与治理能力现代化的实现路径 …… 307

参考文献 …… 321
后　记 …… 325

序　言

陆疆治理的实质就是从异质性走向同质性的过程。陆地边疆治理是国家治理的重要组成部分，陆疆治理具有特殊性，存在诸如边疆开发和建设、国家安全、民族与宗教、政治认同、中华文化认同等特殊问题，形成了与国家核心区治理的巨大差异。陆疆治理的过程就是逐步消除陆地边疆与国家核心区之间的显著差距，最终达到"同"的理想状态。几千年来，中国的文化传统十分强调"天下大同"的社会理想。陆疆治理过程也浸润着"大同"的愿景诉求。"同"不是什么都一样，而是指陆疆与腹地之间在经济社会发展层面没有悬殊差别，显现出趋近性和相似性；在精神心理层面没有隔阂和冲突，呈现出一致性和和谐性。陆地边疆与腹地之间由较大的异质性逐渐走向同质性，是陆地边疆治理的重要使命，也是陆疆治理现代化的必然要求。通过陆地边疆治理所要达到的"同"，我们认为主要有以下方面：

奋斗目标同向，即指整个陆地边疆治理在总体目标与方向上与国家治理具有一致性。当前陆地边疆治理的奋斗目标就是建设中国特色社会主义，实现伟大的中国梦；

科学发展同步，即指整个陆疆治理都必须坚持以创新、协调、绿色、开放、共享的五大发展理念引领跨越式发展，坚持"五位一体"同步发展，超常规发展；

社会和谐同创，即指构建人人参与社会治理的体制机制，有效协调各方面利益关系，最大限度地增加社会和谐因素，保持边疆社会长期和谐稳定；

民族团结同心，即指边疆各民族都能正确看待中华民族一体多元的辩证关系，自觉确立起中华民族共同体的意识，并在这个前提下能够做到和睦相处、和衷共济、和谐发展；

民族文化同彩，即指边疆各民族创造的文化都是中华文化的有机构成部分，都应得到尊重和发展，都拥有出彩的机会和权利；

美丽家园同建，即指要把生态文明建设纳入边疆治理"五位一体"总体布局，努力建设美丽边疆，实现边疆各民族永续发展；

边疆安全同担，即指边疆各民族、各组织，甚至是每个公民，都是边疆国家安全的维护者、促进者，都应依法履行自己的安全职责，担当保护国家安全的使命。

一

陆地边疆治理是高度理性化的国家行动，必须设计正确而明确的价值目标作为治理的方向。国家治理现代化的总体要求以及陆地边疆的区情决定了陆疆治理的价值目标应该是富裕边疆、法治边疆、文明边疆、和谐边疆、平安边疆、美丽边疆和开放边疆。

富裕边疆，就是通过有效的经济和社会治理，实现边疆基础设施的现代化、产业体系的高端化、民生保障的完善化，使各族群众享有与发达地区人民同等程度的物质文明和富足生活。

法治边疆，就是在边疆治理中真正确立国家法律的最高权威地位，形成以法治思维和法治方式解决边疆问题的习惯；依法严格规范地方政府的权力，形成"法无授权不可为"的施政自觉；充分尊重和保障各族群众的公民权利，形成"法无禁止即可为"的社会共识。

文明边疆，就是在边疆的文化治理中，凝练形成各族群众高度认同的共同理想和愿景。在各族群众中建立起先进的价值观认同。不断提升各族群众的科学素养和道德水平。

平安边疆，就是在边疆的社会治理中，有效保障边疆政治稳定和社会稳定，打造良好的社会治安，维护边疆经济的平稳发展和文化的安全。

和谐边疆，就是通过政治治理，实现边疆地区各民族间的和衷共济、和谐发展,各宗教间的和顺共处、互鉴发展,各阶层间的自由流动、交融发展,干群间的一体同心、共享发展,军民间的深度融合、协作发展。

美丽边疆,就是在美丽中国的整体框架下,科学定位边疆的生态功能与责任,通过有效的生态治理,在边疆培育形成先进的生态文化,打造形成绿色的生产生活方式,建设形成优良的生态环境。

开放边疆,就是利用边疆的区位和资源优势,建构更多的经贸合作平台和人文交流平台,提高域内外自然资源、资本、技术、人力、商品、信息等在边疆的聚集程度和流动速度,打造边疆在国家对外开放战略格局中的独特优势和地位。

二

我国九个陆地边疆省区都属于多民族地区,少数民族人口相对比较集中居住在边疆省区,所以,长期以来人们都习惯于把陆地边疆地区称为"边疆民族地区",自然而然地把陆地边疆治理置于民族问题的治理视角中加以审视和谋划,就连中央政府制定边疆治理政策基本都自觉不自觉交由国家民委来聚居承担和负责,由此边疆治理政策,大都会带上民族工作与民族政策的思维角度与思维习惯。

"长期以来,我国的民族关系被定位为主体民族与少数民族的关系,民族政策着眼于少数民族和少数民族地区的发展,以求达成协调少数民族与主体民族关系的目的。在此情况下,直接涉及陆地边疆治理的各项政策,也就着重于调整族际关系,或者说,以调整族际关系为主要内容。这样的陆地边疆治理,可称之为'族际主义'的治理。"①

族际主义的陆疆治理模式形成以来,对于协调边疆地区民族关系、促进边疆的政治与社会稳定,促进边疆的开发和建设等发挥了重大的作用。但长期实行族际主义的边疆治理模式,也造成了诸多问题,而且有些问题呈现出越来越突出的趋势。"一是边疆地区主体民族与少数民族、少数民族与少数民族之间的关系被固定化、刚性化;二是促进了某些民族群体利

---

① 周平:《陆地边疆治理:从"族际主义"转向"区域主义"》,载《国家行政学院学报》,2015年第6期。

益要求的发展，进而使民族政策的边际效用降低；三是由于有区别的族际政策导致边疆地区各个少数民族享受政策所带来的好处存在差异，一些区域内相邻少数民族的关系出现了新的紧张。"①

当前，把以往族际主义的陆疆治理模式转型为区域主义的治理模式正当其时。所谓区域主义的陆疆治理模式，不是要抛弃民族问题的解决和民族关系的协调。而是把边疆治理的视野从以解决民族问题、协调民族关系为出发点和落脚点，转到关注边疆的重大公共问题的解决上来，仅仅把解决民族问题、协调民族关系只看成边疆治理客体中的一个问题，而不是焦点问题。也就是民族问题只是"边疆问题系统"中的一个问题而已，过去我们的思维习惯是把民族问题当成了边疆问题的全部，所以造成很多边疆问题一直没有得到很好的解决，也相应地制约了民族问题的解决。区域主义治理模式的特点在于形成了系统思维，即把全部边疆问题纳入到一个系统中加以审视和谋划，其中民族问题只是这个问题系统中的一个子问题，它和别的边疆问题存在着密切的关联性。区域主义的边疆治理模式，就是要着眼于从系统思维的角度，从整体上提出解决"边疆问题系统"的方案。在解决"边疆问题系统"的过程中自然而然地把民族问题化解掉。可见，区域主义治理模式并不是要取代族际主义的治理模式，而是在充分吸收族际主义治理模式优点和长处的基础上，进一步的升华和完善。

边疆问题系统主要包括以下子问题：边疆的开发和建设问题、边疆的国家安全问题、边疆的民族与宗教问题、边疆的政治认同问题、边疆的中华文化认同问题、边疆的生态保护问题、边疆的特殊社会问题等。区域主义的边疆治理模式就是要把上述边疆问题纳入一个盘子里，以系统论的方法来设计整体解决方案，获得"1＋1＞2"的治理效能。

三

我国边疆的基本区情是仍然处于社会主义初级阶段的低层次，边疆各族群众日益增长的美好生活需要和不平衡不充分的发展之间的矛盾已经成

---

① 周平：《陆地边疆治理：从"族际主义"转向"区域主义"》，载《国家行政学院学报》，2015年第6期。

为边疆社会的主要矛盾。因此,通过边疆开发和建设,进一步解放和发展生产力,提高边疆经济社会发展程度,仍然是边疆社会的首要问题。边疆的开发和建设要以发展壮大边疆地区的经济实力,缩小与内地经济发展之间的差距为目标。党的十九大报告也明确要求"加快边疆发展,确保边疆巩固、边境安全"①。

要加大边疆的开发和建设力度,边疆地区必须主动融入和服务国家发展战略。国家发展战略决定着国家发展的大趋势,边疆地区主动融入和服务于国家发展战略,就是顺势而为、借势发展的高明之举,能够起到事半功倍的经济治理效果。边疆地区的党委政府要花更大的力气研究、谋划、建设融入和服务国家战略的平台、管道以及体制机制。今后如何借助自身的区位、资源优势融入和服务"一带一路"建设,是边疆加大开发和建设力度的重中之重。

要加大边疆的开发和建设力度,边疆地区必须用足用活用好国家给予的开发和建设政策。长期以来,国家给予边疆地区很多倾斜、照顾、优惠政策,今后这样的政策仍然会不断地出台和实施。这种类型的政策是促进边疆开发建设的重要推动力,要提高对这些政策贯彻实施的责任心建设和能力建设,在充分尊重政策原意的条件下,有创造性地展开政策的实施,争取用足用活用好这些政策。

要加大边疆的开发和建设力度,边疆地区必须加大改革步伐,促进边疆的开发和建设。按照"四个全面"的战略布局,全面深化边疆地区各领域的改革,是加大边疆开发和建设力度的根本动力。要以最大的执行力、最持久的创新力贯彻落实国家在各领域的改革方案,坚决而坚定地排除既得利益者设置的改革阻力和障碍,借助全面深化改革的推动力,加大边疆的开发建设力度。

要加大边疆的开发和建设力度,边疆地区必须扩大开放的程度,以大开放促大开发、大建设。扩大开放是促进一个地区开发建设的主要推动力之一。要借助边疆的区位和资源优势,引进更多的内资和外资,进一步扩大经济领域、社会事业领域、城市公用事业领域、环境生态保护领域等的

---

① 习近平:《决胜全面建成小康社会 夺取新时代中国特色社会主义伟大胜利——在中国共产党第十九次全国代表大会上的报告》,人民出版社2017年版,第33页。

投资空间。要加大边境自贸区、边境经济合作区、边境经济开发区等开放平台的建设。坚决打击政府部门的不作为、乱作为、设租寻租等阻碍开放事业进步的现象,最大限度地消除官僚主义作风,营造一个行政成本低、社会成本低、交易成本低、生产成本低的投资环境,建设一个最有利于开放事业快速发展的现代服务型政府。

要加大边疆的开发和建设力度,边疆地区必须创新制度与政策为边疆开发和建设提供持续动力。制度创新、政策创新是加大一个地区开发建设步伐的重要推动力。边疆地区的党委政府要善于向发达国家、发达地区学习,积极借鉴别人的优秀制度成果和政策成果。要结合本地具体领域、具体行业开发建设实践的重大需要,通过提高自主性、主体性来促进制度创新和政策创新的能力。

四

"政治认同,是政治建设的重要范畴,是政治发展的重要前提。所谓政治认同,即社会成员在一定的政治生活和政治发展中所产生的情感和意识上的归属感,具体体现为政党认同、国家认同、制度认同、体制认同、理想认同、政策认同、宗教认同,等等。政治认同既是把社会成员团结和组织起来的重要凝聚力量,又是激励和促进社会成员共同奋斗与前进的重要思想基础,同时还是社会成员共同遵循的价值目标和理想归宿。"①

良好的政治认同是一个国家团结凝聚、平安稳定、和谐发展的前提和基础。我国边疆民族地区政治文化的多样性、复杂性、异质性,决定了边疆各族群众政治认同仍然存在诸多的缺陷和不足,与富裕边疆、和谐边疆、平安边疆、法治边疆、文明边疆、美丽边疆、开放边疆的价值追求有很大差距,需要花更大的气力、更多的智慧来改善边疆各族群众的政治认同。正因如此,习近平总书记在中央第六次西藏工作座谈会上明确要求:"必须全面正确贯彻党的民族政策和宗教政策,加强民族团结,不断增进各族群众对伟大祖国、中华民族、中华文化、中国共产党、中国特色社会

---

① 包心鉴:《当代中国的政治认同》,载《光明日报》,2014年4月9日,第13版。

主义的认同。"①

建立健全边疆基本公共服务体系，持续改善民生，这是改善边疆民族地区政治认同的物质基础。改善民生是赢得民心的基础。边疆各族群众的民生如果长期得不到改善，那么伟大祖国的向心力、中华民族的凝聚力、中华文化的自信力、中国共产党的动员力、中国特色社会主义的号召力等都可能出现流失。改善民生，最根本的是建立健全基本公共服务体系，并且随着经济的发展不断提高基本公共服务的标准。

增进和维护边疆社会公平正义是改善边疆民族地区政治认同的心理基础。社会公平正义是社会成员最基本的精神需求，是一个社会团结凝聚的前提条件，是社会共同体存在和发展的基本保障。一个社会只有提供给其成员较高水准的社会公平正义，才能满足其精神及心理的需要，进而增进对社会共同体的向心力和凝聚力，增进对社会政治系统的认同感。相反，社会公平正义流失，普遍的社会成员感到公平正义需求没有得到满足，最直接的后果是容易导致社会心理失衡，进而导致社会行为失范，再进而导致社会矛盾增多、社会问题累积，最终导致社会秩序崩塌和社会稳定丧失。我国边疆经济社会发展的落后性、社会阶层的复杂性、民族及宗教的多样性等，决定了边疆各族群众对社会公平正义的需求更为强烈和迫切，只有切实增加和维护边疆的社会公平正义，才能凝聚民心，改善政治认同。

完善军民、警民共建制度，建立合作治边的情感纽带，这是改善边疆民族地区政治认同的重要方法。发端于革命战争年代的"军民鱼水关系"理论与实践，为保证战争与革命的胜利发挥了重大作用。在新时期这一理论指导下的创新实践就是军民、警民共建制度的实施。军和警都拥有强大的组织资源、先进的思想文化资源、一定的物质资源，边疆民族地区各种形式的军民、警民共建活动，不仅使各族群众受益，而且使军队的工作和警察的工作都从中受益，频繁的交往互动，有利于各族群众建立起对人民军队和警察的情感认同，进而建立起对党和政府的政治认同，达到改善政治认同的目的。

---

① 《习近平总书记在中央第六次西藏工作座谈会上的讲话》，载《人民日报》，2015 年 8 月 26 日，第 1 版。

积极推进新农村指导员制度、大学生村官制度等,为边疆基层植入先进的文化基因。中共中央组织部在全国实施了"大学生村官制度",在应届大学生中选拔大批大学毕业生到农村基层一线挂职任职;一些边疆省区实施了"新农村指导员制度",定期从各级党政机关、事业单位、国有大中企业选拔大批干部下到农村基层一线任职挂职。不管是大学生村官,还是新农村指导员,进驻最基层的村社,不仅帮助村社脱贫致富、发展生产,更为重要的是形成了"精英下乡"的制度安排,给封闭落后的边疆基层乡村社会带去了现代的知识和思想观念、文明的生产生活方式等,在潜移默化中播撒了先进的文化基因,而且这批大学毕业生和机关干部,是带着帮扶村社使命到农村工作,在爱心与关怀的心理场域下,基层各族群众也特别容易建立起对下乡精英的情感认同,进而改善乡村社会的政治认同。

完善对口支援制度,这是改善边疆民族地区政治认同的重要途径。新中国建立以来,为了帮助边疆民族地区的发展,我国各级党委政府相继建立了对口支援边疆民族地区的制度。由发达省区或发达城市对口支援相应的边疆民族省区,在公共基础设施、教育、技术、人才、资金、产业等方面进行支持和帮扶,这项制度的推行,加快了边疆民族地区经济社会发展进程,加深了边疆地区对中央政府和发达地区的情感认同,改善了各项政治认同。当然,由于对口支援制度的规范化、标准化、精细化程度不高,也存在对口支援工作比较粗放、效果不理想、效益较差等情况。如果进一步完善对口支援制度,充分发挥其对边疆民族地区的治理潜能,不仅有利于加快边疆的经济社会发展,更能够改善边疆社会的政治认同状况。

大力推进精准扶贫政策,补齐政治认同短板。边疆民族地区是我国贫困发生率最高的地区,这些年来,我们主要采取"大水漫灌"式的扶贫政策和措施,手段和方法和粗放,导致扶贫收效不理想。尽管付出了很多人财物资源,但边疆地区的贫困人口仍然很高。国家在"十三五"期间,决定转换了扶贫的方式,主要依靠精准扶贫方法来解决困难群众的脱贫问题。贫困地区和贫困人口真正脱贫致富了,不仅能补齐协调发展的短板,而且也能补齐政治认同的短板。贫困人口从"被边缘化"的心理状态回归到和全国同步建成小康社会的心理状态,非常有利于确立正确的政治认同。

五

国家安全是国家的各个领域均不受内外破坏性因素的威胁，而按照既定的规则和秩序平稳运行的状态。导致国家安全问题的因素来自内外两个方面，从国家内部来说，有自然资源贫乏、自然灾害多发、经济发展落后、财富分配不均、社会阶层流动性不畅、社会公平正义丧失、政府治理能力低下等；从外部来说，有殖民主义、霸权主义、强权政治、干涉主义等因素。当然，内部因素是根据，外部因素是条件，对国家安全威胁最大的还是内部因素，外部因素是重要的影响因素。"当前我国国家安全内涵和外延比历史上任何时候都要丰富，时空领域比历史上任何时候都要宽广，内外因素比历史上任何时候都要复杂。"① 我国当前面临的国家安全问题极其严峻，国家安全挑战是全方位的。我国边疆民族地区的国家安全威胁尤为突出，主要包括政治安全威胁、国土安全威胁、军事安全威胁、经济安全威胁、文化安全威胁、生态安全威胁和资源安全威胁等。党的十九大报告中指出："统筹发展和安全，增强忧患意识，做到居安思危，是我们党治国理政的一个重大原则。必须坚持国家利益至上，以人民安全为宗旨，以政治安全为根本，统筹外部安全和内部安全、国土安全和国民安全、传统安全和非传统安全、自身安全和共同安全，完善国家安全制度体系，加强国家安全能力建设，坚决维护国家主权、安全、发展利益。"② 维护边疆民族地区的国家安全，化解各种安全威胁，必须拓展新思路，打造新方法。

要高度重视边境地区的新型城镇化建设，实现从"屯垦戍边"到"建城戍边"的跨越。屯垦戍边作为一项极富中国特色的治边政策，早在2000多年前的西汉王朝就开始实施。新中国成立以后，党和政府继承和

---

① 习近平：《坚持总体国家安全观，走中国特色国家安全道路》，载《人民日报》，2014年4月16日，第1版。

② 习近平：《决胜全面建成小康社会 夺取新时代中国特色社会主义伟大胜利——在中国共产党第十九次全国代表大会上的报告》，人民出版社2017年版，第24页。

创新了屯垦戍边政策，先后组织数十万人民解放军转业官兵和知识青年扎根边疆，特别是边境地区参加垦荒垦殖、发展生产，这一制度一直延续到今天。屯垦戍边制度对于加快边疆经济发展，促进民族团结，维护国家安全等方面发挥了重大作用。当前随着边疆以工业化、城镇化、市场化为内容的现代化进程的推进，屯垦戍边制度的局限性逐渐显现，须转型为"建成戍边"，即在我国边境地区加快新型城镇化建设，只要环境条件和资源条件许可，应该尽可能在边境一线规划发展更多的城镇和城市。城镇和城市具有聚集资本、商品、技术、人口、人气等功能，更为重要的是它还发挥着戍边功能。

打造边疆文化长廊，构筑维护边疆文化安全的防御体系，形成"文化戍边"的格局。边疆文化长廊是以边疆人文地理为前提，以主要交通线穿越的县（市、区、旗）、乡（镇）、村、户为基础，以文化活动中心为基点，连点成线、线连成片，形成一条有较大文化设施密度，各具民族文化特色，基本满足各族人民文化生活需要，适应改革开放和经济发展需要的"廊"形文化地带，包括建设文化设施、开展文化活动、培训文化活动人才、加强文化市场管理等诸多方面。边疆文化长廊建设，传承和传播了优秀中华文化，增强了边疆各族群众的中华文化认同和中华民族认同，有效抵御了消极文化的侵蚀或渗透，维护了国家文化安全。

打造边疆党建长廊，构筑维护边疆政治安全的防御体系。历史经验证明，堡垒最容易从内部被攻破。边疆国家安全的最大威胁来自我们党自身。如果边疆党的基层组织涣散、思想僵化、能力下降、作风漂浮、脱离群众，不能团结凝聚民心，不能组织动员群众，那么边疆的国家安全将受到最大的威胁。所以在边疆打造坚实的党建长廊，以"强组织、建阵地、聚人心、固边疆"为主要内容，以"政策支边、产业富边、组织固边、民主兴边、文化活边"为主要措施，切实增强边疆党组织的能力和活力，真正使边疆基层党组织成为维护民族团结、边疆稳定与国家安全的政治堡垒和组织堡垒。

要高度重视边疆民防体系建设，形成军防体系与民防体系有机结合的边疆国防体系。我国边疆地区都驻扎着一定数量的军警部队，以这些部队为主体构建起了国防体系中的军防体系。在国防体系的结构中，还应该存在一个由民兵组织为主体的民防体系。民防体系由于其群众性强，涉及面广，使其具有很多军防体系不具备的功能和作用。近年来，党中央要求把推动军民融合深度发展作为重大的国家战略，不仅指装备科研生产、后勤保障、国防动员等物质层面的深度融合，也指军民在精神层面、关系层面的深度融合，这就要求部队与地方之间发展良好的互助合作关系，做到军民之间心心相印、心灵相通，以部队为主形成国防体系中的军防体系，以地方为主形成国防体系中的民防体系。军防体系与民防体系相互分工、相互协作、相得益彰，将构筑效能强大的国防体系。

六

民族问题和宗教问题是边疆治理的主要客体。在当前我国处于社会主义初级阶段的历史条件下，我国民族问题的实质就是不同民族之间的关系问题，包括：汉族与少数民族之间的关系问题、少数民族与少数民族之间的关系问题。新中国建立以来，我国边疆对民族问题的治理遵循了先进的理念：民族平等、团结、共同繁荣理念；设计了较科学的制度：民族区域自治制度；实施了合理的政策：干部政策、帮扶政策、宗教信仰自由政策、语言文字政策、风俗习惯政策等，民族关系总体上是和谐的，宗教关系总体上是和顺的，但由于民族间自然属性和社会属性的差异是长期存在的，民族间事实上的不平等也不是很短时间能够解决的，于是隔阂型民族问题仍然广泛地存在着。21世纪以来，受市场经济大潮的冲击，边疆各民族的利益主体意识和权利主体意识迅速觉醒，这使以利益争夺、权益维护为特点的矛盾型民族问题较快地滋生和蔓延。因此，当前我国边疆地区隔阂型民族问题和矛盾型民族问题是普遍存在的，若治理不当，或者治理失效，隔阂型民族问题将恶化为矛盾型民族问题，而现有的矛盾型民族问题则恶化为冲突型民族问题，这对维护边疆的民族团结、经济发展、社会稳定等是很不利的，甚至对整个国家的安全及其现代化事业都是不利的。因此我国边疆治理必须把有效治理民族问题和宗教问题作为一个极其重要的任务。有效治理民族问题和宗教问题，必须"全面贯彻党的民族政策，深化民族团结进步教育，铸牢中华民族共同体意识，加强各民族交往交流交融，促进各民族像石榴籽一样紧紧抱在一起，共同团结奋斗、共同繁荣发展。全面贯彻党的宗教工作基本方针，坚持我国宗教的中国化方向，积极引导宗教与社会主义社会相适应"①。

提高边疆各级党委政府领导民族工作、宗教工作的能力。实践证明，一个地方党委政府如果政治责任感很强，又非常熟悉民族政策和宗教政策，还能够有效地、创造性地实施政策，那么这个地方的民族工作和宗教工作会开展得富有成效，民族关系和宗教关系都较和谐。相反，地方党委政府对于民族工作和宗教工作的能力不足，则会造成民族问题和宗教问题治理成效不佳，在民族和宗教问题上总是会出现或者或那的一些问题。所以，有效促进民族和谐和宗教和顺的关键是提高边疆地方党委政府领导民族工作和宗教工作的能力。

在边疆民族地区大力发展协商民主。民族关系、宗教关系是边疆最显著的政治关系，由于民族关系和宗教关系中又掺杂着阶层关系、干群关系、政党关系、军民关系、边境线内与边境线外的关系等，所以边疆的民族、宗教关系呈现出特别复杂的特点。协调这种政治关系仅仅靠现有的四个基本政治制度是不够的，还要依靠发展广泛多层制度化的协商民主，以丰富多彩的各种形态的协商民主形式来化解民族间、宗教间的隔阂，来协调民族间、宗教间的利益关系，这样才能使和谐民族关系、和顺的宗教关系始终有丰富的、可靠的、适用的制度保障。

加强对少数民族精英人士和宗教精英人士的统战工作。统一战线工作不仅是过去革命取得胜利的法宝，也是当前建设事业顺利推进的法宝。改革开放 30 多年来，边疆少数民族的阶层分化较为严重，少数民族精英人士的内涵和结构都已经发生了重大变化，已经形成了一批在少数民族群众中掌握话语权的政治精英、经济精英、知识精英、文化精英和宗教精英，这些精英分子构成当今少数民族精英人士，所以要根据少数民族阶层关系的变化，及时甄别和确定出新时期少数民族精英人士，把他们中的具有典型性、代表性的人士纳入统一战线对象，通过他们政治作用的发挥来维护民族关系的和谐和宗教关系的和顺。

---

① 习近平：《决胜全面建成小康社会 夺取新时代中国特色社会主义伟大胜利——在中国共产党第十九次全国代表大会上的报告》，人民出版社 2017 年版，第 40 页。

构筑促进各民族、各宗教交往交流交融的制度管道和平台。通过频繁交往、平等交流，才能达到彼此关系交融的境界，进而促进民族关系和谐、宗教关系和顺，这是民族宗教关系发展的规律。民族间、宗教间的交往，不能仅限于经济交往和政治交往，还应该大力发展文化交往、社会交往等方式，要让每种交往方式都建立制度化的管道和平台，形成平等交流的规则和氛围，在相互尊重、包容差异的基础上逐渐形成手足相亲、守望相助的交融关系。我们曾亲自体验过云南五大宗教领袖在一个学历班上共同学习和共同探讨学问的过程中加深了解、加深友谊，形成和谐宗教关系的历程。

七

以党和政府为核心的多元化的治理主体，通过整合社会资源，依法有效解决社会性问题的过程就是社会治理。当前边疆的社会性问题主要包括：毒品问题、艾滋问题、跨境犯罪问题、跨境赌博问题、跨境非法婚姻问题、"三非"问题、偷越国境问题等等。这些社会性问题如果不加以认真对待和有效解决会演化成为政治性问题，从而危害国家安全、边疆稳定、民族团结。解决这些社会性问题，必须推进边疆社会治理的现代化，当前的关键是促进边疆社会治理的科学化、民主化、法治化和精细化。

提高边疆党委政府社会治理的能力。党委政府是边疆社会治理的核心主体，是解决边疆社会性问题的决定因素。提高边疆地方党委政府的社会治理能力，才能有效解决问题，从而维护边疆社会的长治久安、和谐稳定。边疆地方党委政府需要的能力主要有：捍卫社会公平正义的能力、疏导平衡社会心理的能力、规范社会行为的能力、化解社会矛盾的能力、解决社会问题的能力、协调社会关系的能力、维护社会秩序的能力。

提高边疆社会治理的科学化水平。社会治理是一种具有客观规律性的活动。要实现边疆社会治理的科学化水平，就必须在实践中不断探究边疆社会治理的规律。边疆社会性问题有其特殊性，决定了边疆社会治理也存在着特殊的规律，需要在实践中不断地加以观察、体验、思考，最后透过复杂的现象，寻找到真正的本质。看到了本质就接近了规律，就容易制定出科学化水平较高的社会治理政策。

提高边疆社会治理的民主化水平。边疆社会性问题的复杂性、艰巨性、长期性决定了只靠党委政府肯定解决不好。边疆社会治理的民主化，就是要鼓励各种社会组织及其公民广泛参与到社会治理的进程中来，"打造共建共治共享的社会治理格局"[①]，从公共政策问题的确认到公共政策制定，从公共政策执行到公共政策评估，最后再到公共政策调整或终结，都应该充分把社会组织及其公民中蕴藏的财力、物力、人力、知识、技术、智慧等资源，吸引和吸收到社会治理过程中来。当然，边疆社会治理民主化水平的提高也包括要规范社会组织和公民参加行动，要始终在法治的范围内活动。

提高边疆社会治理的法治化水平。法治是治国理政的根本方式，当然也就是边疆社会治理的根本方式。提高边疆社会治理的法治化水平，首先意味着在边疆社会治理中必须确立国家法律的最高权威地位，要养成以法治思维和法治方式解决边疆社会性问题的习惯；其次意味着必须依法严格规范边疆地方政府的权力，在社会治理行动中必须形成"法无授权不可为"的施政自觉；再次意味着在边疆社会治理中必须充分保障边疆各族群众的公民权利，真正形成"法无禁止即可为"的社会新风尚。

提高边疆社会治理的精细化水平。精细化的社会治理是相对于粗放式的社会治理而言的。过去治理边疆社会问题，习惯于粗放式的治理方式，结果造成很多后遗症，即解决了一个社会问题，结果带来了诸多社会问题的滋生或者恶化。因此，必须借鉴企业管理中的精细化管理理念和方式。边疆社会治理的精细化，要求治理目标的明晰化、治理过程的程序化、考核标准的精确化、治理主体之间的协同化、治理行为的法治化、权力与责任的清单化。总之，就是在边疆社会治理中注重细节的成败。

方盛举
2017 年 11 月 4 日于云南大学东陆园

[①] 习近平：《决胜全面建成小康社会　夺取新时代中国特色社会主义伟大胜利——在中国共产党第十九次全国代表大会上的报告》，人民出版社 2017 年版，第 49 页。

第一章　中国陆地边疆

边疆是国家疆域的边缘部分。历史上的王朝国家时期，国家的疆域没有边境线的划分和限定，所以边疆是一个范围无法明确的疆域，仅仅只是指远离国家的政治、经济、文化中心的广大周边地区。近现代以来，随着我国民族国家的建立，我国与周边国家边境线逐渐明确下来，此时的边疆，就是指具有边境线的省级行政区划。我国目前有九个边疆省区，且拥有独特的政治与行政生态。

一、陆地边疆的界定

"边疆"这个概念，在不同的历史时期，不同的语境条件下，其内涵是多元而复杂的。在王朝国家时期，国与国之间没有明确的边界划分，边疆往往指一个国家除核心区之外的，承认王朝政权的宗主地位，愿意接受王朝政权控制的地区。这时的边疆具有地理上距国家中心区较遥远，经济上发展较落后，政治上可控性较差，文化上异质性较大等特点，即所谓的"蛮夷之地"。王朝国家时期的边疆没有明确的界限，且具有较大的变动性。当王朝国家的权力系统具有很大的能量和很强的管控能力时，意味着处于核心区外围的边疆区域就较远较广；相反，则意味着边疆区域较近较小。在王朝国家时期，提出"边疆"这一概念明显是出于军事防御上的考虑，即确定一定区域军事防卫的缓冲地带，以拱卫国家中心地带的安全。

近代以来，随着民族国家的建立，领土主权意识的觉醒和确立，以及交通、通讯等技术的快速发展，国家与国家之间的界限逐渐走向明晰化。

这时对"边疆"这个概念的理解与王朝国家时期又有很大差异，此时的边疆是指国家边界线内侧的一定范围内的行政区域，如周平教授所指出的"边疆是中华民族生活家园内的一个特定区域，是主权国家领土中的一个边缘性部分，是邻近国家边界的区域"①。边疆作为一个确定的行政区域，是以县域为单位还是以省域为单位来确立，又进一步可以把"边疆"分为狭义的边疆和广义的边疆。狭义的边疆是指与外国接壤的县级行政区域，也就是我们通常所说的边境县；广义的边疆是指具有与外国接壤的省级行政区域。②从目前国家的政策法规、大众传媒等的使用频率来看，广义的边疆概念被认可度相对最高，而狭义的边疆概念仅仅只有少数学者在使用。国家的政策法规、大众传媒等往往约定俗成地把狭义边疆统称为"边境县"，典型的如国家民委制定的《兴边富民行动规划（2011—2015）》中指出："本规划实施范围为内蒙古、辽宁、吉林、黑龙江、广西、云南、西藏、甘肃、新疆等 9 个省、自治区的 136 个陆地边境县、旗、市、市辖区，新疆生产建设兵团的 58 个边境团场。"③ 在该政策中，很明显地把九个具有边界线的省区界定为边疆省区，而把具有边界线的县级行政区界定为边境县（旗、市、市辖区），把具有边境线的新疆生产建设兵团的团场称为边境团场。

　　上述边疆观，属于传统意义上的边疆观，即领土边疆观念。在当代中国，由于经济全球化的加速发展和中国全方位对外开放战略格局的推进，传统的边疆观也在悄然发生变化，当然与时代发展相适应的边疆观目前尚未形成统一的认识，这就为我们大胆地探索和界定新的边疆观提供了宽松的氛围。根据当代经济、政治、科技、文化等的发展现实，我们认为所谓边疆，就是国家治理中，那些管控能力相对不足，由此存在较大的国家安全隐患的领域。如我国的国家力量对远离大陆的海洋国土的管控力不足，其他国家开始觊觎我国的海洋国土，造成海洋国土存在着被他国侵蚀的安全隐患，那么这一片海洋国土就是海洋边疆，简称"海疆"；随着我国资

---

① 周平：《我国边疆概念的历史演变》，载《云南行政学院学报》，2008 年第 4 期。
② 谢香方：《中国边疆发展的地理成就》，载《人文地理》，1996 年第 11 期。
③ 国务院办公厅：《关于印发兴边富民行动规划（2011—2015 年）的通知》，http://www.gov.cn/gongbao/content/2011/content_1893966.htm（访问时间：2013 年 5 月 8 日）。

本向国外投资的增加以及我国公民在国外工作生活的人数急剧增加，我国的政治力量和军事力量对我国资本和公民权益的管控和保护能力不足，由此形成权益方面的安全隐患，这个领域我们称为利益边疆；随着新的传播工具的发展，国家对社会舆论的管控能力明显下降，由此意识形态的安全隐患开始凸显，于是形成意识形态边疆。除了上述边疆观外，还有高边疆、文化边疆、信息边疆等等。

在本书中，我们仅限于对我国的陆地边疆进行研究。我国陆地边疆指临近陆地边境线中国一侧的领土范围，陆地边境线长达2.2万公里，毗连14个国家，如果把具有陆地边界线的省级行政区看作边疆地区的话，我国陆地边疆地区包括：广西、云南、西藏、甘肃、新疆、内蒙古、黑龙江、吉林、辽宁等九个省区，面积约577万平方公里，占整个国土面积的60%，在这一地区生活的人口约2.8亿，占全国人口的21%。不管从我国经济可持续发展的大局来看，还是从国际地缘政治与国家安全格局的构建来看，我国陆地边疆的战略地位越来越凸显出来。本书旨在对这一地区的有效治理、和谐治理为研究依归，探究我国陆地边疆的科学治理之道。①

二、陆地边疆省区的基本概况

1. 西南边疆

西南边疆包括广西、云南、西藏三省区。这一地区是我国辐射南亚和东南亚，承担区域治理甚至全球治理的战略基地，是连接太平洋和印度洋的重要节点地区，战略地位十分重要。

（1）广西壮族自治区

广西壮族自治区国土面积23.67万平方公里，与越南接壤，陆地疆界线长约1020公里；地处云贵高原东南边缘，属亚热带季风气候。区内矿产资源种类多，锰、锑储量居全国第一；河流多，水能资源可开发装机容量0.18亿千瓦；发现的陆栖脊椎野生动物929种，占全国总数的43.3%；野生植物8354种，居全国第三位。

---

① 方盛举、吕朝辉：《中国陆地边疆的软治理与硬治理》，载《晋阳学刊》，2013年第5期。

根据2010年全国人口抽样普查数据，全区常住人口4610万人，城镇化率为40.1%。广西是典型的多民族地区，有12个世居民族；常住人口中，汉族人口占62.82%；各少数民族人口占37.18%，其中壮族占31.39%。

到2012年底，广西注册登记的社会组织14799个，其中社会团体9810个，基金会28个，民办非企业单位4961个。社会组织职工32.23万人，社会组织年增加值4.70亿元。

2013年，广西GDP总量14378.00亿元，区内人均GDP为30588元；三大产业结构为16.3∶47.7∶36.0；全年公共财政预算支出3192.26亿元，人均财政支出约6764元。

（2）云南省

云南省国土总面积39.4万平方公里，与越南、老挝、缅甸接壤，国境线长达4060千米；地处中国西南边陲，属山地高原地形，立体气候特点显著。云南是全国动植物种类最多的省份；矿产资源丰富，尤以有色金属及磷矿著称；能源资源得天独厚，水能资源可开发装机容量0.9亿千瓦，居全国第二位。云南旅游资源丰富，景点200多个，国家级A级以上景区134个。

根据2010年的抽样普查，全省常住人口4602.66万人，城镇化率为34.7%。云南是多民族边疆省区，除汉族外，人口在5000人以上的世居少数民族有25个，其中15个民族为云南特有。2010年汉族人口占总人口的66.63%；少数民族人口占总人口的33.37%。有壮、傣、布依、苗、瑶、彝、哈尼、景颇、傈僳、拉祜、怒、阿昌、独龙、佤、布朗、德昂等16个少数民族是跨境民族，与周边国家的相同民族跨境而居。

到2012年底，云南登记注册的社会组织15295个，其中社会团体10701个，基金会48个，民办非企业单位4546个；社会组织职工30.9万人，社会组织年增加值13.11亿元。

2013年，云南省GDP总量达11720.91亿元，人均GDP达25083元；三大产业结构为16.2∶42.0∶41.8；全省全年地方公共财政预算支出4096.56亿元，人均财政支出约8740元。

(3) 西藏自治区

西藏国土面积 122 万多平方公里，位于青藏高原西南部，平均海拔在 4000 米以上，地形复杂多样，陆地国界线 4000 多公里；气候复杂多样，总体上具有西北严寒干燥、东南温暖湿润特点。西藏天然草地面积位居全国第一；已发现 101 种矿产资源，潜在价值万亿元以上；有 123 种国家重点保护动物，占全国重点保护动物的三分之一以上；水能、太阳能、地热能、风能资源丰富。

根据 2010 年人口抽样普查，全区常住人口为 300.21 万人，城镇化率 22.75%；常住人口中藏族人口占 90.48%，其他少数民族人口占 1.35%，汉族人口占 8.17%。

2012 年，西藏登记注册的社会组织 439 个，其中社会团体 409 个，基金会 11 个，民办非企业单位 19 个；社会组织职工 6227 人，社会组织年增加值 0.10 亿元。

2013 年西藏 GDP 总量 807.67 亿元，人均 GDP 为 26068 元。三大产业结构为 10.7∶36.3∶53.0；全年公共财政预算支出 1014.31 亿元，人均财政支出约 32509 元。

2. 西北边疆

西北边疆由新疆维吾尔自治区、甘肃省构成。这一地区是我国陆上丝绸之路经济带的核心区，是东亚大陆和欧洲大陆的连接点地区，战略地位突出，是我国西进欧洲大陆，推进欧亚经济一体化进程的基地。

(1) 新疆维吾尔自治区

新疆地处中国西北边陲，国土面积 166.49 万平方公里，与印度、巴基斯坦、阿富汗、塔吉克斯坦、吉尔吉斯斯坦、哈萨克斯坦、俄罗斯、蒙古等八国接壤，边境线长 5600 多公里。新疆是我国最大的边疆省区；区内北面是阿尔泰山，南面是昆仑山，天山横贯中部，把新疆分为南疆和北疆；区内气候干燥少雨，属于典型的温带大陆型干旱气候，年均天然降水量仅有 171 毫米。新疆土地资源极为丰富，开发潜力很大。全区可利用土地面积 10 亿多亩，其中耕地 6160.65 多万亩，人均耕地 3 亩，是全国人均水平的 2 倍多；后备耕地 2.23 亿亩，居全国首位；牧草地总面积 7.7

亿亩，居全国第三；冰川储量 2.13 万亿立方米，占全国的 50%；石油、天然气、煤炭等资源储量占全国资源量的 30% 以上。

根据 2010 年人口抽样调查，全区常住人口为 2185 万人，城镇化率达 43%；新疆是典型的多民族聚居的边疆省区，有 47 个民族成分，其中世居民族 13 个；全区人口中，汉族人口占总人口的 40.1%，各少数民族人口占总人口的 59.9%。

到 2012 年底，新疆登记注册的社会组织 8826 个，其中社会团体 5997 个，基金会 31 个，民办非企业单位 2798 个；社会组织职工 76456 人，社会组织年增加值 3.37 亿元。

2013 年全区 GDP 总量 8510 亿元，人均 GDP 达 37847 元。三大产业比例为 17.4:46.4:36.2；全年公共财政预算支出 3067.1 亿元，人均财政支出约 13547 元。

（2）甘肃省

甘肃省国土面积 42.58 万平方公里，地处黄河上游，是古代丝绸之路的黄金路段。与蒙古国接壤，国境线长约 66 千米；地形狭长，地貌十分复杂，戈壁、沙漠、山地、高原、平川、河谷等等，地形类型复杂多样，交错分布。大部分地区气候干燥，属大陆性很强的温带季风气候。甘肃是全国药材主要产区之一，有药材品种 9500 多种；已发现各类矿产 173 种，镍、钴、铂等十种矿产居全国第一位。

据 2010 年人口抽样普查，全省常住人口为 2560 万人，城镇化率达到 37%；常住人口中，汉族人口占 90.57%；各少数民族人口占 9.43%。

到 2012 年底，全省登记注册的社会组织 10402 个，其中社会团体 7768 个，基金会 29 个，民办非企业单位 2605 个；社会组织职工 154991 人，社会组织年增加值 3.97 亿元。

2013 年全省 GDP 总量 6268.0 亿元，人均 GDP 为 24297 元。三大产业结构为 14.0:45.0:41.0；全年公共财政预算支出为 2308.22 亿元，人均财政支出约 8939 元。

3. 北部边疆

内蒙古自治区由东北向西南斜伸，呈狭长形横跨东北、华北、西北三大地区，跨度较大，构成我国的北部边疆。与蒙古国、俄罗斯接壤。

内蒙古国土地面积118.3万平方公里，是中国北部边疆，国境线长4200公里；呈高原型地貌，大部分地区海拔1000米以上；以温带大陆性季风气候为主。区内有野生高等植物2781种，野生脊椎动物712种，列入国家重点保护动物116种；湿地面积9016万亩，居全国第三位；水资源总量为545.95亿立方米；森林面积3.73亿亩；区内已发现143种矿产资源储量；煤炭资源总量8000多亿吨，居全国第一位。内蒙古旅游资源丰富，以蒙古族民族风情、大草原、大森林、大湖泊、大湿地等景观闻名。

据2010年人口抽样普查，全区常住人口为2470.63万人，城镇化率为54%。全区共49个民族，常住人口中汉族人口占79.54%，蒙古族占17.11%，其他少数民族占3.36%。

到2012年底，全区登记注册的社会组织9799个，其中社会团体6432个，基金会90个，民办非企业单位3277个；社会组织职工91725人，社会组织年增加值3.49亿元。

2013年全区GDP总量16832.38亿元，人均GDP达67498元；三大产业结构为9.5∶54.0∶36.5；全年公共财政预算支出3682.15亿元，人均财政支出14740元。

4. 东北边疆

东北边疆包括黑龙江、吉林、辽宁三省，与俄罗斯、朝鲜接壤。这一地区人口稠密、资源丰富、基础设施是我国边疆最好的地区，且工业基础好、农业经济发达。当前东北边疆是我国发展与俄罗斯、朝鲜半岛经济的前沿。

（1）黑龙江省

黑龙江省国土面积47.3万平方公里，是我国东北边疆省区，与俄罗斯接壤，边境线长3045公里，是亚太地区陆路通往俄罗斯和欧洲大陆的重要通道；属寒温带大陆性季风气候。全省有耕地近1200万公顷，总耕地面积和可开发的土地后备资源均占全国1/10以上，人均耕地是全国平均水平的三倍，土壤有机质含量高，是世界著名三大黑土带之一，黑土耕地资源占黑龙江耕地总量的60%以上；森林面积、森林总蓄积量和木材产量均居全国前列；湿地面积867万公顷，水资源总量810亿立方米。

据2010年人口抽样普查，全省常住人口为3833万人，城镇化率达到55%；黑龙江是典型的多民族聚居和杂居的边疆省区，全省有少数民族53

个，其中有十个世居少数民族，赫哲族是本省独有民族。

截止2012年底，黑龙江登记注册社会组织13316个，其中社会团体5874个，基金会53个，民办非企业单位7389个；社会组织职工169726人，社会组织年增加值11.01亿元。

2013年，全省GDP总量14382.9亿元，人均GDP达37509.3元；三大产业结构为17.5∶41.1∶41.4；全年公共财政支出3369.2亿元，人均财政支出约8285元。

（2）吉林省

吉林省国土面积18.74万平方公里，位于我国东北地区中部，与朝鲜接壤，边境线长1384.5公里；全省为温带大陆性季风气候。吉林是我国粮食的主要产区，全省农用地面积约1640万公顷，占土地总面积的86%，人均耕地3.05亩，是全国平均水平的两倍；森林资源丰富，现有活立木总蓄积量91387万立方米，居全国第六位；山地资源丰富，其中人参产量占全国的85%、世界的70%；有陆生野生动物445种。矿产资源已探明储量矿产101种，油母页岩、硅藻土、硅灰石等十种矿产保有储量居全国第一。

据2010年人口抽样普查，全省常住人口为2746.23万人，城镇化率为52%。吉林省是多民族省份，共有55个少数民族，少数民族人口218.57万人，占总人口的7.96%。

到2012年底，吉林省登记注册的社会组织8531个；其中社会团体5557个，基金会36个，民办非企业单位2938个；社会组织职工108635人，社会组织年增加值1.41亿元。

2013年，全省GDP总量12981.46亿元，人均GDP达到47191元；三大产业结构为11.6∶52.8∶35.6；全年地方财政支出2744.81亿元，人均财政支出约9977元。

（3）辽宁省

辽宁省国土面积14.8万平方公里，位于我国东北地区南部，与朝鲜接壤，国境线306公里。与日本、韩国隔海相望。属温带大陆性季风气候。全省各类动物资源827种，其中鸟类400多种，占全国鸟类种类的31%；近海生物资源520多种，经济价值极大；矿产资源丰富，已发现各类矿产资源110种。

根据 2010 年全国人口抽样普查，全省常住人口为 4374.6 万人，城镇化率已达到 61%，在全国排名第二。辽宁是少数民族人口较多的省份之一，有 51 个少数民族，少数民族总人口 670 多万，占全省总人口的 16.02%。

到 2012 年底，辽宁省登记注册的社会组织 20637 个，其中社会团体 9865 个，基金会 70 个，民办非企业单位 10702 个；社会组织职工 246316 人，社会组织年增加值 19.13 亿元。

2013 年，全省 GDP 总量 27077.7 亿元，人均 GDP 达到 61686 元；三大产业结构为 8.6:52.7:38.7；全年公共财政预算支出 5200.9 亿，人均财政支出 11847 元。

三、我国陆地边疆的基本特点

我国的九个陆地边疆省区，尽管与内地各省区有较多的共性，但也存在着十分鲜明的个性。与内地省区相比，我国陆地边疆九省区的主要特点如下：

1. 自然地理环境相对恶劣

我国边疆地区与内地省区相比，自然地理环境较恶劣，有的边疆地区高山峡谷、沟壑纵横、山峦广布，有的边疆地区海拔较高、天寒地冻、气温较低，有的边疆地区戈壁沙漠、干燥少雨、土地贫瘠。总体上看，我国边疆自然地理环境的总体特征可概括为"山、荒、寒、边"等几个方面。所谓"山"，是指绝大多数陆地边疆山地面积广，土少石多，生态脆弱，水土保持性比较差，而且基础设施落后，交通不便，极大制约了人们的经济活动；所谓的"荒"，是指新疆等一部分边疆地区多沙漠和戈壁，且降水较少；所谓"寒"，是指一些边疆地区的平均海拔在 3000 米以上，高寒缺氧，对边疆地区民众的生产生活和经济社会发展具有巨大的制约作用；所谓"边"，是指边疆位于我国的边境地区、国土的边缘地带，而且在边疆地区，生活着众多少数民族，民族关系极其复杂，有数十个少数民族与国外的同一民族跨境而居，给边疆地区的政府管理带来极大的不便。

我国九大陆地边疆省区的自然地理环境可以分为以下五类。

第一类为云南和广西地区。云南和广西两个边疆省区多山地、丘陵。云南省是一个多山的省份，山地占94%，坝子占6%。平均海拔2000米左右，最高海拔6740米，最低海拔76.4米。山高谷深使得云南地域之间的通达性较差，内外联系与交往都十分不易。广西壮族自治区山岭连绵、山体庞大、岭谷相间，四周多被山地、高原环绕。山地占总面积40%，丘陵占其总面积10.3%。喀斯特地貌广布，占广西总面积37.8%。①

第二类为西藏地区。西藏为喜马拉雅山脉、昆仑山脉和唐古拉山脉所环抱，高山林立，地形复杂，平均海拔在4000米以上。全区77%的土地面积在海拔4500米（即生命线）以上，不适合人类居住和开展工农业生产活动，不利于交通运输和通讯业的发展。西藏的空气稀薄，西藏高原每立方米空气中只含氧气约150—170克，相当于平原地区的62%—65.4%，且气温低、降水少，冰雹、雪灾、地震、泥石流等自然灾害频发，草场沙化严重，植被少，生态系统脆弱。西藏的常规能源如煤、石油、天然气缺乏，极大限制了西藏经济的发展和社会进步。

第三类为甘肃、新疆地区。甘肃和新疆多戈壁沙漠，干旱少雨。甘肃省地处黄土高原、青藏高原和内蒙古高原交界地区，境内山脉纵横交错，海拔相差悬殊，地貌复杂多样，沙漠、戈壁、河谷、山地、高原、平川，类型多样，交错分布，山地、高原、沙漠和戈壁占土地面积的85%；大部分地区平均降水300毫米，而蒸发量却多达2000多毫米。新疆远离海洋，四周高山环抱，境内冰峰耸立，沙漠浩瀚，塔克拉玛干沙漠位于盆地中部，面积约33万平方公里，是中国最大、世界第二大流动沙漠。新疆属于温带大陆性干旱气候，气温变化大，干旱少雨，平均降水量为145毫米，为全国年均降水量23%，是全国降水量最少的地区。

第四类为内蒙古地区。内蒙古以高原地貌为主，高原面积占全区总面积53.4%，山地占20.9%，丘陵占16.4%，河流、湖泊、水库等水面面积仅仅占0.8%。② 平均海拔1000米左右。内蒙古西部有巴丹吉林、腾格

---

① 《广西自然地理总览》，http://sub.ngzb.com.cn/staticpages/20081125/newgx492c0d64-1637236.shtml（访问时间：2008年11月25日）。
② 《内蒙古自治区自然条件概况》，http://www.china.com.cn/aboutchina/zhuanti/09dfgl/2009-05/15/content_17781147.htm（访问时间：2009年5月15日）。

里、乌兰布和、库布其、毛乌素等大沙漠,面积约15万平方公里。内蒙古自治区地域广袤,离海洋较远,边沿有山脉阻隔,形成以温带大陆性季风气候为主的复杂多样的气候。降水量少而不匀,全年降水量在100—500毫米之间。

第五类为东北地区。在我国的九大边疆省区中,黑龙江、吉林、辽宁这三个省区的自然地理环境相对要好一些。黑龙江地形复杂,西北部有大兴安岭山地,北部有小兴安岭山地,东南部有张广才岭、老爷岭、太平岭和完达山等山地,西南有嫩江,松花江南北斜贯该省,形成东北部三江平原、西南部松嫩平原。丘陵山地约占全省总面积的70%;吉林省以中部大黑山为界,分为东部山地和中西部平原两大地貌区。东部以山地、陵区为主,中西部以平原为主。吉林省的土地盐碱化和沙化较重,生态失衡问题逐年加重,自然灾害发生频率增加;辽宁省山地为近9万平方公里,占国土面积的59.5%;平地为4.8万平方公里,占32.4%;水域和其他为1.2万平方公里,占8.1%。①

2. 基础设施较为落后

我国陆地边疆地区与国家腹地中心区距离遥远,长期以来由于地广人稀,加上投入不足,造成交通基础设施网、信息通讯网、能源保障网、水网等基础设施与内地相比十分落后。尽管1998年以来国家实施了西部大开发政策,加大了对西部的基础设施建设力度,但是,由于历史上欠账太多太大,与国家腹地核心区相比,广大边疆地区的基础设施状况仍然显得捉襟见肘,严重制约了经济社会的发展。具体表现在:

第一,交通基础设施方面。由于地形复杂、地质条件恶劣、经济发展水平低,我国陆地边疆地区交通普遍落后,铁路网、公路网都比较单薄,路网密度小,且分布不均匀。和东部地区的江苏等省相比,差距非常大。以2014年各省(区)公路、铁路总里程及密度为例,陆地边疆地区落后的交通状况可见一斑。

---

① 《辽宁省自然地理概况》,http://www.china.com.cn/aboutchina/zhuanti/09dfgl/2009-10/20/content_18730508.htm(访问时间:2009年10月20日)。

2014年各省（区）公路总里程及其密度对比情况

省份	公路总里程（公里）	公路密度（米/平方公里）
全国	4463900	465
江苏	157521	1469
广西	114900	485
云南	230398	585
西藏	75470	62
新疆	175468	105
甘肃	138084	324
内蒙古	172167	146
黑龙江	162464	343
吉林	96041	512
辽宁	115430	770

2014年各省（区）铁路总里程及其密度对比情况

省份	铁路总里程（公里）	铁路密度（米/平方公里）
全国	111800	11.6
江苏	2678	25
广西	4741.5	20
云南	2915.9	7
西藏	786.3	0.6
新疆	5462.8	3.3
甘肃	3403.4	8
内蒙古	10226	8.6
黑龙江	6019.3	12.7
吉林	4520.5	24
辽宁	5129.6	34

从上表①我们可以看到，陆地边疆地区的公路和铁路密度几乎都低于全国平均水平，尤其是西藏和新疆这两大省区，远远低于全国平均水平。

---

① 相关数据来源于国家统计局编：《中国统计年鉴（2013）》，中国统计出版社2013年版。

辽阔的地域、落后的交通条件，导致陆地边疆地区资源外运能力较小、运输成本较高，不仅使得陆地边疆地区的资源难以得到充分的开发和利用，也限制了其优势产业的发展与壮大，长期严重制约着我国陆地边疆地区的经济发展。

第二，水利基础设施方面。我国陆地边疆地区由于特殊的自然地理环境及其落后的经济条件，导致其水资源普遍分布不均衡，水利设施严重不足。

云南省水资源总量2200多亿立方米，排名全国第三，但水资源利用率仅为6.9%，不到全国平均水平的1/3。由于横断山脉深度切割，高差悬殊，水资源总量丰沛但开发利用的难度大、成本高、效益低。至今，全省水利设施较落后，工程性缺水矛盾突出。干旱和严重干旱天气频繁出现，不仅经济损失严重，而且还严重影响群众的生产生活用水。

西藏水资源整体来说非常丰富，全区地表水资源量4394亿立方米，占全国河川径流量的16.5%，居各省（区）之首。但全区水资源的时空分布不均，降雨量和径流量年内分布极不平衡，且开发利用程度很低，目前水资源开发利用率不到1%，远低于全国18%的平均水平。西藏农业属于灌溉农业，绝大部分地区处于干旱、半干旱地带，普遍存在工程性缺水问题，丰富的水资源和典型的工程性缺水矛盾非常突出，水利基础设施整体上仍然非常薄弱。

新疆水资源相对短缺，且时空分布十分不均，春旱、夏涝、秋缺、冬枯以及南部和东部与西部和北部水资源占有程度严重失衡的矛盾非常突出。主要河流长期未得到有效治理，山区控制性水利枢纽尚未建设，有些贫困地区农牧区骨干灌排工程简陋，气候炎热、蒸发量大。大多数地区水利设施老化不配套，水利用率低，抵御灾害能力弱。

内蒙古大部分地区水资源严重短缺，且水利基础设施薄弱，大中型灌区设施老化失修现象严重，抗旱减灾能力不强，农牧业灌溉用水效率低。这对内蒙古经济社会发展构成明显制约。

第三，通讯基础设施方面。通讯落后依然是制约我国陆地边疆地区发展的一大瓶颈。从互联网的普及率看，互联网发展的地域性差异较大，据2014年的统计，北京、上海、广东等省市的互联网普及率较高，均超过70%。我们把处于中上水平的江苏与九个边疆省区比较，九个边疆省区中除辽宁外，互联网普及率大都较低，均达不到该年度全国互联网平均普及率47.35%。

2014年度全国各省（区）网民数、互联网普及率及其排名对比情况详见下表：

省份	网民数（万人）	互联网普及率（%）
全国	64875	47.35
江苏	4274	53.70
广西	1848	38.87
云南	1643	34.85
西藏	123	38.68
新疆	1139	49.56
甘肃	951	36.70
内蒙古	1142	45.58
黑龙江	1599	41.71
吉林	1243	45.16
辽宁	2580	58.76

3. 经济发展水平不高

由于历史、地理等多方面原因，边疆地区经济发展水平落后，民众生产生活条件低下。具体表现在：

贫困面较大。目前，全国共有592个国家级贫困县（包括县级行政单位区、旗、县级市）。国家级贫困县，又称国家扶贫工作重点县，是国家为帮助贫困地区设立的一种标准。国家级贫困县主要集中在中西部地区，且多集中于革命老区、少数民族地区以及边疆地区（通常合称为"老少边穷"）。九大陆地边疆省区共有国家级贫困县297个。其中，西藏自治区有74个国家级贫困县，云南有73个，甘肃有43个，内蒙古有30个，广西壮族自治区有28个，新疆维吾尔自治区有27个，黑龙江有14个，吉林省有8个。[①]

[①] 《2014最新国家级贫困县名单》，http://www.jqgc.com/jmda/44582.shtml（访问时间：2014年4月8日）。

人均 GDP 较低。人均国内生产总值是发展经济学中衡量经济发展状况的指标，是重要的宏观经济指标之一，它是人们了解和把握一个国家或地区的宏观经济运行状况的有效工具。2014 年，我国九个陆地边疆省区人均 GDP 排名，除了内蒙古、辽宁、吉林外，均比较靠后，均未达到全国平均水平。详见下表：

2014 年陆疆省（区）GDP 总量、人均 GDP 比较

省份	GDP 总量（亿元）	人均 GDP（元/人）
全国平均	636138.7	46629
江苏	65088.32	81874
广西	15672.89	33090
云南	12814.59	27264
西藏	920.83	29252
新疆	9273.46	40648
甘肃	6836.82	26433
内蒙古	17770.19	71046
黑龙江	15039.38	39226
吉林	13803.14	50160
辽宁	28626.58	65201

注：以上数据来源于《中国统计年鉴（2015）》。

人均可支配收入普遍偏低。人均可支配收入也是衡量一个地区经济发展水平高低的一个重要指标，一般来说，人均可支配收入与该地区经济发展水平和民众生活水平成正比，即人均可支配收入越高，该地区经济发展水平及民众的生活水平就越高。根据国家统计局公布的数据显示，我国陆地边疆地区居民人均可支配收入都比较低，内蒙古、辽宁外，大部分陆疆省区的居民人均可支配收入均低于全国平均水平，与中上水平的江苏有很大差距，与全国最高的上海 45965.8 元相比差距更大。详见下表：

2014 年陆疆省（区）人均可支配收入比较

省份	人均可支配收入（元）
全国平均	20167.1
江苏	27172.8
广西	15557.1
云南	13772.2
西藏	10730.2
新疆	15096.6
甘肃	12184.7
内蒙古	20559.3
黑龙江	17404.4
吉林	17520.4
辽宁	22820.2

注：以上数据来源于《中国统计年鉴（2015）》。

产业结构不合理，第二、第三产业不发达。 改革开放以来，边疆地区经济发展水平有很大提高，传统社会遗留下来的面貌已经发生了根本性的改变，但是，由于边疆地区大多地处偏远、交通落后、信息封闭，发展起点低、科技文化滞后，远离经济发达重心区域，工业化、城市化水平普遍较低，在边疆地区的产业结构中，第一产业比重依然过大，第三产业比重过小，第二产业中附加值高的工业产品所占的比重较低，偏重于采掘工业、原材料工业及农畜矿产品加工业等资源密集型产业。如西藏自治区经济以农牧业为主体。工业基础极其薄弱，企业规模较小，手工业仍然占据重要地位；新疆的产业结构也极不合理，三产比为 17.8∶45.1∶37.1，与全国三产比例 10.6∶46.8∶42.6 相比，第一产业比重过大，第三产业相对滞后，且第一产业中种植业比例大结构单一、收入不稳定，第二产业中高附加值产品少，经济增长难以摆脱依靠大量消耗资源的模式，第三产业基础设施不健全，发展缓慢。①

产业结构是否科学合理，直接关系着经济运行效率的高低，所以，调整和优化产业结构，是陆地边疆地区推动经济发展的一大艰巨任务。

---

① 李丽：《对全国对口支援新疆政策的几点思考》，载《现代企业教育》，2012 年第 17 期。

4. 生态环境比较脆弱

我国陆地边疆地区，尤其是西北边疆，生态环境脆弱，系统的抵抗能力和恢复能力较差。我国的地势西高东低，许多的大江大河都发源于西部或西南部边疆地区，边疆地区的生态和环境状况对国家生态安全的影响很大，甚至还会造成国际影响，并制约我国参与的有关生态和环境保护的国际公约的履行。因此，在开发和建设陆地边疆的过程中，要解决好陆地边疆的生态建设和环境保护问题。

我国生态脆弱区主要分布于北方干旱半干旱区、南方丘陵区、西南山地区、青藏高原区及东部沿海水陆交接地区，行政区涉及黑龙江、内蒙古、吉林、辽宁、河北、山西、陕西、宁夏、甘肃、青海、新疆、西藏、四川、云南、贵州、广西、重庆、湖北、湖南、江西、安徽等21个省、自治区、直辖市。九个边疆省区都属于我国生态环境脆弱区。①

生态脆弱的主要表现在：一是草地退化、土地沙化面积巨大；二是土壤侵蚀强度大，水土流失严重；三是沙尘暴、泥石流、山体滑坡、洪涝灾害等自然灾害频发。

西藏生态环境的脆弱性，主要表现在："高原高寒环境下形成的植被生态系统具有生长期短和生态安全阈值幅度窄的特点。外界环境的变化，如生长季干旱、低温的出现或霜冻、冰雹的发生，或降雪的提前，对植被生长都将产生严重的影响、损伤和破坏。生态环境脆弱性还表现在陡坡植被破坏后，坡面土壤侵蚀速率远大于成土速率，土层易于丧失，一旦土壤丧失殆尽，生态系统恢复重建很难，甚至不可能。此外，高原干旱、半干旱地区，降水量少，而光照强烈，地面升温蒸发量大，加之高原多大风，谷地山风强劲，加大地面的蒸发，致使土壤表层含水量很低，其中凋萎湿度持续时间长达半年以上。经过长期生存适应而残留下来的深根系乡土植物一旦遭到破坏，新的植被生态系统难于恢复，成为无法利用的荒漠。"②

云南省位于亚欧板块与喜马拉雅板块交界处，地形地质极其复杂，立

---

① 《环境保护部关于印发〈全国生态脆弱区保护规划纲要〉的通知》，2009/content_1250928.htm（访问时间：2008年9月27日）。

② 龚宪伟等：《高原矿山水资源特点及其脆弱性初探》，载《中国地质学会工程地质专业委员会2007年学术年会论文集》，2007年第6期。

体气候异常突出,生态环境十分脆弱,是地质灾害频发地区,也是全国水土流失最严重的省区。全省水土流失面积14万多平方公里,占土地面积的37%,每年流失土壤5亿多吨,为全国年均流失土壤量的十分之一,而且流失的土壤多是适宜耕作或植物生长的优质表土。① 云南省也是全国自然灾害最为严重的省份之一,灾害种类多、分布广、发生频率高、损失重,尤其是干旱、洪涝、地震、泥石流和滑坡等灾害十分严重。

新疆是一个典型的内陆干旱区,由于特殊的地理位置、地形条件和干旱气候的影响,生态环境极为脆弱。新疆年均降水量仅145毫米,不足全国年平均降水量的四分之一。由于水分蒸散十分强烈,少量的降水远不能支付许多种植物生长发育所需要的水分,故植物种类稀少,覆盖度低,类型结构简单。新疆荒漠化土地面积占全疆土地面积的近48%。绿洲面积较小,其面积不到全疆土地总面积的8%,且分布相对分散、孤立。新疆境内90个县(市)中,53个县(市)有沙漠分布。干旱的气候条件和不合理的人类活动,加剧了新疆土地沙漠化的扩张,导致新疆草地退化、水土流失加剧、沙尘暴、盐尘暴等频发。

内蒙古也是全国荒漠化、沙化最为集中、生态最为脆弱的省区。荒漠化和沙化土地面积分别占土地总面积的52%和35%。内蒙古是我国荒漠化最严重的省份,且还在以每年1000万亩的速度扩展,每年因荒漠化造成的直接经济损失达280多亿。内蒙古也是全国土地沙化最严重的省区,境内有巴丹吉林、乌兰布和等五大沙漠,毛乌素、科尔沁等五大沙地以及阴山北麓大面积严重风蚀沙化的土地,这些土地面积达4200万公顷,占全区土地总面积的35.16%。近年来,随着人口的急剧增加和经济的快速发展,再加上全球气候变暖的影响,降雨量减少,进一步加剧了草原退化、土地荒漠化和水土流失,内蒙古生态环境的脆弱性更加严重。

5. 民族宗教关系非常复杂

陆地边疆是我们的国门和对外交流的窗口,也少数民族聚居区。由于历史等原因,我国的民族分布情况与世界上其他国家相比,有着显著的不

---

① 《云南水土流失13.4万平方公里 治理一遍得花50年》,http://yn.yunnan.cn/html/2012-03/02/content_2073166.htm(访问时间:2012年3月2日)。

同，其他国家少数民族通常多分布于国家之一隅；而我国却是汉族居于中原地区、少数民族多居于四周的边疆地区，形成一种"众星拱月"或是"重瓣花朵"式的结构。我国陆地边疆地区的少数民族不仅人口众多，而且民族关系复杂，还有一些民族跨境而居。陆地边疆的少数民族普遍信仰宗教，宗教在边疆地区的社会生活中发挥着重要作用。所以，陆地边疆地区的民族问题和宗教问题紧密地纠缠在一起。这对陆地边疆的发展和稳定带来巨大挑战。

第一，在民族关系方面

民族成分多。在我国的陆地边疆地区，民族成分较多，很多少数民族在边疆地区均有分布。云南是我国少数民族种类最多的省份，少数民族成分多达55个，除汉族外，人口在4000人以上的少数民族有25个，少数民族人口占全省总人口的38.07%。广西是多民族聚居的自治区，广西除了汉族以外，还有11个少数民族。壮族是广西人数最多的少数民族。西藏是一个以藏族为主体的少数民族自治区。除藏族外，还有门巴族、珞巴族、回族、纳西族等少数民族以及尚未确定族称的僜人、夏尔巴人，加上汉族和其他民族干部、职工，全区现有41个民族成分。[①] 新疆现有47个民族成分，各少数民族人口占全区总人口的59.39%。内蒙古自治区的少数民族成分也多达54个，全区常住人口中，少数民族人口占20.5%左右。黑龙江省是一个多民族聚居的省份。全省共有54个民族，少数民族人口占全省总人口的5.02%。辽宁省也是一个多民族省份，共有44个民族，少数民族人口占全省的16%。吉林省也是多民族省份，全省有49个民族，除汉族外，少数民族人口占全省总人口的9.15%。

跨界民族多。跨界民族是指历史上形成的而现在分布在两个或两个以上国家并在相关国家交界地区毗邻而居的同一民族。我国与14个国家接壤，有2.2万公里陆地边界线，其中1.9万公里在少数民族地区。从东北鸭绿江起，北至黑龙江、内蒙古，西经甘肃至新疆，西南到西藏、云南、

---

① 《生活在西藏的少数民族》，http://www.21pw.com/chn-2009-6-21/l117137.html（访问时间：2009年6月21日）。

广西，在陆路边境地区居住着 34 个跨界民族。① 中国的跨界民族分布地域非常广、人口数量非常多、语言和宗教信仰复杂，跨界民族问题相对来说十分敏感。在全球化高度发展的今天，由于跨界民族的存在，我国边疆地区的民族关系变得更加复杂。

民族关系出现了一些新特点。在全球化的今天，随着我国陆地边疆地区经济社会的发展，陆地边疆地区的民族问题出现了一些新的特点。首先，由于国家对各边疆少数民族实行比较宽松的人口政策，使得边疆地区的人口数量不断增加，这对于自然资源和社会资源有限的边疆地区来说，压力倍增，脆弱的生态环境无法承载过快增长的人口。因此，边疆地区的少数民族就要求国家给予更多的政策照顾和扶持，获取更多的资源。这给边疆地区各级政府带来巨大压力。其次，随着经济社会的发展，边疆地区少数民族人民的民族意识的也随之增强，民族的利益意识也逐步强化。而民族成员一旦有强烈的民族意识，就会极力维护和谋取本民族的利益。民族意识趋于旺盛，各少数民族对本民族的认同感大大增强，而如果忽视了对少数民族国家整体意识的培养，边疆少数民族对本民族的认同感可能超越对国家的认同感，民族分裂主义就会抬头。这对我国的陆地边疆治理带来了严峻考验。

第二，宗教关系方面

在我国陆地边疆地区，少数民族普遍信仰宗教，宗教在边疆地区的社会生活中发挥着重大作用。而随着国际形势和国内形势的发展变化，边疆地区的宗教情势也变得越来越复杂。且民族问题和宗教问题相互交织、相互纠缠，并趋于复杂化，这对我国陆地边疆地区的发展和稳定带来严峻挑战。我国陆地边疆地区宗教问题的特点表现在：

宗教信仰的广泛性和普遍性。我国陆地边疆地区的少数民族大多信仰宗教。历史上由于各民族间的在政治、经济、文化上发展水平不平衡，加上各民族又分布在地理环境、自然条件有较大差异的区域内，各民族受到多种宗教的影响。各民族宗教信仰上的差异，导致边疆地区信仰宗教不仅

---

① 闫文虎：《跨界民族问题对我国和平崛起的影响》，载《安徽师范大学学报》（人文社会科学版），2012 年第 4 期。

种类繁多，且教派林立。云南是一个多民族多宗教的边疆省份。云南境内各种宗教交叉存在，分布广泛，宗教教派齐全，宗教信仰颇具特色：既有远古流传至今的原始宗教，又有从内地传来的道教、汉传佛教、藏传佛教等，还有从境外传来的南传上座部佛教、基督教、天主教等。云南各个少数民族或是某一民族普遍信仰某一种宗教，如藏族信仰藏传佛教；或是若干民族共同信仰某一宗教，如傣族、阿昌族、德昂族等信仰南传上座部佛教，云南世居的少数民族不同程度上保留着对自己本民族历史上的原始宗教信仰。"云南全省信教群众总数约占全省总人口的1/10，信教群众的绝对数在全国各省市区中处于前列。"①

宗教在广西有悠久历史，分布面广，汉、壮、侗、瑶、苗、仫佬、毛南、京、回等民族均有信教群众，主要宗教有道教、佛教、天主教、基督教、伊斯兰教等。

西藏被称为宗教圣地。藏族基本上是一个全民信仰藏传佛教的民族，自治区境内其他民族也都有自己的信仰。有的受藏族影响信仰佛教，如门巴族；有的保持着自己的传统信仰，如珞巴族等。西藏还有为数不少的伊斯兰教徒，其信仰者主要为回族；另外，还有些群众信奉天主教。

新疆也是多宗教地区，影响较大的宗教是伊斯兰教、喇嘛教、佛教、基督教、天主教、东正教和萨满教。其中伊斯兰教为维吾尔、哈萨克、回、柯尔克孜、塔吉克、乌孜别克、塔塔尔等十多个民族所信奉。伊斯兰教在新疆社会生活中有着很大的影响。目前，全区有宗教活动场所2.4万余座，其中伊斯兰教清真寺2.39万座，宗教教职人员2.9万名。②

内蒙古自治区是多宗教的少数民族地区，喇嘛教、汉传佛教、道教、伊斯兰教、天主教、基督教和东正教以及原始宗教等不同程度地被各民族所信仰。

境外宗教渗透加剧。境外宗教渗透是指境外团体、组织和个人利用宗教从事的各种违反我国宪法、法律、法规和政策的活动和宣传。我国陆地

---

① 《云南宗教的主要特点》，http://www.ts.cn/special/2012yunnanxing/2012-05/11/content_6824728.htm（访问时间：2012年5月11日）。

② 《新疆宗教信仰》，http://gb.cri.cn/38611/2011/08/30/5551s3355334.htm（访问时间：2011年8月30日）。

边疆地区因其特殊的地理位置、复杂的文化环境和特殊的国防意义，成为境外宗教渗透的重点目标，也非常容易受到境外宗教的影响和渗透。边疆地区边民间的生活往来十分频繁，经济、文化、宗教的交往较为密切，因此，境内的宗教活动与境外有着千丝万缕的联系，受境外宗教活动的影响很普遍。冷战结束后，随着经济全球化发展，各种思想文化的交流、交融、交锋更加频繁，境外的一些宗教组织、团体及个人，通过各种渠道不断派人来边疆地区传播宗教教义、资助宗教团体、挑动教派对立、发展宗教教徒等，冲击社会主义意识形态的主导地位，麻痹国民的思想意识，制造民族分裂事端。境外宗教渗透日益成为威胁我国安全的最重要因素之一，严重影响边疆社会的稳定。面对全球化的历史进程，面对改革开放的复杂局面，境外宗教的渗透将会广泛而深入，对此，我们必须提高警惕，确保我国文化和意识形态安全，确保边疆地区的安宁与稳定。

民族问题与宗教问题相交织。由于受经济发展水平和传统习惯势力的影响和制约，很多少数民族通常都有其固定的宗教信仰，宗教意识也早已渗透到民族心理结构中，宗教意识与民族意识、宗教问题与民族问题往往难解难分。民族和宗教问题的结合，就给不同民族和宗教信仰的人打上了不同的标签，各民族在交往中不可避免会产生矛盾和摩擦，一旦发生纠纷，任何标签化的辱骂言论都会引发严重的社会问题，本来只是不同民族个体成员之间的民事纠纷往往最终会发展成不同民族或不同宗教信徒间的大规模冲突甚至群体性事件。所以，处理好我国边疆少数民族地区的宗教问题，直接关系到我国经济社会发展全局、边防稳固和国家统一。

6. 社会发育程度较低

衡量一个地区社会发育程度高低的重要指标是社会组织数量的多少和规模的大小及其获取社会资源能力的高低。社会组织，是指在政府、市场、社会之间发挥服务、沟通、协调、公证、监督等作用的非政府、非营利性的组织。社会组织作为非营利性、公益性和自治性的组织，是社会公共利益的主要提供者和重要维护者之一，它与政府组织、企业组织共同构成现代社会的三大组织体系。

改革开放以来，中国民间组织迅速发育成长，整体实力不断增强。截至 2014 年底，全国共有社会组织 60 多万个，各类社会组织在经济领域、文化领域、社会领域等发挥着建设者、参与者作用，是我国经济社会发展的重要推动力量。

但是，我国陆地边疆地区由于受到经济发展基础、经济规模总量、产业结构、市场发育水平等因素制约，总体经济发展滞后，社会组织资源占有量少；同时，民众对社会组织的认知程度还比较低，社会参与意识不强，而且民主制度建设滞后，政府和社会对社会组织的支持仍然非常有限，社会组织获取社会资源的难度也比较大，所以，我国陆地边疆地区普遍社会发育程度低，社会组织数量少、规模小、资金困难。

2014年底，江苏与广西、云南、西藏等九省（区）社会组织（不完全统计）总数及每万人拥有社会组织数见下表：

2014年边疆九省（区）社会发育程度比较

省份	社会组织总数（万个）	每万人拥有的社会组织数（个）
全国平均	60.6万	4.5
江苏	7.5	10
广西	1.8	3.8
云南	2.0	4.5
西藏	0.06	2.3
新疆	0.84	4.4
甘肃	1.8	6.9
内蒙古	1.1	4.6
黑龙江	1.6	4.2
吉林	1.6	5.9
辽宁	3.9	9.2

注：相关数据来源于中华人民共和国民政部网站。

从上表中可以看到，我国边疆九省（区）中，大部分省区社会组织数量较少，每万人拥有的民间组织数远低于全国发达省（区），且边疆省区的社会组织普遍呈现出规模小、资金困难、依附性强，这是制约我国陆地边疆地区社会发展的一大瓶颈。

7. 教育科技水平普遍较低

我国的陆地边疆地区由于历史及其地理环境等诸多因素的制约，经济发展水平低下，落后的经济基础严重影响着当地教育和科技的发展，而教育和科技发展的滞后反过来又长期制约着劳动者素质的提高，制约着陆地边疆地区经济社会的可持续发展。

第一，教育发展方面

教育经费投入较低。近年来，我国的教育经费有了很大的增长，但是与广大群众对教育公共服务的要求相比，我国教育经费投入仍然严重不足。而且，我国教育经费分布呈现出很大的地域差异，内地核心省区教育经费投入较高，而边疆省区则普遍较低。2012年3月，北京大学教育学院副院长李文利在《人民日报》和人民网联合举办的教育专家研讨会上表示，普通小学和初中生均预算内教育事业费，东部最高省份与中西部最低省份相差七倍左右。全国40个左右还没有实现"两基"（基本普及九年义务教育、基本扫除青壮年文盲）的县，主要分布在西部边疆地区。①

人均受教育年限。人均受教育年限指某一特定年龄段人群接受学历教育（包括普通教育和成人学历教育，不包括各种非学历培训）的年限总和的平均数。普通教育包括：普通小学、初中、高中、职业初中、职业高中、中等专业学校、技工学校、大学专科、大学本科、硕士、博士。人均受教育年限是反映一个国家或地区劳动力教育程度或国民素质的重要指标之一。截至2010年底，我国15岁及以上人口的人均受教育年限已达9.05年。② 2010年，云南省人均受教育年限仅为7.6年。③ 2011年西藏人均受教育年限为7.9年。④

毛入学率。毛入学率，指某学年度某级教育在校生数占相应学龄人口总数比例，是衡量教育发展水平的重要指标。毛入学率的高低我们一般用高中教育毛入学率和高等教育毛入学率两个指标来衡量。高中教育毛入学

---

① 《教育经费：既患寡又患不均》，http：//focus.cnhubei.com/original/201203/t1997303.shtml（访问时间：2012年3月9日）。
② 《我国国民整体受教育水平进一步提高》，http：//news.hexun.com/2012-04-12/140329966.html（访问时间：2012年4月12日）。
③ 《云南：人均受教育年限为7.6年》，http：//www.yn.xinhuanet.com/newscenter/2011-05/10/content_22722282.htm（访问时间：2011年5月10日）。
④ 《西藏人均受教育年限升至7.9年》，http：//news.sohu.com/20120110/n331775586.shtml（访问时间：2012年1月10日）。

率指某学年度高中教育在校生数占相应学龄人口总数比例；高等教育毛入学率是指 18 岁到 22 岁应接受高等教育的人群中实际接受了各种高等教育（专科及其以上学历）的人数比例，反映了一个国家提供高等教育机会的整体水平。受经济、社会发展水平较低的影响，我国陆地边疆地区，除了辽宁、吉林和黑龙江相对较好一些外，教育水平普遍偏低，高中教育和高等教育毛入学率都比较低，均低于全国平均水平，与北京、上海、天津等有很大差距。根据 2013 年全国教育事业发展统计公报数据显示，2013 年，全国高中教育毛入学率为 86%，高等教育毛入学率达到 34.5%。① 据统计，2010 年，上海、北京和天津的高等教育毛入学率均已达到 60%，远远高于全国平均水平。而据 2013 年云南省国民经济和社会发展统计公报显示，2013 年云南省高中阶段教育毛入学率达 72.1%，高等教育毛入学率仅为 25.8%；2012 年西藏高中阶段毛入学率为 63.4%，高等教育毛入学率为 26.7%；②，新疆的教育发展整体水平与我国东中部地区的差距也很大，其 2010 年高等教育毛入学率仅为 22.02%，低于全国平均水平③，2011 年自治区高中教育的毛入学率为 69%；④ 截至 2011 年，内蒙古自治区高中阶段教育毛入学率达到 91.5%，同年全区高等教育毛入学率为 30.52%。⑤ 从以上数据中，我们可以看出，我国陆地边疆地区高中教育和高等教育毛入学率普遍低于全国平均水平，和东中部地区差距还很大。

第二，科技发展方面

衡量一个国家或地区科技水平的指标主要有"专利申请量"和"R&D 经费投入强度"等两个指标。

---

① 《2013 年全国教育事业发展统计公报》，http://education.news.cn/2014-07/05/c_126713808_2.htm（访问时间：2014 年 7 月 5 日）。

② 《西藏人均受教育年限升至 7.9 年》，http://www.mzb.com.cn/html/Home/report/330556-1.htm（访问时间：2012 年 1 月 12 日）。

③ 《援疆省市将增加招生计划 提升新疆高等教育入学率》，http://news.xinmin.cn/rollnews/2010/8/3/6103102.html（访问时间：2010 年 8 月 3 日）。

④ 《新疆：加快发展普及南疆三地州高中教育》，http://www.jyb.cn/basc/xw/201201/t20120109_473567.html（访问时间：2012 年 1 月 9 日）。

⑤ 《内蒙古教育概况》，http://edu.ifeng.com/gundong/detail_2012_9/29/18005614_0.shtml（访问时间：2012 年 9 月 29 日）。

每万人专利申请量。我国九大陆地边疆省区中,除了黑龙江、吉林、辽宁三大省区专利申请量要高一些外,云南、新疆、西藏、内蒙古等陆地边疆省区的专利申请量都非常低,根据国家知识产权提供的数字显示,2013年度我国各省(区市)发明专利授权量排行情况,北京、广东、江苏位居前三。而西藏、新疆、云南、内蒙古等陆地边疆省区的专利申请量都比较低,全国排名均靠后,具体情况见下表:

2013年各省区(市)专利申请量情况

省份	2013年专利申请总量(万件)	平均每万人专利拥有量(件)
全国	82.5	4.02
广东	9.5475	9.0
北京	8.5434	41.29
西藏	0.0203	0.67
内蒙古	0.6388	2.58
新疆	0.8224	0.79
云南	1.1512	1.11
甘肃	1.0976	1.05
广西	2.3249	0.79

注:以上数据根据《2014年国家统计年鉴》提供的数据计算后得出。

根据国家知识产权局公布的数据显示,我国每万人口发明专利拥有量东西部差异非常明显。2013年度每万人口发明专利拥有量,东部地区为7.7件,中部地区为1.8件,西部地区为1.6件。[①] 可见,和东部地区相比,我国西部陆地边疆地区的专利申请量偏低,甚至远远达不到全国平均水平。

R&D经费投入强度。这是指R&D经费支出与GDP之比。2013年陆地边疆省区和北京、上海、天津的R&D经费及其投入强度对比情况见下表:

---

① 相关数据来源于中华人民共和国知识产权局网站。

2013 年各省区（市）研究与试验发展（R&D）经费对比情况

省份	R&D 经费（亿元）	R&D 经费投入强度（%）
全国	11846.6	2.08
北京	1185.0	6.08
西藏	2.3	0.29
内蒙古	117.2	0.70
新疆	45.5	0.54
云南	79.8	0.68
甘肃	66.9	1.07
广西	107.7	0.75
吉林	119.7	0.92

注：以上数据根据《中国统计年鉴（2014）》提供的数据计算后得出。

从上表中，我们可以清晰地看到，与全国2.08%的平均投入强度相比，九个陆地边疆省区的R&D经费投入强度普遍都偏低，几乎都达不到1%，与北京、上海、天津等地区相比，投入强度更低。

8. 威胁和危害国家安全的因素较多较复杂

"所谓国家安全，就是国家的各个领域均不受内外破坏性因素的威胁，而按照既定的规则和秩序平稳运行的状态。国家的各个领域包括政治领域、经济领域、社会领域、文化领域、生态领域等。在特定的历史时期，每个国家的各个领域都会形成自身特点的规则和秩序，这些规则和秩序保证了这个国家的安定和谐、平稳发展。"[①] 我国陆地边疆地区，由于其特殊的地理位置及其复杂的周边环境，威胁和危害国家安全的因素、特别是以"三股势力"（恐怖主义、民族分裂主义、宗教极端主义）为首的非传统安全因素非常复杂。主要表现在以下几个方面：

第一，"三股势力"的威胁和危害

近年来，我国深受暴力恐怖势力、民族分裂势力、宗教极端势力的侵扰，严重影响了边疆的社会稳定和长治久安。"三股势力"往往相互勾结，沆瀣一气，以极端的方式从事分裂国家、分裂民族的活动。民族分裂活动

---

① 方盛举、王志辉：《论我国边疆治理的一般客体与特殊客体》，载《思想战线》，2015年第5期。

和极端宗教活动以暴力恐怖犯罪的形式予以表现，而恐怖组织则常常披着民族宗教的外衣实施暴力犯罪活动，一方面制造舆论，蛊惑人心，另一方面大搞暴力恐怖活动，破坏社会安定，企图达到祖国分裂和民族分裂的目的，极大地威胁到我国国家安全和陆地边疆地区各族群众的生命安全。

当前，对社会主义中国怀有敌意的西方国家为了实施西化和分化中国的政治图谋，常常为我国"三股势力"的发展壮大提供军事力量武装、组织活动资金、政治避难场所等；同时，我国陆地边疆地区民族与宗教问题的相互交织、错综复杂，而且陆地边疆地区法治体系不完备、人治色彩浓厚，导致造成陆地边疆基层政府作风不良、治理能力低下、公民权利和义务失衡、社会矛盾增多且尖锐，这给"三股势力"的发展壮大提供了充足的土壤。所以，我国陆地边疆地区一直是"三股势力"实施民族分裂和政治破坏活动的重点区域，而其中的首选之地主要是新疆和西藏地区。新疆境内的"东突"势力（东突厥斯坦伊斯兰运动）既是宗教极端化和暴力恐怖化的民族分裂主义，又是民族分裂化和宗教极端化的国际恐怖主义的一部分，它打着宗教的旗号，利用恐怖的手段，以达到分裂国家的政治目标。"东突"势力与中亚"三股势力"遥相呼应，是中亚"三股势力"的方面军，直接破坏我国西部的地缘安全环境、对我国的民族团结和国家统一造成威胁、对我国的民族区域自治制度产生冲击、妨碍我国西部大开发战略的实施，从而对我国西部陆地边疆的安全造成严重威胁和现实危害。

因叛乱而外逃的西藏达赖集团，长期从事民族分裂活动，为了掩盖其真实目的，一面，打着宗教旗号和披着宗教外衣，在国际上戴着一副"和平使者"的假面具示人，借此迷惑国际社会，博取国际社会的舆论同情。另一面，为了博得容留达赖集团的西方反华势力的欢心，更为了实现其所谓的"西藏建国"梦，加强对藏民的极端宗教思想灌输和渗透，利用藏族群众虔诚的信教心理，诱使少数藏族群众采取自残或自焚等违背人道主义的残酷方式，实施"圣战"。当然，除了新疆和西藏，其他陆地边疆地区也在一定程度上深受"三股势力"的侵扰，比如，受境外"泛蒙古主义"和"三蒙统一"思潮的干扰和影响，内蒙古自治区边境一带也存在许多不安定因素。

"三股势力"对我国陆地边疆社会的稳定和安全构成了巨大威胁。我们必须采取严密的防范措施，严厉打击"三股势力"的犯罪活动。

第二，民族问题的威胁和危害

我国陆地边疆地区是少数民族聚居区，陆地边疆地区与民族地区具有高度重合性。我国陆地边疆民族问题是一种牵一发而动全身的综合性问题。主要包括以下几个方面：

因民族习俗差异导致的隔阂问题。我国绝大多数的少数民族生活在陆地边疆地区。人口较多民族，如蒙、藏、维吾尔、回等民族主要生活在北部和西北部边疆地区，壮、傣、彝、苗、白等民族主要生活于西南边疆，满族、朝鲜族等主要集中在东北边疆，而其他人口较少的少数民族更是几乎全部聚居在边疆。时至今日，这些民族仍然或多或少、或强或弱地保留着具有本民族特色的风俗、习惯、语言和文字等。在经济全球化和市场经济进一步发展的今天，我国陆地边疆各民族群众之间交流和交往日益频繁和深入，建立在不同民族身份之上的不同风俗习惯和行为模式，不可避免地会产生一定程度的摩擦和矛盾。

因区域经济发展不平衡所导致的民族心理失衡问题。当前，我国区域经济发展严重不平衡，这种区域发展不平衡主要表现在两个方面，一是陆地边疆与内地的发展不平衡；二是陆地边疆内部不同地区发展不平衡。区域经济发展的不平衡是造成民族心理失衡的源头。此外，在东中部发达地区对陆地边疆地区的对口支援和帮扶过程中，区域之间不同民族经济发展程度和生活水平的巨大差距，一方面可能会催生处于支援一方的东中部发达地区的巨大优越感，另一方面可能会催生处于被支援一方的陆地边疆落后民族地区的自卑感。因此，东中部地区对陆地边疆地区的帮扶和照顾就日益异化为强者对弱者的"怜悯"和"同情"，这可能加剧陆地边疆地区部分少数民族的心理失衡感。

因民族政策导致的利益失衡问题。我国的各项民族政策，特别是以特殊帮扶和优惠照顾为核心内容的民族政策，常常是针对特定的少数民族。而对于生活在同一陆地边疆地区、贫困程度相当的汉族或者其他民族，同样的生存条件和同样的国民身份，却享受不一样的政策待遇。这必然会造成非受惠民族对陆地边疆治理政策的冷漠或抵触的态度，会在一定程度上破坏陆地边疆地区民族团结和社会和谐局面的形成。同时，受到特殊帮扶和优惠照顾的部分少数民族会感觉到这是一种"变相歧视"，是先进民族对落后民族的"施舍"和"同情"，同时会弱化陆地边疆地区少数民族的国家认同意识，助推其民族认同意识趋于旺盛，成为繁衍民族问题的"温床"。

因民族意识和利益意识的非理性膨胀所导致的问题。在市场化和现代化的滚滚浪潮中，随着利益分化、阶层分化和群体分化现象日益凸显，我国陆地边疆地区少数民族群众的利益意识逐渐觉醒，对本民族经济利益和政治待遇越来越关注。在特定的内外部诱因下，少数民族群众的民族意识和利益意识常常合二为一，甚至出现过于旺盛和非理性膨胀的趋势，造成民族认同和国家认同合理平衡局面的打破，民族认同高于国家认同，这是我国陆地边疆民族问题产生和演变的重要诱因。

因陆地边疆地区政府的治理能力、治理方式及工作作风导致的问题。当前，我国陆地边疆地区进入了社会矛盾的多发期和凸显期，民族意识和利益意识日趋旺盛、非理性膨胀，陆地边疆治理的任务越来越艰巨。但是，我国陆地边疆治理体系还很不完善，许多陆地边疆基层政府治理能力低下，往往简单地照搬内地的治理思路和模式，或不加分析地沿用过去曾经取得成功的治理方式，如以帮扶、照顾、优惠等特殊情感关怀为特征的治理模式，而忽视对少数民族群众国家认同感和国家责任感的培育，从而造成陆地边疆少数民族群众的公民权利和义务的失衡，助推其民族意识的非理性膨胀。同时，我国陆地边疆地区基层政府官僚主义作风盛行、工作作风简单而粗暴，以及各种腐败现象的存在，造成少数民族群众和政府的情感疏远和情绪对立，陆地边疆基层政府政治合法性不断流失，这就给极端民族主义思想的渗透留下了可趁之机。

跨界民族问题。在两万多公里的漫长的边境线上，居住着35个跨界民族。跨界民族跨两国甚至多国国界而居。边疆地区的跨界民族，有着极为密切的联系，相互之间往来频繁，如通婚访友、节日聚会、游商贸易、互市及过境劳作等。随着经济全球化的发展，中国和邻国经贸往来越来越大，给跨国犯罪制造了可乘之机。例如，贩毒集团利用跨界民族居住在边境两侧、相互之间联系密切、走动频繁和往来不易被觉察等特点进行贩毒，并拉拢边民下水。这威胁着我国陆地边疆地区乃至国家的安全。

由于我国边境地区的少数民族与周边邻国的同种民族，在宗教信仰、价值观念、语言、风俗习惯等方面基本相同或相似，彼此认同度很高，形成了横跨两国的民族共同体，这种跨境民族的存在使得我国的民族关系更加复杂。极少数民族分裂分子总是利用跨境民族问题做文章，煽动和利用跨境民族制造各种事端。西方反华势力和境外敌对分子也企图利用民族、宗教和发展差距等问题，在我陆地边疆地区打开缺口，如支持达赖集团等，加紧在我边疆地区，特别是新疆和西藏搞分裂、渗透活动。

第三，宗教问题可能带来的威胁和危害

我国边疆地区自然地理条件恶劣，经济社会发展程度低，受周边相邻国家厚重宗教的影响较大。所以，长期生活陆地边疆地区的各族群众，大多数信仰宗教，而且宗教信仰情况十分复杂。在一个多民族杂居的边疆地区，不同的民族往往信仰不同的宗教，同一个民族所信仰的同一个宗教也有不同的派别，因此，在陆地边疆地区存在多种宗教类别或宗教派别。此外，同一个少数民族信仰不同宗教、好几个不同民族信仰同一种宗教、某个少数民族全民信仰同一种宗教的情况在陆地边疆地区同时存在，这样一来，不同民族之间的宗教信仰冲突、同一民族之间的不同宗教信仰冲突、同一宗教内部不同的派系之争等等宗教问题同时存在。

在我国陆地边疆地区，由于经济社会发展水平低、人们受教育程度低，而少数目的不纯和别有用心的所谓"宗教人士"，打着宗教旗号、歪曲宗教教义，对宗教教义加以极端化的篡改，形成毒害各少数民族群众心灵的各类邪教以及各种极端宗教思想，比如"全能神邪教""法轮功"，还有一些社会不法分子打着宗教的旗号，进行巫术迷信活动，极大地危害边疆各族群众的生产生活秩序，对边疆安全、稳定与发展都构成了重大威胁。

改革开放以来，我国和相邻国家的边民相互之间的经济交往、文化互动和生活联系日益频繁，由于我国陆地边疆地区特殊的地理位置，使得陆地边疆地区的宗教更容易与境外宗教发生接触和交流，非常容易受到境外宗教的影响和渗透。近年来，境外一些国家的宗教组织，通过各种渠道不断派人来我国边疆地区宣传教义、扩大影响，甚至一部分传教人士鼓动和煽动民族分离思想，对国家安全危害极大；还有的敌对势力打着宗教的幌子派情报人员在我国边疆地区进行情报搜集和政治渗透；一些国家通过资助我国边疆地区的学生，以学习宗教文化为借口，对这些学生进行思想灌输和策反，诱导学生从事破坏国家安全的活动。

第四，其他社会问题的威胁和危害

毒品问题。我国西南边疆和西北边疆与世界毒品产地"金三角"和"金新月"相邻，受毒品冲击和影响较为严重。"金三角"的毒品一般都是经过新、马、泰等国家运往西方，但在沿线各国的联合打击下，国际贩毒分子铤而走险试图开辟我国运输线，将毒品从"金三角"偷运入我国西南边疆地区，再经过香港等地中转到欧美国家。"金新月"在阿富汗境内，这一地区的贩毒人员与我国境内的"三股势力"相互勾结，形成以毒养恐、以恐助毒的态势，其中一部分毒品通过中阿边界走私到我国西北边疆地区，然后流入我国内地和世界其他地区。此外，在吉尔吉斯斯坦等中亚国家，也有不法分子种植罂粟。我国与中亚国家具有非常漫长的边界，中亚的毒品也流入我国边疆地区，这些毒品很大一部分流到边疆地区的恐怖主义或者是民族分裂分子手中，成为他们筹集资金的来源。总之，由于我国陆地边疆地区特殊的地理位置，导致毒品在我国境内的泛滥，使我国不仅成为毒品的过境国，而且还成了毒品消费大国。由于边疆地区吸毒人数多，导致大量社会财富流失境外，阻碍了边疆地区经济社会的发展。此外，毒品问题败坏了边疆地区的社会风气，"引发了一系列社会犯罪问题，破坏了边疆地区正常的生产生活秩序，严重影响了边疆地区的安全和稳定，同时也威胁到了我国国家安全"①。

"三非"问题。改革开放以来，随着来华的外国人逐年增多，大量"三非"人员的出现，也给我国边疆社会治理直接带来较大挑战，"三非"问题成为影响我国边疆地区安全、稳定与发展的一个重要因素。"三非"人员是指未经我国政府许可，非法进入我境或在我境非法居留、非法就业的外籍人员。我国陆上与14个国家接壤，而且我国陆地边疆地区和邻国山水相连，边境前沿阡陌交错，天然通道不计其数，加之边防基础设施建设落后，边防体系不完善，这就为"三非"人员出入境提供了条件。同

---

① 孟立君：《论影响我国边境安全的非传统因素》，载《边疆经济与文化》，2009年第2期。

时，与我国西南边疆相邻的越南、老挝、缅甸等国家经济社会发展水平低、人民生活水平不高，这些国家的民众纷纷涌入我国边疆地区，很大一部分都是非法入境、非法居留、非法就业的"三非"人员。另外，在我国陆地边疆地区有35个民族跨境而居，这些跨境民族语言相通、习惯相同，为追求更好的物质生活，很多相邻国家的跨境民族千方百计非法入境与我方边民非法通婚。近年来，随着我国与周边国家的经贸关系的大发展，大量外国人进入我国，而且人数逐年增多。据公安部的数字显示，1980年外国人入境仅74万人次，2011年已增至2711万人次。近十年来，外国人入境人数以年均10%左右的速度递增。[①] 其中有很大一部分属于"三非"外国人。而且近年来"三非"人员开始由陆地边疆地区逐渐向我国内陆地区进驻。"三非"人员不仅违反了我国相关法律，破坏了我国正常的出入境管理秩序，也给边疆地区的经济和社会带来冲击。很多"三非"人员法律意识淡薄，对我国的法律法规熟视无睹，经常从事违法犯罪活动。此外，"三非"人员非法生养孩子问题严重，由于所生养孩子没有户籍和政策支持，"三非"人员的后代无法享有我国公民该有的社会福利、社会保险及其他公民权利，这为未来的管理留下了巨大的隐患。

跨境婚姻问题。自从20世纪90年代沿边沿境开放逐步扩大以来，特别是近年来，随着改革开放的进一步深入，我国陆地边疆地区和相邻国家之间的跨国婚姻逐年增多，并且呈现出一个典型特点，即向中国"一边倒"现象，比如越南和缅甸的大量女性争相嫁入我国西南陆地边疆地区等等。大量存在的跨境婚姻给我国陆地边疆社会安全环境造成了一系列潜在和现实的威胁，带来大量显性和隐性的社会问题，极大地增强我国陆地边疆治理的成本和难度。因此，我们必须对跨境婚姻问题给予高度重视。造成我国陆地边疆地区跨境婚姻大量存在的原因有以下几个方面：第一，边民交往交流几乎无障碍。在漫长的边境沿线，很多地方没有屏障，可谓村寨相望，鸡犬之声相闻，民间通道纵横交错，边民往来极为便利，双方边民长期互市往来，友好相处。而在我国陆地边疆地区，生活着30多个跨境民族，这些跨境民族语言相通、风俗相同，在心理和生活习惯上没有太

---

① 《"三非"问题开始凸显 开放的中国如何应对》，http://www.gov.cn/jrzg/2012-05/25/content_2145417.htm（访问时间：2012年5月25日）。

大差别。这就造成历史上边民跨境通婚情况从未间断。近几年，随着经济社会的发展和对外开放的扩大，我国和相邻国家跨境婚姻人数不断增多。再加上近年来缅甸等邻国局势不稳定，大量边民涌入我国陆地边疆地区，导致跨境婚姻人数大幅增加。第二，我国的经济发展水平和人民生活水平高于邻国。缅甸、越南、老挝等邻国老百姓的生活条件十分艰苦，且妇女的地位非常低。改革开放以来，我国边疆地区经济发展较快，我国边疆各民族群众生活水平提高很快。加上我国政府加大实施了一系列惠民政策，社会福利水平增加较快。这些都对邻国民众产生了较大的吸引力，导致大量邻国民众通过婚姻等方式流入我境内。第三，我国陆地边疆地区农村男女比例严重失衡。我国陆地边疆地区多属山区，生存条件相对恶劣，随着农村劳务输出力度加大，本地的女青年大多外出打工就不愿返回本地成家，而内地的女青年又不愿嫁入，这就导致我国陆地边疆地区农村青年男女比例严重失衡，致使当地大龄男青年不得不向境外寻找配偶，境外女性因婚姻流入的数量猛增。近年来，我国陆地边疆地区跨境婚姻逐年增多，并且出现了由边境沿线逐步向内陆乡镇延伸的趋势，这给我国陆地边疆社会安全与稳定带来巨大威胁，增加了我国陆地边疆治理的成本。一是跨境婚姻的泛滥成灾，是诱发边境卖淫嫖娼和跨国拐卖妇女等社会犯罪问题的"温床"。二是给我国计划生育和户籍管理工作带来很大困难。由于外籍配偶缺乏合法身份证明，存在被视为"三非"（非法入境、非法居留、非法结婚）人员，被遣返回原国籍国的风险。而且他们难以享受国家和当地政府给予的惠民政策，出行极为不便，务工几率极低。另外，他们长期居留我国境内，却不按照法定程序办理入籍、落户手续，且不遵守我国计划生育政策，早婚现象严重、超生突出，甚至跑到境外躲生。这必然增加我国陆地边疆地区社会不安定因素。三是外籍配偶整体文化素质不高，根本没办法辅导孩子，大多数家庭的生活水平低于当地居民的平均生活水平，很多孩子因为贫困，往往是小学没有毕业，就辍学在家。所以，日益增多的跨境婚姻成为我国陆地边疆安全的巨大隐患，而跨境婚姻问题又与民族问题、边境管理问题交织在一起，如果不能采取有效措施，加以妥善解决，必将影响到我国陆地边疆地区社会发展，威胁陆地边疆地区的稳定与和谐。所以，我们要采取措施，增强对跨境婚姻的管理，使跨境婚姻管理走向有序化、规范化，真正有效解决跨境婚姻问题，从而实现我国陆地边疆地区的长治久安。

艾滋病问题。我国陆地边疆地区是艾滋病的高发区，陆地边疆地区的少数民族已成为受艾滋病伤害最严重的群体之一，"只占我国总人口8.49%的少数民族，在艾滋病感染中的比例却高达36%以上，在个别边境地区，艾滋病甚至使一些少数民族村寨出现门户萧疏的景象"①。陆地边疆地区成为艾滋病的高发区，有其深刻的原因。陆地边疆地区艾滋病问题不仅仅是单纯的病症问题，而是一个涉及陆地边疆经济社会发展、人口质量、家庭生活、社会负担、心理歧视等多方面的综合性社会问题。做好艾滋病防治工作，解决好艾滋病问题，不仅关系到陆地边疆地区群众身体健康和社会经济发展，更关系到陆地边疆地区安全与稳定。

艾滋病问题产生的原因主要有以下几个方面：（1）特殊的地理位置决定了陆地边疆地区不可避免地面临艾滋病流行的影响和威胁。我国陆地边疆地处"金三角"和"金新月"两大世界毒品生产和交易中心，国际贩毒走私团伙往往首先选择我国陆地边境作为入口，在我国陆地边疆地区实施毒品走私活动。所以，我国陆地边疆地区民众吸毒贩毒现象普遍存在，艾滋病的流行与毒品的蔓延，特别是与共用注射器吸毒直接相关。吸毒是我国陆地边疆地区传播艾滋病的主渠道。（2）陆地边疆地区艾滋病"边境输入"现象突出。我国陆地边境线长达两万多公里，与越南、老挝、缅甸等14个国家接壤。而由于历史、文化、经济等原因，跨境婚姻现象在我国陆地边疆地区非常普遍。由于相邻国家，特别是东南亚国家卫生水平较低，疫情复杂，艾滋病等各种疫情疫病随人流传入的可能性比较大。而很多跨境婚姻属于事实婚姻，没有进行登记，这就给我国陆地边疆地区艾滋病防治工作造成了极大的困难。所以，尽快对陆地边疆地区的跨境婚姻进行有效的规范化管理，是解决陆地边疆地区艾滋病问题的一个重要举措。（3）贫困导致我国陆地边疆地区妇女跨境流动是艾滋病问题产生的一个根本原因。相对内地来说，我国陆地边疆地区经济社会发展水平低，民众生活困难。而生活在陆地边疆地区的一些妇女在利益诱惑、混乱思想的

---

① 陆云：《非传统安全视角下的西部边疆民族地区艾滋病疫情与防控》，载《中南民族大学学报》，2013年第1期。

影响下，想急切改变现有的不令人满意的生活状态，这导致我国边疆的一些妇女外流到新、马、泰国家。由于她们文化水平低，又没有一技之长，一些人为了生存只有沦落到按摩院、歌舞厅从事性工作，而这些国家艾滋病疫情比较严重。所以，陆地边疆地区妇女跨国打工、跨境流动正造成艾滋病的显性和隐性蔓延，同时还带来一系列的社会问题。（4）我国陆地边疆地区地方财政困难，社会事业的财政投入不足，导致边疆民众文化素质、身体素质等普遍偏低。同时，由于陆地边疆地区财政困难，艾滋病防治知识宣传教育投入严重不足，艾滋病流行蔓延较为严重。（5）近年来，随着我国陆地边疆地区边境口岸贸易经济的发展，边境人员流动越来越频繁。而受缅甸、泰国等国家的影响，在边境经济发展过程中，黄赌毒等腐朽文化也随之渗透到我国陆地边疆地区，口岸城镇一些娱乐服务场所黄赌毒很严重，使我国边疆成了毒品、艾滋病蔓延的重灾区。对此，我们应予以高度关注。由于以上原因，在经济全球化的今天，随着我国对外开放的深入，艾滋病在边疆地区加速蔓延，艾滋病感染人数和死亡人数在逐年上升，艾滋病成为危害人们，特别是危害年轻人的罪魁祸首。边疆地区的艾滋病已不单单是一个病症问题，而是一个综合性的社会问题，艾滋病的蔓延严重危害陆地边疆地区民众的身体健康、阻碍边疆地区经济社会发展、威胁边疆民族地区社会稳定，成为陆地边疆地区构建和谐社会的最大障碍。采取有效措施，做好艾滋病防治工作，解决好艾滋病问题，不仅关系到陆地边疆地区民众身体健康和社会经济发展，更关系到陆地边疆地区安全与稳定。

走私问题。由于我国的陆地边境线长达两万多公里，很多边境地区人烟稀少、比较偏僻，犯罪分子很容易利用我国陆地边疆地区进行走私。目前，我国边境地区或多或少都存在一定程度的跨国界走私活动。我国陆地边疆地区的跨国界走私主要以毒品、香烟、原油等。边疆地区的走私活动不仅对边疆安全与稳定带来威胁，也扰乱了我国正常的经济秩序、外贸秩序。还给国家带来巨大的税收损失。近年来，我国虽然加大了反走私力度，但是，犯罪分子的走私活动变得更加隐蔽，走私活动一直屡禁不止，没能彻底消除。随着经济全球化的进一步发展，边境人员流动量逐年增多，我国的反走私斗争也变得更加艰巨。所以，我们必须进一步加大反走私力度，才能切实维护陆地边疆地区正常的经济秩序、实现边疆的安全与稳定。

9. 边疆治理体系不完善

对于我国来说，陆地边疆是一个特殊的区域，战略地位重要、民族和宗教关系复杂、资源丰富、发展潜力巨大。但是，陆地边疆地区远离国家腹心区，经济社会发展水平低、威胁和危害国家安全的因素复杂，陆地边疆地区生态、经济、政治、文化和社会环境的特殊，必然会形成一些陆地边疆地区特有的矛盾和问题，即所谓的陆地边疆问题。处理陆地边疆问题即陆地边疆治理，是国家治理的一个子系统。陆地边疆治理在整个国家治理中，处于重要地位。能否有效地进行陆地边疆治理，直接关系到能否实现陆地边疆的巩固、发展和繁荣，能否巩固民族团结和国家边防，能否保持和促进国家的强大和繁荣。

然而，当前我国陆地边疆治理体系还很不完善，主要体现在：首先，陆地边疆治理的组织体系不完善，即陆地边疆治理主体单一，且分工不合理；其次，陆地边疆治理政策和制度不完善，还未构建起完整的陆地边疆治理制度和政策体系；此外，陆地边疆治理技术还比较落后等等。要实现国家治理体系和治理能力现代化，就必须完善陆地边疆治理体系、提升陆地边疆治理能力。

第一，治理主体单一

长期以来，我国的陆地边疆治理主体单一，治理的主体主要是中央政府。陆地边疆基层政府治理理念与治理方式落后、政府失灵问题突出；陆地边疆地区的社会组织力量弱小，且官方依附性太强，发展前景的模糊性和不确定性因素多；大多数陆地边疆市场经济发展进程相对滞后，市场环境规范性不够，自发性和随意性太强，缺乏统一规划和综合整治。这样单一而且分工极度不合理的陆地边疆治理主体结构极大地制约了陆地边疆治理体系和治理能力现代化。

而对于我国来说，陆地边疆是国家的一个重要组成部分，而且陆地边疆地区地理位置特殊、资源丰富、民族和宗教关系复杂，所以，"陆地边疆问题产生并存在于陆地边疆，但其影响却绝不限于陆地边疆，它关系到国家的领土和主权，关系到国家的统一和强盛，关系到民族的前途和命运"①。陆地边疆问题是全局性的、根本性的、战略性的问题。此外，随着我国陆地边疆地区社会主义市场经济体制的逐步确立和改革开放的进一步发展，陆地边疆社会的利益分化、阶层分化和群体分化现象日益严重，这不仅加剧了民族问题与宗教问题的复杂程度，更增加了现代性的利益冲突和利益矛盾，陆地边疆地区各种社会问题和社会矛盾凸显。

在此背景下，解决好陆地边疆问题，进行陆地边疆治理，必须在依靠国家政权的力量的同时，还要充分动员社会其他组织，调动国家和社会的资源，进行协同治理，要构建起一个由中央政府、陆地边疆地方政府、发达地区、市场力量、民间组织和边疆各族群众共同组成的治理主体结构。

中央政府要充当陆地边疆治理宏观战略的规划者角色。我国的陆地边疆地处改革开放的前沿阵地，战略地位非常重要，自然资源丰富，但是，陆地边疆自然地理环境较差、生态环境脆弱、经济社会发展水平较低，自我发展的条件比较差，自我发展的能力也比较弱。同时，相邻国家的发展水平也比较低，而且政局不稳。所以，陆地边疆治理目标的实现，必须依赖于国家的推动和主导，必须充分发挥中央政府在陆地边疆治理中的主体地位。中央政府主要负责制定陆地边疆治理的宏观目标和战略，运用强大的集中动员力量调配财政、人力、技术和信息资源支持陆地边疆发展，并督导陆地边疆地方政府，促成边疆治理目标的实现。

陆地边疆地方政府是陆地边疆治理的具体组织者和责任人，是陆地边疆治理的具体的责任主体。陆地边疆地方政府，必须运用国家的陆地边疆治理方略和政策，整合各种治理资源，使陆地边疆治理的任务得以真正落实。辖有边疆区域的省（自治区）、市（州）、县三级政府，都是我国陆地边疆治理的具体的责任主体，都负有陆地边疆治理的责任。而其中，边境县政府是各项治理任务的最终实现者。它承接了上级政府的各项具体任务，责任最为具体，也最为重大。所以，我国陆地边疆地方政府，特别是边境县政府，必须更新治理理念，转变治理方式，加强治理能力建设。②

"传统的陆地边疆治理，都是政府行为，基本都是通过中央政府和陆

---

① 周平：《我国的边疆治理研究》，载《学术探索》，2008年第2期。
② 周平：《我国的边疆治理研究》，载《学术探索》，2008年第2期。

地边疆政府实现的。边疆社会仅仅是被治理的对象,是边疆治理的响应者,完全处于被动的地位。"① 而且我国陆地边疆地区的社会组织力量弱小,且官方依附性太强、管理规范性不强、发育不够有序、分布不够均匀。但是,按照现代的边疆治理观念,陆地边疆社会也应该成为边疆治理的一个重要的主体,必须积极地参与陆地边疆治理。② 有效规范和健康发展的社会组织是促进陆地边疆"善治"目标顺利实现的不可或缺力量,是国家政权系统实施陆地边疆治理的有效补充。陆地边疆社会组织的主要任务是集中和凝聚闲散在陆地边疆社会中的各类治理资源,发挥陆地边疆社会自身的治理能量。同时,生活在我国广大陆地边疆地区的各族群众,始终是陆地边疆社会的主人,也必然是陆地边疆治理的主体。要实现陆地边疆的有效治理,就必须把最广大的陆地边疆各族群众动员到参与陆地边疆建设与发展、治理与经营的洪流之中,尤其是在维护国家安全、抵制民族分裂方面,更要充分发挥各族群众的合力。

此外,陆地边疆治理还必须充分发挥市场的力量。从治理手段层面而言,政府可以看作是计划的代名词,市场与计划是相互对应、相互补充的一对资源配置手段,计划可以克服市场的混乱局面及其外部效应,而市场手段则可以克服政府计划的刻板性和激发政府计划的活力。政府失灵可以借助市场力量加以有效克服,而市场失灵则可以通过政府治理加以最小化。改革开放尤其是西部大开发以来,我国陆地边疆地区经过数十年的建设与发展,市场体系在陆地边疆地区已逐步建立起来。但许多陆地边疆地区的交通条件仍然落后、经济社会发展水平仍然比较低、西藏等边疆地区人口密度非常小,导致大多数陆地边疆地区的市场力量始终得不到壮大,市场规范体系也不够完善,自发性和随意性太强,缺乏统一规划和综合整治。长期以来,我国陆地边疆治理一直都是以政府作为治理主体,市场的治理功能未能得到充分而有效发挥。这就增加了我国陆地边疆地区民族纠纷和社会事件的发生几率,加剧了陆地边疆治理的复杂程度。因此,必须尽快在广阔的陆地边疆地区建立起完善的市场体系,这样就会吸纳大量的内地人才到陆地边疆地区去创业,就会带动陆地边疆的产业发展,经济社

---

① 周平:《我国的边疆与边疆治理》,载《政治学研究》,2008年第2期。
② 周平:《我国的边疆治理:族际主义还是区域主义?》,载《思想战线》,2008年第3期。

会发展了，人口数量增多了，陆地边疆治理的基础自然牢固了，治理效能自然就会得到提升。

我国陆地边疆治理体系的不完善，严重制约着陆地边疆地区民主法治建设进程，制约着边疆地区经济社会的发展。同时，面对日益深入的全球一体化趋势和瞬息万变的国际地缘格局，面对周边邻国复杂多变的政治和社会环境，面对我国改革开放关键时期的多样化、尖锐化的矛盾和冲突，面对陆地边疆内部的民族、宗教、发展等区域性难解之题，只有构建起能够有机联动的综合性和系统化的陆地边疆治理体系，全面集聚中央和陆地边疆地区政府、社会力量和各族群众的整体力量，才能有效解决陆地边疆地区各种矛盾和问题、促进陆地边疆经济社会快速发展。

第二，治理政策和治理制度不完善

截至目前，我国还没有制定专门针对陆地边疆建设和发展的国家战略。当前，我国的区域发展战略很多，如"兴边富民"行动，虽然是专门针对边疆的，而且对促进我国陆地边疆地区经济社会发展、陆地边疆地区民众生活水平的提高有一定的效果。但是，它并不是国家战略，而是由国家民委来推进的，是被放在民族工作的范畴内来安排的。"兴边富民"行动计划涉及的范围十分有限，只涉及135个陆地边境县（旗、市、市辖区）和新疆生产建设兵团58个边境团场；因为动员资源的能力有限，投入的资源量不足，所以该行动计划取得的实际效果也是比较有限的。

因此，要提升陆地边疆治理治理能力，推进陆地边疆地区的建设和发展，建立一个强大而长治久安的陆地边疆，实现富民、强国、睦邻的目标，应该制定一个国家战略层面的陆地边疆治理战略，从经济、政治、文化、社会、生态、边防等各个方面，对边疆建设和发展进行全面规划，运用国家政权的力量来动员国家资源，以实现陆地边疆的有效治理。①

第三，治理方法和技术落后

边疆基层政府"官本位"或"权本位"思想比较严重。在我国陆地边疆地区，由于经济社会发展落后，教育水平普遍偏低，导致公务员素质也普遍比较低，公仆意识和法律意识淡漠，官本位、权本位思想和观念还

---

① 周平：《我国的边疆治理研究》，载《学术探索》，2008年第2期。

比较严重。他们不会也不愿主动深入陆地边疆各族群众当中去了解民众的真实想法和民生疾苦。而陆地边疆地区地广人稀，许多村寨离县乡政府机关路途遥远，再加上陆地边疆地区交通不便，许多民众到乡镇或县政府办事，往往需要长途跋涉，需要徒步数公里甚至数十公里山路，而一些政府办事人员却爱理不理或四处推诿，这会造成陆地边疆民众对政府的不信任，陆地边疆基层政府的政治合法性就会慢慢丧失。陆地边疆各族群众的利益诉求和利益表达缺乏畅通的制度化渠道，其利益诉求得不到回应，再加上民众基于对政府的不信任心理，往往采取"大闹大解决、小闹小解决、不闹不解决"的惯性思维模式，这就导致陆地边疆地区冲突事件和民族宗教矛盾频繁发生。

　　陆地边疆治理采取何种治理方式，要根据陆地边疆问题的内容和特征来确定。符合陆地边疆实际的治理方式，才能有效解决陆地边疆问题，收到事半功倍之效。长期以来，我国的陆地边疆治理采取以协调民族关系为主的族际主义治理方式。因为我国"边疆地区同时也是少数民族聚集地区，民族问题是陆地边疆问题的核心，是主要矛盾"①，族际主义治理方式在陆地边疆治理中确实取得了非常显著的成效。经过长期的民族工作和党的民族政策的贯彻实施，历史上遗留下来的很多民族问题得到了根本解决，民族关系得到根本改善，平等、团结、互助、和谐的民族关系已经建立起来。当前，虽然民族问题在我国陆地边疆地区仍然存在，甚至在一定的条件下还可能激化，但其已不是陆地边疆问题中占首要地位的问题。我国目前的陆地边疆问题，概括起来主要是边疆开发和建设问题、边疆安全问题、边疆政治认同与文化认同问题。这些问题从总体上看基本都属于区域性的问题范畴，虽然其中也包括民族问题，但民族问题已不再是最主要的边疆问题了。因此，我国陆地边疆治理的方式也应该进行必要的调整，除了采取族际主义的治理方式外，还应该采取区域主义取向的治理方式，要由族际主义取向的边疆治理方式向族际主义与区域主义并重的治理方式转型。②

　　我国陆地边疆治理体系的不完善，严重制约着陆地边疆地区民主法治

---

① 周平：《我国的边疆与边疆治理》，载《政治学研究》，2008年第2期。
② 周平：《我国的边疆与边疆治理》，载《政治学研究》，2008年第2期。

的建设进程，制约着陆地边疆经济社会的发展。完善陆地边疆治理体系，是国家治理体系和治理能力现代化的应有题中之义。

10. 地缘政治环境非常复杂

我国的陆地边疆地域辽阔，面积广大；邻国众多，边境线长。中国陆地边界总长两万多公里，与14个国家接壤。北与蒙古、俄罗斯、哈萨克斯坦、塔吉克斯坦、吉尔吉斯斯坦接壤，西部毗邻阿富汗、巴基斯坦、印度、尼泊尔、不丹，南与缅甸、老挝、越南接壤，东与朝鲜接壤。此外，还有一个有干预能力、有干预冲动的插手世界各地事务的美国，它是我国边疆复杂地缘政治环境的主导力量之一。

中国周边地区也是世界上大国最集中的地区，多为军事强国，世界上有五个军队在100万以上的国家即中国、美国、俄罗斯、印度、朝鲜，几乎都在我们旁边，或把手伸到了我们周围。公开宣称拥有核武器的八个国家中的四个在中国周边，即印度、巴基斯坦、朝鲜、俄罗斯。当今世界五大潜在热点地区——中东波斯湾、中亚、南亚次大陆、台湾海峡、朝鲜半岛中的四个在中国周边。世界主要战略力量除了欧盟外，美国、日本、俄罗斯、印度、东盟，都在中国周边。① 当前，愈演愈烈的全球化趋势更加剧了我国地缘政治环境的复杂性。如此复杂的地缘政治环境，必然给我国的陆地边疆治理带来巨大挑战，对我国的边疆和国家的安全与稳定造成巨大威胁。

我国复杂的地缘政治环境主要体现在美国等西方发达资本主义国家依然推行霸权主义、强权政治和新干涉主义，众多邻国国内复杂而动荡的政治局势，在经济全球化背景下，以美国为首的西方发达国家及其邻国利用我国陆地边疆地区复杂的民族和宗教因素，加强对我国进行宗教文化渗透。具体表现在：

缅甸对我国西南陆地边疆的影响。缅甸位于亚洲东南部、中南半岛西部，其北部和东北部同我国西藏自治区和云南省接界，中缅国境线长约2185公里。中国目前面临着最严重地缘政治挑战是美国和日本的战略包围，东有岛链，西有C形包围圈，南有敌视中国的印度，目前这个C形包

---

① 高现朝：《我国周边安全形势及我们的应对之策》，载《邢台学院学报》，2009年第3期。

围圈合上还剩下缅甸和巴基斯坦两个缺口。可见，缅甸对中国突破包围圈的战略意义是十分重要的。缅甸既是中国维持西南周边安全的重要合作伙伴，也是中国南下进入印度洋的重要陆路通道。缅甸对于中国来说是一个重要的战略突围点。中国无需经过马六甲海峡就可以从陆路通往印度洋，进而到达中东、非洲。另外，缅甸是我国的一个潜在的资源来源国与商品销售市场。但是缅甸国内政局复杂，各种政治、军事派别林立，特别是其国内的民族问题一直十分尖锐，民族地方武装以军事割据，长期与缅甸军政府对立甚至对抗，造成缅甸内部战乱持续不断，内战连连。由于缅甸与我国西南边疆山水相连，边界线上没有天然屏障或地理障碍，双方边民来往频繁。另外，双方的很多边民同属一个民族，如克钦邦的主体民族克钦族与我国少数民族景颇族和傈僳族同源同祖。这就造成了缅甸的局势直接影响着我国西南边疆的安全、稳定和发展。如 2009 年 8 月"果敢事件"，造成大量难民涌入我国边境一线，给我国边疆治理造成巨大的压力和挑战。2013 年缅甸政府军与北部克钦邦再开战端，不仅造成我边民伤亡，而且 3 万多名难民涌入我国云南境内寻求庇护，既冲击了我国边境一线的社会稳定，也给相关边境县市带来严重的财政负担。缅甸还是一个多宗教的国家：佛教是缅甸的国教，有将近 90% 的人信仰佛教，大约 5% 的人信仰基督教，3.7% 的人信仰伊斯兰教，约 0.5% 的人信仰印度教，1.21% 的人信仰泛灵论。① 在缅甸全国各地，占少数的穆斯林与占人口大多数的佛教徒混居，虽然缅甸政府表示，缅甸的基督教、伊斯兰教和印度教的信奉者与占人口多数的佛教徒一样享有平等权利，但是在缅甸国内，宗教矛盾冲突时有发生。其中，又以信奉伊斯兰教的罗兴亚人和佛教徒之间的冲突最为激烈。2012 年 6 月以来，发生在缅甸西部若开邦的佛教徒和穆斯林之间的冲突共造成至少 180 人死亡、11 万人流离失所。2013 年 3 月，又发生的密铁拉宗教冲突，是继去年缅甸若开邦佛教徒和穆斯林冲突后最严重的一起大规模骚乱。这次宗教冲突共造成数十人伤亡。缅甸国内的宗教和民族问题相互交织、不断激化，大规模的暴力冲突频频发生。而这对山水相连的我国陆地边疆地区的安全和稳定带来巨大挑战，甚至威胁到我国国

---

① 张志鹏：《缅甸宗教冲突的根源是公民权的确认》，载《中国民族报》，2013 年 4 月 2 日。

家的安全与稳定。

印度对我国西南陆地边疆的影响。我国西南地区与印度接壤，印度是我国西南陆地边疆地区安全和稳定的最大威胁。我国和邻国印度都属于发展中国家，同时也是世界上最大的人口大国。中印边界全长约2000公里，但从未正式划定。中华人民共和国成立以来，中印两国的关系伴随着冲突与合作。中印两国都具有国土面积广，人口众多等特点，近年来又一直保持了较高的经济增长速度，是当今世界最具活力和发展潜力的两个大国。两国在经济、政治、军事、科技、文化等方面各有优长，但从综合实力来讲，中国具有明显优势。长期以来，两国文化交流严重不足，经济贸易交往程度有限，造成两国之间仍然存在很多猜忌和对立情绪，这严重制约两国关系的进一步发展及边界纠纷的积极解决。两国存在的文化隔阂、政治对立、军事对抗，直接对我国西南边疆治理产生严峻挑战。特别是两国悬而未决的边界争端，更是对西藏边疆的治理产生着直接影响。近年来，印度政府越来越趋向于以强硬政策来应对中国，甚至针对中国疯狂地进行扩军备战，在中国藏南地区更是动作频频，英国路透社的报道称，"印度已经做好准备，欲在藏南与中国开战"①。中印边界及领土争端，严重威胁着我国陆地边疆地区的和平与安宁，对我国国家安全与稳定带来巨大挑战。印度国内的种族、民族矛盾问题十分严重，种族民族矛盾是长期困扰印度发展的重大问题。印度存在着众多的分离主义运动。这些分离主义运动主要分布在东北部地区，靠近我国边境一带。印度东北部地区由于地理上相对偏远、与主体隔离，导致该地区政治、文化发展偏离印度社会主流。诸如叛乱、失业、毒品和基础设施落后等问题也长期禁锢着这里的发展步伐，从而导致当地长期的民族分离主义运动。这也对我国陆地边疆地区的稳定与安宁构成极大威胁。此外，印度的宗教矛盾十分突出，是影响社会稳定的一大因素。全印度有约83%的人口信仰印度教，13.4%的印度人信仰伊斯兰教，此外，还有锡克教、佛教徒、耆那教徒、拜火教、犹太教等。长期以来，伊斯兰教和印度教之间存在严重宗教冲突，教徒之间的流血冲突几十年来一直没有中断过。血腥宗教冲突既是印度大国之路的另

---

① 《美情报指印度做好准备欲在藏南与中国开战》，http：//v.ku6.com/show/yZVPEJ9amJSl9del4Mquuw.html（访问时间：2012年3月14日）。

一个长期和巨大的障碍，同时对我国陆地边疆安全与稳定也是一个必须防范的隐患。

阿富汗对我国西北陆地边疆的影响。阿富汗位于亚洲的心脏地区，是我国的重要邻国，是世界上最贫穷的国家之一。阿富汗对我国西北边疆地缘安全意义非常重大：第一，阿富汗的战略地位非常重要。阿富汗位处亚洲中部，东接中国，南接南亚印度洋，西接产油区，北接中亚俄罗斯，是连接中国—中东—非洲、欧洲的战略要地。谁要掌握了阿富汗，谁就掌握了中亚，谁要掌握了中亚谁就拥有对亚洲的战略主动权，谁要是能够把亚洲控制住，谁就是控制了全世界。第二，"9·11"事件后，美国以打击恐怖主义为借口干涉阿富汗内政，并驻军阿富汗，对我国西部陆地边疆安全造成了直接威胁。第三，阿富汗是典型的部族政治国家，20多个民族，各有各的语言、文化，以民族为基础聚集成若干大部族，部族关系错综复杂，民族矛盾也十分尖锐。部族相互割据，内战不断，这种局面给恐怖组织、宗教极端组织的产生创造了最佳的环境和土壤，如塔利班、基地组织等都是阿富汗部族斗争的产物。我国新疆的东突厥斯坦运动组织与阿富汗"基地"组织有着极其密切的联系。我国新疆的东突厥斯坦运动组织的80%的资金主要来自于阿富汗的"基地"组织和其他恐怖势力。我国新疆的东突厥斯坦运动组织经常网罗新疆籍恐怖分子和宗教极端分子到阿富汗进行培训，曾有数千名"东突"恐怖分子前往"基地"组织设在阿富汗坎大哈、马扎里沙里夫、霍斯特、呼苏提等地的恐怖主义训练营接受诸如爆炸、暗杀、投毒等系统培训，然后再潜入中国境内进行恐怖破坏活动。这对我国西北陆地边疆安全造成严重威胁，因此，我国新疆等陆地边疆地区反恐形势异常严峻。第四，阿富汗拥有丰富的自然资源，金、银、铜、锌、石油、天然气等蕴藏量大，但由于国家长期处于战争状态，这些资源尚未得到开发。我国西北边疆的发展需要大量资源，所以处理好与阿富汗的关系，对加快我国西北边疆的发展意义重大。第五，位于阿富汗、伊朗、巴基斯坦交界的"金新月"是世界上三大毒品生产地之一，该地区靠近我国的西北边疆，位于"金新月"心脏地带的阿富汗是世界上最大罂粟种植国之一，也是全球最大的毒品生产与输出国，其海洛因和鸦片的产量占全球总产量的90%。① 所以来自"金新月"及阿富汗的毒品对我国西北边疆的威胁十分严重。近年来西北边疆的毒品问题越来越与"三股势力"合流一处，危害也越来越大，给西北边疆治理带来巨大挑战。

中亚地区对我国西北陆地边疆的影响。中亚地区包括哈萨克斯坦、吉尔吉斯斯坦、塔吉克斯坦、乌兹别克斯坦和土库曼斯坦五个国家。中亚地区北与俄罗斯接壤、东与中国接壤。我国西北边疆与中亚有3300多公里的国境线，还有多个跨境民族。中亚的局势关系到中国西北边疆的安全、稳定与发展。中亚地区也是外部势力企图向中国进行渗透的重要通道。中亚是保障中国地缘政治安全的重要地区，也是打击"三股势力"的重点地区，还是保证我国能源安全的主要通道。中亚地区与我国西北边疆毗邻，中亚极端势力通过各种途径向我国西北边疆渗透，传播极端思想，发展组织力量，扩展势力范围，并联合"东突"恐怖势力在新疆制造暴乱事件。我国新疆地区发生的绝大多数暴乱与民族分裂活动，几乎都与来自中亚的干涉势力有着密切的关系。目前美国在中亚的吉尔吉斯斯坦和乌兹别克斯坦仍然存在军事基地，对我国西北边疆的安全有直接威胁。中亚是多民族、多宗教的地区，是"三股势力"活动的集中地带，其在中亚地区的发展蔓延，对中亚地区的政治格局和地区稳定造成了很大影响，也给我国带来了巨大的安全压力。我国新疆地区的"东突"势力与中亚"三股势力"遥相呼应，是中亚"三股势力"的方面军，直接破坏我国西部边疆的地缘安全环境，对我国西北边疆的民族团结、经济发展造成了严重威胁。

俄罗斯对我国北部边疆的影响。俄罗斯地跨欧亚两大洲，国土面积为1707.54万平方公里，是世界上国土面积最大、自然资源最丰富的国家。中俄两国拥有4300多公里的边界线。俄罗斯已经探明的资源储量约占世界资源总量的21%，高居世界首位。而同时，俄罗斯也是世界上人口密度最小的国家之一。据2010年俄罗斯人口普查，俄罗斯人口的平均密度为每平方公里8.3人，不到世界平均人口密度的四分之一。俄罗斯军事实力世界排名第二，在"一超多强"的国际体系中，俄罗斯是具有巨大影响力的世界强国。中俄两国互为最大的邻国，经济互补性强，合作潜力巨大。

---

① 《阿富汗罂粟种植今年或创新高 产量将占全球90%》，http：//www.jianke.com/jdpd/2042372.html（访问时间：2013年4月18日）。

2008年，中俄两国已基本解决了历史遗留的边界问题，为两国战略协作伙伴关系的深入发展奠定了基础。近年来，两国战略伙伴关系的稳步推进及双边经贸合作快速稳定发展，对世界局势的稳定起到了压舱石的作用，避免了美国单边主义任性行为所带来的不稳定因素。俄罗斯的大国地位，丰富的资源，对我国北部边疆的发展将带来不可多得的战略机遇。

美国对我国边疆的影响。中美两国是一对不是邻居的邻居，尽管两国隔着一个太平洋，但由于美国是当今实力超群的超级大国，所以其有实力插手世界任何角落的事务，包括我国周边的事务。2008年美国发生金融危机后，国力逐渐衰落，但由于不甘于做"世界第二"的抱负使然，导致最近几年加强遏制和围堵迅速崛起的中国。其亚洲再平衡战略的推进，把美国三分之二的军事力量调往亚洲，摆放在中国周边。在政治上怂恿日本及中国周边国家与中国搞对立，在经济上搞出一个TPP贸易架构，试图完全孤立中国。美国全面针对中国的遏制、打压、渗透、颠覆等政策对我国边疆治理造成了前所未有的安全压力。

综上所述，我国陆地边疆地区自然环境恶劣、生态环境脆弱、经济社会发展水平低，但其地理位置特殊、地缘政治环境复杂，在全球化的今天，研究我国陆地边疆地区的特殊性，越发显得至关重要，这是对我国陆地边疆地区进行有效治理的前提和基础。

第二章　中国陆地边疆治理

边疆自古以来就是一个国家尤其是一个大国边缘性和特殊性的组成部分，如果以边界来加以划分，至少可以分为陆地边疆和海洋边疆。学者马大正关于陆地边疆的定义比较有代表性，他认为陆地边疆就是指沿国界内侧有一定宽度的地区，具有与邻国相接的国界线，并且具有自然、历史、文化诸多方面的自身特点。① 那么，我国陆地边疆即指邻近陆地边界线中国一侧一定范围的主权领土区域。我国陆地边境线长达2.2万公里，毗连14个国家，边疆地域十分辽阔。如果从广义上把包括广西、云南、西藏、甘肃、新疆、内蒙古、黑龙江、吉林、辽宁等九个具有陆地边界线的省级行政区算作边疆区域的话，其面积约达到577万平方公里，占整个国土面积的60%，人口约2.8亿，占全国人口的21%；如果从狭义上的边境地区来定义边疆的话，在漫长的陆地边界线上分布着135个陆地边境县（旗、市、市辖区），其中107个是民族自治地方，居住着朝鲜、蒙古、维吾尔等35个少数民族，与邻国同一民族跨界而居，陆地边境地区人口2200多万人，其中少数民族人口约占47%。由此可以看出，不管从实现我国边疆科学与和谐治理的角度衡量，还是从国家层面的整体发展和安全统一大局着想，陆地边疆治理的战略地位都是举足轻重的。

---

① 马大正：《关于当代中国边疆研究中的几个问题》，载《当代中国史研究》，2004年第4期。

一、边疆治理的内涵

对于什么是边疆治理？目前的研究成果不多，这是由于学科发展的局限性造成的。我国的边疆研究，以往更多的是以历史学学科的视野，对边疆治理实践经验的概括总结、考据论证较多，而几乎没有学者对"边疆治理理论"是什么的问题进行探讨和阐释。其实，从纯理论上的角度上看，边疆治理明显是一个典型的政治学和公共管理学学科的命题，没有政治学科和公共管理学科的学术视野，是很难对"边疆治理"进行全面而深刻展开学理研究的。

近年来，我们欣喜地发现部分政治学者和公共管理学者开始把研究的触角深入到了边疆治理的研究领域，开始以政治学和公共管理学的概念工具、学术范式、理论原理等渗透进边疆治理的研究领域，出现了我国政治学和公共管理学研究领域的"边疆治理学派"。这一领域最有代表性的学者是周平教授，他是我国著名政治学者，以往以研究民族政治学理论见长。由于中国崛起中的边疆因素越来越突出，边疆问题甚至成为制约中国崛起的最大障碍之一，为此，周平教授近年来把大量的时间和精力投入到边疆治理的研究中来，提出了大量新观点、新思想，开创了以政治学和公共管理学作为学科基础的边疆治理研究。

周平教授指出，所谓边疆治理，就是"运用国家权力，动员社会其他组织，调动国家和社会资源，处理边疆问题"①。这个界定基本上是以政治学的学术视角展开的。首先，强调了国家权力是边疆治理得以展开的根本力量；其次，强调了边疆治理的客体是边疆问题；再次，强调边疆治理的展开必须建立在对国家和社会资源的动员和调配基础之上。

上述界定，基本上从政治学的本质属性上概括了边疆治理的内涵。但其也有不足之处，一是没有明确边疆治理的主体；二是没有指出边疆治理的目标；三是没有规定边疆治理的基本方式；四是把边疆治理的客体仅仅限于边疆问题，容易导致认识上的模糊性和治理实践上的事务主义。所谓

---

① 周平：《我国的边疆治理研究》，载《学术探索》，2008年第2期。

认识上的模糊性，是指边疆问题的内涵不明确，容易导致歧义。社会问题的实质是社会中人们的需求与社会现实不能满足人们需求之间产生的矛盾。根据社会问题的属性，可以把社会问题分为私人问题和公共问题。社会的私人问题基本上由社会自治机制和市场机制来解决；公共问题的解决途径和机制是多元的，主要由权力机制来实现，但社会自治机制、市场机制、法治机制等都可以参与解决。边疆问题，既有私人属性的问题，也有公共属性的问题，笼统用"边疆问题"来表述，内涵不明确，而且容易产生歧义。

另外，即使把"边疆问题"只界定为"边疆公共问题"，边疆治理的任务是"处理边疆公共问题"。由于"问题"本身是非常具体的，处理边疆问题的活动也是非常具体的，在实践上容易把边疆治理理解为具体化的事务主义活动。相反，边疆治理主要的还是顶层设计、制度设计、政策设计活动，处理具体问题的微观活动始终是以这些宏观规划、宏观规制为依据的。可见，边疆治理不仅是解决问题的微观活动、具体活动，它更是一种宏观活动、战略性活动。

基于以上认知，我们应该把边疆治理的客体进一步明晰化为边疆公共事务。公共事务的表述要比公共问题的表述更为准确。所谓公共事务，就是被公众期待管理或处置的相同或相似的公共问题的总和。边疆治理的目标就是通过对边疆公共事务的管理和处置来得以实现的。

根据以上分析，边疆治理是以政府为核心的多元主体为实现边疆的安全、稳定和发展，依法对边疆区域内的公共事务进行管理和处置的活动及其过程。

首先，必须正确地理解边疆治理主体

边疆治理主体是多元的，不仅仅只是政府，但由于政府在国家和社会治理中的独特地位和优势，其在边疆治理中始终扮演着核心作用。必须说明的是，这里的政府是一个广义政府概念，所谓广义政府是指包括执政党组织、国家政权组织、人民政协组织在内的，既分别承担不同的公共管理职责，又有机协同一致的组织体系。政府作为我国陆地边疆治理的中坚力量，可以进一步划分为中央政府和地方政府。中央政府在边疆治理中发挥着领导作用，主要表现在三个方面：一是负责边疆治理大政方针的制定；

二是负责选拔配备边疆治理的领导班子；三是在全国范围内组织动员和协调配置边疆治理的各种资源等。地方政府则根据中央政府确定的大政方针，结合地方省情或区情，承担着直接管理和处置边疆公共事务的职责。当然承担边疆治理的地方政府体系中，根据层级不同又划分为省区政府、州市（地级市）政府、县旗政府、乡镇政府，他们在自己的行政区域内发挥着主导性的区域治理功能。除了政府主体外，边疆治理主体还包括边疆地区的各种类型的社会公共组织，包括群团组织、志愿者组织、基层群众自治组织等等，他们在边疆治理的过程中也承担着不同的公共职责，发挥着独特的治理功能。

在我国九个边疆省区，由于社会主义市场经济的发展不够充分，社会发育水平尚处于较低阶段，公众的组织化程度、社会组织的自组织化程度等都较低，非政府组织或者非营利组织从数量到质量都不高，其担负的对公共事务的管理职责都较为有限，所以，陆地边疆治理的大部分职责仍然是由组织化程度和自主性较高的政府来承担。在当前历史时期，我国陆地边疆治理的实质仍然是政府治理。

其次，必须正确地理解边疆治理客体

边疆治理的客体就是边疆地区客观存在的国家事务和社会公共事务。边疆的国家事务是指在边疆地区范围内与国家政权的稳定、巩固和发展具有直接相关性的事务，这些事务具有很强的政治属性，如国家政权建设事务，国防事务，反"三股"势力的事务，反敌对势力渗透、颠覆和破坏的事务等；边疆的社会公共事务是指在边疆地区与公众的民生改善具有直接相关性的事务，如经济调节、市场监管、社会管理、公共服务等事务，这些事务具有很强的社会属性，而政治属性较弱。从数量上看，边疆治理中社会公共事务的量远比国家事务的量要大很多，是边疆治理的主要任务和领域。从重要性上看，国家事务和社会公共事务在边疆治理中具有同等重要的地位。当然，边疆的国家事务和社会公共事务，在有些领域其界限是很分明的，但在大多数领域却是交叉在一起的，如民族宗教事务，既是政治性很强的国家事务，同时它们也是社会性很强的社会公共事务。

如果以区域分布来划分，国家治理可以划分为腹地治理和边疆治理，腹地治理和边疆治理一样，其治理客体也是国家事务和社会公共事务，就此是否可以认为腹地治理和边疆治理没有什么差别呢？显然不能这样看问题。因为腹地治理和边疆治理所面临的国家事务和社会公共事务的具体内容是有很大差别的，可以说，腹地治理所面临的全部事务，在边疆治理中几乎都会碰到。而边疆治理中所面临的很多事务，腹地治理中却不一定会碰到。可见，边疆治理所要管理和处置的国家事务和社会公共事务远比腹地治理复杂和艰巨得多。我们可以把边疆治理的客体划分为两个部分，一部分是一般性事务，另一部分是特殊事务。边疆治理中的一般性事务，是腹地治理也必然面临的事务，它们具有共同的属性，对其治理规律也是相同或相似的。而边疆治理中的特殊事务，就是边疆地区特有的事务，其有自身特殊的内在矛盾性，对其治理也具有特殊的规律性。这些事务如边防事务、边境事务、边贸事务、边民事务、跨境民族事务、跨境婚姻事务等等。正因为我国九个陆地边疆地区面临着这么多特殊的国家事务和社会公共事务，所以才有系统而深入地研究和探讨边疆治理问题的需要。

再次，必须正确理解边疆治理的目标

边疆治理是一种理性的、自觉的国家行动，为了追求优良的治理效果，这种国家行动必然有完整的计划、合理的目标。不同的历史时期、不同的政治生态，决定了边疆治理的目标是不同的。当前，我国九个陆地边疆省区基本上都处于社会主义初级阶段的低层次阶段，总体的政治生态呈现以下特点：一是自然地理环境相对恶劣；二是基础设施较为落后；三是经济水平不高、群众贫困面很大；四是生态环境比较脆弱；五是民族宗教关系较复杂；六是社会发育程度普遍很低；七是教育科技水平较为落后；八是威胁和危害国家安全的因素较多较复杂；九是边疆治理体系不完善；十是周边地缘政治关系复杂等。这些政治生态决定了我国边疆治理的目标追求应该是安全、稳定和发展。

边疆治理的安全目标，就是边疆治理要始终为国家的发展进步提供全方位的安全环境和条件。国家安全始终是国家实现现代化的保障，没有国家安全，包括边疆在内的整个国家的现代化将成为泡影。根据国家总体安全观，我国的国家安全体系包括：政治安全、国土安全、军事安全、经济安全、文化安全、社会安全、科技安全、信息安全、生态安全、资源安全、核安全等方面。在我国九个陆地边疆省区，政治安全、国土安全、军事安全、经济安全、文化安全、社会安全、生态安全等领域面临的形势较为严峻，是国家安全大格局中的薄弱环节，这些领域的不安全状况大量地消耗了国家的精力和资源，成为国家发展和进步的制约因素。所以，边疆治理的首要目标，就是要尽可能地消除在边疆地区客观存在的国家安全隐患，为整个国家的发展创造良好的安全环境。

边疆治理的稳定目标，就是边疆治理始终要把边疆社会的和谐稳定作为重要的价值目标来追求。稳定是改革和发展的前提条件，没有边疆的稳定，就没有边疆的发展。当前，边疆与内地之间存在着严重的发展失衡，边疆内部也存在着城乡之间、不同利益群体之间、民族之间、区域之间等的发展失衡。经济社会发展的失衡造成了社会心理的失衡，这是引发各类社会矛盾、社会问题层出不穷、前赴后继不断产生的根源。大量的社会矛盾和社会问题不能得到及时化解和解决，必然威胁边疆社会的和谐稳定和繁荣发展。因此，当前边疆治理的迫切任务之一就是采取措施消除各种不和谐、不稳定因素，实现边疆社会的长治久安。

边疆治理的发展目标，就是边疆治理要把实现边疆地区的科学发展、和谐发展和跨越式发展作为始终坚守的价值目标。所谓科学发展，就是以人为本，全面、协调、可持续的发展；所谓和谐发展，就是体现社会公平正义、激发社会创造活力、促进社会关系和睦、实现社会团结进步的发展；所谓跨越式发展，就是在保证发展质量的前提下，以更大的改革和创新力度，获得比内地更快的发展速度的发展。21世纪以来，我国九个陆地边疆省区在发展问题上存在的普遍现象是"五个不"，即发展不够快、不充分、不协调、不平衡、不可持续。这"五个不"在某些方面甚至比内地更为严重，造成新世纪以来我国边疆问题丛生，各个领域的矛盾相当突出。近年来，我国边疆省区频繁地发生各种影响恶劣的公共突发事件，这已经客观地证明了边疆地区已经成为整个国家现代化发展中最为薄弱的环节。所以，只有在今后的边疆治理实践中把实现科学发展、和谐发展和跨越式发展作为价值目标，才能逐步消除边疆发展中的矛盾和问题，补齐整个国家现代化发展的短板。

第四，必须正确理解边疆治理的方式

依法治理，始终是边疆治理的根本方式。边疆治理的方式，就是边疆治理所采用的方法及其形式，即已经形成一定范式的方法。古今中外的政治实践证明，法治是政治文明的结晶，是政治文明的先进成果，是国家治理最佳的方式。现代国家的根本治理方式就是法治。同样，追求边疆治理体系及治理能力现代化，必须以推进边疆治理方式的法治化为根本任务。

作为国家治理根本方式的法治，大体上有这样几层涵义：一是作为法治依据的国家法律是在民主政治基础上制定出来的社会公意的产物；二是社会中的任何人、任何组织，都必须在法律规定的范围内活动，决不允许有超越于国家法律之上的特权；三是在司法和执法活动中，必须坚持法律的平等保护原则，即任何人、任何组织在国家法律面前都是平等的，没有例外；四是在公共行政过程中，管理和处置任何社会事务，都必须具有法律的依据，即法律有规定才能采取行动，否则均视为违法行为；五是法治的最终目的是保护每一位公民的合法权益和保障人民根本利益的实现；六是法治的核心是"限权、治权"、"限官、治官"，而不是"限民、治民"。

由于作为法治依据的国家法律是民主政治基础上产生的社会公意的体现，所以，法治在国家治理中就具有了最大的政治合法性和权威性；由于任何人、任何组织都必须在国家法律的范围内活动，所以，法治在国家治理中就具有了最大的规范性和约束性；由于坚持法律面前人人平等原则，所以，法治在国家治理中就具有最大的公平性和正义性，对复杂的社会关系就具有了最强的调节性和平衡性；由于公共行政行为的法定原则，所以，法治在国家治理中就能够最大限度地防止公权力使用的随意性和肆意性；由于法治的核心是限制权力、治理权力，所以，法治在国家治理中就能够最大限度地保护公民的权利，最大限度地维护、实现和发展人民的根本利益。

国家治理的方式尽管很多，但是法治方式始终是现代国家治理的根本方式。同样，我国的边疆治理必须自觉地把法治作为边疆治理的根本方式。我国边疆政治生态的复杂性比内地高很多，这决定了我国边疆治理面临的挑战比内地更为艰巨，只有更加自觉地用法治意识、法治方式来解决边疆公共问题、管理边疆公共事务、调节边疆社会关系，才能把失衡的社会心理抚平、把失范的社会行为规范、把尖锐的社会矛盾化解、把艰巨的社会问题解决、把复杂的社会关系理顺、把混乱的社会秩序安定。总之，法治是我国边疆实现安全、稳定和发展目标根本治理方式。

二、边疆治理的一般客体和特殊客体

前面我们阐述过，边疆治理是一种国家行为，其不仅有行为主体，也有行为客体。行为主体就是广义的政府及相关的社会组织，行为客体就是边疆的国家事务和社会公共事务。边疆治理的一般客体，就是指边疆所要管理和处置的国家事务和社会公共事务中，与内地具有相同或相似性的那一部分事务。如果把国家的领土划分为腹地和边疆两个部分，那么，国家的治理就可以分为腹地治理和边疆治理两个领域。不管是腹地，还是边疆，应该说大部分待管理和处置的公共事务是相同或相似的，没有本质属性的差别，其治理理念、治理制度、治理政策、治理方法等都是相同或相似的。我们为了研究的方便，就把这一部分事务称为边疆治理的一般客体。

所谓边疆治理的特殊客体，就是指在国家治理格局中，只有边疆地区才具有的国家事务和社会公共事务，而内地要么没有这种事务，要么这种事务地位不突出。边疆治理的特殊客体，由于其有特殊的内在矛盾性，在治理过程中必须采用与腹地治理完全不一样的治理理念、治理制度、治理政策和治理方法。

我们区分边疆治理的一般客体和特殊客体，就是为了凸显边疆治理在国家治理格局中的确具有特殊性，整个国家的腹地治理和边疆治理不能搞"一刀切""一个样"，必须要坚持因地制宜、实事求是的治理原则。也就是说，我国的边疆治理具有自身特殊的规律性，只有充分地尊重这种规律性，才能获得良好的治理效果。

1. 边疆治理的一般客体

在市场经济条件下，我们可以把边疆治理的一般客体分为五大类型，每个大类下又可以进一步分为若干具体事务。

政治方面的事务有：干部管理事务、财政事务、国防事务、外交事务、打击犯罪与维护治安事务、政权建设事务、民族宗教事务等。

经济方面的事务有：经济发展规划与调节事务、国有自然资源的管理事务、国有资产管理事务、市场监管事务、税收征管事务等。

文化方面的事务有：意识形态事务、新闻出版事务、文学艺术事务、理论研究与智库建设事务等。

社会方面的事务有：国民教育事务、医疗卫生事务、人口与计划生育事务、科技事务、社会保障事务、就业服务事务、社区建设事务、体育事务等。

环保方面的事务有：环境污染的治理事务、生态保护与建设事务。

以上这些公共事务，是整个国家范围内所共有的，不管是腹地的治理，还是边疆的治理，都必须把这些事务管理和处置好，这样才能保证全社会公共产品和公共服务的顺利供给，才能保证全体国民的福利得以实现和提高，才能保证国家治理体系得以存在和发展的正当性和合法性。需要特别强调的是，过去有学者认为边疆治理就是对边疆特殊问题的治理，这就把边疆治理的客体范围大大缩小了，这不利于从系统性角度来理解和看待边疆治理体系的全貌。所以，在这里我们把边疆治理的客体有目的地划分为一般客体和特殊客体，是想阐明两个观点：一是对一般客体的治理是边疆治理的基础和主要任务；二是对特殊客体的治理才彰显了边疆治理在国家治理格局中的特殊意义和价值。

2. 边疆治理的特殊客体

在我国边疆省区面临的国家事务和社会公共事务中，很明显有一部分事务要比内地更突出，这些事务或者是由于历史因素形成的，或者是由于地缘因素形成的，或者是外部力量介入造成的，总之，对这些事务的管理和处置没有达到理想的状态，使这些事务以尖锐的社会问题呈现出来，直接对边疆乃至整个国家的安全、稳定和发展造成了巨大威胁。

第一，边疆的发展问题

边疆发展问题，是边疆人民对加快发展、改善民生的强烈愿望与现实中边疆经济社会发展水平较落后，不能满足人们愿望之间的矛盾问题。边疆人民对本地区经济社会发展水平落后的价值判断来自于与其他地区的比较，首先与发达国家相比，其次与周边相邻国家相比；再次与内地相比。根据我们长期的观察，边疆普遍的公众首先经常以内地经济社会发展的程度来衡量边疆的发展水平；其次就是用周边相邻国家的发展程度来衡量自己的发展水平度；把发达国家的发展程度作为衡量标准也存在，但并不普遍。可见，边疆人民衡量自身发展水平最核心的参照标准是内地的经济社会发展程度。从这个角度看，边疆发展问题的实质，就是长期以来边疆经济社会发展水平远远落后于内地的发展，就是区域发展不平衡问题。当然这其中还夹杂着边疆省区内部区域发展不平衡、城乡发展不平衡等问题。

边疆与内地的经济发展水平存在很大差距。人均 GDP 是最能反映地区之间发展水平及其差距的一个统计指标。以 2013 年的统计数据来分析，全国人均 GDP 为 41804.71 元，31 个省市区人均 GDP 最高的是天津 101688.85 元。九个边疆省区从高到低分别为：内蒙古 67603.99 元，辽宁 61694.46 元，吉林 47017.24 元，黑龙江 38601.98 元，新疆 38113.92 元，广西 30709.10 元，西藏 26038.96 元，云南 25157.57 元，甘肃 24668.15 元。只有三个边疆省区超过全国平均水平，六个边疆省区全部在全国平均水平以下。边疆最低水平的甘肃与全国最高水平的天津相差 4.12 倍，作为典型边疆省区的云南、西藏与天津相比，也相差约 4 倍。如果把九个边疆省区看成一个体系，其人均 GDP 为 39956.15 元，经济总体发展水平在全国平均水平之下。边疆总体发展水平与我国最发达地区之间的发展差距为 2.5 倍。①

边疆人民生活水平与内地之间的差距也较大。农村居民家庭人均纯收入和城市居民家庭人均可支配收入，这两个指标是衡量地区之间人民生活水平的主要指标。以 2013 年的统计数据来分析，农村居民家庭人均纯收入全国平均值为 8896 元，该指标最高的是上海 19208 元。九个边疆省区从高到低依次是：辽宁 10523 元，黑龙江 9634 元，吉林 9621 元，内蒙古 8596 元，新疆 7296 元，广西 6791 元，西藏 6578 元，云南 6141 元，甘肃 5108 元。东北三省在全国平均值以上，剩下六个省区均在全国平均值以下。农民人均纯收入全国最高的上海是边疆最低的甘肃的 3.76 倍，是作

---

① 以上数据均来源于国家统计局编：《中国统计年鉴（2014）》，中国统计出版社 2014 年版。

为典型的边疆省区的西藏、云南的约 3 倍。如果把边疆作为一个整体来看待，边疆农民人均纯收入是 7810 元，最高的上海是边疆省区的约 2.5 倍；再看城市居民人均可支配收入，该指标全国平均值为 26955 元，最高的是上海 43851 元。九个边疆省区从高到低依次为：辽宁 25578 元，内蒙古 25497 元，广西 23305 元，云南 23236 元，吉林 22275 元，西藏 20023 元，新疆 19874 元，黑龙江 19597 元，甘肃 18965 元。可见，九个边疆省区全部在全国平均值以下。全国最高的上海是边疆最低的甘肃的 2.3 倍。如果把边疆作为一个整体看，边疆城市人均可支配收入为 22039 元，上海城市居民人均可支配收入是边疆的约 2 倍。①

边疆是我国贫困发生率最高的地区。截止 2013 年，全国共有贫困人口 8249 万，贫困发生率 8.5%；广西贫困人口 634 万，贫困发生率 14.9%；云南贫困人口 661 万，贫困发生率 17.8%；西藏贫困人口 72 万，贫困发生率 28.8%；新疆贫困人口 222 万，贫困发生率 19.8%；甘肃贫困人口 496 万，贫困发生率 23.8%；内蒙古贫困人口 114 万，贫困发生率 8.5%。以上几个典型的边疆省区，贫困发生率均高于全国平均水平。②

从上述几个典型的经济发展水平和民生改善水平的指标来看，我国边疆的经济社会发展水平明显比内地差很多。从世界各国国家治理的实践经验来看，一个国家范围内不同地区之间经济社会发展差距的长期存在，可能会造成以下后果：一是落后地区容易滋生出极端主义思潮，如地区分离主义、民族分裂主义、恐怖主义、极端宗教思想等等，这些思潮根据环境和条件的变化有转化为极端主义行为的可能性，这对国家整体安全会造成最大的威胁；二是容易为秉持霸权主义、强权政治和新干涉主义的国家进行渗透、颠覆、破坏等活动提供借口，这对维护国家的主权统一和领土完整会带来极大挑战；三是在市场经济条件下，落后地区的优质发展资源，特别是人才资源，容易流失到发达地区，造成落后地区落入发展陷阱，形成恶性循环的发展效应。如果国家治理活动不及时有效地加以干预，则很容易造成落后地区的"边缘化"、"边疆化"，

---

① 以上数据均来源于国家统计局编：《中国统计年鉴（2014）》，中国统计出版社 2014 年版。
② 数据来源于国务院扶贫办网站，http://www.cpad.gov.cn/。

这"两化"又将进一步加剧前面两种后果的形成；四是地区之间、利益群体之间经济社会发展差距的长期存在，是社会心理失衡产生的根本原因，社会心理失衡容易转化为人们的社会行为失范，对人们的社会行为失范控制不力，特别容易形成类型复杂的社会矛盾，一旦某些社会矛盾从局部地区、局部领域产生溢出效应，对不特定的群体产生影响，则转化成为社会公共问题。当大量的社会公共问题涌现出来，而政府治理能力又不济的情况下，社会动荡迟早会发生。社会不稳定处置不好，在某些势力的操纵下，会迅速转化为政治动乱。近年来很多国家的"颜色革命"就是依照这个逻辑发生的。

从以上分析可以明显得出一个结论：我国边疆发展问题不是边疆自身的地方性问题，也不是简单的经济问题或者社会问题，相反，边疆发展问题从根本上来说是一个关乎国家前途命运的战略性、全局性问题，是一个重大的政治问题。正因如此，解决边疆发展问题就成为我国边疆治理首要的任务和课题。可以说，实现边疆经济社会的科学发展、和谐发展和跨越式发展，是我国边疆治理的第一要务。

第二，民族问题

在民族理论研究中，民族问题是一个内涵比较复杂的概念，"民族问题既包括民族自身的发展，又包括民族之间，民族与阶级、国家之间等方面的关系"[①]。可见民族问题至少包括四个方面的内涵：一是民族自身的发展问题，即一个民族的发展现状与其发展愿望之间的落差问题；二是民族之间的关系问题，即这个民族与那个民族之间因差异而导致的矛盾问题；三是民族与阶级之间的关系问题，即民族与阶级之间的区别、联系及相互作用问题；四是民族与国家之间的关系问题，即民族与国家的区别、联系及相互作用问题。

在当前我国处于社会主义初级阶段的历史条件下，我国民族问题的实质就是不同民族之间的关系问题，包括：汉族与少数民族之间的关系问题、少数民族与少数民族之间的关系问题。

[①] 国家民族事务委员会、中共中央文献研究室：《民族工作文献选编（1990—2002）》，中央文献出版社2003年版，第37页。

当前我国民族问题之所以依然存在，并且将长期存在，是以下因素造成的：一是我国56个民族在形成和历史演进中存在着自然属性的差异。由于民族是具有共同语言、共同地域、共同经济生活、共同心理素质的稳定的人群共同体。我国56个民族在历史上形成和发展赖以存在的地域环境、经济生活方式、语言、心理素质等都存在较大差异，造成时至今日，各民族之间依然存在语言、宗教信仰、风俗习惯等自然属性方面的差异；二是我国56个民族在各自的社会发展进程中存在着较大的社会属性的差异。民族的社会属性是指一个民族的生产方式、公共生活的组织方式、社会发育水平、文化发展程度等构成的社会关系状况和社会发展状况。我国56个民族在经济发展水平、政治发展水平、社会发展水平及文化发展水平等方面显然存在着差异性，而且在有些民族之间这种差异还较大。

不管是自然属性导致的民族差异，还是社会属性造成的民族差异，都容易诱发民族之间的隔阂、矛盾、冲突，这就是民族问题。民族问题根据其社会影响的程度，可以分为隔阂型民族问题、矛盾型民族问题和冲突型民族问题。隔阂型民族问题的特点是不同民族之间存在着一定程度的不接纳、不理解、不信任、不认同现象（也就是我们经常说的轻视、歧视或蔑视现象），但这些现象对民族间的交往与合作并不构成破坏性影响。隔阂型民族问题仅仅存在于不同民族人们的心理层面或思想意识层面，并没有转化为大规模的行为；一旦民族间的不接纳、不理解、不信任、不认同等，从思想意识层面转化为行为层面的排斥、摩擦，对民族之间的交往和合作造成了一定程度的损害，这种类型的民族问题，就是矛盾型民族问题；当民族之间的不接纳、不理解、不信任、不认同程度较深，且导致了民族之间频繁的、大规模的对立和对抗行为，造成了民族之间交往和合作关系的中断，这种民族问题就是冲突型民族问题。

根据以上理论分析来考察我国的民族问题，可以看出目前我国民族问题主要以隔阂型民族问题为主，矛盾型民族问题在一定程度上普遍存在着，而冲突型民族问题是不存在的。

我国九个陆地边疆省区总国土面积约577万平方公里，占我国960万平方公里陆地国土面积的60%。在中国大陆13.4亿人口中，少数民族人口约1.14亿，占大陆人口比例的8.49%。我国九个边疆省区的人口总量约2.82亿，其中少数民族人口0.66亿，占边疆总人口的23.39%。生活在边疆地区的少数民族人口占全国少数民族人口总量的57.89%。其中，广西、云南、西藏、新疆、内蒙古等五个省区的少数民族人口比例较高，都超过人口比例的20%以上。特别是西藏和新疆两个自治区，少数民族人口的比例分别占总人口的91.83%和59.9%，也就是说，在这两个自治区，汉族其实是当地的少数民族。总体上看，我国近六成少数民族人口居住在边疆地区，而且呈现出大杂居、小聚居的分布格局。处于小聚居状态下的各少数民族其民族特性是很容易保持和传承的，也就是，生活在边疆的各民族之间的差异性是较大的，加上边疆少数民族均有自己的宗教信仰，且我国边疆至少有35个少数民族是跨境民族，与周边国家的相同民族跨境而居。边疆民族关系中既融入了宗教因素，又融入了国际因素，造成我国边疆的民族关系相当复杂。

新中国建立以后，我国政府在边疆对民族问题的治理遵循了先进的理念：民族平等、团结、共同繁荣理念；设计了较科学的制度：民族区域自治制度；实施了合理的政策：干部政策、帮扶政策、宗教信仰自由政策、语言文字政策、风俗习惯政策等，使以往那种冲突型的民族问题，逐渐得到根本治理，但由于民族间自然属性和社会属性的差异是长期存在的，民族间事实上的不平等也不是很短时间能够解决的，于是造成了隔阂型民族问题广泛地存在着。21世纪以来，受市场经济大潮的冲击，边疆各民族的利益主体意识和权利主体意识迅速觉醒，这使以利益争夺、权益维护为特点的矛盾型民族问题较快地滋生和蔓延。因此，当前我国边疆地区隔阂型民族问题和矛盾型民族问题是普遍存在的，若治理不当，或者治理失效，隔阂型民族问题将恶化为矛盾型民族问题，而现有的矛盾型民族问题则恶化为冲突型民族问题，这对维护边疆的民族团结、经济发展、社会稳定等是很不利的，甚至对整个国家的安全及其现代化事业都是不利的。因此，我国陆地边疆治理必须把有效治理民族问题作为一个极其重要的任务。

我国九个边疆省（区）汉族与少数民族人口状况（单位：万人）①

边疆省区	常住人口	汉族人口	汉族人口占比	少数民族人口	少数民族人口占比
广西	5159.46	2891.61	62.82%	1711.05	37.18%
云南	4596.6	3062.9	66.63%	1533.7	33.37%
西藏	300.22	24.53	8.17%	275.64	91.83%
新疆	2181.33	874.62	40.1%	1306.71	59.9%
甘肃	2557.53	2316.48	90.57%	241.05	9.43%
内蒙古	2470.63	1965.07	79.54%	505.56	20.46%
黑龙江	3831.22	3693.92	96.41%	137.3	3.59%
吉林	2746.23	2527.66	92.04%	218.57	7.96%
辽宁	4374.63	3704.63	83.98%	670	16.02%
总计	28217.85	21061.42	76.61%	6599.58	23.39%

第三，国家安全问题

所谓国家安全，就是国家的各个领域均不受内外破坏性因素的威胁，而按照既定的规则和秩序平稳运行的状态。国家的各个领域包括政治领域、经济领域、社会领域、文化领域、生态领域等。在特定的历史时期，每个国家的各个领域都会形成自身特点的规则和秩序，这些规则和秩序保证了这个国家的安定和谐、平稳发展。但是，由于人性中的恶，会使人类的个体或者群体滋生和发展出各种带有破坏性的思想观念及其行为，或者以渐进的方式侵蚀既定的规则和秩序，或者以激进的方式颠覆既定的规则和秩序，于是使作为人们普遍追求的国家安定和谐、平稳发展的状态遭受着威胁和破坏，这就是国家安全问题。

导致国家安全问题的因素来自内外两个方面。从国家内部来说，有自然资源贫乏、自然灾害多发、经济发展落后、财富分配不均、社会阶层流动性不畅、社会公平正义丧失、公民及利益集团政治权利不平等、政府治理能力低下等等；从外部来说，有殖民主义、霸权主义、强权政治、干涉主义等因素。当然，内部因素是根本，外部因素是条件，对国家安全威胁最大的还是内部因素，外部因素是重要的影响因素。

---

① 表中数据来源于中华人民共和国国家统计局：《2010年第六次全国人口普查地方人口数据公报》，见 http://www.stats.gov.cn/tjsj/tjgb/rkpcgb/。

"当前我国国家安全内涵和外延比历史上任何时候都要丰富，时空领域比历史上任何时候都要宽广，内外因素比历史上任何时候都要复杂。"①我国当前面临的国家安全问题极其严峻，国家安全挑战是全方位的，我国边疆地区的国家安全问题表现得特别突出。

边疆的国家政治安全问题。对我国政权体系和政治秩序存在重大威胁的内部因素有："三股势力"（民族分裂主义势力、极端宗教势力、恐怖主义势力），国家分裂主义势力（"台独""藏独""疆独""港独"等），意识形态领域的封闭僵化思潮和全盘西化思潮，政权体系内的腐败问题，国际上的反华反共势力在国内培植的"第五纵队"等。外部因素主要有：某些西方大国在国际关系中推行霸权主义、强权政治和新干涉主义政策，并很默契地配合国内形形色色"反体制"力量的活动，煽动诸如"颜色革命"、街头政治、暴恐活动等，对我国的政治稳定带来了很大威胁。在我国边疆地区由于其政治关系比内地更为复杂，所以其面临的政治安全的挑战也最为艰巨，近年来震动国内外的多起政治事件大都发生在边疆地区，这就说明对政治安全问题的治理是我国边疆治理的重要领域。

边疆的国土安全问题。我国的国土包括陆地国土和海洋国土，在陆地国土安全方面，由于新中国建立后，我国与周边国家对有争议的地区展开了一系列的卓有成效的谈判工作，使大部分边疆划界取得了进展，这为保证国土安全创造了基本条件。目前，国土安全面临威胁最大的是海洋国土的安全，在东海与日本的争端，在南海与菲律宾、越南、马来西亚等国家的争端日趋激烈。当然，陆地国土安全问题并没有完全得到解决：首先，我国与印度间的边界领土争端一直悬而未决；其次，朝鲜和韩国国内有些政治力量对我国控制的长白山地区存在领土诉求；再次，我国与周边国家尽管进行了划界，但那只是初步的划界，在一些具体的边界地区仍然存在局部的争议，如以河流作为边界的地区，由于河流改道，造成了领土争端不断发生。有些边界的界桩遭到人为的位移或破坏，或者遭到自然力量（滑坡、泥石流、地震等）的位移或破坏，也造成了不少的领土争端。国土安全问题是一个典型的边疆问题，如何保证我国的每一寸国土不流失，

---

① 习近平在中央国家安全委员会第一次会议上的讲话，2014年4月15日。

是边疆治理的一个重要课题。

边疆的国家军事安全问题。国家军事安全也称为国防安全,是一个国家为防备国外武装力量的侵略或颠覆,借助军事力量的威慑力和打击力,捍卫国家主权统一和领土完整,保障国家安全的状态。国家军事安全的程度取决于国家军事力量威慑力和打击力的大小。国家军事力量的威慑力和打击力越大,则国家的军事安全越有保障,相反,则国家的军事安全较为脆弱。在国防的三大领域(边防、海防、空防),我国实行的都是积极防御型的军事安全战略,而不是扩张型的军事安全战略,这就决定了我国陆地边疆是维护国家军事安全的重点区域之一。可以说,国家军事力量在边疆的建设越有成效,则边防越巩固。但长期以来,受制于我国经济发展落后的现实,我国国防现代化水平还较低,对陆地边疆来说,就是边防体系建设欠账较多。以我们现有的边防军事力量的威慑力和打击力,只能胜任边防的被动防御任务,而不能完全适应积极防御的战略要求。1962年中印边界冲突中,我们在取得军事斗争全胜的情况下,由于我们的后勤保障能力太弱,导致我们被迫撤出藏南地区(印度称为阿鲁腊恰尔邦),我国9万多平方公里的领土再次被印度非法占领至今日未能解决,说明我国边防体系仍然是脆弱的,边疆的军事安全问题依然是我国边疆治理的重要客体。

边疆的国家经济安全问题。所谓国家经济安全,是指经济全球化时代国家保持经济体系独立健康运行、整体经济福利不受重大侵害和根本威胁的状态。我国边疆地区对保障国家经济安全的价值非常重大。首先,边疆地区是国民经济持续发展的新引擎。我国腹地,特别是东部发达地区经过过去30多年的改革和发展,经济体系已经到了结构调整和发展方式转变的关键时期,在科技创新动力有限的情况下,这种经济发展方式的转变必然是一个长期的、艰苦的过程,加上东部发达地区主要以外向型经济为主,在欧美发达国家经济不景气的情况下,东部发达地区的经济发展速度也不可能较理想。也就是说,这一个时期东部发达地区对整个国家经济发展的推动力已经达到饱和状态。如果不开辟新的经济增长引擎,保持国民经济一定速度的增长,则国家的经济安全就会存在很大的隐患。我国边疆地区经济发展的程度普遍较低,在东部经济转型升级的阵痛期,完全可以成为东部传统产业转移的接续地,一方面可以帮助东部地区尽快完成产业的转型升级,另一方面也可以保证国民经济的发展速度不下滑;其次,边疆地区丰富的自然资源,也保证了国家经济的安全。九个边疆省区是我国自然资源相对比较丰富的地区,国家经济安全离不开自然资源的持续供给,加快边疆的开发步伐和力度,也就为国家经济安全提供了保障;再次,与我国边疆接壤的周边国家普遍的国情是自然资源丰富、经济发展落后、科技水平较低。加快我国边疆地区与周边国家的区域经济合作,充分利用国内外两种资源、两个市场,对保证我国经济安全非常有利。

边疆的国家文化安全问题。 国家文化安全"是一个国家的文化不被其他文化侵蚀、取代或同化,保持自身的独特性、独立性、完整性并不断传承和发展的状态"[①]。一个国家的文化是这个国家的全体人民在长期的生产、生活实践中逐渐积累下来的文明成果,表现为精神、制度和器物等三个层面。精神层面的文明成果主要是这个国家的人民普遍认同并追求的世界观、人生观、价值观和思想理论体系;制度层面的文明成果主要是这个国家及其人民自觉坚守和遵循的制度化的行为规范;器物层面的文明成果主要是这个国家的人民根据生产和生活的实际需要所创造出来的具有特定功能的工具。当今时代,国家文化安全问题之所以存在,根源于国际上"文化霸权主义"的客观存在,即一些西方发达国家为了巩固和强化自己在国际社会中的领导地位,而利用其在经济、科技、政治、军事、传媒等领域的领先优势,有目的、有计划地向其他国家推销其文化,以实现对他国的"西化"或"分化"。当一个国家的文化的独特性、独立性和完整性一旦遭到破坏,这个国家团结凝聚、奋发有为的精神基础将不复存在,国家很容易导致内耗和分裂,人民将很难找回民族自信和尊严。我国是一个统一的多民族国家,56个民族在长期的共同团结奋斗、共同繁荣发展过程中,逐渐形成了中华民族的"多元一体"格局。以中华民族的一体化发展为取向形成了国家的主流文化,以不同民族的独特的生产和生活方式为取向又形成不同民族、不同地域的亚文化。在前面我们已经阐述过,我国55个少数民族,全部少数民族人口中的近六成生活在边疆。具有浓厚民

---

① 陈大民:《捍卫国家文化安全》,载《求是》,2012年第16期。

族性、地域性特点的亚文化多元而丰富。不同类型亚文化的"小、散、弱"等特点，容易被国际上"文化霸权主义"所利用，造成这些亚文化的被西方文化渗透、侵蚀和同化。譬如，近些年来我国西部边疆国际性宗教（基督教、天主教、伊斯兰教等）的渗透非常严重。可见，我国边疆地区不仅客观地存在着，而且尖锐地存在着文化安全问题的挑战。

边疆的国家生态安全问题。国家生态安全是指一个国家的自然生态环境能够不受破坏或者少受破坏，从而为国家的生存和发展提供健康的生态环境条件的状态。国家生态安全包括水安全、土地安全、草原安全、森林安全、大气安全、湿地安全、地质安全、物种安全等。国家生态安全状况直接决定着国民的生活品质，制约着国家经济社会的发展程度。我国陆地边疆生态安全的特点是：一方面，生态环境较为脆弱。譬如西南边疆最突出的生态安全威胁是地质灾害、水土流失频发，森林的生态功能退化，水污染严重；西北边疆最突出的生态安全威胁是土地沙漠化、盐渍化，森林资源贫乏，草地资源破坏严重，沙尘沙暴天气频发；北部边疆最突出的生态安全威胁是草原数量减少、品质下降，草原生态功能退化；东北边疆最突出的生态威胁是土壤品质下降、水污染严重等。另一方面，边疆地区的生态安全不仅对本地区的生产和生活影响巨大，而且它承担着整个国家生态安全屏障的作用。如地处西南的广西和云南是我国生物物种最丰富的地区，对保障国家生物物种的安全作用很大；地处青藏高原的西藏是我国的"江河源"，对保障我国水安全至关重要；新疆国土面积广、开发潜力大，是我国土地资源安全重要保障；内蒙古面积广阔的草原和森林，是我国大气安全的重要保障；东北地区丰富的森林资源和黑土地资源，对我国农业生态安全发挥着重要作用。所以，在边疆治理中，有效治理生态安全问题，不仅对边疆人民生活品质的改善、生产的发展具有重大作用，而且对全国都具有直接的意义。

边疆的国家资源安全问题。国家资源安全是指一个国家维系其经济发展所需的自然资源供给的可靠性状态。自然资源包括矿产资源、生物资源、水资源、能源资源、土地资源等。充沛的自然资源是一个国家经济发展的前提和基础，如果国家发展所需要的自然资源不管从数量，还是质量都没有有效保障，不能满足持续性的供给，则说明国家存在着资源安全问题。当今世界大多数国家都存在着程度不同的资源安全问题。我国也是一个人均自然资源占有量比较低的国家,从主要自然资源人均占有率来看,我们的人均耕地只有世界人均水平的三分之一,人均水资源占有率只有世界人均的四分之一,人均森林资源只有世界人均的五分之一,人均石油天然气资源只有世界人均的十五分之一,人均矿产资源总量只有世界人均水平的58%,且大宗矿产资源如铁矿、铜矿等由于储藏量分散、开采成本高,都需要从国外进口。从上可见,决定我国经济能否长期安全发展的主要自然资源,面临极为严峻的形势,资源安全问题始终是关乎我国国家安全的重大挑战。我国陆地边疆的安全,又对国家资源安全起到重大影响作用,这是因为:首先,决定我国经济发展的主要自然资源大都分布和储藏于我国边疆地区。如我国大部分动植物资源、水资源、森林资源、耕地资源以及绝大部分能源资源分布在边疆九省区;其次,我国进口自然资源的很大一部分是从边疆陆路口岸进入的。中缅、中哈、中俄等石油管道及天然气管道,从周边国家进口的大量矿产资源等都要通过边疆省区的口岸进入内地。我国九个陆地边疆省区对整个国家资源安全的影响较大,所以,保障国家资源安全是边疆治理的重要任务。

当然在我国陆地边疆地区还存在着社会安全、信息安全、科技安全等方面问题,由于其和内地面临的情况相差不大,没有更多的特殊性,所以不再赘述。

第四,政治认同问题

"所谓政治认同,即社会成员在一定的政治生活和政治发展中所产生的情感和意识上的归属感,具体体现为政党认同、国家认同、制度认同、体制认同、理想认同、政策认同、宗教认同等等。政治认同既是把社会成员团结和组织起来的重要凝聚力量,又是激励和促进社会成员共同奋斗与前进的重要思想基础,同时还是社会成员共同遵循的价值目标和理想归宿。"[①] 政治认同问题,就是一定的政治共同体中的成员所具有的某种政治认同感达不到理想的状态,可能对政治共同体的基本生存和健康发展造成潜在的威胁。譬如一个国家的公民对国家的认同感不理想,就可能威胁

---

① 包心鉴:《当代中国的政治认同》,载《光明日报》,2014年4月9日。

国家的安全和稳定；一国范围内的公众对政权的认同感不理想，可能造成该国政权的危机；一国公众对某项政策的认同感不理想，可能造成该政策的流产或者执行不下去；公众对一个政党的认同感不高，可能导致这个政党的执政危机或者选举危机；公众对某种政治理想或政治价值的认同度不高，则容易导致这种政治理想或政治价值被虚无化。总之，政治认同问题是一个国家政治生活中始终存在，并对政治系统的健康运行直接产生重大影响的问题。

在我国陆地边疆地区，由于政治生态的复杂性，使生活在这一地区的公众的政治认同问题要比内地复杂得多。如这一地区生活着30多个跨境少数民族，这些少数民族群众就客观地存在着国家认同和民族认同孰先孰后的矛盾心态；我国少数民族大都有真切的宗教信仰，于是在宗教认同与国家主流意识形态认同之间又会产生一定程度的心理纠结；这一地区长期处于开发不足、发展不足的现实，各族群众的民生还较艰难，于是形成这一地区各族群众对政权的认同度和政策的认同度不理想；这一地区一直是西方反华反共势力进行渗透、颠覆的重点地带，争夺民心民意的思想文化斗争一直较为激烈，由于受反华反共势力的蒙蔽性宣传，加上我国边疆基层政权的软弱及腐败，基层宣传意识形态工作创新不足、效果较差，于是形成这一地区公众对执政党的认同度及政权的认同度不理想的状况。

总之，我国陆地边疆地区的公众对统一的多民族国家的认同、对中国共产党执政地位的认同、对人民政权合法性的认同、对某些公共政策合理性的认同等存在不足和缺陷，对边防巩固、边疆安全稳定、民族团结和睦等始终都是一种隐患。所以我国陆地边疆治理的一个重要任务就是要发展完善的治理机制，有效解决边疆各族群众政治认同问题，保证边疆各族群众的国家认同度、执政党认同度、政权认同度、政策认同度不断提高，为边疆的长治久安和繁荣发展奠定政治心理基础。

第五，其他社会问题

毒品问题。毒品分为传统毒品和新型毒品。传统毒品如鸦片、海洛因等，直接由罂粟果实中提取，而新型毒品则是通过化学合成来生产，如冰毒、摇头丸等。毒品因可以给被吸食者带来精神上暂时性的兴奋、安慰和幸福感受，所以被精神痛苦者或颓废者所衷情，但毒品吸食带来的问题更为严重，一是摧毁人的身体健康和心理健康；二是会危害社会安全，如抢劫、偷盗、卖淫、艾滋病、交通安全等等。所以消除毒品危害一直是世界各国社会治理的主要任务之一。世界主要产毒制毒地有三个：一是阿富汗、巴基斯坦和伊朗三国交界处的"金新月"地区；二是缅甸、老挝和泰国三国交界处的"金三角"地区；三是南美哥伦比亚、玻利维亚和秘鲁三国交界处的"银三角"地区。20世纪90年代以来，在朝鲜也发现大量种植罂粟和向周边国家贩卖毒品的问题。迄今为止世界四个产毒地，在我国周边占据了三个。受三个产毒制毒地的直接影响，我国西南边疆、西北边疆和东北边疆是受毒品危害最严重的地区。一是这些地区是国际毒品贩运的主要通道，毒品犯罪比内地猖獗很多，如云南省每年抓获的运毒贩毒嫌疑人都在1万人以上。据新疆禁毒部门统计，2010年来查获的来自"金星月"地区的毒品，每年都以10—20倍的速度递增。更为严重的是新疆的毒品问题往往与"三股势力"紧密结合，形成"以毒养恐、以恐护毒"、"以毒助独"的局面；二是吸食毒品人员逐年上升，造成这些地区社会安全挑战空前加剧。据公安部禁毒局2014年公布的统计数据显示，我国登记在册吸毒人员256万，我国边疆九省区登记在册的吸毒人员近40万，占全国的七分之一。这仅是登记在册的人数，若按国际通行的1:4的计算方法，保守估计边疆九省区实际吸毒人数总量应该在160万左右。这160万人在边疆地区可能引发的社会安全威胁，不可估量。

艾滋病问题。艾滋病问题是指包括艾滋病问题及其由它延伸出的各种社会问题的总称。由于我国西南、西北、东北陆地边疆周边分别是世界主要毒品的生产地，毒品问题与艾滋病问题有着天然的联系，加上我国周边的越南、缅甸、泰国等都是艾滋病感染人口较多的国家，造成我国陆地边疆成为艾滋病问题的重灾区。截至2014年10月底，我国累计报告艾滋病病毒感染者和病人49.7万例，其中作为陆地边疆重要省区的云南省、广西壮族自治区、新疆维吾尔自治区受艾滋病问题的困扰最为严重，云南省累计报告艾滋病病毒感染者和病人超过10.5万例，广西7.6万例，新疆4.35万例。西藏、甘肃、内蒙古、东北三省，均有上千例的艾滋病毒感染报告。艾滋病作为一种传染性很强、死亡率很高的疾病，到目前为止尚未找到有效的治疗手段。其在国家治理中带来的危害主要有：一是其传播和蔓延对国家安全会造成战略性的威胁；二是其会造成弥漫于整个社会的恐慌心理和恐慌情绪，容易诱发一系列的社会问题，对社会治理带来严峻挑战；三是艾滋病所带来的贫困问题、孤儿抚养问题、老人赡养问题不断暴露出来，加剧了社会的治理难度。

跨境非法婚姻问题。我国边疆与 14 个国家接壤，在边境一线两国居民不仅经济联系密切，而且社会交往频繁。经过 30 多年的高速发展，我国经济实力显著增强，人民生活水平显著提高，我国边疆经济社会也进入较周边国家更为繁荣、更为有活力的时期，由此给周边国家的居民带来的吸引力也迅速提高，周边国家的女性选择嫁入我国的现象越来越多。如果跨境婚姻的双方各自通过合法程序登记结婚，当然便于国家对跨境婚姻的管理，也便于维护当事者及其生育孩子的合法权益保障。但根据云南省妇联在 2014 年进行的抽样调查，云南边境跨国婚姻中 81.5% 属于非法婚姻。2010 年云南省镇康县进行过一次统计，截至该年底，全县男青年与缅甸边民通婚的实有人数有 2704 对，但只有 1211 对申领了结婚证，超过 60%以上为非法婚姻。据中共云南省委政策研究室的一项抽样调查，截止到 2012 年底，整个云南省跨境非法婚姻达到 25279 人，而且每年大概以2700 人的速度在增长，也就是说到 2014 年底，境外以非法婚姻的形式嫁入云南省的妇女将肯定超过 3 万人的规模。跨境非法婚姻的大量增加所带来的社会问题有：一是非法婚姻当事者及其子女，因没有合法身份而造成很多针对我国公民，特别是针对边民的社会福利、社会保险、社会救助无法实现；二是非法婚姻所涉嫁入我国的外国妇女，由于没有中国公民身份，导致其很多权益无法得到保护；三是非法跨国婚姻大量存在始终是国家安全的隐患。

"三非"问题。所谓"三非"问题是指由"三非"人员的大量存在和增加所导致的诸多社会问题的总称。所谓"三非"人员是指我国境内非法入境、非法居留、非法工作的外国人。"三非"人员尽管在全国很多地方都不同程度地存在着，但大规模地存在并由此滋生出很多的社会问题，在我国边疆省区特别突出。我国边疆省区"三非"人员不断增多有以下原因：一是周边国家经济发展水平低，老百姓生活较为困难；二是周边国家自然灾害、内乱和内战等不断，产生了大量难民以各种方式涌入我国境内；三是我国与毗邻国家边境线存在很多无人值守的小道、便道，为"三非"人员的进入提供了方便；四是我国边疆省区存在很多跨境民族，有相同的语言、宗教信仰、生活习俗，为"三非"人员的大量存在提供了方便的条件。一些周边国家的公民在没有任何合法手续的情况下进入我国，大量地活动在边疆地区，有的从事非法商贸活动，有的不经申请而非法就业，有的甚至从事犯罪活动。在广西的"三非"人员主要以越南公民为主，在云南的"三非"人员主要以缅甸、泰国、老挝、越南公民为主，在新疆的"三非"人员主要以南亚和中亚国家的公民为主，在内蒙古的"三非"人员主要以蒙古国公民为主，在东北三省的"三非"人员主要以朝鲜、俄罗斯公民为主。"三非"人员的具体数量无法做准确的统计，从近年来边疆省区出现的各种治安案件、刑事案件中涉及"三非"人员的越来越多，从这里可以判断出这些年来"三非"人员的规模呈急剧增长的趋势。"三非"人员急剧增加给边疆省区带来的主要社会问题有以下方面：一是给边疆的社会安全带来严峻挑战，增加了社会治理的难度。根据我们对公安边防部门的访谈，了解到近些年来大量的"三非"人员伙同境内外的犯罪分子在边境一线从事盗窃、抢劫、卖淫、走私、贩毒、拐卖妇女儿童等违法犯罪活动较为猖獗，边疆省区，特别是边境地区的社会治安压力很大；二是扰乱了边疆省区的就业秩序，给就业管理增加了难度。我国陆地边疆地区由于产业不发达，就业压力本身就很大，但"三非"人员的非法就业，更是增加了边疆地区的就业压力；三是破坏了出入境管理秩序。"三非"人员其实是不按我国的出入境管理法律法规活动，其损害了我国法律的尊严，侵害了我国的国家主权。"三非"问题是一个世界级难题，欧美发达国家都未能找到一种成熟可靠的解决方式。对我国边疆省区来说，"三非"问题是最近几年来才大量出现的新问题，解决难度可想而知，但它毕竟是我国陆地边疆治理必须面对的，而且是必须解决的重要社会问题。

三、边疆治理在国家治理中的地位和作用

我国的边疆治理是国家治理不可或缺的组成部分，没有边疆治理的国

家治理是不存在的。国家治理是指在党的领导下，以政府为核心的多元治理主体为实现国家安全稳定发展和人民的幸福，综合运用权力力量、市场力量、社会力量、法治力量等，依法对国家和社会公共事务进行管理和处置的活动及其过程。对于一个地理空间较小的国家，因不存在边疆区域，所以就不存在边疆治理这种国家行动。而我国是一个地理空间较大的国家，如果把国家按地理空间进行划分，可以分为腹地和边疆两个空间区域，与国家政治中心、经济中心、文化中心较近的区域称为腹地，而与上述几个中心较远的区域就是边疆。相应地，国家治理当然就可以划分腹地治理和边疆治理。可见边疆治理是国家治理不可或缺的组成部分，没有边疆治理的国家治理是不可想象的。对我国这样一个大国来说，边疆治理在国家治理中没有有无之分，只有优劣之分。当国家治理体系比较完整、治理能力比较强时，边疆治理相应就容易获得较优的治理效果；当国家治理体系存在残缺现象、治理能力比较脆弱时，边疆容易失控，边疆治理的效果也会大打折扣，就是我们通常说的劣质的治理。

我国的边疆治理在国家治理中承担着拱卫核心区治理的独特功能。国家核心区是国家的政治、经济、文化中心区域，是国家物质财富、精神财富、人才资源等最富集的区域，是决定国家未来发展根本的区域，所以对核心区的治理是国家治理的根本任务、核心任务。尽管核心区治理的优劣和成败决定着整个国家的生死存亡和繁荣发展，但不能因此而否定边疆治理的意义。边疆治理的重大价值是其拱卫着国家核心区治理，进而为国家治理提供坚实的各种保障条件。从历史上来看，边疆是抵御外来入侵的安全屏障，它的存在使国家核心区避免成为反侵略战争的主战场，从而保证整个华夏文明得以持续健康地积累和传承，避免遭受致命的破坏。从现实来看，尽管当代边疆治理的军事拱卫功能在逐渐退化，但边疆治理的经济拱卫功能和文化拱卫功能在逐渐显现。当代边疆的经济开发为国家经济发展提供了源源不断的自然资源和经济增长空间，为国民经济的持续健康发展提供了有力保障；当代边疆民族文化的开发强有力地拓展着中华文化的源流，激发着中华文化的活力，丰富着中华文化的内涵，推动着中华文化的繁荣。

我国的边疆治理在国家治理中承担着辐射周边国家的功能。以传统小农经济为基础的国家治理，其特征必然是封闭性、内向性、被动防御性的。而今天建立在以工业化、信息化、市场化、全球化为发展趋势的经济基础之上的国家治理，其特征必然是开放性、外向性、主动竞争性的。当代中国的国家治理也不例外，中国要在全球化的发展进程中，在激烈的国际竞争和国际斗争中赢得生存和发展的空间和权利，就必须充分利用好国内和国际两种资源、两个市场，就必须逐渐消解现有的不合理的、不公平的国际政治经济秩序，为建立公平合理的国际政治经济新秩序作出持续地努力，必须在新的全球治理中主动承担与我国国力相适应的大国责任。当前我国的边疆治理的重大使命，就是在国家治理格局中率先承担起辐射周边国家的功能。由于我国九个陆地边疆省区独特的地缘政治、地缘经济、地缘文化优势，使边疆省区与周边国家展开全面的经济技术合作与文化交流，具有得天独厚的条件。我国对周边国家的辐射包括以输出商品、服务、资本、技术、人才等为内容的经济辐射，也包括以输出亲和力、感召力、吸引力为内容的文化教育辐射，还包括以输出号召力、影响力、震慑力等为内容的政治辐射。当代的边疆治理，对内要全面深化各领域的改革，加快简政放权、减少行政审批，激发大众创业、万众创新的社会活力和经济活力；对外须秉持"亲诚惠容"理念，充分利用现有口岸和通道，不断开辟新合作领域和渠道，加大对外开放力度，积极主动发展与周边国家的全方位合作，把边疆省区打造成为我国辐射周边国家的前沿阵地和战略通道。

我国边疆治理在国家治理中的地位和作用具体表现在以下方面：

1. 经济层面的作用

从经济层面上看，边疆治理决定着国民经济的可持续发展。我国国民经济在1978年时GDP总量仅有3645亿元，改革开放30多年来，由于经济治理效能显著，使GDP平均保持8%以上的增速，到2014年GDP总量已达到636463亿元，增长了173倍。随着经济体量的增大，增长动力不足的问题逐渐显现。当前，我国经济总体上开始进入新常态增长期，所谓新常态增长期，主要有三个特点：一是增长速度从高速增长转为中高速增长；二是经济结构从低层次逐渐向高层次优化升级；三是经济增长动力从以往的要素驱动、投资驱动转向创新驱动、内需驱动。经济增长的新常态是从我国经济总体上来看所作出的判断,而对边疆九省区来说,经济发展状况与发达省区比较大致存在10—20年的差距,根据经济增长周期理论和波次推进理论,边疆省区在今后十年左右的时间里保持8%的高速经济增长,仍然有空间和动力。不能小觑这十年左右的时间,其意义和价值对整个国家发展来说十分重大:

第一,能够保住就业人口不减少的经济发展"下限"。我国每年都产生出1500万人左右的庞大就业人口,就业问题解决不好会直接威胁到整个国家社会政治稳定的大局,所以,"保就业"一直是我国经济发展的"下限"。发达省区率先进入经济增长新常态,经济增速下降将导致吸纳就业人口的能力下降,就业问题的解决面临极大的困难。此时,边疆省区仍然能够保持相对高速的经济增长将大大缓解整个国家的就业压力,对国家保持和谐稳定和长治久安的大局意义重大。

第二,边疆有效的经济治理将强化边疆省区与发达省区之间经济良性互动,从而形成有利于整个国民经济可持续发展的格局。边疆省区拥有自然资源优势和劳动力资源优势,可以利用这种优势承接发达省区资源密集型、劳动密集型产业的转移。产业在国内发达地区和欠发达地区之间的转移对整个国民经济的积极作用非常明显,既加快了边疆省区的开发发展力度,又为发达省区的经济结构调整和产业转型升级腾挪出很大的空间和契机,国民经济在保持总体平稳增长的同时还防止了大起大落所带来的波动和浪费。

第三,边疆省区广阔的市场将形成强大的内需动力,从而拉动整个国家经济的持续发展。当前我国边疆省区城镇化水平比发达省区还低很多,2.4亿多人口的消费水平总体上还比发达省区差很多,所以边疆省区是我国尚未完全开发出来的庞大消费市场。因为有发达省区消费模式的示范和引导,随着边疆省区经济开发和发展程度的加快,群众收入的不断增加,这个庞大的消费市场将得到有效开发,其产生的内需效应将有力地拉动我国国民经济再上新台阶和新水平。

第四,边疆省区与周边国家地缘经济关系的加深也将大大拓展我国经济的发展空间和发展容量。随着我国"丝绸之路经济带"和"海上丝绸之路"战略的推进,大部分边疆省区的经济治理可以全面融入和服务于这两个战略，边疆经济治理的范围就不仅仅局限于国境线以内，而必须辐射到周边国家，从而使我国边疆省区与周边国家之间形成更为紧密的地缘经济关系。与我国陆上相邻的周边国家，如东南亚、南亚、中亚、俄罗斯等均是人口多、经济欠发达、资源丰富的国家，有着巨大的经济潜力。如果我国边疆的经济治理能够辐射到这些国家，甚至更远的地区，不仅可以借助边疆省区的经济辐射作用开拓周边国家的市场，而且可以充分利用周边国家丰富的自然资源来支撑我国边疆省区甚至内地经济的可持续发展。

2. 政治层面的作用

从政治层面上看，边疆治理影响国家的政治安全。边疆治理的好坏对维护国家主权有重大影响。国家主权是一个国家所具有的独立自主处理内部事务，管理国家的最高权力。对内其有最高权力的地位，对外其有独立的不受任何外部势力干预的地位。国家主权是国家作为国际法主体的基本条件，相互尊重国家主权是当代国际关系的基本准则。在当今国际社会，由于霸权主义、强权政治和新干涉主义依然普遍存在，导致国家主权被侵犯、被干预，甚至被肆意践踏的现象比比皆是。我国作为国际社会最大的发展中国家，由于存在着意识形态领域与欧美发达国家的差异性，加上迅速崛起的国家实力对欧美发达国家所造成的心理压力等等，使我国国家主权经常成为欧美发达国家干预的对象。特别是近些年来，欧美发达国家提出的"人权高于主权"理论，更是使这些国家干预其他国家的主权提供了理论根据，以人权为借口干预他国主权的现象频频发生。我国边疆的基本省情区情是边疆、贫困、民族、宗教等，面临的治理挑战比内地要复杂得多、艰巨得多。这些年来，国内外的反华反共势力利用我国边疆的软肋，不断加大对边疆地区的渗透、颠覆、破坏力度。境内外的"三股势力"也强化了对边疆的暴恐威胁活动。这些活动都会给西方国家干涉我国主权提供各种各样的口实。从改革开放30多年来的经验看，什么时候我国边疆治理成效好，则留给西方干涉我国主权的口实就少；什么时候边疆治理成效不好，则留给西方干涉我国主权的口实就急剧增加。

边疆治理的质量对国家的领土完整有直接影响。我国不管是陆地边疆还是海洋边疆，与某些周边国家存在着显在和潜在的争端。显在争端就是现实客观存在的，如西南边疆的中印藏南之争，海洋边疆的中日东海争端、中越、中菲、中马南海争端等等。潜在的领土争端是未来可能出现的关于领土的争议和争执。一个国家领土的完整性，取决于这个国家政治军事对边疆的控制力和治理力，譬如近现代以来我国清代、北洋、民国时期政府对边疆的控制力和治理力下降，是造成今天我国与周边国家领土争端的罪魁祸首。如果国家有良好的边疆治理，意味着国家对边疆具有强大的控制力，具体体现在国家的政治能量和政治能力在边疆能够得到充分彰显，使国家政治体系不仅对边疆地区的国民产生吸引力、感召力，也能够对周边国家的国民产生一定程度的吸引力、感召力、诱惑力，甚至会对周边国家的政府产生政治威慑力等，使其非分的领土主张和想法受到压制。相反，边疆治理不善，国家政治体系的吸引力、感召力下降，国家对边疆的控制力相应下降，周边国家容易对我国的领土产生觊觎之心，由此出现领土争端，威胁到我国领土完整。为此，为了有效解决显在的和潜在的领土争端，良好的边疆治理是一个前提条件。没有良好的边疆治理所自然孕育出来的吸引力、感召力、诱惑力、威慑力，即使是潜在的领土争端都可能转化成显在的领土争端，从而影响国家的领土完整。

边疆治理对国家政治稳定会带来重大影响。政治稳定是指国家政治系统在内外环境因素的综合作用下，通过自身的适应调节机制，保持政治系统有序运行、功能持续发挥的状态，包括宪法制度的稳定、权力关系的协同、政治过程的有序、基本政策的连续等方面。宪法制度的稳定指的是我国宪法所规定的国体和政体在公众中有较高认同度，且不受到损害和破坏；权力关系的协同是指党与政之间，立法、行政、司法之间，中央与地方之间，权力配置基本合理，内耗小、协作性高，不存在激烈的权力冲突；政治过程的有序是指各种政治主体从利益诉求、利益综合到政策输出的整个过程始终在制度、程序和秩序的范围内展开，较少有超越制度和程序之外的政治行动；基本政策的连续是指国家的重要政策能够保持相对的稳定性和连续性，不存在朝令夕改、反复无常、大起大落的现象。边疆治理对国家政治稳定的影响表现在：一是边疆发展不足、发展不平衡、发展不可持续的问题如果不能得以有效治理，造成边疆长期落后于内地，边疆民生改善速度慢，则国家政权体系的合法性基础在边疆社会中可能逐渐流失，形成政治不稳定的社会心理基础。一旦出现一个导火索事件，容易引发街头政治和政治动乱；二是边疆复杂的民族宗教问题如果治理成效不理想，可能导致民族宗教问题的尖锐化复杂化，容易导致人们对现行政治制度、民族宗教政策等的怀疑和否定，对政治稳定产生强烈冲击；三是如果对边疆安全问题的治理不能及时和到位，特别是内部政治安全威胁（如"三股势力"、政治腐败、极左或极右意识形态泛滥、社会公平正义丧失等）和外部政治安全威胁（如霸权主义、强权政治、新干涉主义、敌对势力的渗透等）不能彻底消除，则容易造成内部的政治安全隐患和外部政治安全隐患的叠加和共振，从引发社会不稳定开始，进而波及政治不稳定。

3. 社会层面的作用

从社会层面上看，边疆治理影响国家治理效能。单纯从社会层面上讨论边疆治理，其实质就是边疆的社会治理。所谓边疆的社会治理，是指以政府为核心的多元治理主体为实现边疆社会的和谐稳定，激发边疆的社会活力，而在边疆社会所实施的维护社会公平正义、平衡社会心理、规范社会行为、化解社会矛盾、解决社会问题、协调社会关系等一系列管理活动及其过程的总称。边疆社会治理对国家治理的作用表现在以下两个方面：一是良好的边疆社会治理将大幅度降低国家治理成本，从而提高国家治理效能。相反，不良的边疆社会治理会大幅度增加国家治理的成本，从而降低国家治理效能；二是良好的边疆社会治理将有力地保障国家政治安全，相反，不良的边疆社会治理极易演化成为政治问题，从而威胁到国家的政治安全。

当代我国边疆社会远比内地复杂得多。从边疆社会公平正义方面来说，导致边疆社会公平正义流失的因素比内地多得多，有边疆与内地不断扩大的发展差距，边疆内部的城乡发展差距、区域发展差距、阶层发展差距、利益群体发展差距、行业发展差距，还有边疆社会是我国现代文化观念较为稀缺的地区，浓烈的特权观念，固守习惯法思维等，使国家法律在边疆的实施出现不公正现象的概率比内地高得多。社会公平正义的流失，直接诱发出弥漫整个边疆社会的心理失衡。边疆社会的心理失衡主要表现在：仇官、仇富情绪严重，对社会的不满情绪不断滋长，大多数社会阶层均有"弱势群体"心态等等。边疆社会心理失衡的直接结果就是易于激发出人们行为上的失范，即心理失衡的人群最易突破国家法律规范和社会道德规范来采取行动，普遍的社会心理失衡必然导致社会行为失范呈现爆发式增长。边疆社会行为失范主要表现为：各种类型的犯罪率急速上升，社会道德水准明显下滑。社会行为失范的普遍发生，必然导致各种社会主体之间的矛盾层出不穷地产生并不断累积。大多数社会矛盾带来的消极影响一般仅限于发生矛盾的社会主体之间，对整个社会的危害程度有限，但某些社会矛盾的累积会出现从量变到质变的飞跃，即这些社会矛盾经累积后会出现激化效应、溢出效应和扩散效应，将对社会中不特定的社会主体带来消极影响，由此这些社会矛盾演化成为社会问题。社会问题的实质就是社会公共问题。改革开放以来，我国边疆社会主体呈现多样化、复杂化的发展趋势，社会主体之间由于利益差异和价值观差异不断扩大，加上各种社会主体经常不按照法律规范和道德规范来采取行动，很容易导致各种行为主体之间产生竞争和斗争的对立关系，这就是边疆社会矛盾。从宏观层面看，边疆社会矛盾主要有民族矛盾、宗教矛盾、社会阶层矛盾、官民矛盾、地区间矛盾、中央与地方间矛盾、行业间矛盾等等，若从微观层面看，边疆社会矛盾就更多更复杂。由边疆某些社会矛盾累积所激化和演化出来的社会问题主要有：边疆的开发和发展问题、民族宗教问题、国家安全问题、政治认同问题、文化认同问题、跨国犯罪问题、毒品问题、艾滋病问题、"三非"问题、跨境婚姻问题等等。

边疆社会治理是一个庞大而复杂的社会系统工程，既要从源头上治理社会公平正义流失的问题、社会心理失衡的问题、社会行为失范的问题，又要治理社会矛盾剧增和积累的问题，还要治理社会问题失控和社会关系失调等问题。由于边疆社会矛盾、社会问题和社会关系中夹杂着民族性、宗教性、国际性因素，使这些社会矛盾、社会问题和社会关系又增加了复杂性和敏感性。由此，历来都受到国家的特别关注和重视。当边疆社会治理成效不佳而造成边疆社会问题失控和社会关系失调时，国家投入到边疆的治理资源极其庞大，由此加重了国家治理的成本，如近几年来新疆、西藏两个边疆自治区社会治理成效不理想，结果使国家对边疆的治理陷入到"大闹大投入，小闹小投入"的怪圈。治理资源投入的扩大化，其实加重了边疆治理的成本，相应地降低了国家治理的效能。相反，当边疆社会治理成效较好，形成了边疆社会安定有序、和谐发展的格局，国家投入到边疆的治理资源也会得到大大节约，如云南边疆，由于社会治理成效显著，大大节省了国家的治理资源，相应地提高了国家治理的效能。

由于边疆的社会矛盾、社会问题和社会关系中渗透着民族性、宗教性、国际性因素，这几个因素又经常被国内外反华势力拿来作为攻击我们政治制度、政治政策等的武器，所以边疆省区的社会矛盾、社会问题和社会关系，不同程度地都具有了政治属性。相较内地，同样的社会矛盾、社会问题和社会关系，在内地仅有社会属性，并不具有政治属性。这就是边疆社会治理的复杂性、敏感性和艰巨性。边疆社会治理的成效不彰，也就是边疆社会矛盾化解不力，边疆社会问题解决不好，边疆社会关系协调不到位等，都会成为境内外反华势力在国际上妖魔化中国体制、丑化中国形象，在国内煽动民间与政府之间的对立和对抗情绪，甚至是煽动"颜色革命"的口实，从而使这些社会问题演化成为重大的政治问题，威胁着国家的政治安全。我国的边疆社会一直被西方反华势力看作是遏制和分化中国的突破口，所以边疆社会治理的成效，不仅是关系到边疆社会稳定的大事，而且也是直接影响国家政权巩固、政治稳定的大事。

4. 文化层面的作用

从文化层面上看，边疆治理影响中华文化认同建设。在 2014 年中央民族工作会议上，习近平总书记首次提出了"四个认同"的重要论断，他说："做好民族工作要坚定不移走中国特色解决民族问题的正确道路，让各族人民增强对伟大祖国的认同、对中华民族的认同、对中华文化的认同、对中国特色社会主义道路的认同。"认同，是一种由信任、接受、承认、喜爱等人类情感因素、态度因素和心理因素所融合而成的价值倾向。对伟大祖国的认同、对中华民族的认同、对中国特色社会主义道路的认同，属于现代政治学中政治认同的范畴，对中华文化的认同，属于社会学中文化认同的范畴。文化认同与政治认同存在密切关系，文化认同是政治认同的基础，政治认同是文化认同在政治领域的延伸。文化是人的共同体在长期的生产和生活实践过程中逐渐形成的，并得到普遍践行的价值观、行为规范、风俗习惯、精神追求、群体意识等的总称。文化认同是人的共同体得以存在和发展的前提。中华文化是我国各民族在长期的生产生活实践中，在各民族持续不断的交往交流交融中，在共同反抗外来入侵的伟大斗争中，慢慢融合而成的多元一体文化，中华文化不是单纯的以华夏文化为代表的汉文化，而是我国各民族文化的集大成。中华文化是中华民族共同体团结凝聚的精神纽带，是中华民族共同体繁荣发展的精神动力，是中华民族共同体区别于其他人的共同体的根本标志。

长期以来，我国边疆由于受自然地理环境相对封闭，交通通信不便的制约，加之受周边国家文化影响较深等因素，使边疆各族群众对中华民族共同体意识的体认还不强，对中华文化的认同程度还有待于进一步提高。所以，在我国国家治理实践中，增强各族群众对中华文化认同就是一项非常重要的职责。而承担这项职责的工作重点是边疆省区，可见，增强中华文化认同是边疆治理的主要职责。

在边疆治理过程中，除了要增强边疆各族群众对中华文化的认同外，还有一项极其重要的任务，就是提升中华文化的活力。中华文化的活力来自于文化样态的多样性，以及多样性文化的平等交流与融合。中华文化本身就是各民族多样性文化的集大成，目前要进一步提高中华文化的活力，必须挖掘和弘扬各民族历史文化中的精华，必须强化各民族文化的交流和交融力度。这正是边疆治理的主要责任。

习近平总书记说："加强中华民族大团结，长远和根本的是增强文化认同，建设各民族共有精神家园，积极培养中华民族共同体意识。"这就是边疆治理在文化建设领域的使命和责任。

5. 环境生态层面的作用

从环境生态层面上看，边疆治理制约着美丽中国建设。党的十八大提出："生态文明，是关系人民福祉、关乎民族未来的长远大计。面对资源约束趋紧、环境污染严重、生态系统退化的严峻形势，必须树立尊重自然、顺应自然、保护自然的生态文明理念，把生态文明建设放在突出地位，融入经济建设、政治建设、文化建设、社会建设各方面和全过程，努力建设美丽中国，实现中华民族永续发展。""美丽中国"的提出生动地描述了全国人民对良好生态环境的向往，它是国家治理现代化的主要价值追求。在推进社会主义现代化建设过程中，有效治理现实的环境生态问题，加快建设美丽中国，是国家治理的重大使命。

建设美丽中国的重大使命，边疆治理承担着最大的职责。2010 年 12

月,国务院发布了《全国主体功能区规划——构建高效、协调、可持续的国土空间开发格局》的重要文件,其中确定了25个国家重点生态功能区,其中有19个分布在我国边疆省区。在国家确定的全国生态安全战略"两屏三带"格局中,所涉地区大都在边疆省区,如"两屏",即青藏高原生态屏障、黄土高原—川滇生态屏障,分布在西藏、云南的大片地区;"三带",即北方防沙带、东北森林带、南方丘陵山地带,前两带全部分布在作为边疆省区的新疆、甘肃、内蒙古、辽宁、黑龙江、吉林。南方丘陵山地带有一部分分布在作为边疆省区的广西壮族自治区。环境生态治理是国家治理的主要内容,从国家环境生态治理的地理空间格局来看,我国九个边疆省区刚好是国家环境生态治理的重点地区,处于重中之重的地位。由此证明,边疆省区的环境生态治理在国家治理层面上是重大战略决策,在边疆治理层面上就是具体的、必须执行的艰巨任务。

6. 外交层面的作用

从外交层面上看,边疆治理承担着落实我国周边外交战略的重大责任。周边国家对我国安全和发展具有重大影响。与我国陆地边疆接壤的周边国家有14个,这些国家国土面积总量超过2778万平方公里,人口总量超过18.71亿,绝大部分国家都属于发展中国家,自然资源丰富,人口众多,市场容量和潜力巨大,政府和民间都有强烈的发展愿望,充满了发展的生机活力。不管从历史上,还是当前,这些国家与我国都有密切的政治合作、经济交往、文化交流,特别是进入21世纪以来,我国与这些国家的经贸联系更加紧密、互动空前密切。从外交关系主流上看,这些国家对中国采取的是睦邻友好、互利合作的政策和态度。总体上看,周边国家在政治上是我国维护主权权益、发挥大国作用的首要依托;在经济上是我国扩大开放、开展互利合作的重要伙伴;在安全上是我国维护社会稳定、民族团结的直接外部条件;在战略上是促进欧亚经济一体化发展的重要力量。

近年来随着中国综合国力的迅速崛起,引起了作为世界强国的美国、作为亚洲强国的日本等国家心理上的不适应,为此以美国为主导,日本积极配合,采取种种手段加紧围堵和遏制中国发展的步伐,特别是在东海和南海方向上的围堵动作频频,试图打压和挤压中国发展的战略空间,对我国形成了巨大的安全威胁和战略压力。进一步提升我国与周边国家的交往频度、合作广度、发展深度成为我国减轻东面南面海上安全压力，拓展发展战略纵深的必然选择。2013年10月24日，习近平总书记在周边外交工作座谈会上，做出重要指示："做好周边外交工作是实现'两个一百年'奋斗目标、实现中华民族伟大复兴的中国梦的需要，要更加奋发有为地推进周边外交，为我国发展争取良好的周边环境，使我国发展更多惠及周边国家，实现共同发展。"习近平进一步指出："我国周边外交的方针，就是坚持以邻为善、以邻为伴，坚持睦邻、安邻、富邻，突出体现亲、诚、惠、容的理念。"做好周边外交工作，习近平提出三个"要着力"：要着力深化互利共赢格局；要着力推进区域安全合作；要着力加强对周边国家的宣传工作、公共外交、民间外交、人文交流，巩固和扩大我国同周边国家关系长远发展的社会和民意基础。

　　做好周边外交工作是国家治理的重要任务，除了中央政府以国家的名义和身份做好该项工作外，我国九个边疆省区应该是做好周边外交工作的主要力量。由于我国九个边疆省区与周边国家天然地存在着地缘政治、地缘经济、地缘文化联系，习近平总书记提出的三个"要着力"基本上都要靠边疆省区去具体落实。我国陆地边疆省区有100多个国家一类和二类边境口岸，与周边国家有上千条（无法准确统计）的通道，有35个跨境少数民族，所以不管是深化经贸的互利合作、共同维护边境安全，还是加强对周边国家的宣传工作、公共外交、民间外交、人文交流等，边疆省区都具有得天独厚的区位优势、文化优势。所以，做好周边国家的外交工作，自然就是边疆治理的重要内容，也就是边疆治理承担着落实我国周边外交战略的重大责任。

第三章 中国陆地边疆治理的环境分析

中国陆地边疆是指临近陆地边境线中国一侧的领土范围，随着国际地缘政治格局的变化，当代中国陆地边疆的治理在国家治理格局中越来越凸显其重要性，治理环境也在发生相应变化。因此，对陆地边疆治理的环境进行分析，认识和了解当代中国陆地边疆治理所处的具体环境，是边疆治理过程和国家治理视野下不可或缺的环节。

一、当代中国陆地边疆治理环境概述

当代中国的陆地边疆治理中，其所处的环境是一个动态和开放的空间状态，同时也和边疆治理过程中的其他环节产生相互关系，从而形成一个密切联系的治理系统和治理模式。当前，中国的发展越来越受到外界的关注，作为国家疆域之边缘地带的陆地边疆，既具有国家战略意义，又是国家治理中的重要领域。而对陆地边疆治理的环境分析是边疆治理的前提和条件，因此，要深入研究陆地边疆治理，探讨良性的边疆治理模式，就不应该仅仅局限于治理本身，而是应该从陆地边疆的大环境系统中蕴含的多元角度去考察和分析，这样才能对当代中国陆地边疆的治理状况有全面和深刻的认识，从而立足边疆，因地制宜，探索出适应边疆治理的路径。

1. 陆地边疆治理环境的内涵

"环境"是相对于某一中心事物而言的，是中心事物周围所存在的条件和状态，对于不同的对象和科学学科来说，环境所指向的内容是各不相同的，既有物质的，也有精神的；既有自然的，也有社会的；既有时间上的，也有空间上的。当代中国陆地边疆治理环境是某一特定时期内影响边疆治理发展的外部条件的综合系统，是一个由各种要素有机组成的综合性概念，也是陆地边疆治理发展的载体。一般而言，可以从自然生态环境、政治、经济、文化、社会等方面对陆地边疆治理的环境进行认识和分析，正是这些对陆地边疆治理产生直接或间接影响的因素，构成了陆地边疆治理的环境条件，一定程度上制约着边疆治理的进程。因此，中国陆地边疆治理的环境分析问题是一个涉及生态、政治、经济、文化等多元维度和领域的大系统，需要从多角度去分析边疆治理的环境，在此基础上加深对边疆治理的认识。

当代中国陆地边疆治理的环境，从时间和空间上来说，是主要着眼于当代中国这一时期内的陆地边疆治理环境。在中国的历史上，历朝历代的统治者都十分注重边疆问题，对于边疆治理，不同时期有不同的方略，主要根据当时所处的治理环境制定相应的政策。边疆的环境状况决定了边疆治理是一项长久而持续的工程，边疆历来是一个国家的战略要地，当代的中国是一个统一的多民族国家，边疆治理意义重大，不仅关系到边疆的社会稳定，也直接关系到国家的安定。但是由于多种因素的制约，边疆地区的社会经济发展程度与内陆发达地区存在较大差距，边疆治理问题显得尤为紧迫和重要。而一定时期内的陆地边疆治理，是在特定的陆地边疆环境条件下进行的，同时也受制于其特定的环境条件。因此，分析陆地边疆治理所存在的具体环境状况，是十分必要的。

当代中国陆地边疆治理的环境是客观的存在，陆地边疆治理的环境分析是围绕着"陆地边疆治理"这一主体来展开的，需要以陆地边疆的实际情况作为出发点，准确把握边疆治理的环境存在状态，为边疆治理构建一个稳定的环境基础。从联系的角度看，任何事物都不是孤立存在的，会与周围的环境有着直接或间接的联系，并相互依赖而存在，陆地边疆的治理也要依托于其所处的客观环境来运行，同时，各环境要素之间也是相互联系的。从这个意义上来说，陆地边疆治理的环境是一个大的整体概念，其中包含多种相互联系的要素。中国正处于社会急剧转型时期，陆地边疆治理面临新的挑战，治理的环境系统也不断发生新的变化，如何应对陆地边疆治理的新问题，需要对当代所处的治理环境有全面和整体的把握，从而引入新的边疆治理理念，有力促进边疆地区的和谐稳定发展。

2. 陆地边疆治理环境的构成

当代中国陆地边疆治理的环境是一个多维度的复杂体系，这就需要从宏观上对其进行整体性的把握，也要在微观上具体分析其构成要素，这样才能全面而深入地认识陆地边疆治理问题。从边疆治理所指向的内容上来看，陆地边疆治理的环境构成要素主要包括自然、政治、经济、社会、文化和国际环境等六个方面，这构成了边疆治理需要考察的立体环境系统。

（1）自然环境

陆地边疆治理环境中的自然环境是指边疆治理中的各种自然因素的总和，也就是边疆地区的自然生态状况，包括地形、地貌、气候等地理环境因素和水力、矿产、生物等可利用的资源环境因素。自然环境是边疆治理运行的客观依据，是边疆治理环境分析的基础。一方面，边疆地区的自然环境是一个自然状态下的存在，是政治、经济、社会和文化发展的重要载体；另一方面，边疆的自然生态环境在社会发展进程中由于过度开发和不合理利用，原来的优势因素逐渐沦为劣势和制约边疆发展的因素，成为当今边疆治理亟待解决的问题之一。边疆地区的自然环境呈现如下特点：

第一，边疆国土面积大，处于具有国家战略意义的地理位置。中国幅员辽阔，陆地边境线长达2.2万公里，周边与14个国家接壤，其行政划分地区包括：广西、云南、西藏、甘肃、新疆、内蒙古、黑龙江、吉林、辽宁等九个省区，面积约577万平方公里，占整个国土面积的60%，在这一地区生活的人口约2.8亿，占全国人口的21%。此外，还有35个少数民族与接壤国家的同一民族跨境而居。从地缘政治上来看，边疆地区的地理位置既关系着国家领土的完整和安全，是各国领土争夺的关注点，同时，又是国家对外交往的一扇窗口。因此，面积广大的陆地边疆地区具有重要的战略意义，是边疆治理中不可忽视的要点。

第二，自然资源得天独厚，但开发和利用能力低。我国陆地边疆地区自然资源丰富，包括矿产资源、土地资源、水资源、气候资源、生物资源等，它们是边疆地区人们赖以生存的重要基础。得天独厚的自然资源和地理环境形成了边疆地区千姿百态的自然风光，是重要的旅游资源。自然资源是社会生产的原料来源地和生产布局的必要条件与场所，对经济发展战略和产业结构布局有着直接的影响。但陆地边疆地区由于交通不便，环境相对闭塞，加上资金、技术、人才等奇缺，丰富的自然资源无法得到有效开发和利用，资源优势没有转化为经济优势，边疆地区的经济发展水平滞后于内陆地区，成为边疆治理的重要内容。

第三，自然地理条件恶劣，生态环境脆弱。我国陆地边疆地区虽然面积广大，但大部分位于祖国边缘的高山峡谷、沙漠戈壁、丘陵山地之中，远离国家腹地。一些边疆地区海拔高，气温低，土地贫瘠，自然地理条件恶劣，生存环境较差。边疆的生态环境影响着人们的生产生活，虽然生态环境保持相对完好，但生态环境脆弱，特别是随着中国现代化进程的不断推进，人们对自然资源的过度开发使生态环境遭到严重的破坏，不利于边疆地区的可持续发展。

（2）政治环境

政治环境是陆地边疆治理环境分析的重要内容，指能够直接或间接作用于边疆治理的各种政治因素的总和，包括边疆的政治体制、执政党的领导方式、社会政治力量及其关系、政治参与状况等。从总体上来说，政治环境对边疆治理具有更直接的作用，对边疆社会的稳定有着深刻的影响。

第一，边疆地区社会主义民主政治制度的框架已建立。民主是人类政治文明发展的成果，也是世界各国人民的普遍要求。中国是实行人民民主专政的国体，对人民实行高度民主，因此，促进社会主义民主政治建设，是国家保持稳定、长治久安的关键。人民代表大会制度、中国共产党领导的多党合作与政治协商制度、民族区域自治制度是我国实现人民民主的主要制度安排，是社会主义民主政治的三大支柱。新中国成立以来，边疆少数民族地区相继完成了社会形态的跨越发展，直接进入社会主义社会，三大政治制度在我国边疆民族自治地方逐步建立，并随着社会的发展不断得到完善。社会主义民主政治制度在边疆地区的建立在维护边疆社会政治稳定，维护国家统一方面发挥了积极的作用。

第二，中国共产党的领导在边疆政治环境中处于核心地位。中国共产党是我国的执政党，是国家的领导核心。因此，党对国家政权的领导及其方式就成为边疆治理环境的重要元素。加强执政党的建设，尤其是改革和完善党的领导方式、执政方式，也就必然地成为边疆政治文明建设的重要内容。① 在边疆的现实政治生活中，党政职能有明确划分，党组织的战斗堡垒作用和共产党员的先锋模范作用得到有效发挥。结合边疆地区的特点，党在边疆地区的执政基础不断巩固和创新机制，探索出边疆地区基层党建工作的新路子，有力地推进了执政党的建设。总体而言，政治文明建设为边疆地区的发展创建了稳定的政治环境。

  第三，边疆地区政治参与状况。政治参与是公民对政治过程的介入，是以公民为主体的政治行为。② 政治参与是民主政治的重要内容和标志，政治参与状况是边疆地区政治环境的一种体现形式。边疆和谐稳定的政治环境离不开公民有序的政治参与，这是促进边境稳定和发展的政治保障。我国是多民族国家，尤其边疆是少数民族聚居区，许多少数民族有着悠久的历史，深厚的文化底蕴，并形成了特有的政治文化。由于市场经济发展的滞后性，生活环境的差异以及传统政治文化等多种因素的影响，边疆地区的政治参与程度相对较弱，总体水平不高，主要表现为：渠道不畅、政治参与意识不强、法制不完善、范围不广等。有的因为缺乏基本的政治技能和参与经验，处于边远地区的公民，在维护和表达自己的利益诉求时，会采取无序的政治参与方式，不利于边疆政治环境的建设。但随着市场经济的发展和政治社会化的进行，边疆地区的政治参与状况也呈现出不断增强的趋势。

  第四，边疆地区坚持形成民族平等、团结、互助、进步、和谐的民族关系。作为一个统一的多民族国家，我国各民族平等、合作、友好、竞争的和谐民族关系正在逐渐形成并不断加强，但在一些环节还存在着影响民族关系的负面因素，不仅影响边疆的治理，也影响国家的安定团结。边疆地区民族众多，问题复杂，随着社会主义市场经济在边疆地区的不断扩散和延伸，边疆民族之间的关系链条也发生了新的变化。边疆民族关系已建立在新的经济基础上，从而使我国以平等、团结、互助为特征的和谐的社会主义民族关系获得了坚实的科学基础，有力地促进了边疆民族关系全面

---

① 周平主编：《中国边疆治理研究》，北京科学出版社2011年版，第119页。
② 周平：《政治学导论》，云南大学出版社2007年版，第235页。

而又深刻的发展。① 边疆民族关系的和谐发展是边疆政治环境不可或缺的内在因素,因此,边疆政治环境分析需要准确把握民族关系。

(3) 经济环境

边疆治理的经济环境是指能够对边疆治理产生直接或间接影响的各种经济力量、行为方式以及制度规定的总和。经济环境对边疆治理的发展路径具有决定性的制约作用,为边疆的发展保障和后盾。一般而言,边疆治理中的经济环境主要涉及经济力量、经济结构、资源配置方式等方面。在市场经济发展的大浪潮中,中国当代经济面临机遇和挑战,经济发展有了根本性的飞跃。而边疆地区自古以来就是政治经济的薄弱地区,当代边疆的经济在市场及政策扶植的牵引下,呈现出如下内涵:

第一,经济力量以平稳态势增长,经济发展速度加快,但总体上仍滞后于发达地区,区域差距明显。经济力量是边疆治理的物质财富基础,不可否认,随着改革开放的深化和推动下,边疆的经济力量发生了巨大变化,发展速度进入了快车道。但是,由于自然、历史、社会等各种客观因素,边疆地区的经济基础还比较薄弱,与内陆地区相比,在经济增长速度、收入水平、消费水平等方面存在很大差距,并呈扩大化趋势,形成巨大落差。事实上,边疆与内陆地区的差距一直存在,在边疆地区发展的同时内陆发达地区的经济发展速度也不断创新高,这无形中也在拉开与边疆地区的差距。经济发展的滞后直接制约着边疆地区的社会发展水平,成为困扰边疆治理的重要问题之一。

第二,边疆地区生产生活方式相对落后,商品经济不发达,市场发育程度缺乏竞争力。改革开放的逐步深化,标志着中国已从计划经济向市场经济全面转轨,为经济带来新的生产领域、新的市场、新的发展空间。但边疆地区远离国家政治经济中心,处于国家的边缘和边境地区,社会生产力水平低,经济结构单一,经济发展缺乏综合性,缺乏支柱产业和龙头企业的支撑和辐射。许多边疆地区仍然保持着传统的耕作方式,制约着现代化的生产模式在边疆地区的推进。再加上商品经济意识不强,不注重市场法则,边疆市场经济的全面开展受到边疆整体经济环境的直接影响,致使

---

① 周平主编:《中国边疆治理研究》,北京科学出版社 2011 年版,第 120 页。

市场发育程度不高,商品经济的优势不能有效发挥。而同时,边疆地区蕴藏着的巨大投资机会和市场发展潜力在边疆治理的环境分析中亦不能被忽略。当今世界的经济结构调整正在全球范围内广泛进行,通过整合边疆地区的优势,充分发挥边疆的发展潜力,能够创建良好的经济环境。

第三,边疆基础设施建设较薄弱,虽不断得到健全,但落后状态尚未根本改变。基础设施建设是当代边疆治理的中心环节之一,关系到边疆地区经济环境的改善和长远发展,制约着边疆治理的进程。对于边疆地区的交通建设自古就是中央对于边疆治理重点,早在民国时期,孙中山先生就意识到基础设施建设的重要性,认为"地球各邦,今已视铁路为命脉矣,岂特便商贾之载运而已哉"[1]。因此,为了边疆的交通建设发展提出了修建铁路的措施,同时也加强了边疆的国防建设。在现代经济发展中,基础设施的完善程度对于资本、技术、物资、人员的流动具有至关重要的推动作用。这些经济要素充分有序的流动将促使国民经济快速发展。边疆地区由于社会历史原因,一直处于国家发展的后端,更多的是交通闭塞、信息不畅的代名词。近年来,边疆地区的基础设施建设不断健全,道路交通、信息通讯、电网建设等方面得到一定完善。同时,除了促进经济发展的重大基础设施项目之外,还向民生领域倾斜。基础设施的建设能够使边疆地区与外界的交流不断增强,经济发展水平也能得到极大提高,塑造起边疆治理经济环境的广阔空间。

(4)文化环境

文化环境即陆地边疆治理的文化土壤,是指能够直接或间接地影响边疆治理的教育科学文化、思想价值观念、传统风俗习惯等文化因素。随着经济全球化的蔓延,各国文化交流不断加深,不同意识形态国家之间的交流也已从物质产品领域向精神产品领域扩张,文化因素在国际政治"交战"中起着重要的催化作用。尤其是以发达国家为代表的文化霸权,对众多国家的文化安全产生了直接影响,文化安全在全球变成越来越被关注的突出问题。中国的边疆文化环境作为培育边疆文化的深层背景,是边疆赖

---

[1] 台湾地区铁路党部委员会:《中国国民党与中国铁路》(上册),台湾地区铁路局1965年版,第6—7页。

以生存和活动的特殊文化土壤，决定着不同的民族文化形态及其独具个性的文化特征。从程度上来说，边疆文化环境更能从较深层面深刻影响边疆人民的心理、态度和行为，从而影响边疆治理的整体进程。因此，了解边疆地区的文化环境是边疆治理领域的重要课题。

第一，边疆地区教育和科技发展水平缓慢。由于远离国家主流文化中心，边疆地区的教育和科技文化水平是边疆文化环境的薄弱领域，大部分边疆地区教育的硬件设施条件差，教育队伍人才紧缺，加上全国教育资源不均衡的客观因素，边疆的教育水平制约着文化环境的发展。随着义务教育的普及，校舍建设也普及到边疆地区，边疆受教育的人数比例剧增，具有大专文化程度以上的人数比例也突飞猛进，为边疆治理奠定了一定的人才基础。但是，由于边疆地区自然和社会等方面的原因，公众对教育的需求普遍低，庞大的教育资金的投入虽然一定程度上改善了边疆的基础义务教育，但总体的教育水平低。而人才、资金的不足使得边疆的科技发展水平也受到限制，科技创新能力低。总体而言，边疆的教育和科技呈缓慢发展的态势。

第二，边疆各民族文化历史悠久，文化特色鲜明。边疆地区处于边缘地带，远离国家的中心腹地，但我国边疆少数民族众多，拥有厚重的文化底蕴，承载着边疆各民族辉煌、悠久的历史，形成鲜明的文化特色。边疆民族文化内容丰富多彩，建筑、天文历法、民间医药、文学、艺术等文化事项生动展现出民族文化的多样性，蕴含巨大的文化价值。民族文化既是边疆民族形成和存在的基础，也是关系各民族核心利益的重要部分，影响着人们的活动内容和活动方式。在边疆多民族地区，各民族能够将历史悠久的文化延续至今，与边疆整个文化环境的良性发展有着密切联系，并相互依存。但令人担忧的是，在科学技术和世界经济飞速发展的大浪潮中，边疆的民族文化面临传承断裂的困境。现代文明的成就冲刷着历史的色彩，淹没了历史的辉煌灿烂，边疆经济发展程度与现代文明之间的差距触痛了各民族的文化自信心，从而影响文化环境的平衡。

第三，边疆地区社会价值观念的"新""旧"交替碰撞，总体呈现多元化发展。边疆地区各民族都处在中国社会主义核心价值观的主流体系中，但各民族内部千百年来积淀下来的传统观念和民族认同心理是根深蒂固的，因此，当今中国边疆地区人们的思想价值观"新""旧"相互碰撞、交融，日益多元化，而多元化的价值观也更能接纳多元化的现代文明，有利于加强边疆同外界的沟通交流，注入新鲜的文化因素，促进边疆社会民主意识和法治意识的逐渐增强。民族融合的过程中，边疆各民族在中华民族文化大背景下具有的优秀心理意识和精神品质主要体现在两方面：一是边疆地区各民族在心理上认同是中华民族的一部分，这是对国家认同的表现；二是边疆各民族崇尚勤劳勇敢、热情朴实、团结互助、平等友好、尊老爱幼等中华民族传统道德观念，与社会的主流价值趋向一致性。可以说，边疆社会人们价值观念的变化牵引着边疆文化环境的发展方向。因此，边疆治理过程中要适应环境的新变化。

（5）社会环境

社会是与政府对应的一个概念，边疆治理离不开社会的调节。社会是一个大的范围，其中涵盖的内容很多，可从多方面来考察。

第一，边疆地区社会发育程度尚未成熟。一个地区的社会发育程度，对于政府的影响很大，因此，边疆地区社会发育程度的高低也会直接影响到边疆治理环境。中国自古就没有公民社会自治的传统，新中国成立后的计划经济和集权政治经济也没有为民间组织的发展提供合适的环境。直到改革开放后，非政府组织才开始出现，并在20世纪90年代慢慢兴起。① 目前，我国边疆的社会发育程度还相对稚嫩，尚未成熟，而一些非政府组织在边疆地区的发展也面临很多困境和挑战。边疆的社会发育程度对于边疆治理的模式和理念能够产生直接的影响，社会力量的介入也能加大对边疆治理的监督力度。近年来，边疆地区的非政府组织有所发展，关注内容涉及边疆地区的教育、卫生、生态、民族文化传承和保护等方面，为边疆治理提供有力的参考价值，从而促进边疆社会环境的良性发展。

第二，边疆地区民族构成众多。民族是以共同的历史文化为纽带的人群共同体，中国是一个统一的多民族国家，在多民族国家中，民族环境对边疆治理有着重要的影响，是不容忽视的关键环节，而不同的民族环境对边疆治理必然会造成不同的影响。我国共有56个民族，各民族的分布呈现出大杂居、小聚居、相互交错的特点。边疆地区是少数民族聚居区，民

---

① 周平主编：《当地中国地方政府》，高等教育出版社2010年版，第97页。

族成分众多。如云南省的少数民族成分多达55个，排在全国首位。北部边疆的内蒙古自治区为54个，西北边疆的新疆维吾尔自治区为53个。东北边疆的黑龙江、吉林和辽宁三省，民族成分也分别为53、48和51个。①这是因为改革开放以来，在市场经济的导向作用下，人口流动加大，边疆各民族之间的流动交往也变得频繁。在我国边疆地区，多民族的省份和自治区也较多。总之，我国边疆的民族环境的主要特点就是民族分布众多且复杂。

第三，边疆地区宗教信仰的持久性和广泛性。宗教是人类社会特有的文化现象，是人们对超自然神灵的信仰和崇拜，了解边疆地区的环境，宗教信仰问题是一个避不开的话题。在国家治理的视野下，宗教既是边疆治理中的核心问题，又可以作为促进边疆科学治理、和谐治理的辅助因素而发挥积极作用，一定程度上充当推动边疆有效治理的润滑剂和添加剂。我国是一个宗教信仰多元化的国家，除佛教、道教、基督教、天主教、伊斯兰教外，一些少数民族内部还信仰萨满、东巴、祖先崇拜、本主崇拜等原始宗教。特别在边疆少数民族地区，宗教信仰是当地世居群众不可或缺的一种精神寄托，宗教感情深厚而坚定。如西藏地区的藏族全民信仰藏传佛教，新疆地区的维吾尔族全民信仰伊斯兰教。宗教往往使一个民族具有凝聚力，而民族又往往使某种宗教具有生命力。民族借助宗教张扬个性，宗教利用民族扩大其影响。②宗教与民族有着千丝万缕的联系，而且与民族的政治、经济、文化等方面相互交错，宗教教义渗透于社会生活中，内化为民族的传统文化习惯。从历史和当前的社会发展形势来看，边疆民族地区的宗教信仰有着深刻的历史根源，宗教信仰在边疆人民群体的心理上仍然有很大的生存空间和情感倾向，因此宗教信仰在边疆地区是持久性的存在，且影响广泛和深刻，对边疆社会的发展和稳定能发挥重大作用，凝聚良好的社会环境。

第四，社会治安形势严峻，境外毒品不断侵扰，跨国犯罪活动频发。我国在加强对外交往的同时，随着边疆的不断对外开放，经济收益不断增长，但是伴随着的是境内问题不断国际化。不法分子利用边疆地区的地理

---

① 周平等：《中国边疆治理研究》，北京科学出版社2011年版，第146页。
② 叶小文：《宗教问题怎么看怎么办》，宗教文化出版社2007年版，第57页。

位置，将境外毒品贩入我国，成为威胁边疆稳定的一大社会问题。中缅边境是毒品流入的一个重要入口，中越、中老边境的贩毒分子利用跨境民族这样一个客观实在，以探亲访友等理由将毒品带入我国，并向内陆沿海地区扩散。毒品的侵入侵蚀着边疆地区人民的身心健康。除此之外，跨国贩卖枪支弹药、跨国拐卖妇女、赌博、卖淫嫖娼等违法犯罪活动在边疆地区频发，对边疆地区的社会环境造成严重影响。

（6）国际环境

边疆治理中的国际环境，是指中国外部环境中影响边疆的社会、政治、经济、文化等各种国外因素的总和。边疆地区由于地理位置的原因，受国际因素特别是邻国的影响较大，这客观上构成了边疆的国际社会环境。

第一，全球化的国际发展趋势，使得边疆治理环境机遇与挑战并存。当今世界正在发生着深刻而复杂的变化，和平、发展、合作、共赢已经成为时代的发展潮流和主题，新兴市场国家和发展中国家的整体实力逐步增强，越来越受到世界的关注，国际力量之间的对比和博弈朝着有利于维护世界和平的方向发展。与此同时，国际关系格局和秩序正在进行大调整，主要表现在：美国霸权主义受到多方面的严峻挑战，世界格局向多极化进一步发展；在调整转变过程，出现了诸多不稳定的因素和不确定的局面，造成世界的不安宁。如今，中国已融入全球化的浪潮中，一定程度上，全球化是对民族性的超越和挑战，人类社会正在越来越紧密地连为一体，因此，世界经济与国际关系发生的巨大转变对中国未来发展的外部环境带来了新的发展机遇，但也形成严峻的挑战，特别是边疆地区，这种机遇和挑战更为突出。边疆地区是对外交流的一扇窗口，全球化将有利于边疆打破以往的封闭和僵化的观念，推进边疆全方面开放格局的形成，从而形成边疆特有的区位优势，促进边疆地区的发展。但在应对全球化的过程中边疆也面临挑战。一方面，由于我国边疆地区基础薄弱，发展相对滞后，在市场经济中的竞争力和抵御风险的能力都比较低；另一方面，边疆地区民族文化传统价值观念受到挑战。全球化的现代文明对边疆民众的文化、价值观念、心理以及生活方式都会形成巨大的冲击，打破边疆原来相对稳定的格局，特别是"文化霸权主义"思想的输入，使边疆地区淳朴的文化和民风受到侵蚀。同时，这也会给敌对分子可趁之机，使国家和边疆面临新的政治安全挑战。

第二，中国与周边国家关系总体保持稳定局面，但周边地区形势不断变化，各种不确定和不稳定因素时有显现。从地缘政治的角度考虑，一个国家与其周边国家的关系及周边国家的形势对本国有着更为直接的影响，特别对于边疆地区，这种影响尤为明显。① 中国拥有14个邻国，分别是朝鲜、俄罗斯、哈萨克斯坦、吉尔吉斯斯坦、塔吉克斯坦、蒙古、阿富汗、巴基斯坦、印度、尼泊尔、不丹、缅甸、老挝、越南。此外，东面有韩国和日本，东南与菲律宾、马来西亚、文莱、印度尼西亚隔海相望。中国周边国家环境的变化直接危及中国沿边的社会发展与安全。如果南亚、东北亚、东南亚地区局势不稳定，必然涉及中国的西南、西北与东北沿边地区，影响中国西部大开发与振兴东北战略的顺利实施。广大的周边地区还是中国经济"走出去"的重要方向和窗口，涉及中国在海外开拓商品市场和投资场所的"航道"，拓展国际经济发展的新空间，使中国步入国际轨道，获取重要能源资源，这关系到中国经济的可持续发展与对外经济战略的开展。而周边邻国政局动荡不定乃至发生政变与骚乱，将严重危及中国投资环境的安全。从当下的政治环境来看，尽管中国周边大局基本处于稳定的态势，但是局部地区的冲突热点也不少，如朝鲜半岛局势、中缅边境局势紧张，充满不确定性。而中国周边外交的主要目标之一，就是要营造一个基本安定的周边环境，使中国集中主要精力于国内经济的发展，尽量避免被卷进周边地区的战乱与动荡之中。中国与周边国家要形成睦邻友好关系的一个关键性问题是彼此之间的信任合作。虽然中国在一些领域以积极主动的姿态融入合作性的地区制度安排中，一定程度上为发展双方之间的信任提供了条件，但信任的基础还不牢固。我国边疆地区的稳定是以和平、稳定的周边国际环境和稳固的民族关系为前提的，周边环境的稳定是边疆治理顺利进行的重要保障，同时，也关系国家的安全。周边地区是中国对外国家利益的关键所在，其局势稳定与否将直接关系到中国国内的发展以及对外的协调合作进程。因此，边疆治理的环境分析要关注中国与周

---

① 周平主编：《当代中国地方政府》，高等教育出版社2010年版，第100页。

边国家的关系。

第三，境外民族分裂主义、宗教极端分子和恐怖主义的泛滥对中国边境环境的稳定也存在负面影响。中国作为当今世界迅速崛起的大国，成为世界关注的热点。面对崛起的中国，一些国家担心中国不断强大的国际竞争力和影响，这使"中国威胁论"找到了发展的土壤，境外民族分裂主义趁机滋长，发酵民族排外情绪，宗教极端分子披着宗教的外衣在边疆民族地区进行恐怖活动，以达到分裂中国的目的。而边疆地区特殊的地理位置和民族构成情况，就是境外极端分子进行分裂活动的切口，严重威胁着边疆地区政治的稳定和人民的生命安全，阻碍边疆治理环境的良性发展。

3. 陆地边疆治理环境分析的意义

边疆地区的稳定是中国社会进步、经济发展的重要保证。边疆治理需要有一个良性发展的治理环境作为保障，因此，在陆地边疆治理中，对所处的环境进行分析具有重要意义。

第一，陆地边疆治理的环境分析是全面认识和把握边疆治理问题的出发点和前提条件。新中国成立后，边疆问题受到高度重视，随着一系列边疆治理措施的逐步推行，边疆地区在政治、经济、文化等方面都发生了根本性的变化。边疆治理是一个持久的过程，为了更加具体地认识边疆治理问题，需要从多角度去进行考察和分析，而环境就是其中不可或缺的分析对象之一。对于边疆治理环境的分析是从更微观、更具体的角度去了解边疆所处的现实环境，认清当今边疆地区的形势背景，这无疑是把握边疆治理问题的第一步骤，也就是出发点。边疆问题产生并存在于边疆，是在特定的边疆环境中产生的，和国家的安全和稳定密切相关。因此，认识和了解边疆治理问题，需要从认识边疆的环境作为切入点，边境治理的环境分析就显得尤为必要，是全面认识边疆治理的前提条件。有了对环境的整体把握，才能站在更高的角度，从实际出发，去深刻摸清边疆治理的一系列问题。

第二，陆地边疆治理的环境分析为探索边疆治理模式提供依据。边疆治理的环境状况，影响和制约着边疆治理的方向、目标、任务及治理模式的选择。考察和梳理边疆治理的当代发展过程，首先凸显出来的，除了按照民族国家的性质和特点来开展边疆治理这样的整体观照外，就是一项项边疆治理的政策和措施，以及随着这些政策和措施的推行，边疆所发生的深刻变化。① 因此，边疆治理的环境分析是开展边疆治理工作的基础，为边疆治理提供基础性的环境背景的支持，从而使边疆治理能够立足边疆的实际环境，因地制宜地探索出适合边疆发展和稳定的治理路径。具体的边疆问题是复杂多样而且不断变化的，不同历史时期边疆所处的环境也不同，因此治理模式和治理理念也需要改变，而对边疆治理环境的分析就是治理模式变化的重要依据。传统的边疆治理，是国家运用政权的力量去解决边疆问题的过程。新的历史环境下，当代中国新的边疆治理结构应该是，在中央政府的主导下，充分发挥边疆地方政府、边疆社会的作用，形成一个由中央政府、边疆地方政府、边疆社会、其他地方政府和社会组织支持和参与的多维结构。② 这样的转变，离不开对边疆治理的环境做全面的分析。

第三，陆地边疆治理的环境分析有利于促进中国边疆治理研究体系的构建。我国边疆地域广大，民族众多，战略地位重要，与国家的安全直接相关。边疆治理既是现实需要解决的问题，又可作为理论上的研究问题。但我国却缺乏对边疆治理的系统研究，没有成熟的理论框架。因此，"边疆治理"这一主题在研究上要有所发展和提升，就需要构建起中国边疆治理研究的理论体系，这能够拓展边疆研究的领域，成为边疆民族地区学科创新的增长点和关注点。而边疆治理研究体系的构建需要在研究的基础上形成系统的理论成果，这显然也不能缺少对边疆治理的环境分析，它是边疆治理研究理论框架中的具体要素，能够促进研究体系的构建，促成边疆治理研究理论的形成。

二、当代中国陆地边疆治理环境的特点

中国陆地边疆治理环境涵盖一系列相互联系的因素，在边疆治理的整体视野中体现出鲜明的特点。这些特点，不仅诠释着边疆治理蕴含的本质，还影响着边疆治理的方式、目标和程度。

---

① 周平等：《中国边疆治理研究》，北京科学出版社2011年版，第101页。
② 周平等：《中国边疆治理研究》，北京科学出版社2011年版，第27页。

1. 整体性

整体性是边疆治理环境的重要特点，指边疆治理环境虽有多种构成因素，但总体上来说，边疆治理环境是以一个整体形式存在，单独以某一构成要素代替边疆治理环境都是不全面的，不能完整地涵盖边疆治理环境。了解了这个特点，就能够对边疆治理环境有充分的认识。

简单来说，边疆治理环境的整体性在组成系统上体现的就是包含要素的广泛性，涉及面广。凡是直接或间接作用于边疆治理的外部条件，都可以归入边疆治理环境的系统范畴里。从边疆的地理位置到自然资源；从民族状况、人口构成到民族文化、宗教信仰、历史传统；从社会制度、社会管理、经济方式到教育科技等都是边疆环境的组成部分。这些组成要素中某些因素对边疆治理的制约作用或许并不明显，但边疆治理环境的整体性特点决定了边疆治理环境并不是特指某一方面的内容，而是构成要素的综合体，是一个整体的概念。但这样的一个整体对边疆治理的作用力并不是各种构成要素的简单叠加，而是各种因素相互联系、相互影响，综合地制约着边疆治理的长久有效实施。

2. 特殊性

特殊性相对普遍性而存在，边疆治理环境的特殊性说明边疆环境具有鲜明的边疆特质，是边疆环境的典型样貌，凸显与内陆沿海地区的区别。边疆环境的特殊性突出地体现在以下几个方面：

地缘上的"边"与"远"。边疆既是一个地理单元，同时也是一个文化空间。地理位置及其具有的国家战略意义是最能体现边疆治理环境特殊性特点的重要因素之一，在地缘上可简缩为"边"与"远"。"边"不仅是指处于国家疆域的边缘地带并与边界相邻，而且也指其与他国相邻，因而深受复杂的地缘政治形势影响；"远"是指边疆社会远离国家政治、经济和文化的中心，处于国家政治、经济和文化能量和信息传导的末梢。[①]多民族聚居的我国边疆地区，多处于较封闭的高山、峡谷、江河、密林、山地等生存环境较为恶劣的偏僻地带，地形、地貌复杂，交通不便，信息闭塞不畅通，与外界的联系较少。边疆地理位置上天然的"边"和"远"

---

① 周平：《论中国的边疆政治及边疆政治研究》，载《思想战线》，2014年第1期。

限制了边疆自身向外看的视野,也限制了生产力的发展和社会经济形态的演进,呈现经济社会发展滞后、人民生活贫困的状态,成为边疆地区长时期内跨不过的治理"瓶颈"。边疆地区远离国家中心区域,不能及时地享受现代社会的文明成果,长期处于中心主流文化的边缘地带,缺少与主流文化的交融,形成一个个相对独立的自然地理和社会文化单元,未能引起广大范围内的社会关注热度。这种从地缘格局上所形成的治理环境的特殊性是客观的条件限制,极大地削弱了陆地边疆与国家中心地域的"对话"互动以及相互关系的量度拓展。"天高皇帝远",一些国家政策的落地实施以及上情下达或下情上达,都受到时间和空间上的制约。因此,边疆地区地理位置的特殊性是边疆治理需要立足的地理空间基点。

边疆地区居住群体的"杂"。中国边疆地区幅员辽阔,少数民族人口众多,文化多元,居住群体呈现"杂"的特点。这种"杂"主要体现在三个方面:一是边疆自古以来就是少数民族聚居的地区,保留着自己独特的民族文化,同一区域中既有单一民族的相对集中聚落,也有多个民族相互杂居的聚落。二是边疆少数民族的跨境而居。在中国陆地边疆及其毗邻的周边国家之间,存在30多个跨国(或跨界)民族,特别是西南、西北地区跨界民族较多。跨界民族是一个兼有文化与政治内涵的特殊群体,他们大多语言相通、习俗相近,有共同的历史文化基础,居住在边境线一带的跨界民族更是往来频繁,有的存在血亲或姻亲关系,但毕竟是跨越国家的政治疆界,相互之间在国家制度、意识形态、政治认同、价值取向等方面会存在差异。三是边疆境内境外人口流动频繁的加剧。改革开放以来,中国边疆地区发生了巨大的变化,经济和社会发展步伐加快,与外界的联系增多。边疆少数民族地区不仅吸引了外来人口到此进行开发投资,同时也有大量边疆地区的人口向内陆沿海发达地区流动,从事经商务工活动。随着中国边疆边境贸易口岸的开放,境外流动人口也纷纷涌入中国境内,他们主要集中在主要贸易口岸和一些主要旅游城市,以探亲访友、边民互市、边疆贸易、文化交流等理由跨境流动。边疆少数民族也以各种形式向境外流动,如1994年前后,云南省马关县有61户191人迁往越南,西盟佤族自治县30余名民办教师去缅甸;1994—1995年间,新疆迁往哈萨克斯坦定居的有79户259人,要求去的还有627户3323人。① 当代边疆地区居住群体的"杂"使边疆的人口构成形成了新的特点,由此引发出特殊的边疆问题。居住群体的特殊性,也给边疆的社会管理带来一定程度的挑战。

边疆经济发展滞后性的"贫"。边疆地区的"贫"存在物质生活贫困和精神生活贫困、经济封闭和文化信息封闭的特点,而物质贫困是首要领域。中国整体的社会经济状况是区域发展不平衡,对于这样的现实,有学者称,中国是一个国家四个世界,北京、上海、广东代表第一世界;沿海发达地区为第二世界;中部城市为第三世界;西部边疆地区为第四世界。这从一个侧面反映出边疆经济发展水平低的典型特征。从当前我国经济发展的状况来看,边疆地区的经济和社会发展程度还很薄弱,贫困覆盖面相对还比较广,城乡发展失调、城乡差距拉大比较突出。在国际公认的3.1社会稳定线这一城乡差距指标中,全国超过这一警戒线的有11个省区,边疆民族8省区就占了7个。边疆的地区优势是拥有丰富的自然资源、矿产资源、文化资源、劳动力资源,但由于历史经济基础差、自然环境限制、发展机遇少、商品竞争力不强等因素的影响,使得边疆经济发展缓慢,发展水平不能达到根本性的突破,这是边疆经济的现实。总体上来看,边疆地区的经济发展水平表现出滞后性,这种滞后性表现在三个方面:一是民族地区市场发育不足。市场规模小、市场发育层次低、市场主体不够成熟。二是民族地区产业结构不合理。第一产业占GDP比重偏高,第二、三产业占比偏低。三是城市带动区域经济作用不明显,城市综合竞争力不强。② 边疆地区经济发展的滞后性,必然制约着边疆社会的发展和进步,与内陆沿海地区形成越来越大的差距,从而使边疆人民在心理上产生相对剥夺感。边疆许多贫困地区的农村自身发展能力不强,经济结构传统而单一,呈"高投入、低产出、低效益"状态,地方优势资源未能得到长久有效的利用。边疆经济发展的滞后,甚至在很长一段时间内成为贫穷落后的代名词,是边疆治理中的关键性问题。经济是基础,边疆地区经济上的"贫"是边疆治理中重要的立足点,发展经济、消除贫困是边疆地区

---

① 国家民委政策研究室:《民族政策研究成果选编》,1997年,第200—201页。
② 高永久、刘庸、高岳涵:《民族地区经济发展的滞后性分析》,载《西南民族大学学报》,2011年第7期。

的一个艰巨任务。

政策环境的"特"。总体而言，边疆社会的社会发育程度、社会管理以及面临的社会问题等，都有其特殊性。对于特殊性问题需要采取特殊的措施来加以治理。不管是民族政策还是经济上的扶持政策，国家对边疆治理采取的政策上的倾斜使边疆治理具有政策环境的特殊性，能够有针对性地作用于边疆治理过程中的具体政策。政策环境的特殊扶持政策对边疆的发展至关重要，采取特殊扶持政策是加快边疆发展的重要途径。在历史的不同阶段，无论是民族贸易"三项照顾"政策，还是"三线建设"政策，抑或是扶贫政策、西部大开发政策、"兴边富民"政策，都掀起了边疆经济和社会发展的新高潮。

3. 复杂性

中国大多数的少数民族聚居在边疆地区，边疆与民族天然地联系在一起，因此，边疆地区不仅少数民族人口众多，而且民族关系错综复杂，使得边疆治理的环境也凸显出复杂性。边疆民族问题的复杂性是边疆治理环境复杂性的重要体现形式。

（1）边疆民族问题的复杂性

边疆民族问题涉及的范围十分广泛，反映到政治、经济及宗教信仰的各个方面，构成民族问题的复杂性。边疆地区复杂的民族问题产生于复杂的民族关系之中，而边疆地区的民族关系，是与边疆地区复杂的民族构成相联系，并在民族构成的基础上形成的，或者说是边疆地区民族构成的重要表现形式。① 由于民族分布众多，民族关系复杂，民族问题成为边疆治理环境分析的重要内容之一。当代的边疆各少数民族在国家的政策扶持下，人口不断增多、族体规模明显扩大、民族意识增强。民族构成众多，塑造了边疆地区民族心理、民族文化的多样性。这种多样性的本质是差异，这些差异表现在语言、文化、风俗习惯等诸多方面。由此产生的接触、交往、奇异、适应、歧视、摩擦和冲突，构成了民族问题的自然基础。总体而言，边疆的各个民族既是本民族的一个文化共同体，也是一个利益共同体。不同的民族共同体，在民族利益意识得到不断强化的基础

---

① 周平等：《中国边疆治理研究》，北京科学出版社 2011 年版，第 146 页。

上，为了获取民族利益的最大化，民族之间会产生碰撞、摩擦甚至大规模的冲突，造成难以调和的民族矛盾和纠纷。这是边疆民族成分众多和民族利益冲击下产生的民族关系的复杂性表现。

而在民族认同上，边疆少数民族的民族认同也具有复杂性，这种复杂性体现在认同的多重性上。民族是一个历史范畴，中国边疆地区的民族划分，是一个历史时期下的产物，一个具体的民族是包含若干个族群的复合体。民族形成的"同源异流"，多民族间的密切交往与融合都决定了边疆民族的认同意识不是完全统一的。受民族源流历史文化因素的影响，对于某一边疆民族而言，可以同时保有对本民族的认同，对本族群的认同，以及对本地域的认同和国家的认同等不同层次的认同，族群认同的范围遂有所差异。[①] 边疆地区民族认同上的多重性和纠缠，使边疆民族问题错综复杂，并且具有不确定性。再加上民族利益的驱使，民族问题往往显得很棘手。边疆地区，民族往往会弱化国家认同，强调民族认同，这种淡化的行为必然会导致民族认同出现偏差，引发民族问题。对本民族的认知偏差会形成唯我独尊、孤芳自赏的情感，认为本民族优越于其他民族，这样的民族认知违背了民族平等原则；当本民族对他民族出现认知偏差时，往往会出现封闭自己，不愿与外界交往的情况，这样会导致民族经济无法发展，边疆地区社会甚至会出现倒退。

此外，边疆跨界民族问题也是民族问题复杂性的重要表征之一。跨界民族问题是边疆民族问题的一种特殊形式，是分别居住在国界两边的中国及其邻国的同一民族，在语言、文化、风俗等民族基质上基本相同，彼此之间具有特殊的族属情感和族属认同。跨界民族引发的民族问题可能会危及民族国家主权的完整和国防安全，危害边疆地区的和谐稳定，削弱国家凝聚力和向心力，加剧民族之间的隔阂、矛盾与冲突，损害所在国人民的生命财产安全等，如民族分离主义运动严重影响边疆的稳定和国家安全，因此，跨界民族问题在边疆治理中具有重要地位。中国的跨界民族情况复杂，是边疆治理环境复杂性特点的重要表现形式。在与我国接壤的 14 个国家中，除了巴基斯坦，与其他国家均有跨界民族，跨界民族的总数达到

---

① 周平等：《中国边疆治理研究》，北京科学出版社 2011 年版，第 235 页。

30多个，主要分布在西南、西北和东北地区，分别是朝鲜族、赫哲族、鄂伦春族、鄂温克族、蒙古族、俄罗斯族、哈萨克族、维吾尔族、塔塔尔族、柯尔克孜族、塔吉克族、藏族、珞巴族、门巴族、傣族、景颇族、傈僳族、怒族、独龙族、阿昌族、德昂族、拉祜族、佤族、布朗族、哈尼族、彝族、瑶族、布依族、苗族、京族、壮族。这些跨界民族少的跨两国而居，多的跨四国而居。东北和西北边疆的大多数跨界民族，其民族主体在境外，并有自己的主权国家；而西南边疆的大多数跨界民族的主体在我国境内，无论是在境内还是在境外都属于少数民族。① 跨界民族问题的产生和形成原因是十分复杂的，既有历史原因，也有政策原因，是内外因素相互作用的结果，涉及诸多方面，其中包括跨界民族同源性的民族自我统一意识的高涨和强化；国家民族政策在经济和政治地位的不平衡造成少数民族政策的偏差；获取民族利益引发的矛盾问题；民族文化差异造成的碰撞、冲突；敌对势力的挑拨离间；民族认同和国家认同之间的错位和相互作用力；跨界民族宗族势力的不断壮大和发展等。多种原因的相互交织使得跨界民族问题具有明显的政治性、民族性、国际性、复杂性、敏感性、扩展性。② 在全球化程度进一步加强的当今世界，跨界民族关系表现为对我国的民族认同归属情感、国家认同的向心力、政治认同的取向性以及爱国情怀的不一致，这直接影响国家主权的完整和社会的安定。跨界民族问题有以下几个类型：一种是由于跨界民族的存在和内在的矛盾性而产生的国家认同与民族认同问题；一种是邻国间同源跨界民族宗族势力的存在而产生的问题；一种是邻国跨界民族的入口流动对我国社会造成的影响。生活在边疆地区的跨界民族，彼此之间以多种形式往来极为密切。不可否认，跨界民族之间正常的通婚访友、边民互市贸易活动、过境劳作务工等往来有利于推进边疆多民族地区和谐社会环境的构建，促进民族关系向明朗化的方向发展。但随着经济贸易往来的扩大化，跨界民族由于在民族认同和国家认同上的不坚定性容易被国际犯罪团伙或极端"三股势力"利用，进行破坏边疆稳定的活动，对边疆的民族问题治理环境造成负面作用，加大边疆治理的难度和复杂度。

---

① 周平等：《中国边疆治理研究》，北京科学出版社2011年版，第350页。
② 周平等：《中国边疆治理研究》，北京科学出版社2011年版，第202页。

（2）边疆民族宗教问题的复杂性

中国是一个多民族多宗教信仰的国家，特别是边疆地区，民族的宗教信仰种类多样、派系齐全、教徒多，从而产生复杂的宗教问题。宗教是一种社会意识形态的存在形式，具有群众性、民族性、国际性、长期性、复杂性，宗教的产生形成，是人对现实的折射反映。恩格斯指出："一切宗教都只不过是支配着人们日常生活的外部力量在人们头脑中的幻想的反映，在这种反映中，人们的力量采取了超人间力量的形式。"① 宗教需要借助一定的组织，开展复杂的宗教活动和宗教仪式，从而对信仰教徒的思想和行为产生影响，形成宗教群体的内聚力，实现宗教对社会的控制功能。

一般而言，宗教对国家安全和社会政治稳定所产生的影响主要表现在其特有的功能上，一方面，当宗教与社会政治体系相一致时，它就能促使其社会成员共同意志、共同信念的形成，对国家安全和社会政治稳定起到明显的促进作用；另一方面，宗教作为一种文化现象，还是科学与非科学、理性与非理性、道德与非道德而言的复杂统一体，因此具有滞后性、敏感性、触发性，当它成为引发社会不稳定的"互动源"和"感染源"时，会对国家安全和社会政治稳定产生负面影响。② 宗教对我国边疆多民族地区的影响是一把双刃剑，在边疆治理中既有正向功能，也有反向功能。正向功能主要体现在对边疆社会的控制、调节、整合、规范行为、民族认同等；反向功能体现在对边疆社会的裂变、族际排斥、跨国渗透扩张等。正反两方面的功能是边疆民族宗教问题复杂性的一种体现，正反向在边疆治理环境发展中的影响和作用，主要取决于一定的宗教和宗教组织与国家政治体系之间的互动关系。

在我国少数民族的宗教信仰中，有的是某个民族的大部分人口信仰同一种宗教，有的是在一个民族中存在着不同的宗教信仰，有的则是几个不同的民族信仰同一种宗教。③ 这是我国《宪法》规定公民具有宗教信仰自由权利的充分体现。无论哪种信仰情况，我国边疆地区的宗教信仰除了涵

---

① 《马克思恩格斯选集》（第三卷），人民出版社1995年版，第666页。
② 丁建伟、哈菲佐娃：《论宗教对我国西北边疆安全的双重影响》，载《西北第二民族学院学报》（哲学社会科学版），2005年第1期。
③ 周平等：《中国边疆治理研究》，北京科学出版社2011年版，第150页。

盖世界主要的三大宗教之外，还涉及具有民族特色的原生型宗教，呈现出民族宗教信仰上的差异。差异的存在，会使各民族在交往中不可避免地产生民族矛盾和摩擦，催生严重的民族问题，不利于边疆治理和谐环境的构建。而边疆人民所信仰的宗教中，伊斯兰教、藏传佛教、基督教、天主教等，都涉及国际性问题，还兼有显著的民族性特征。这既是我国边疆少数民族宗教问题中的"国际性"特点，扩大了宗教影响的范围，也更是我国边疆少数民族宗教问题"复杂性"的具体体现。

（3）边疆民族问题和宗教问题相互交融孕生的环境复杂性

民族和宗教虽然分别属于不同的社会范畴，是两个不同的概念，存在本质上的差异，但两者之间却有着"天然"的密切联系，往往以并存的姿态出现。中国边疆民族问题和宗教问题相互之间的纠缠、交融将这种"天然"的联系体现得更为具象化，深刻地影响着边疆地区的社会生活，因而也成为民族问题和宗教问题的多发区和敏感带，并呈现形势的复杂性。很多民族问题就是直接由宗教问题演变而来。边疆民族问题与宗教问题之间的联系具有必然性，两者之间的天然桥梁是"文化"。作为一种社会文化形式的宗教，与作为社会文化共同体的民族，必然在"社会文化"这一共同基础上发生密切的关系①，使民族问题和宗教问题变得更为复杂，影响范围也更加扩大。

我国边疆地区的少数民族，在宗教信仰上具有广泛性和普遍性。边疆地区的宗教信仰，影响着民族的政治、经济、文化等诸多领域，使得宗教的凝聚力内化为民族意识的增强，形成牢固的民族向心力。两者的密切联系，相互交织，将长期持续。因而说，宗教信仰使一个民族具有内化入骨血的凝聚力，而民族能使宗教具有旺盛的生命力。但增强的民族意识会被极端民族主义者以宗教信仰的名义过度发酵和渲染，从而形成和固化民族分裂思想，进行民族分裂活动。因为民族意识与民族主义之间并不存在不可逾越的鸿沟。当民族意识无节制的走向旺盛的时候，也就有了生成民族主义之虞。② 毋庸置疑，边疆民族问题和宗教问题的交融呈现了边疆治理

---

① 周平等：《中国边疆治理研究》，北京科学出版社2011年版，第153—154页。
② 周平等：《中国边疆治理研究》，北京科学出版社2011年版，第149页。

环境复杂性的一面。

4. 差异性

疆域幅员辽阔的中国边疆地区，其划分的行政区域和民族分布状况并不尽相同，各个行政区划之间存在很大的差异性。这种差异性既有自然环境方面的差异，也有社会发展水平、民族历史文化、风俗传统等方面的差别。边疆治理环境的这种差异性使得边疆治理的具体开展必须因地制宜，对症下药。

（1）边疆地区生存空间的差异

边疆的生存空间主要指我国边疆地区的自然地理环境、气候和生态资源等，即自然环境。自然环境是人类赖以生存和发展的物质基础，人类的社会活动避免不了自然环境的影响和制约。当代中国边疆地区疆域广阔，在行政划分上，陆地省区包括黑龙江、吉林、辽宁、内蒙古自治区、甘肃省、新疆维吾尔自治区、西藏自治区、广西壮族自治区和云南省，整个边疆地区从东北向西延伸到西北，再到西南，主要处在中国三大阶梯地势的第一、二阶梯，涵盖内蒙古高原、青藏高原、黄土高原、云贵高原，地理环境复杂。所处地势地理环境的不同决定了边疆地区气候条件和生态资源也不同，则生存空间必然存在巨大差异性。气候条件上，东北及北部边疆地区气候寒冷，西北地区气候干燥，西南地区气候类型多样，呈垂直分布。以云南为例，云南地处中国三大阶梯地形的第一级至第二级阶梯地带，地势西高东低、北高南低，呈阶梯状下降，地形复杂多样，多山、多峡谷、多江河、多湖泊。高原山地占了全省总面积的94%，是一个高原山区省份。气候类型复杂多样，呈垂直立体分布，因境内多山，河床受侵蚀不断加深，形成山高谷深，由河谷到山顶，都存在着因高度上升而产生的气候类型差异。有的地区长冬无夏，春秋较短；有的地区终年如夏，一雨成秋；不少地区则四季如春，一雨成冬。"一山共四季，十里不同天"是对云南气候多样性的生动说明。边疆地区生态资源优势突出，矿产、动物、植物、水能、光能等资源丰富，各显特点，分布于不同的边疆地域。生存空间的差异性很大程度上也决定了边疆生计模式的不同。如果从现今边疆民族的经济文化类型来看，可以说在中国大陆边疆几乎囊括了世界上主要的三种经济类型：狩猎采集、畜牧、农耕经济，及其中间的一些过渡形态。① 总体上，边疆地区地势地形复杂，生存空间的差异性十分显著。这是边疆治理环境表现出诸多差异性的基础。

(2) 边疆民族文化的差异性

所谓民族文化的差异性，是指由于各民族所处的自然环境、社会状况、生活方式等不同，由此呈现出不同民族个性的文化特色，民族文化的差异性体现的是民族文化的多元性，这是边疆治理环境差异性的显著特点。我国边疆地区生活着众多的少数民族，民族文化必定呈现多元性的存在状况。这既体现在各民族间文化的差异性，同时也体现在边疆民族文化与中原汉民族文化间、与境外同源民族间关系的多元性上。由此，在边疆民族形成以及边疆民族文化的建构中，势必出现文化的竞争与冲突，并成为影响边疆民族地区稳定的最主要根源。② 总体上看，边疆民族文化多元性的特征主要表现在：一是族群的多元性，二是文化表征的多元性。文化的多元性是边疆治理环境呈现差异性的内在因子，这种差异性形成了边疆民族内部的个性特征，也是民族活力的源泉。

族群的多元性，是指族体来源的多样性。中国边疆地区少数民族族体源流复杂多变，既包括阿尔泰语系中操突厥语系、蒙古语族和满通古斯语系的民族，还包括汉藏语系的诸多民族，少量南亚语系孟—高棉语族和印欧语系的民族。语言的差异性能够一定程度上透视出边疆民族族体源流的多样性。总体而言，边疆民族从源流上追溯的话既有游牧民族，也有游牧以及农耕和狩猎间杂的民族，还有狩猎及兼事农耕的民族，各民族间生计方式和传统的生存环境有着极大的差异，而这也从一定程度上决定了边疆民族在不同的生态环境下发展和形成了多元的民族文化和社会制度。③ 不同的族源体在长期的历史发展过程中，通过不断地碰撞、交流、融合，形成了边疆民族地区"同源异流"和"异源同流"的演变过程，从而使民族文化的差异性在边疆环境中突出地表现出来，凸显了自身的独特性。如藏缅语族中的藏族、哈尼族、彝族、景颇族、阿昌族等诸民族不但在语言关系上最接近，有着一系列相似的文化特征，更在族源上有着密不可分的

---

① 周平等：《中国边疆治理研究》，北京科学出版社2011年版，第222页。
② 周平等：《中国边疆治理研究》，北京科学出版社2011年版，第225页。
③ 王越平：《边疆治理与多元民族文化调适》，载《西南边疆研究》，2009年第6期。

联系。他们都是古代羌人南下在长期发展过程中与西南土著部落不断融合而形成的民族。而壮侗语族各民族与我国古代南方的最大一个族群"百越民族"有着密切的关系。这些民族在族体的源流上表现出一些文化内涵的相通性,但都具有本民族鲜明的文化特质。

对于表征的多元性,是指边疆民族文化表现形式的多样性。文化是人类社会历史实践过程中所创造的物质财富和精神财富,因此,边疆民族文化也是边疆民族漫长发展历程中积淀、传承下来的物质财富和精神财富的总和,涵盖的内容是极其丰富的,涉及语言、艺术、宗教、生计方式、建筑、道德、习俗等,形成了博大精深的民族文化根基。民族文化多元的表征方式最能体现民族的深厚文化底蕴,特别是当今的边疆民族文化还兼具时代性和民族性,生动地体现着边疆民族的内核和肌理,成为中华民族文化中独具魅力的文化色彩。

(3) 边疆社会经济发展的差异性

中国边疆地区社会经济发展的差异性具有双重特质,既指边疆与内陆沿海发达地区的差异,也指边疆不同区位之间的差异。中西部社会发展水平差距大是我国目前的总体情况,而边疆更是西部的西部,因此与中部地区拉开的差距就更大。与此同时,边疆不同地区、不同民族之间的社会经济发展水平也存在一定的差距,不同地域的同一民族内部发展也不均衡。造成边疆社会发展水平差异的原因是多方面的,涉及自然条件、区位因素、经济结构、政策因素、人才因素等。

边疆地区自然条件恶劣的客观性,长期以来制约着地区经济的发展。中国边疆很多地方位于山区、沙漠或草原地区,或者是高寒多风、干旱少雨、土地贫瘠的地方。这些地方发展经济的基础环境差,生态状况脆弱,有些地区水土流失和土地沙化严重。而恶劣的自然环境是造成边疆地区交通不便利的重要原因,不能及时与外界进行沟通和联系,使得边疆的经济在历史上一直落后于内陆沿海地区。

边疆特殊的区位因素也制约边疆的经济发展,影响对边疆经济建设的政策方向。在中华人民共和国成立后的相当长一段时间内,中国与周边国家关系紧张,国家对边疆的关注重点更多的是保持边疆地区政治局势的稳定,而对边疆建设资金的投入不足。因此,边疆的经济建设"先天"不足,起步又晚,长期贫困。

国家经济结构改革滞后的制约。我国边疆地区资源丰富,矿产资源储量大,但是由于现有的经济结构,使得边疆地区更多的是向中东部地区输送廉价的原材料和资源型产品。因此,在对边疆的资源开发中,边疆地区不但没有从中获得应有的经济利益,反而还要承担资源开采后生态环境恶化的代价。因此,边疆的资源优势没有为边疆带来经济发展的优势,没有让边疆人民真切感受到他们是当代经济建设所带来的"发展"和"进步"的受益者,从而在心理上的落差会出现不满的反抗情绪,为边疆的民族问题埋下隐患。

边疆人力资源紧缺。边疆人力资源开发程度低下,建设人才奇缺,这是直接制约边疆资源转换能力和发挥效力的重要因素。究其原因,最根本的还是边疆教育程度较低,创新能力不足,人力资源的总体素质不能适应边疆地区经济发展的要求。同时,随着城镇化进程的加快,边疆地区的居民大部分向发达地区流入务工,一定程度上也削弱了边疆人力资源的数量和质量。

总之,边疆地区经济发展程度不均衡的原因是多方面的,而且长期内并未能得到根本性的解决。可以说,边疆治理环境的差异性特征贯穿于边疆的众多领域,差异性是普遍存在的边疆环境元素。

5. 变异性

中国陆地边疆治理的环境始终是处于一种变化的动态发展过程,只是不同的环境构成因素在不同时期或不同发展阶段变化的程度深浅存在差异。边疆环境的变化有的只是呈现一种变化的趋势,有的是量上的长期积累,而有的则是质的根本性转变。有些变异能够促进边疆环境的良性运转,有些变异却是负效应。因此,变异性也是边疆治理环境的一个常态。无论是何种变化状态,都能对边疆治理产生不同程度的影响。边疆治理环境的变异性是对所处环境的一种"回应",表现出两个鲜明的特点:一是边疆的环境因素众多;二是变化的程度较深。

(1) 边疆生态环境的恶化

中国在现代化建设的过程中,面临更为严峻的人口、环境和资源形势。随着现代化的逐步推进,边疆的自然生态环境遭到更为严重的破坏性,原本就脆弱的生态环境承载链条割断后很难恢复。生态环境的恶化会造成边疆治理环境的失衡,严重影响着边疆治理的宏观决策和把握,也影响着边疆人民群众生活水平的提高，必须引起高度重视。

我国边疆地区横跨的青藏高原、内蒙古高原、黄土高原、云贵高原以及其他海拔较高、地形复杂的地区本来就是生态脆弱区域，加之边疆建设的不合理开发、利用，毁林开荒、开垦草原、过度放牧、乱砍滥伐等现象比较严重，造成生态环境退化和生态系统的失衡，其具体表现是：森林面积锐减、水资源污染和匮乏、土地沙化面积扩大、牧区草原退化速度加快等。我国最突出的环境问题的根源主要集中在西部地区：全国水土流失面积360万平方公里，西部地区占了80%；全国每年新增荒漠化土地面积2400平方公里，大多在西部地区。西部边疆民族地区的生态环境环境恶化不仅严重危及黄河、长江中下游地区，而且也是西部省区自身经济社会发展水平长期滞后，贫困问题得不到解决的症结所在。[①] 边疆地区生态环境变异的日益恶化给边疆地区的经济和社会带来极大危害，使得边疆贫困程度加剧、经济和社会压力加大、自然灾害频发。生态环境的恶化是边疆治理环境变异的负效应后果，生态环境和贫困问题呈双重恶性循环，严重威胁着边疆地区当下和未来的稳定，危害边疆人民的生命健康。

（2）传统政治文化的变异

中国边疆地区长期处于发展滞后和封闭的状态，从纵向的历史维度分析，边疆民族地区在历史的发展过程中形成了适用于本民族聚落内部的传统政治文化，内容涉及民族内部的传统政治力量、选举方式、政治参与、法律制度、风俗习惯等。传统政治文化与边疆民族地区的人们有"亲密"关系，在现代化程度不断发展的过程中，这种关系逐渐被稀释、瓦解。

由于民族不同，传统政治文化只能适用于相对固定的同一民族内部环境，在广大边疆少数民族地区没有普适性。传统政治文化符合边疆民族的族属情感，有牢固的存在基础，人们日常生活中的大多数问题都是在传统民族政治生活体系的内部来解决的，人们对其具有较高的认同意识。因此，边疆传统的政治文化很多时候比现代文明的政治文化更有存在感，更能得到边疆民族在心理上的情感认同，但有些已不适用于现代社会中边疆少数民族地区。而对于现代化的民主政治文化，人们反而觉得有疏离感，

---

① 周平等：《中国边疆治理研究》，北京科学出版社2011年版，第205页。

因为大部分边疆人民对民主政治的具体内容并没有深入思想意识中的理解度和熟悉度，民主政治在边疆民族地区的建构是从政府的角度出发的，从而忽略了边疆人民的情感体验。随着现代化的发展进程，民主政治文明在边疆地区的建构不能停滞，边疆民主政治文明的建设被提到了政府的重要日程，传统民族政治文化的作用被削弱，在与现代民主政治的碰撞中逐渐发生变化，为民主政治在边疆的构建打开了重要切口。

边疆地区民族传统政治文化变异的重要表现之一是扩大了公民有序政治参与的程度。这是国家政治民主化进程在边疆建立的重要内容。有序的政治参与是参与主体的行为在制度规范的框架和渠道内依法进行的，它在一定程度上促进了边疆人民政治参与的积极性、活跃性和规范性，民族区域自治制度、人民代表大会制度的确立为少数民族的自主自愿参与行为提供了条件和机遇，但要达到参与程度上质的提高还需要一个长期的正确引导过程。边疆民族的公民的政治参与具有对本民族聚落内部政治文化体系的参与和对国家政治体系参与的双重特征。在边疆治理中，提高公民有序的政治参与水平，能够从根本上提高其自身的政治素养和判断力，实现和维护其正当权益，提高其自身的社会责任感、归属感，增强国家认同和公民意识，从而有助于实现边疆的善治。① 边疆人民由固守民族传统政治文化到接纳现代民主政治的思想转变是正面作用的变异，其变化的趋势是要不断提高边疆各民族政治参与的广度和理性化程度，从而实现民族政治在边疆地区真正建立的任务，确保边疆治理环境的稳定。

（3）边疆民族的文化变迁

文化变迁是指由于族群社会内部的发展或由于不同族群之间的接触而引起的一个族群文化的改变。文化的变迁是随社会的变迁而变迁的，中国边疆的民族文化呈多元性，文化的变迁更加明显。各民族在交流互动的过程中必定会发生文化间的自然接触，通过不同文化间的比较，各民族能够取长补短，推陈出新，使得民族内部的原有文化系统发生变迁，同时也创造出新的民族文化因子。边疆民族文化的变迁主要通过不同民族间文化的接触与涵化、文化的竞争与冲突这两组关系来实现。

---

① 周平等：《中国边疆治理研究》，北京科学出版社2011年版，第212页。

涵化是指异质之间的文化接触引起原有文化模式的变化。文化涵化过程中会出现接受、适应（同化或融合）、抗拒的情况，从而促成文化的变迁。文化接触和涵化并不是独立存在的，文化涵化正是不同民族文化在文化接触时产生的文化变迁过程及其结果。发生文化接触的两个或多个民族之间经过文化之间的传递、文化的结合、替代或者融合和同化的过程，形成新的文化或者把非本民族的其他文化整合到自己文化中，甚或本民族所谓文化对其他文化产生影响。① 在我国的边疆多民族地区，存在两种文化涵化现象：一种是宏观上正在构建的中华民族文化的强大向心力吸引边疆各少数民族文化融入其中；一种是边疆地区相邻民族间文化涵化现象也很普遍。文化的涵化使边疆多民族地区的文化融合形成了我中有你、你中有我的状态，体现着边疆治理环境的变异性特点。

竞争与冲突是边疆民族文化互动的两种表现形式，能一定程度上促进文化的变迁。民族文化作为一个独立的系统，其内部会呈现一定的殊异性特征，文化竞争与冲突正是在民族交往的过程中，由于外来文化的进入与本民族文化系统中某一方面产生竞争而诱发的文化冲突现象。② 边疆地区民族文化的竞争与冲突能激起各个民族的自尊心和自豪感，为了维护民族的文化利益而加深对本民族文化价值的认识和保护。同时，竞争与冲突过程中，也能加强边疆各民族间的交流和文化自省，达到文化的交融，有利于边疆和谐文化环境的建立。但是，如果竞争与冲突的态势向不断激化的负面方向发展，则会扰乱边疆地区的社会稳定。

三、当代中国陆地边疆治理环境与边疆治理的互动

中国陆地的边疆治理，是在特定的边疆环境中展开的。边疆治理环境作为边疆治理的外部条件，对于治理的具体运行有着制约作用。这种制约，直接影响着边疆治理的目标设定、任务统筹、治理方式等。而边疆的治理问题对于所处的治理环境也并不是被动的，它能够通过各种具体治理政策的实施和达到的目标，来塑造边疆的整体环境的良性发展，使边疆的

---

① 周平等：《中国边疆治理研究》，北京科学出版社2011年版，第237页。
② 周平等：《中国边疆治理研究》，北京科学出版社2011年版，第239页。

治理环境更有利于边疆地区的社会稳定和发展，巩固边疆在国家安全中的战略地位。

1. 陆地边疆治理环境对边疆治理的影响

边疆治理环境对边疆治理的影响是全方位、基础性和持久性的。这种整体的影响主要表现在以下几个方面。

（1）边疆治理环境影响治理主体的构成结构

传统上，中央政府是边疆治理的主体，运用政权的力量解决边疆问题。但在当代社会的发展中，中国边疆治理的环境发生了显著的变化，涉及的范围领域众多，情况更为错综复杂，仅靠政府发挥主体力量已不适应边疆治理面临的复杂现实问题。因此，依据边疆治理环境的具体情况，治理主体的构成结构也要进行相应的转型。在当代治理环境下，新的边疆治理结构是在中央政府的主导下，由中央政府、边疆地方政府、边疆社会，其他地方政府和社会组织支持和参与的多维结构。这一新的治理结构具有很强的现实意义。

边疆治理环境的整体性、特殊性和复杂性明确了中央政府是边疆治理的主导者和决策者地位。中国边疆所处的地理位置特殊，具有国家战略意义，同时，又涉及民族问题、宗教问题、与周边国家的关系等复杂环境，因此，需要中央政府作为最重要的治理主体来把控边疆治理的总体局面，制定治理政策，从而确立边疆治理的基本思路和基本目标。

边疆治理环境的差异性和变异性决定了边疆地方政府是边疆治理的执行者和参与者。边疆治理环境的差异性和变异性体现出边疆治理具体实施的差别和变化的不确定性，因此，在中央政府统筹全局的主导作用下，需要边疆地方政府作为边疆治理的执行者和参与者，承担具体的治理执行工作。边疆地方政府的参与执行工作要以边疆治理环境的具体实际环境为基础，因为不同的治理环境会影响执行效能的发挥，影响执行的方式和手段。

边疆治理社会环境的发展需要非政府行为体作为边疆治理的协助者和协调者。随着全球化的发展，边疆治理的整体社会环境发生了很大改变，边疆社会发育程度有了一定的提高，带动了非政府组织在边疆的发展。边疆地区的社会问题形势严峻，经济贫困、毒品、贩卖枪支和妇女、赌博等问题给边疆的社会治安管理带来很大压力。社会环境的严峻形势需要非政府行为体作为边疆治理的协助者和协调者，一定程度上来缓解政府治理的压力，壮大边疆治理的队伍。近年来，非政府组织在边疆治理过程中扮演着重要角色。无论是在艾滋病防治领域，还是在毒品根治方面，以及扶贫和环境保护方面，非政府组织发挥着越来越大的作用，协助政府更好更快地解决边疆社会问题。

（2）边疆治理环境影响边疆开发建设的路径选择

环境是人类一切社会活动的基础，这里的环境既包括自然环境，也包括社会环境。环境制约着人们的行为活动，边疆治理环境作为边疆治理的基础同样制约着边疆治理的具体行为，影响边疆在开发和建设过程中对于治理路径的选择。边疆治理环境是一个整体的综合系统，对于边疆的开发和建设要全面地把握边疆环境的承受能力，从边疆的实际情况出发，制定符合边疆发展的治理路径才能最大化地促进边疆地区的全面进步。

随着国际地缘政治格局的变化，我国边疆地区在国家的战略中越来越凸显出其重要性。新中国成立以后，根据边疆所处的具体环境，党和政府开辟了以处理民族问题为核心的边疆治理道路，初步解决了建国初期边疆社会的各种纷乱和复杂矛盾，实现了人心稳定、民族和睦、经济发展、社会进步和国防安全。[①] 在不同的发展阶段，我国的边疆治理模式也随着边疆环境的变化而作出了相应调整，如在建国初期向边疆派遣解放军和民族工作队，实施"交朋友、做好事"政策；社会主义改造中的"慎重稳进"政策和"直接过渡"政策；当前对边疆实施的"兴边富民"工程、对边疆的财政专项转移政策、对口支援政策等，都体现出不同历史环境下边疆治理的鲜明特征。但总体思路不发生改变的治理路径在现代社会的复杂格局中却表现出治理的局限性。综合起来分析，以往很长一段时间里边疆治理的路径主要围绕着以下三个方面展开：一是保护国家主权和领土完整；二是处理好边疆地区的民族关系；三是维护边疆的社会稳定。不可否认，上述三个方面无论在任何环境下都是边疆治理的基础性问题，是治理过程中需要关注的"热点"，并且对边疆自身的稳定和国家安全都有深远的意

---

① 方盛举、吕朝辉：《中国陆地边疆的软治理与硬治理》，载《晋阳学刊》，2013年第5期。

义。但在新的历史时期,边疆的治理环境发生了巨大变化,面临来自多方面的严峻挑战。因此,当代中国边境的治理路径不能固守单一的治理模式,而是要根据边疆所处的"世情"和"国情"的具体情境,选择新的治理路径,适应新时期边疆治理的要求。

现代化背景下中国边疆地区,国际环境和国内环境都发生了深刻的变化。全球化程度不断加深和渗透,中国的现代化进程急速前行,改革开放政策全方位推进和深化,边疆地区自然也融入了当下的发展大环境中。除此之外,边疆地区自身也面临诸多发展压力:民族问题、宗教问题依然存在,经济发展缓慢是制约边疆全面进步的最大"瓶颈",地区差距、城乡二元结构的失调、人口流动、传统文化被解构、生态环境恶化、国家安全问题、非传统安全问题等威胁边疆的稳定。面对如此复杂的边疆治理环境,切实需要在选择何种治理路径上作出慎重而科学的决定。而治理路径选择的基础就是把握当前新形势下的新情况、新问题,全面认识当下的边疆治理环境,才能保证边疆治理的持续性和有效性。

(3) 边疆治理环境影响边疆治理的程度

边疆的治理环境并不是一成不变的,不同时期的治理环境能够影响边疆治理所达到的程度和水平。中国经过改革开放以来30多年的建设和发展,整个国家的面貌已经发生了根本性的变化,边疆地区的社会发展水平一定程度上也有所提高,但比起内陆地区相对较低。当代中国的发展形势为边疆治理提供了一个全新的环境条件,主要表现在:国家综合实力增强,国际影响力扩大;为了实现区域的协调发展,边疆治理被放到了更加突出和重要的位置;周边国家关系的改善,为边疆治理赢得了宽松的外部环境;边疆民族文化繁荣发展,民族关系总体保持稳定;边疆投资环境有所改善,能源、交通、通讯等基础设施建设得到加强。这样的环境形势为边疆治理提供了良好的发展机遇,从而影响边疆治理的程度,在经济、政治、社会、文化等方面对边疆治理提出更高更新的要求。

要加快边疆社会经济的发展。在边疆治理环境良好的形势下,国家要加大对边疆的开发和建设,促进边疆的全面发展。一方面,在发展边疆经济的基础上,尽快使边疆脱离贫困的状态,改善人民的生活水平,确保人民的根本利益,使边疆的物质生活和精神生活都能有所提高,享受到改革开放带来的实惠；另一方面，要防止边疆与内陆沿海地区差距的扩大化，逐步缩小差距。这是新环境下对边疆经济治理的新要求和目标。

要促进边疆的社会稳定，增强边疆各民族的团结、友好、互助关系。边疆社会的稳定，除了发展边疆的经济，摆脱贫困面貌以外，还要使边疆人民的生活得到明显改善，要创新民主政治建设的形式，加强边疆社会治安管理和社会控制，保持对周边国家和境外极端分子的高度警惕。同时，要解决好民族问题，维持好民族关系，促进民族交往互动，增强边疆的民族团结。

要建立边疆的可持续发展模式，处理好边疆经济发展与环境的问题，改善边疆的生态环境，防止自然环境的进一步恶化。如今，生态问题越来越受到人们的关注，生态环境的好坏也体现着政府的执政管理水平。边疆地区的治理要加强生态环境保护力度，协调统筹好经济开发建设与生态环境持续发展之间的关系。利用边疆治理环境良好的机遇，使边疆的生态环境能够得到持续有效保护。

要形成边疆的多元治理格局。新的边疆治理环境下，边疆治理要适应环境的变化，形成治理的多元化格局。要创新边疆治理主体的结构，充分发挥中央政府、地方政府和社会的力量，形成边疆多元共治的新格局，适应新时代对边疆治理的要求，从而提升边疆治理水平。

（4）边疆治理环境影响边疆治理的理念

理念是一种思想或思路，边疆治理的理念是在边疆治理的实践中所形成的治理思想，其形成的基础还是边疆总体的治理环境，这是边疆治理理念不断成熟的出发点。在新的历史时期，现代化理念的植入是边疆治理环境对边疆治理的深刻影响，符合边疆新形势下的治理环境需要。边疆治理的理念转变对于当代的边疆治理是非常必要的。

边疆治理理念也要体现时代性。根据已经实行的边疆治理实践，我们可以梳理出中国边疆治理的两种模式，即软治理和硬治理。边疆软治理指国家政权系统对边疆地区及其各族群众在经济上实施帮助、援助、照顾的倾斜政策，在政治上实施平等、团结、互助的民族政策，在文化上实施平等交流、相互尊重政策，在精神情感上坚持爱护、关心和尊重的基本准则，以此争取边疆地区及其各族群众对统一多民族国家的认同，对国家政权的认同，最终达到组织和动员边疆各族群众自觉维护边疆和谐稳定，实现繁荣发展的治理目的。① 其治理的范畴主要有边疆的发展问题、民族问题、宗教问题、国家认同问题等方面。整体上，边疆软治理是以"柔和"的方式解决边疆问题，注重边疆人民的情感体验，很大程度上能让边疆地区的人民在情感上产生共鸣，加强多民族国家的认同度和向心力，但也存在缺点。对边疆地区的"温情"扶持政策，并不能真正使边疆治理发挥有效性，"输血式"的扶持始终比不上"造血式"的自强。因此，在肯定软治理的积极作用时也要看到这种模式的消极面。

陆地边疆的硬治理是指国家政权系统采取有效措施在经济上增强陆地边疆地区的发展能力和发展水平，在社会政治领域明确各种社会主体的权利义务关系，严肃国家法律法规的贯彻实施，有效打击各种危害国家安全和破坏政治稳定的犯罪行为的治理过程。② 其治理的核心在于运用国家政权及其法治的强制性、约束性和规范性，保证国家安全、经济发展和边疆稳定，主要涉及的范畴主要有边疆的产业发展问题、国家安全问题、非传统安全问题等。硬治理更多强调法治、规范等治理理念，既有利于增强边疆地区自我发展的能力，也有利于促进目前我国法治国家的建设。但如果硬治理使用不当或过度，容易造成边疆治理的"刚性"过强，引起边疆社会主体的抵触，不利于边疆的稳定，同时减弱治理效果。

现代化背景下，边疆治理的环境复杂而多变，单纯强调某一种治理理念都不能使边疆治理得到有效发挥，而是要做到软治理和硬治理的有机结合，才能体现现代化的边疆治理理念。因此，边疆治理环境能够影响边疆治理理念的转变，即治理理念要根据环境系统的发展而发展。

2. 边疆治理对陆地边疆治理环境的张力

中国陆地边疆治理有着特定空间的治理环境，在特定的环境下展开，边疆治理与边疆治理环境是相互作用的发展过程，因此，边疆治理对边疆治理环境也产生作用上的张力，触及边疆治理环境的诸多因素，影响治理环境的运转。

---

① 方盛举、吕朝辉：《中国陆地边疆的软治理与硬治理》，载《晋阳学刊》，2013年第5期。
② 方盛举、吕朝辉：《中国陆地边疆的软治理与硬治理》，载《晋阳学刊》，2013年第5期。

(1) 边疆治理改善边疆治理环境系统

边疆治理，具体而言，就是运用公共权力解决边疆外部环境所诱发出的各种问题，有计划、有针对性地逐步改善边疆所处的整体环境系统，从而保持边疆社会的稳定和发展。在这个持久的治理过程中，边疆治理主体的能动性起着至关重要的作用。

边疆治理调整边疆环境的不协调因素。边疆治理环境的差异性使边疆地区在政治、经济、文化上都呈现出地区之间的不均衡性，这种不均衡性会加大边疆各民族之间的心理落差，成为孕育边疆各种复杂矛盾的土壤，不利于边疆民族认同和国家认同的整合。而边疆治理是有目的、有秩序地对存在的问题进行改善和解决。因此，在治理主体的导向下，边疆治理的具体行为就是主动调整边疆治理环境的不协调性，重塑边疆环境的外部表现形式，减少不利于环境发展的异质性因素，使边疆环境能在良好的系统轨道中运行，从而改善边疆治理的整体环境，促使边疆环境向着有利于边疆稳定的方向发展。

边疆治理加快边疆环境的现代化发展进程。我国边疆地区地域幅员辽阔，资源丰富，蕴含巨大的市场发展潜力。此外，边疆地区还与中亚、南亚、东南亚等国家毗邻，处于维护国家安全和领土完整的战略前沿阵地。在全球化的发展浪潮中，边疆的现代化发展进程对保障国家的稳定局势至关重要。因此，提高边疆的现代化水平是边疆治理的重要任务之一。

边疆治理的过程涉及边疆的政治、经济、文化等领域，其目的就是要促进边疆社会的全面进步。中华人民共和国成立至今，边疆治理不断推进，从民族识别政策、民族区域自治政策到"兴边富民"等治理措施，一定程度上加快了边疆经济的发展，其他领域也得到极大改善，从而加快了边疆环境的现代化发展进程，使边疆融入到整个社会发展的大环境中。事实上，现代化既是一个消解多元化、实现同质化的过程，同时又是一个时常制造异质和多元的过程。[①] 边疆治理带动了边疆现代化的发展元素，为边疆治理赢得了良好的外部发展环境和机遇。但同时，边疆社会现代化进

---

① 陆海发、胡玉荣：《论当前我国边疆治理中的民族认同与国家认同整合》，载《广西民族研究》，2011年第3期。

程的发展，也会产生一些新的问题和矛盾。因此，边疆治理又要有针对性和计划性地对新问题、新矛盾进行消解、调整，从而促进边疆治理环境在原来的基础上得到进一步的改善。总体而言，边疆治理对边疆地区现代化程度的影响是积极的，引领边疆的现代化治理环境朝着协调稳定的方向运行。

(2) 边疆治理促进边疆治理和谐环境的建构

边疆治理改善了边疆环境，在此基础上，边疆治理的核心要义是促进边疆地区和谐社会的建构。而和谐社会的建构要以和谐文化建构为核心，以和谐的环境建构为基础保障。所以，通过边疆治理改善治理的环境，能够促进边疆治理和谐环境的建构。

边疆治理巩固边疆地区民族关系和谐的环境。多民族国家的中国，民族关系是最重要一种社会互动关系，我国边疆地区少数民族分布较多，民族关系呈现复杂性，再加上宗教信仰的影响，使得任何不和谐的民族关系在某些因素的激发下都有可能演变为严重的民族问题，既影响边疆的稳定，也影响民族自身的利益，扰乱边疆各民族的正常生活秩序。边疆的民族关系还会在不同的社会发展阶段表现出新的特点和内涵，进而对边疆地区产生深刻影响。

因此，民族关系的和谐发展在边疆治理中显得尤为重要，边疆治理可以影响民族关系的发展态势。通过边疆治理，能增强边疆各民族之间的交融往来，增进了解，带动不同民族之间文化的交流互动，从而建立起团结友好的民族关系，塑造平等、互助、友善的边疆民族环境，营造边疆人民齐心合力发展经济的良好局面。从这个角度来看，边疆民族关系的改善本身，就是边疆治理有效发挥的体现和证明，巩固了边疆治理的和谐环境。

边疆治理创造与周边国家的友好合作发展环境。边疆这一特殊的地理位置，与之毗邻的周边国家是不同的国家类型、不同的政治制度、不同的意识形态等异质性因素相互交错，因此，边疆治理中处理好与周边国家的关系是治理的重要任务。随着经济全球化的发展，各国在政治、经济、文化方面的联系越来越密切，边疆地区与周边国家的关系也不例外。除此之外，边疆地区还有跨界民族，跨界民族之间的关系如何一定程度上也会影响边疆与周边国家的正常互动，影响国家安全。边疆治理在加强与周边国家的友好关系方面具有很大的主动性。通过边疆治理，能够改善边疆的环境，寻求双方在多个领域的合作契合点，这是发展与周边国家友好往来的基础。随着边疆开发和建设力度的加强，边疆的对外开放程度提高，跨界民族的流动往来加强，为边疆治理提供了相对宽松的对外发展条件。这是发展边疆与周边国家关系友好互通的前提条件。在这个大前提下，边疆治理除了改善环境、促进治理环境的变化外，同时，还能够积极主动地创造与周边国家友好往来的国际发展环境、促进边疆治理和谐环境的生成。

总体而言，边疆治理对边疆环境所构成的张力是延伸到各个环境构成要素的，影响着边疆治理环境系统的运行状况。方向正确的边疆治理能够促进边疆环境系统的良性运转，方向偏差的边疆治理则会造成边疆治理环境的失衡。因此，把握边疆治理的总体方向至关重要。

第四章　中国陆地边疆治理的价值追求

我国陆地边疆治理的价值追求是指治理主体在解决陆地边疆问题上希望达到的理想状态和目标愿景。任何边疆治理的主体，包括政府组织、社会组织、公民个人等，基于自身利益考量对治理的价值取向是多样性的，为了实现陆地边疆治理的善治目标，需要通盘地考虑各种主体的价值诉求和满足这些价值诉求的实际能力，需要找到作为各种主体的不同价值理念的最大公约数。

陆疆治理是解决陆疆问题的过程，是当代国家治理的重要组成部分。国家治理体系及治理能力现代化，以社会主义核心价值观体系为指向，陆疆治理也必然以此为遵循。党的十八大提出，倡导富强、民主、文明、和谐，倡导自由、平等、公正、法治，倡导爱国、敬业、诚信、友善，积极培育和践行社会主义核心价值观。这24个字的社会主义核心价值观，对我国陆疆治理体系及治理能力现代化起着引导作用。根据我国陆地边疆治理在国家治理中的地位和作用，我们认为我国陆疆治理的价值追求应该是：富裕边疆、法治边疆、文明边疆、和谐边疆、平安边疆和美丽边疆。

一、富裕边疆

国家富强、民族振兴、人民幸福是实现中华民族伟大复兴"中国梦"的核心内容，其实就是国家治理的根本价值理念。以这个理念为导向的我国陆地边疆治理的价值追求就是"富裕边疆"理念。富裕边疆，就是在边疆治理中追求经济发展、民生幸福的善治理想。

由于历史、自然、地理等因素的制约，我国广大陆疆地区的经济发展水平还比较落后，贫困发生率还比较高，很大一部分群众的生活水平还比较低。边疆经济问题是导致边疆社会问题滋生蔓延的总根子。解决边疆社会问题，必须优先解决边疆经济问题。富裕边疆理念，就是以治理经济问题为客体，以改善民生为指向的。具体地说，所谓富裕边疆，就是通过有效的经济治理和社会治理，实现边疆基础设施的现代化、产业体系的高端化、民生保障的完善化，使边疆各族群众享有与发达地区人民同等程度的物质文明和富足生活。

基础设施的现代化是实现富裕边疆的内在要求。基础设施包括水利、交通运输、能源、邮电、通讯、网络信息等基本设施，这些物质条件既是经济"起飞"的基础和前提，也是民生改善的保障和体现。落后的基础设施，是贫穷的象征和反映，而不是富裕的体现和标志。一个富裕的国家或地区，其基础设施必然是有较高现代化水准的。现代化的基础设施是边疆建立发达产业体系的基础和前提；现代化的基础设施是快速汇聚优质发展资源，降低生产生活成本，迅速改善民生的保障；现代化的基础设施是边疆民族团结、边防巩固、文化繁荣、辐射周边的有力促进因素。

发达的产业体系是富裕边疆的主要标志。一个国家或地区，没有产业体系的发达就没有经济的繁荣发展，没有经济的繁荣发展就没有人民富裕富足的生活。可见，产业体系的发达是经济发展、生活富裕的柱石。我国陆疆治理中追求富裕边疆，必然内在地要求建设发达的边疆产业体系。我国陆疆建设发达的产业体系，有利于边疆各族群众摆脱贫困，增强自我发展能力，促进边疆生产力水平的跃升，为实现边疆跨越式发展夯实内生发展动力；有利于吸引和聚集全国人口到边疆生产生活，从而增进各族群众之间的交往交流交融，促进民族团结、边疆安全；有利于促进各族群众能力素质的全面发展，培养适应国家现代化要求的合格公民；有利于建设资源节约型环境友好型的边疆社会，进一步改善边疆生态环境。边疆发达的产业体系包括边疆特色资源加工业、民族文化产业、边疆现代特色农业、旅游业等。

高水平的民生保障是富裕边疆的核心内容。民生即人民的生存状态和生活水平。民生可分为基本生存、基本发展和社会福利三个层面。富裕边疆不仅追求满足基本生存层面，还要实现较高层面的社会福利，让边疆群众充分共享改革带来的实惠。民生建设主要涉及教育、就业、收入、社保、医疗、文化等方面。所谓高福利，是相对于传统的"维稳"取向的低层次民生建设而言，是边疆崭新的民生建设目标。边疆高福利的民生可以概括为，"在学有所教、劳有所得、病有所医、老有所养、住有所居上持续取得新进展，努力让人民过上更好生活"①，并且以人民是否有较高的安全感、获得感、公平感、幸福感为衡量标准。

富裕边疆的价值理念不仅符合社会主义的本质要求，也是改变边疆落后面貌的强大精神动力。邓小平同志曾指出："社会主义的本质，是解放生产力，发展生产力，消灭剥削，消除两极分化，最终达到共同富裕。"②我国陆疆治理以富裕边疆为价值追求，完全符合社会主义的本质要求。邓小平"两个大局"的构想中，东部沿海地区充分利用较好的经济基础和区位，在全国特别在边疆地区的支持帮助下率先实现小康，成为先富裕起来的地区，这个大局已经实现。另一个大局正在开启，即发达地区须积极帮扶边疆地区、落后地区，逐步实现边疆地区与全国一道达到共同富裕，全面建成小康社会。我国陆地边疆的最大区情是处于社会主义初级阶段的低层次，经济和社会事业的发展水平还较低，各族群众的生活条件还比较差。到2013年底，按照国家标准，我国仍有8200多万贫困人口，如果参考国际标准，有两亿多人，无论哪种标准，贫困人口主要集中在边疆地区，脱贫致富一直是当代陆地边疆治理的重大问题和首要难题。富裕边疆的价值追求，必将为处在落后状态下的边疆各族群众注入强大精神动力，激发创新和创造热情，为实现富裕生活的目标而不懈奋斗。

富裕边疆的价值理念为我国陆地边疆治理指出了正确的方向和路径。当前我国陆地边疆最大的公共问题是开发和建设不足、民族与宗教问题较多、各族群众政治认同不理想、国家安全隐患较多等等。以富裕边疆作为价值导向，将加速这些重大公共问题解决的进程。富裕边疆的价值理念将引导和加速各种资源汇聚边疆地区，加快边疆的大开发、大建设和大发

---

① 参见中国共产党第十八次全国代表大会报告。
② 《邓小平文选》（第3卷），人民出版社1993年版，第58页。

展；富裕边疆价值目标的实现过程是经济经贸繁荣的过程，同时也是各族群众频繁交往、频繁交流、有效交融的过程，还是边疆地区加快聚集人气和人口的过程，这一过程非常有利于在边疆地区建立互嵌式社会结构和社区结构，有利于促进民族团结和宗教和谐，还有利于强化各族群众中华民族共同体意识。富裕边疆价值目标的逐步实现，使边疆各族群众在与周边国家生活水准的比较中，特别容易形成强烈的自豪感，从而强化对伟大祖国的认同，对中华民族的认同，对中华文化的认同，对中国特色社会主义道路的认同，对党和政府的认同。富裕边疆价值目标的实现过程，就是边疆人口逐渐聚集和增加的过程，边疆人口越繁荣，相应地戍边人口越多、民防体系越完善，意味着边防越巩固、国家安全越有保障。

二、法治边疆

法治是人类文明进步的重要标志。法治是政治文明的重要成果，是对权力与权利两个边界的确定而提出的理念、法制体系与行为方式等规则和观念的集合，其核心内涵是以有限政府的方式实现保障人民权益的终极目的。亚里士多德在《政治学》中谈道："法治应包括两重意义：已成立的法律获得普遍的服从，而大家所服从的法律又应该本身是制定得良好的法律。"[①] 哈耶克认为："法治意味着政府的全部活动应受预先确定并加以宣布的规则的制约——这些规则能够使人们明确地预见到在特定情况下政府将如何行使强制力，以便根据这种认知规划个人的事务。"[②] 党的十八届四中全会通过的《中共中央关于全面推进依法治国若干重大问题的决定》中指出，依法治国是党领导人民治理国家的基本方略，法治是党治国理政的基本方式。作为国家治理有机组成部分的边疆治理，其基本方式仍然是法治。

法治边疆，作为我国边疆治理的价值追求，有以下几个方面的内涵：

第一，边疆治理中必须确立国家法律的最高权威地位，要养成以法治思维和法治方式解决边疆问题的习惯。法治最核心的要义就是确立法律在

---

① 〔古希腊〕亚里士多德：《政治学》，吴寿彭译，商务印书馆 1965 年版，第 199 页。
② 〔英〕哈耶克：《通往奴役之路》，冯兴元等译，中国社会科学出版社 1997 年版，第 73 页。

国家治理中的权威性地位，决不允许任何组织、任何人具有凌驾于国家法律之上的特权，包括执政党和政府在内的一切组织和个人都必须在国家法律范围内活动。同样，作为国家治理有机组成部分的边疆治理，也必须确立国家法律的绝对权威地位。对边疆问题的治理，必须无条件地纳入国家法律的框架内，按照法定程序、法定方式、法定准则、法定标准等加以解决，决不允许出现以特殊情况为幌子的例外。包括党和政府在内的任何边疆治理主体，都必须养成以法治思维和法治方式解决边疆问题的思维习惯和行为习惯。要在边疆社会培育形成敬畏法律、信仰法律、遵守法律、运用法律、维护法律的法治精神，而且要让这种法治精神融入每个公民的血液中，形成"人人守法、事事依法"的法治环境。

第二，必须依法严格规范边疆地方政府的权力，必须形成"法无授权不可为"的施政自觉。法治的重心在于通过"治权""治官"而达到"治事"的目的，所以，法治绝不是政府及其官员"治民"的手段。边疆地方政府是边疆治理的主要主体，手握治理边疆的重要权力，在一个严重缺乏民主法治传统的边疆地区，地方政府及其官员完全有滥用公权力的潜在可能和强烈冲动。所以，法治边疆的价值理念要求必须以最大的注意力和创新力，设计形成规范约束边疆地方政府权力的体制机制，真正实现把权力关进制度的笼子。边疆治理中的任何权力行为，政府及其官员都必须养成找法律依据的习惯，对法律允许的就采取行动，对法律禁止的甚至没有规定的，就决不采取行动。这要成为一种弥漫于公共权威机关的施政文化，成为一种集体无意识的自觉。

第三，必须充分保障边疆各族群众的公民权利，真正形成"法无禁止即可为"的社会新风尚。法治的最终目的在于约束政府的权力而保障公民权利，防止政府权力对公民权利的侵害。边疆地方政府及其官员应养成尊重和保障公民权利的自觉性，边疆各族群众也要培养强烈地保护自己合法权利的意识。"公民权利神圣不可侵犯"必须成为边疆社会的共识，只要是法律没有禁止的行为，都可以视为允许公众自由采取行动。要在边疆社会培育出这样一种法治新风尚，法治新文化。

法治边疆之所以能够成为边疆治理的主要价值理念，源于以下方面的理由：

第一，法治边疆是全面推进依法治国战略布局的内在要求。新中国建立以来的国家治理经验教训深刻地证明"法治兴则国家兴，法治衰则国家乱"，所以，把全面推进依法治国作为国家治理的基本方略逐渐成为全党全国人民的共识。党的十八大后，习近平同志提出"四个全面"的战略布局，使依法治国作为国家治理方略的地位更加突出，使法治作为党治国理政基本方式的地位更加突出。作为国家治理有机组成部分的边疆治理内在地要求必须确立法治成为基本治理方式。法治边疆的价值追求其实就是我国法治国家、法治政府、法治社会一体化建设价值目标在边疆的具体体现。

第二，法治是实现边疆有效治理的最佳方式、最好手段。我国陆地边疆治理包括边疆的经济治理、政治治理、社会治理、文化治理、生态治理等，不管是哪一个领域的治理，都必须依靠法治才能达到善治的目标。边疆经济治理方面主要采取"使市场在资源配置中起决定性作用和更好发挥政府作用"，也就是把市场治理和政府治理有机结合。市场经济天生就是法治经济，没有法治保障的市场治理，会产生失效现象，不可能对资源进行最优化的配置。同样政府治理也需要法治规范，没有法治规范和约束的政府经济治理，要么不作为、要么乱作为，必然产生极其糟糕的治理效果；在政治治理领域，发展社会主义民主政治、保障边疆各族群众的政治权利，没有法治方式和法治手段作为保障，不可能发展出有治理能力的优质民主，而各种形态的缺乏治理功能的劣质民主则完全成为必然；在社会治理领域，边疆社会是我国社会关系最复杂的地区，边疆地区不仅有内地所具有的全部社会关系类型，而且还有类型更多、复杂程度更深的社会关系，如民族关系、宗教关系、边境内外关系等等，社会治理的难度是内地远远不能企及的。实践证明，如果在法治的轨道上，以法治的方式来平衡社会利益、调节社会关系、规范社会行为、化解社会矛盾、解决社会问题，则容易实现社会公平正义，促进社会和谐稳定；在文化治理和生态治理领域，文化和生态的公益属性很强，如果没有法治的硬约束，文化的健康发展和生态的建设保护等都会被政府或公众有意无意地忽视、轻视，而有了法治的硬规定、硬责任、硬指标，承担边疆治理责任的各种主体，就必须把它作为硬职责、硬任务来完成和实现。总之，要解决我国边疆地区经济、社会、民生等领域存在的突出问题，克服公器私用、以权谋私、贪赃枉法等现象，克服形式主义、官僚主义、享乐主义和奢靡之风，反对特权现象、惩治消极腐败现象等，从根本上讲，还得靠法治。

第三，法治是边疆少数民族权益的有力制度保障。我国陆地边疆最大的区情就是仍然处于和长期处于社会主义初级阶段的低层次，这个区情下边疆社会中的贫困人口相对较多，弱势群体规模相对较大。再加上"生活在边疆地区的少数民族人口占全国少数民族人口总量的57.89%"①。边疆社会中贫困的弱势群体又以少数民族群众为最多，也就是少数民族群众与贫困弱势群体的重合度很高。市场经济是一种"强者愈强、弱者愈弱"的经济形态，民主政治是一种以"少数服从多数"为择案规则的政治形态。市场经济和民主政治的不断推广推进，对社会中的弱势群体，对国家中的少数民族，都可能造成越来越不利、越来越被动的发展态势，甚至弱势群体、少数民族等的正当权益都有可能在残酷的市场竞争中、在"多数人正义"的政治幌子下受到侵害。那我们拿什么保护社会中弱势群体和国家中少数民族的正当权益？答案只有一个：法治。国家法律把社会中弱势群体，国家中少数民族的一切正当权益用法律条文的形式明确地规定下来，而且作为最高权威、最高准则来加以实施和推行，这就最大限度地维护和保障了弱势群体和少数民族的权益，避免他们被市场经济和民主政治的潮流所冲击和践踏。

第四，法治是保障边疆边防稳固的有效手段。我国的边防体系分为军防体系和民防体系。军防体系由军队和武警构成，他们是国家边防的主导性和支柱性力量。由于我国有22000多公里的边境线，边防任务都交由军队和武警来承担显然是不现实、也不可能的。继承了"人民战争"卓越思维的党和政府在边防工作上同样沿用了"人民边防"的思路和策略，新中国建立后，我国边疆建设了完整的民防体系。改革开放以后，我国出现了人口大迁移、大流动的发展状况，由于边疆的相对贫困，导致边疆大批青壮年人口从边疆地区流动到发达地区打工经商，由此造成我国边疆的民防体系遭到严重冲击和削弱。为了重建边疆民防体系，并不断提升民防体系

---

① 方盛举、王志辉：《论边疆治理的一般客体和特殊客体》，载《思想战线》，2015年第5期。

的能力，除了积极发展边疆地区的经济外，还要靠法治的力量，一是以法治方式规定边境一线戍边群众、戍边民兵在社保、就业、创业、收入等方面享有特殊政策和倾斜政策；二是要以法治方式鼓励在边境一线推进新型城镇化建设，实现以往"屯垦戍边"到今天"建城戍边"的历史转变，由此来增加和繁荣边境一线的人口，达到推进我国边疆民防体系和能力现代化的目标。

三、文明边疆

文明，是相对于蒙昧、野蛮而言，是社会整体发展进步的状态，是人类智慧、道德的进步状态。一方面它反映了一定的人的共同体对自然的认知、开发和尊重程度，另一方面它也反映一定的人的共同体对人与社会的认知、管理和尊重程度。前一个方面主要指物质文明领域，后一个方面主要指精神文明领域。今天我们主要论述的是后一个方面的文明，即狭义上的精神文明。文明是现代国家的重要特征和标志，是国家软实力的重要组成部分。我国已经明确地把"文明"作为社会主义核心价值观的基本范畴，是国家治理的核心价值理念。同样，我国边疆治理也必须把"文明边疆"作为坚定不移的价值追求。

文明边疆有以下方面内涵：

一是指边疆各族群众具有高度认同的、令人怦然心动的共同理想和愿景。理想是社会主体对美好未来的设计和预期，共同理想是全体人民共同的愿景和追求。现阶段我国各族人民的共同理想就是实现中华民族伟大复兴的中国梦，即国家富强、民族振兴、人民幸福的美好愿景。再具体一点就是实现"两个一百年"的目标，即建党100周年时全面建成小康社会；新中国建立100周年时建成社会主义现代化强国。这个共同理想和愿景既是全国各族人民的共同理想，也是边疆各族群众的共同理想。文明边疆，首先就是边疆各族群众能够高度认同这个宏大的愿景。

二是指边疆各族群众具有文明的价值观体系。文明的价值观就是先进的价值观，它是先进文化的核心内容，包括民族观、宗教观、道德观、人才观、法治观、政治观等，表现为一套价值观体系。对我国陆疆来说，最重要的价值观就是民族观和宗教观。文明的民族观包括：中华民族一体多元观念，民族平等观念，民族团结观念，民族互助观念，民族互敬观念，民族包容观念等；文明的宗教观包括：宗教平等观念，宗教宽容观念，宗教信仰自由观念等。

三是指边疆各族群众具有较高的公民道德水准。公民道德水准是公民践行公民道德规范的程度和水平。公民道德规范包括社会公德规范、职业道德规范、家庭美德规范、个人品德规范等，涵盖了社会生活的各个领域，适用于不同社会群体，是每一个公民都应该遵守的行为准则。在国家这个政治共同体中，为了最大限度减少人们之间的矛盾，维系共同体的秩序，推动共同体的发展，国家和社会会分别形成法律规范和道德规范。前者是靠国家强制力来推行的，是他律的力量；后者是靠个体的良心、信仰、社会评价来维系的自律的力量。公民道德规范就是指后者，公民道德规范被践行的程度越高，则标志社会文明的程度越高。当前由于受主客观因素的制约和影响，我国陆地边疆公民道德水准并不十分理想，边疆治理中的文明边疆的价值追求，就是要尽快解决边疆社会道德水平的建设问题。

四是指边疆各族群众具有较高的科学素养。科学素养是当代科学学、教育学等学科研究的前沿问题。"科学素养包括数学、技术、自然科学和社会科学等许多方面，这些方面包括：熟悉自然界尊重自然界的统一性；懂得科学、数学和技术相互依赖的一些重要方法；了解科学的一些重大概念和原理；有科学思维的能力；认识到科学数学和技术是人类共同的事业，认识它们的长处和局限性。同时，还应该运用科学知识和思维方法处理个人和社会问题。"① 科学素养是人们受先进科学文化熏陶的程度，体现为具有较广博的知识，不偏执；具有较理性的态度，不盲从；具有较科学的思维，不迷信。一个国家的国民的科学素养是这个国家社会生产力能否得以解放和发展的前提和先导。我国陆地边疆最显著的特征之一是社会生产力水平极其落后，加快边疆的开发和建设过程，就是提高边疆社会生产力的过程，这个过程能否顺利而高效地实现，取决于边疆各族群众科学

---

① 〔美〕美国科学促进协会：《面向全体美国人的科学》，中国科学技术协会译，科学普及出版社2001年版，第22页。

素养的进步状况。

文明边疆的价值理念对边疆治理具有重大意义：

为边疆的开发和建设提供精神动力和智力支持。当前我国陆地边疆的基本区情是处于社会主义初级阶段的低层次，所以加快边疆的开发与建设是边疆治理的首要任务。文明边疆的价值追求，一是为边疆各族群众确立了认同度较高的共同愿景，有利于凝聚发展共识，减少矛盾内耗，释放改革动力，激发创造活力，提高边疆治理效能；二是引领边疆各族群众持续提升道德水平，从而增强社会互信度和归宿感，安抚和疏导社会失衡心理，减少社会行为失范率，降低社会运行成本，有利于提高边疆社会治理效能；三是引导边疆各族群众科学素养的进步，在边疆开发和建设中为解放和发展边疆社会生产力创造思想和文化的条件。

促进边疆的民族团结和宗教和谐。我国近六成的少数民族人口居住在边疆地区，大多数少数民族都有自己的宗教信仰，民族的宗教性和宗教的民族性特点显著。民族问题和宗教问题是边疆治理的主要客体。民族问题的实质是民族关系问题，宗教问题的实质是宗教关系问题。民族关系和宗教关系的和睦和谐程度，不仅关系边疆稳定、国家安全、经济发展，而且也关系到与周边国家关系的稳定发展。通过文明边疆的价值引导，更容易在各民族之间达成基本信念一致、基本目标一致、基本行动一致、基本利益一致的团结和谐局面，更容易以理性平和、谦让包容的态度和方式处理民族之间、宗教之间的隔阂和矛盾，由此形成各民族之间、不同教众之间相互了解、相互尊重、相互包容、相互欣赏、相互学习、相互帮助的手足相亲、守望相助的关系，形成尊重差异、包容多样，你中有我、我中有你的中华民族命运共同体关系。

提高边疆各族群众对中华文化的认同。中华文化是我国56个民族多元文化相互交流交融过程中逐渐凝练形成的文化形态，是56个民族优秀文化的聚合体，其最大的特点就是融合性、开放性、包容性、一体性。中华文化形态，从局部来看有不同民族文化元素的呈现，但从整体来看不同民族文化元素又融合成了一个完美的有机整体。中华文化是各民族共有的精神家园和精神归宿，是中华民族共同体形成和发展的精神纽带和动力。提高中华文化认同才能夯实各族群众团结凝聚、和睦相处的思想基础和精神基础。由于我国陆地边疆长期的落后和封闭，地域间、民族间交往交流交融程度不高，造成各族群众对中华文化认同度有待提高的现实。文明边疆的价值追求，必将使中华文化借助各种先进的传播手段和载体得以在边疆地区传承和弘扬，提高各族群众对中华文化的认同度，创造出良好的文化效应。

四、和谐边疆

和谐是国家治理的核心价值理念，当然也是边疆治理的核心价值理念。和谐，《辞海》中解释为协调，就是指各种要素相互依存、相互协调、相互促进，有序统一联系在一个系统内，达到整体效能最优化。简单地讲，和谐就是不同的事物和睦相处、协调发展，没有对立和冲突的状态。和谐边疆有以下方面的内涵：

民族之间的和睦相处、和衷共济、和谐发展。我国九个边疆省区的人口总量约2.82亿，其中少数民族人口0.66亿，占边疆总人口的23.39%。生活在边疆地区的少数民族人口占全国少数民族人口总量的57.89%。广西、云南、西藏、新疆、内蒙古等五个省区的少数民族人口比例较高，都超过人口比例的20%以上。特别是西藏和新疆两个自治区，少数民族人口的比例分别占总人口的91.83%和59.9%。[①] 少数民族与汉族之间、各少数民族之间，一方面存在着历史遗留下来的事实上的不平等和文化习俗的差异，另一方面在市场经济社会的频繁交往中也客观地存在着各种现实的利益摩擦和利益矛盾。因历史产生的差异性和因现实产生的矛盾性相互交织，使边疆的民族关系仍然存在着不稳定和不和谐因素，这个特点将是长期存在的，所以陆疆治理的一个重大任务就是尽可能消除民族关系中的不稳定不和谐因素，以实现各民族之间的和睦相处、和衷共济、和谐发展。和谐边疆的价值理念，内在地包含着和谐民族关系的价值追求。

宗教之间的和睦相处、和谐共处。当今世界的几个主要国际性宗教，如佛教、伊斯兰教、基督教、天主教等，在我国陆地边疆均有分布。在陆

---

① 方盛举、王志辉：《我国边疆治理的一般客体与特殊客体》，载《思想战线》，2015年第5期。

地边疆也大量存在着本土性宗教（如道教）、区域性宗教（如萨满教）、原始宗教（如少数民族的本主崇拜和神灵崇拜）。在一些大的宗教内部还存在着复杂程度各异的教派。类型不同的宗教以及种类各异的教派，都有着规模不等的信众。信仰的差异性容易导致宗教关系的矛盾性，不同宗教倡导的价值观和生活习俗的差异性也容易导致不同信众间滋生隔阂和矛盾关系，再加上国内外存在着一股以宗教为幌子的隐身力量，不断挑拨我国信教群众产生各种对立思想、对立情绪、对立行为，加剧了宗教关系的复杂性、不稳定性、不和谐性。因此，陆疆治理的重要任务之一就是做好宗教工作，协调好宗教关系，促进和维护宗教之间的和睦相处、和谐共处。和谐边疆理念内在地包含着宗教和谐的要求。

阶层之间的和睦相处、协调发展。我国市场经济的发展带来经济快速发展的同时也带来社会结构的深刻变化，最重要的表现就是社会阶层的分化较为明显。社会学家陆学艺先生曾根据拥有资源类型和数量把我国社会公众分为十大阶层：国家与社会管理者阶层（拥有组织资源）、经理人员阶层（拥有文化资源或组织资源）、私营企业主阶层（拥有经济资源）、专业技术人员阶层（拥有文化资源）、办事人员阶层（拥有少量文化资源或组织资源）、个体工商户阶层（拥有少量经济资源）、商业服务业员工阶层（拥有很少量的三种资源）、产业工人阶层（拥有很少量的三种资源）、农业劳动者阶层（拥有很少量的三种资源）、城乡无业、失业、半失业者阶层（基本没有三种资源）。前四个阶层拥有的资源数量较多，可以把其称为精英阶层，而后六种称为大众阶层。目前阶层关系比较突出的问题是精英阶层与大众阶层之间的矛盾关系在加深，局部达到对立关系的程度，在社会心理中"仇官""仇富""仇精英"比较普遍；社会思潮中各种类型的"民粹主义"思潮此起彼伏。总体上看，陆地边疆阶层关系的状况与全国相差不大，但在局部地区，阶层关系的矛盾性、复杂性、不稳定性比较严重。所以，协调社会各阶层的关系，特别是精英阶层与大众阶层的关系，成为陆地边疆治理的重要任务之一。和谐边疆理念中自然地包含着阶层关系和谐的内容。

干群之间的和睦相处、共享发展。传统的"官贵民贱""权力本位""特权"等思想观念和行为习惯依然滥觞，加上改革开放以来，党和政府对各级领导干部的监督、教育和管理等存在着程度不同的虚置、虚化现象，使干部的工作作风、生活作风、学风等都存在着各种各样的问题：官僚主义、形式主义、主观主义、个人主义、宗派主义、山头主义、自由主义、奢靡浪费、工作简单粗暴不负责任等等五花八门的现象都有滋生和蔓延，消极腐败现象、与民争利现象、脱离群众现象等较为严重。各级干部中存在的种种问题必然引起广大群众的不满，恶化了干群关系，在某些地方某些领域甚至造成干群关系的对立。党和政府的合法性基础严重流失。干群关系不融洽、不和睦在我国陆地边疆也表现得较为严重，震惊全国的"云南孟连事件"就是典型事例。所以化解干群矛盾、协调干群关系是陆疆治理的重要任务。和谐边疆理念当然包含着干群关系和谐的要求。

军民深度融合，协调发展。我国边疆省区都驻扎着一定数量的解放军边防部队、公安边防部队、陆军野战部队、二炮部队、武警部队等。这些部队构建起了一个完整的国防体系，有效地保障着边防巩固，维护着国家安全。党中央要求把推动军民融合深度发展作为重大的国家战略，不仅指装备科研生产、后勤保障、国防动员等物质层面的深度融合，也指军民在精神层面、关系层面的深度融合，这就要求部队与地方之间发展良好的互助合作关系，做到军民之间心心相印、心灵相通，以部队为主形成国防体系中的军防体系，以地方为主形成国防体系中的民防体系。军防体系与民防体系相互分工、相互协作、相得益彰，将构筑效能强大的国防体系。所以，有效协调部队与地方关系，促进军民各领域、各层次的深度融合，并协调发展，是我国陆疆治理的重要任务。和谐边疆理念包含着军民深度融合发展的要求。

我国与周边国家和睦相处、合作发展。我国陆地边疆与14个国家接壤，如果与这些周边国家处理、协调好关系，就意味着我国陆地边疆拥有巨大的地缘优势：一是地缘经济优势，即周边国家可以发展成为我国陆地边疆最临近的市场和最便捷的资源供应地，边贸的大发展有力促进陆疆经济治理效能的提高；二是地缘文化优势，即我国陆疆各族人民与周边国家人民之间具有更多的文化相似性和文化联系，心灵相通程度相对较高，这有利于把我国陆疆发展成对周边国家的文化辐射中心、教育辐射中心，进而提高我国对周边国家的文化影响力；三是地缘政治优势，即一个能与我们和睦相处、真诚友好的周边国家，自然而然地会成为我国陆地边疆的安全屏障，进而发挥着拱卫整个国家安全的政治功能。可见和谐边疆理念必须包含着与周边国家之间形成和睦相处、合作发展的价值目标。和谐边疆的价值追求对我国边疆治理具有重大意义：

和谐边疆的价值追求有利于创造开发建设边疆的良好社会环境。我国改革开放的总设计师邓小平曾指出："只有在安定团结的局面下搞建设才有出路"[1]，"中国的问题，压倒一切的是需要稳定。没有稳定的环境，什么都搞不成，已经取得的成果也会失掉"[2]。所以，社会和谐稳定始终是改革和发展的前提条件。我国陆疆的开发和建设亦是如此，没有一个和谐稳定的社会环境，一切改革举措、发展举措、建设举措都是纸上谈兵。和谐边疆的价值理念会强化边疆社会对和谐稳定的认知和崇尚，引领边疆社会同心、同向、同行，塑造边疆社会良好的改革发展环境。

和谐边疆的价值追求有利于增进民族团结、宗教和顺。民族问题和宗教问题是典型的边疆问题，是边疆治理的重点领域。我国边疆的开发史和治理史反复证明，"民族宗教问题无小事"，解决好民族问题、宗教问题，增进民族团结、宗教和顺，既是边疆治理的重大任务，又是实施边疆其他领域有效治理的前提。和谐边疆的价值追求为民族宗教工作指明了方向，那就是大力促进各民族、各宗教的和睦相处、和衷共济、和谐发展，形成各民族、各宗教之间的手足相亲、守望相助的亲密关系。

和谐边疆的价值追求有利于夯实国家安全的内在基础。我国的国家安全存在两种威胁，一是来自外部的威胁，主要是来自某些霸权大国在军事上的围堵和挑衅、政治上的贬损和攻击、经济上的陷阱和压制、文化上的渗透和战争等等；二是来自内部的威胁，主要有"三股势力"的威胁、"第五纵队"的威胁、执政党面临的"四个危险"、"意识形态极端化"威胁、复杂社会问题的威胁等等。当然，内部威胁对国家安全更具有根本性，只要有效地消除内部威胁，再大的外部威胁都不足为惧。我国边疆既是国家安全的主要屏障，又是国家安全最为脆弱的环节。所以，国家安全

---

[1]《邓小平文选》（第3卷），人民出版社1993年版，第244页。
[2]《邓小平文选》（第3卷），人民出版社1993年版，第284页。

治理始终是边疆治理的重点领域、重点任务。边疆国家安全治理最根本的是有效化解内部的安全威胁，消除内部的安全隐患。和谐边疆的价值追求将引导治理主体强化对威胁边疆安全的各种问题的排查和处置力度，从而达到夯实国家安全内在基础的作用。

五、平安边疆

平安，有和平、平稳、安全、安宁、安定、有序等意思，就是免受或少受安全威胁和破坏的社会状态。平安是自古以来天下百姓最永恒、最朴实、最热切的生存、生活、生产期待和追求，是政府必须提供的最基础性的公共产品。我国边疆经过30多年的快速发展，各族群众已经基本解决了温饱问题。根据马斯洛的需求层次理论，生理需要得到基本满足之后，更高的安全需求就会凸显出来。所以，当前我国边疆各族群众最强烈的公共需求之一，就是生命健康的平安、拥有财富的平安、各项社会保障的平安等。所以，营造平安的社会环境，让各族群众享有最大的安全感，是边疆治理的重大任务。平安边疆的价值理念，应该包含以下基本内涵：

边疆政治与社会稳定。 边疆政治稳定指边疆的国家政权体系按照既定的规则和秩序平稳运行，不受破坏性政治力量的威胁和挑战；边疆的社会稳定是指边疆社会秩序不受破坏，管理社会的法律规范和道德规范能够得以正常发挥作用的状态。目前影响边疆政治与社会稳定的因素有：一是经济发展差距拉大所诱发的矛盾。边疆与内地的经济发展差距，不同行业、不同群体间的收入差距，都容易诱发部分群众的被剥夺感，从而导致社会心理失衡，进而引发社会行为失范，衍生出诸多社会矛盾，带来边疆政治和社会不稳定；二是公权力腐败以及政府治理效能低下。"腐化很自然会使政府的行政体系受到削弱，或使行政体系的软弱无能长期得不到改善。"[①] 此外，腐败滋生蔓延、政府治理效能低下等都容易损坏党和政府形象，侵蚀政权的合法性基础，降低边疆民众的政治认同感，易诱发群体性事件的频繁发生；三是国内外敌对势力的渗透、颠覆和破坏。目前困扰

---

① 〔美〕塞缪尔·亨廷顿：《变革社会中的政治秩序》，王冠华等译，华夏出版社1988年版，第69页。

边疆的"三股势力"（民族分裂主义势力、极端宗教势力、恐怖主义势力）和国家分裂主义势力（"藏独""疆独"等），是导致政治不稳定的主要因素。因此，能否妥善处理以上因素，不仅仅关系到边疆社会的稳定、有序、平安，而且关系到国家的政治安全与稳定。

边疆社会治安优良。社会治安是指社会行为主体在既定的法律、法规及制度的规范约束下而呈现的一种社会运行状态。社会治安直接影响社会稳定、经济发展和群众安全感，是平安边疆的主要内容。陆地边疆良好的社会治安主要表现为边疆的刑事案件和治安案件发案率较低，各族群众的安全感较高。涉黑涉赌涉毒、制毒贩毒吸毒、偷越国境、跨国犯罪、利用邪教组织破坏法律实施等等都是破坏边疆社会治安的主要因素。

边疆经济平稳发展。所谓经济平稳发展是指一国在国际竞争中，资源保持有效供给、经济稳定增长、公共经济福利不受重大侵害和破坏的状态。陆地边疆地区经济安全与否，不仅是实现边疆经济社会发展的必要条件，而且对保障国家经济安全意义重大。首先，边疆经济安全是满足边疆广大人民群众的物质文化需要、改善民生、保持政治稳定的前提条件。只有保持快速健康持续的边疆经济发展，才能实现、发展、维护好边疆民众的根本利益，从而缓和边疆社会的内部矛盾。其次，边疆地区是我国经济持续发展的战略接续地。边疆是承接发达地区因结构调整、产业升级而转移的劳动密集型的加工、制造产业的最佳地区，既可实现边疆跨越式发展，又能保证国家经济高速增长。最后，边疆地区是自然资源丰富的战略要地。充足的自然资源供给是边疆地区实现工业化的保障，同时也保证了国家的经济安全。

边疆文化安全。文化安全"是一个国家的文化不被其他文化侵蚀、取代或同化，保持自身的独特性、独立性、完整性并不断传承和发展的状态"①。国家文化安全包括国家文化政治安全、文化信息安全、公共文化安全等，其中文化政治安全是核心，是国家利益的重要构成。一国的主流文化决定了其国民基本行为规范、道德准则、价值理念、政治信仰，为多民族国家所必需的民族认同和政治认同奠定了思想和精神基础，从而为社

---

① 陈大民：《捍卫国家文化安全》，载《求是》，2012年第16期。

会的稳定、有序、平安和谐提供文化安全保障。我国是统一多民族国家，独具特色的各个民族文化在长期的交往、碰撞中，逐渐融合为"多元一体"的共同文化，这是凝聚各民族共识，汇聚全体国民力量，共同建设中华民族美好家园的精神纽带，是加强边疆各族群众民族认同和政治认同的核心力量。然而，随着改革的不断深入和边疆社会的转型，各种利益矛盾加剧、价值观念庸俗化、信仰虚无、民族意识抬头、行为失范、道德败坏等等，共同文化在边疆地区受到严重挑战，极大地侵蚀和弱化了边疆民众的民族认同和政治认同，带来边疆社会局部混乱和无序。如发生在西藏地区的"3·14"事件、新疆地区的"7·15"事件等暴露了边疆地区存在一定范围内的民族认同、政治认同危机，存在着国家文化安全的隐患。同时，西方"文化霸权主义"的不断"西化"和"分化"，利用边疆少数民族的亚文化的"小、散、弱"等特点，不断传播西方的生活方式和精神信仰，企图在文化上分裂、消灭边疆各族群众的精神归宿。如在西南边疆，西方敌对势力以宗教（基督教、天主教、伊斯兰教等）传播，进行渗透、分化、肢解国家的主流文化，造成边民思想意识混乱、行为冲突，进而引发社会矛盾。因而，文化安全是构建平安边疆的重要范畴。平安边疆的理念有以下意义：

适应全面建成小康社会的新要求，共同建设平安中国。党的十八大提出：到2020年要全面建成小康社会。而全面小康社会的典型标志是社会和谐稳定，既包括犯罪行为大大减少，又包括社会秩序明显好转；既包括社会大局和谐稳定，又包括社会充满活力。① 平安是天下百姓最基本的生存需求、生活需求和生产需求，当然也是全面小康社会中不可或缺的构成要素。从领域治理角度看，建设平安社会、打造平安环境是贯穿于经济、政治、文化、社会、生态文明建设各个领域的；从疆域治理角度看，建设平安社会、打造平安环境不仅是国家腹地疆域治理的重大责任，也是国家边疆治理的重大使命。所以，平安边疆的价值诉求，是平安中国价值诉求的内在组成部分。由于平安边疆建设的挑战要远远高于内地，因此，平安边疆建设甚至可以成为平安中国建设的重点和难点，是平安中国建设的

---

① 孟建柱：《在更高起点上全面推进平安中国建设》，载《求是》，2013年第14期。

"关键控制性工程",是最大的硬骨头项目。平安边疆建设这个急难险重任务完成了,平安中国建设就翻过了最大的坎,趟过了最险的河。

回应边疆民众的公共安全需要,建设美好家园。平安是福,平安是金,平安是美好家园的一种常态,是百姓幸福感的重要来源。随着边疆经济社会发展,温饱问题基本解决了,各族群众对过上更美好的生活有了更高的热望,其中对平安社会、平安环境有了更强烈、更高标准的期待。不仅关注人身安全,而且关注财产安全、食品安全、交通安全、社会保障安全;不仅关注打击犯罪、维护社会秩序的治安成效,而且关注社会治理、公共服务水平;不仅关注自身合法权益的保障,而且关注执法司法是否公平正义。边疆各族群众对安全的需要,内容更广、维度更多,涉及公共安全的各个方面,这些构成了老百姓向往美好生活、建设美好家园的基本内容。构建平安边疆,目标就是建设刑事犯罪少、社会稳定、秩序良好,民众的公共安全得到有效保障的社会环境,这是维护边疆广大人民群众根本利益、是边疆民众所期盼的民心工程。

适应边疆地区的特殊性,保障其他价值目标的实现。改革30多年来,我国以较短时间走过西方发达国家数百年走过的工业化、城镇化、现代化历程,累积了大量的矛盾问题,无论是内地还是边疆地区都共同面临这些影响社会稳定的因素。除了共性的矛盾问题之外,边疆地区还具有许多突出的特殊问题,如边疆开发和发展问题、国家安全问题、政治认同问题、民族问题、宗教问题、跨国犯罪问题、"三非"人员管理问题、毒品问题、艾滋病问题、跨境赌博问题等。共性和特殊性矛盾问题叠加在一起,极大地加重了边疆地区维护稳定、保障秩序的强度和难度,极不利于边疆各族群众追求富裕、法治、文明、和谐的价值目标实现。因此,只有通过构建平安边疆的战略,保障良好的社会治安,综合治理政治安全、经济安全、文化安全,创建平稳、和谐、安宁的社会环境,才能保障富裕边疆、法治边疆、文明边疆、和谐边疆、美丽边疆、开放边疆等价值目标的顺利实现。

六、美丽边疆

党的十八大提出:"把生态文明建设放在突出地位,融入经济建设、政治建设、文化建设、社会建设各方面和全过程，努力建设美丽中国，实现中华民族永续发展。"这是把生态文明提升到国家战略高度，将"美丽中国"首次作为国家治理现代化的价值取向，形成国家"五位一体"战略格局。追求美丽边疆，是建设美丽中国的题中之义，是美丽中国在边疆地区的具体实践，这对保障国家生态安全，维护国家可持续发展意义重大。我国大部分陆地边疆地区是国家重要的生态安全屏障，是我国主要河流（中国七大水系中五大水系）的发源地，是冰川、森林、草原、湿地等生态资源的集中分布区和重要的生物多样性聚集区，也是我国森林乱砍盗伐、水污染严重、草场退化、土地荒漠化最严重的地区。同时，陆地边疆地区又是国家重要资源的战略接续地。加强边疆地区生态文明建设，追求美丽边疆，是保障国家生态安全和实现中华民族永续发展的重要议题。

　　美丽中国建设的核心是生态文明，生态文明是指遵循自然规律，为保护和建设美好生态环境而取得的物质、精神和制度成果的总和，是人与自然和谐共生、良性循环、共同繁荣的状态。随着边疆地区的开发与建设，经济社会取得了较大发展，但生态文明建设水平仍迟滞于经济社会发展。"重经济、轻环境"的边疆传统治理思路，造成边疆地区资源约束趋紧、环境污染严重、生态系统退化、发展与人口资源环境之间的矛盾日益突出，已成为边疆经济社会实现跨越式发展和国家可持续发展的重大瓶颈制约。边疆地区极其脆弱的生态环境，呼唤尊重自然、顺应自然、保护自然的发展新理念，坚持"绿水青山就是金山银山"的发展新模式。因此，以追求"美丽边疆"为价值取向的生态文明建设战略应运而生。

　　"美丽边疆"是指在建设美丽中国的战略要求下，应对边疆地区环境污染严重、生态系统恶化的严峻形势，通过生态文明建设，形成先进的生态文化、绿色的生产生活方式和良好的生态环境，以维护国家重要的生态安全屏障和保障国家可持续发展，实现生态文明目标，使天更蓝、地更绿、水更清，人民更健康、更幸福。

　　第一，发达的生态文化。生态文化是生态文明的灵魂，人们的生态文化自觉和自信是建设生态文明、美丽边疆的核心追求，体现了人的"心灵美"。生态文化是"以人类为中心"统治自然的文化过渡到人与自然和谐相处的文化。从狭义上讲，生态文化是指人类遵循生态系统规律，追求人与自然和谐统一的社会意识形态、人类精神和社会制度。① 生态文化主要包括生态意识、生态理念、生态道德、生态情感、生态美感、绿色产权制度、环境保护制度等。生态文化主张人类在追求自身价值的同时保护生态环境的价值，不仅维护和增强生态系统的可持续性，也为推动绿色发展、建设美好家园提供精神动力和思想保障。因此，追求美丽边疆，需要先进的生态文化，具体有四方面含义：一是科学的生态文明意识，即以生态化、绿色化统领经济社会发展的绿色GDP文化，摒弃以GDP作为衡量经济发展的单一指标，引入GEP（生态系统生产总值）作为衡量和评价自然生态资产指标。正确把握生态环境与经济发展的内在逻辑关系，正如习近平指出的："我们既要绿水青山，也要金山银山。宁要绿水青山，不要金山银山，而且绿水青山就是金山银山。"② 也就是说，良好的生态环境就是最大的生产力。二是继承和弘扬中华传统文明中蕴藏的生态文化。"天人合一""道法自然"的生存智慧，"厚德载物""生生不息"的道德意识，"仁爱万物""协和万邦"的道德情怀，"和谐共生""与天地参"的道德理想，这些前人朴素的生态意识和价值追求，是我们树立敬畏生命、尊重自然、顺应自然、保护自然的生态意识和价值追求的思想源泉和精神支撑。三是传承和挖掘边疆各族人民群众长期养成的生态意识和良好习俗。例如，藏族的"神山崇拜"、蒙古族的"祭海节"、傣族的"森林崇拜"等。正如傣族谚语所言："森林是父亲，大地是母亲"，"大象跟着森林走，气候跟着竹子走，傣族跟着流水走"，傣族群众进一步将人与自然的关系概括为"有了森林才会有水，有了水才会有田地，有了田地才会有粮食，有了粮食才会有人的生命"，形象地揭示了人与自然和谐共生的本质关系，正因为这样优秀的生态文化，今天的西双版纳地区依然保持着"青山与绿水常在、翠竹和红花并茂"的美丽生态环境。四是绿色的法律文化。即能有效地推动和促进人与自然生态和谐关系的规范体系和各种制度，包括完备的《森林法》《水法》《水土保持法》《防沙治沙法》《野生动物保护法》《退耕还林条例》等法律法规。

---

① 余谋昌：《生态文化：21世纪人类新文化》，载《新视野》，2003年第4期。
② 习近平：《习近平在哈萨克斯坦纳扎尔巴耶夫大学发表重要演讲》，载《人民日报》，2013年9月8日。

第二，生产生活方式的生态化。生态化是指依照生态规律进行生产生活的过程，生产生活方式的生态化，是边疆地区以生态产业发展为支撑，倡导节约、文明、健康为理念的绿色生活方式，体现了人的"行为美"。传统的生产生活方式是导致环境污染、生态退化的根本原因。一方面，传统的边疆开发与建设，以"高能耗、高污染、高排放"为特征的产业发展，以牺牲环境为代价换取经济增长的生产方式，造成边疆地区森林植被减少、水资源污染严重、土质退化，生态系统极其脆弱，严重地威胁国家生态安全和可持续发展。因而，建设生态文明，追求美丽边疆，首先要发展"低能耗、低污染、低排放"的生态产业。发展绿色经济、循环经济、低碳经济，努力形成资源节约型和环境友好型的产业结构、生产方式，给广大边疆老百姓提供绿色产品，实现生产方式的生态化。另一方面，由于边疆地区正处于社会急剧转型时期，现代化的强烈冲击，使边疆民众从思想到行为各方面显得无所适从，呈现高消费、盲目消费、攀比消费、一次性消费的"环境不友好"生活方式，对资源的消耗、生态环境污染极大。因此，追求美丽边疆，需要倡导崇尚勤俭节约的消费观念，培育绿色生活方式。将勤俭节约、绿色低碳、文明健康的生活方式完全融入到衣、食、住、行、游等方面，实现边疆民众生活方式的生态化。

第三，良好的生态环境。良好的生态环境不仅是生态文明建设的目标，而且是衡量美丽边疆的重要标志，更是美丽边疆的根本特征。边疆优美的自然生态环境是实现边疆民生福利最大化和确保国家生态安全的根本基础和重要保障，"蓝天白云""青山绿水"就是边疆长远发展的最大本钱，换句话说，优美良好的生态环境是边疆发展最重要的战略资源和核心竞争力。由于过去几十年对边疆开发中某些带有破坏性、掠夺性的非理性开发行为，会对疆域造成消极影响[①]，特别是对边疆地区的自然生态环境破坏极大，对边疆生态环境的修复和治理欠账较多。边疆地区良好的生态环境表现为：一是"青山绿水"的自然生态环境；二是"天蓝地净"的健康环境。基于边疆优良的自然生态基础，以构筑节点—廊道—屏障三维一体的完整生态格局，加强森林、草原、湿地、河流等自然生态系统保护

---

① 周平：《论国家疆域的治理》，载《思想战线》，2015年第4期。

和修复，以人民群众反映强烈的水、气、土污染为重点实施环境综合治理，达到天更蓝、山更青、地更绿、水更清、空气更清新、土壤品质更优化。

加强边疆地区生态文明建设，追求美丽边疆，这是回应边疆各族群众日益增长的生态权益的需要，是实现和保障边疆民生福利最大化、确保国家生态安全的根本举措和重要战略，同时，优美的生态环境带来的经济社会发展的红利，会对周边国家产生强大的辐射效应。

美丽边疆的价值追求有利于保障边疆各族群众民生福利最大化。"良好生态环境是最公平的公共产品，是最普惠的民生福祉。"[①] 追求美丽边疆，是边疆各级党委和政府响应建设"美丽中国"的伟大战略，顺应边疆各族群众对更好生活的期待而提供的最基本公共产品，是最惠及民生的工程。追求美丽边疆，就是要追求改善人民生活和生产的空间环境，营造山更绿、水更清、天更蓝、空气更清新的美好家园。因而，边疆各族群众将获得更高的生态权益、民生福利水平。首先，更强的幸福感。边疆各族群众可以喝上干净的水、自由呼吸清新的空气、放心吃下健康的食物和留恋、徜徉在迷人的自然风光里。这在更高程度上满足了生态权益的诉求，民众的安全感、归宿感、幸福感亦会增强，进而增加了边疆社会和谐与稳定。其次，更高的文化和族群认同度。边疆多为少数民族聚居区，保护和治理共同赖以生存的自然环境，实现人与自然关系的和谐是民族共同体的共同诉求和愿望。这不仅是生存的需要，更是少数民族生态文化的表达。从这一层面讲，追求美丽边疆，进行边疆生态文明建设，有利于民族文化和族群认同的整合，有助于边疆民族团结与和睦相处。最后，更好的民生为重点的社会建设。美丽的环境、优美的生态是最富竞争力的战略资源。边疆民众以此为依托，大力发展特色自然生态旅游、文化旅游的绿色产业，提供生态产品和服务，增加边疆各级政府的财政收入，进而加快边疆社会建设，让边疆民众享有更好的教育、更稳定的工作、更满意的收入、更可靠的社会保障、更优质的医疗服务。因而，追求和建成美丽边疆，是实现边疆各族群众民生福利最大化的保障。

---

① 习近平：《加快国际旅游岛建设 谱写美丽中国海南篇》，载《人民日报》，2013年4月11日。

美丽边疆的价值追求有利于加快国家生态安全屏障建设。一是维护国家生态安全屏障。我国陆地边疆九个省区，分别地处青藏高原、黄土高原、内蒙古高原、西南丘陵山地、东北平原，区域内森林、草原、湿地、荒漠等生态系统密集分布，是我国"两屏三带"生态安全战略格局的主要组成部分，而国家"两屏三带"主要分布在陆地边疆地区。由于历史上非理性的边疆开发行为，造成国家生态安全屏障极其脆弱，如今经济社会发展对生态系统的压力不断加大，生态的保护与建设任务十分艰巨。譬如：西南边疆水土流失、水污染严重、生物多样性锐减，西北边疆土地沙漠化、沙尘暴天气频发，北部边疆草场退化，东北边疆土壤品质下降等。可以说，美丽边疆建设成功与否，或是建设的程度高低都将影响、制约或决定国家五个生态安全屏障的效用发挥。二是保障国家持续发展所需的战略资源供给。陆地边疆地区是我国重要的水源涵养区、生物多样性聚集区。以西南边疆的云南省为例，长江、珠江、澜沧江等大江大河发源或流经该地区，水资源量占全国水资源总量的15.3%，水能资源占全国可开发量的20.5%[①]，是我国水资源和能源安全的重要保障；另外，云南的珍稀物种资源也非常丰富，占全国的67.5%，居第一位，列为国家重点保护的野生动物有199种，占全国总数的59.4%，其中亚洲象、野牛、绿孔雀、赤颈鹤等23种仅云南独有[②]，因而成为了我国重要的生物多样性基因库，这是保障国家未来决胜于世界民族之林的最重要、最核心战略资源。总之，通过加快边疆自然生态系统的修复和治理，保护生物多样性为内容，追求发达的生态文化、绿色的生产生活方式、良好的生态环境为价值取向的美丽边疆建设，必能维护国家生态安全屏障，保障国家持续发展。

美丽边疆的价值追求有利于对周边国家产生强大的示范带动及辐射效应。我国陆地边疆有漫长的2200公里边境线，与14个国家陆地相通、山水相连，资源禀赋、自然生态、人文地理相似性高。譬如陆疆35个跨境而居民族，他们大多同宗、同源，具有相近或相通的文化，相同或相似的

---

① 《云南水资源介绍》，http://special.yunnan.cn/feature3/html/2011—05/07/content_1600366.htm（访问时间：2011年5月7日）。

② 《云南生物多样性保护的现状与思考》，http://paper.yunnan.cn/html/20070913/news_87_447251.html（访问时间：2005年9月6日）。

生产生活方式，同质或异质度较小的生态环境。因分属不同的国家，经济社会发展的不平衡，带来两国边境群众民生福利水平的分化差距拉大，尤其是较能直观感受的自然生态环境建设的差距，极容易形成相互比较、相互攀比的心态。享有良好生态环境为核心的民生福利较高的一边，产生安全感、优越感、幸福感会多一点，而污染严重、环境恶化一边的民众挫折感、失落感、痛苦感尤为强烈。在现实反差比较与心理落差极大的情况下，必然迫使生态环境建设落后的一方产生学习、模仿、追赶的心理，从而产生极强的示范带动效果，共同致力于边疆区域生态环境的保护和治理。与此同时，边疆以"蓝天白云、绿水青山"的生态文明建设为基点，发挥边疆地区的资源环境优势，整合内地强大的经济、科技、教育、人才等优势，带动周边国家经济、社会、文化、生态的发展，进而达到睦邻、友邻的目的。因此，通过追求美丽边疆、建设美丽边疆，发挥示范、带动、辐射效应，与周边国家共同发展，形成利益共同体、命运共同体，进而维护、拓展国家的利益边疆。

第五章　中国陆地边疆治理的制度设计

　　我国陆地边疆区域远离国家的政治、经济、文化中心，其治理生态及其治理问题明显表现出种种有别于国家腹地的特点，即边疆治理既面临着与腹地相同或相似的一般治理客体，更面临着诸多彰显边疆区域特色的特殊治理客体，大致包括边疆的开发与建设问题、国家安全问题、政治认同问题、文化认同问题以及边疆的主要社会问题等。这就意味着运用于解决边疆问题的制度和政策，与腹地治理过程的制度和政策相比，既表现出共性的一面，又表现出个性化的差异，也就注定了边疆治理的制度政策内容自然而然地独成一套体系。所谓边疆治理的制度政策体系，即在始终坚持中国特色社会主义道路和国家治理大政方针的政治前提下，为了更顺利地实现边疆发展、稳定、繁荣、团结的目标，为了更有效地解决边疆这一国家特定区域范围内所面临的种种公共问题，所采取并运用于边疆治理过程的一切制度安排和政策设计的总和。其中，边疆治理的制度和边疆治理的政策，既有区别也有联系，区别在于前者相对而言更具有稳定性，后者相对而言更具有灵活性，联系在于在边疆治理实践中被反复证明为长期正确的政策做法，应当被及时地通过国家法律形式上升到边疆治理的制度安排层面。基于边疆治理政策和制度之间密不可分的内在联系，边疆治理的制度政策体系也就综合成一个有机的整体予以讨论。

　　如果以在边疆治理中发挥的功能和作用的不同予以划分，边疆治理的制度政策体系内容至少可以划分为边疆治理的基本制度和边疆治理的功能性制度或政策。照此从理论上总结、分析和提炼边疆治理的成功经验的话，始终以人民代表大会制度、中国共产党领导的多党合作和政治协商制度、民族区域自治制度以及基层群众自治制度等四项基本制度作为边疆治理制度政策体系的核心架构，显然是边疆治理的成功实践留给我们的最大经验启示。能否有效地贯彻落实这四个基本制度并充分发挥其功能作用，显然是决定边疆治理能否取得成功的关键性因素。新中国成立以来边疆治理的历史和现实反复证明，以上四个基本制度堪称体现中国特色政治优势的边疆治理制度体系的根本性内容。从某种意义上而言，边疆治理的成功经验，很大程度上体现于四个基本制度在边疆民族地区的生动实践。此外，除了这四个基本制度在边疆治理整个过程中所发挥的轴心作用，边疆治理的制度与政策体系自然还包含了大量功能性的具体制度或政策，这些功能性制度或政策从不同领域、不同角度，要么针对单一的边疆问题起对症下药的治理作用，要么针对不同类别的边疆问题起综合性的治理作用。固定化的四个基本制度和多样化的功能性制度或政策的有机结合，构成了完整的边疆治理制度与政策体系内容，很好地实现了边疆治理过程原则性和灵活性的有机统一。

一、"四个基本制度"与陆疆治理

党的十七大报告明确提出："要坚持中国特色社会主义政治发展道路，坚持党的领导、人民当家作主、依法治国有机统一，坚持和完善人民代表大会制度、中国共产党领导的多党合作和政治协商制度、民族区域自治制度以及基层群众自治制度，不断推进社会主义政治制度自我完善和发展。"这实际上为全面推进党的十八届三中全会提出的国家治理体系和治理能力现代化任务确立了基本制度体系内容。其中，作为国家重要组成部分的边疆地区，其治理现代化进程普遍滞后于国家腹地，面对这一客观实际，如何充分有效地发挥"四个基本制度"在边疆治理中的制度轴心作用，显然是推进边疆治理体系现代化过程中的核心因素和关键步骤。

1. 人民代表大会制度与边疆治理

人民代表大会制度是按照民主集中制原则，由选民直接或间接选举代表组成人民代表大会作为国家权力机关，统一管理国家事务的政治制度。

作为一种适合我国国情的根本政治制度，人民代表大会制度在国家管理中发挥制度轴心作用，国家其他管理制度的建立必须以人民代表大会制度为基础。边疆治理作为我国整体区域治理不可分割的重要组成部分，同样必须毫不动摇地确立人民代表大会制度在边疆治理中的制度轴心地位，把人大制度确立为边疆治理制度政策体系中的中枢系统。

人民代表大会制度在边疆治理的作用主要从以下三个方面予以体现：

首先，为边疆治理的制度安排和政策设计提供根本性的法律保障。边疆治理的各项具体制度和政策，必须通过人民代表大会的审议或者接受人民代表大会的监督，方能获得实质上或形式上的国家法律地位。边疆治理制度和政策体系内容的延续、继承、创新和发展，必须依赖于人民代表大会制度的不断健全和完善得以真实有效地实现。

其次，在党中央的统一领导下，人民代表大会制度从国家根本制度上保证了国家整体和边疆部分两个积极性的充分发挥。一方面，全国人大及其常委会除了制定对全国具有普遍约束力的基本法律，还必须站在国家战略高度审议决定边疆治理的重大事项及议题，其作出的决议、决定，既统领着整个边疆治理实践过程，又很好地维护了中央权威。另一方面，边疆区域范围内的地方各级人大及其常委会保证宪法、法律以及行政法规在本行政区域内的具体落实，同时还必须审时度势地适应本行政区域内的新情况和新形势，及时回应边疆最广大各族群众的现实需要，正确把握边疆治理的重要议题和关键性问题，在此基础上因地制宜地审议决定本行政区域的重大事项及具体议题。如此一来，既有力地维护了中央集中统一的领导权威，又有效地发挥了边疆各地方的积极主动性，从而有利于在边疆治理过程中很好地实现整体性和部分性、全局性和局部性、原则性和灵活性的有机统一。

再次，按照宪法和有关法律对人民代表大会制度的规定，明确规定在各级人民代表大会中，都必须有适当名额的少数民族代表，同时规定在少数民族聚集地区实行民族区域自治，设立自治机关，使少数民族能管理本地区、本民族的内部事务。这对于少数民族集中居住的边疆民族地区而言，从某种层面上正好凸显出边疆治理的特殊内涵。人民代表大会制度对于少数民族政治权利的特殊关照，有力地促进和保障了广大少数民族群众的当家作主权利能够得到充分而真实地实现。从这层意义而言，在边疆治理中坚持人民代表大会制度，能够最有力地维护边疆最广大各族群众的平等和团结。

2. 中国共产党领导的多党合作和政治协商制度与边疆治理

中国共产党领导的多党合作和政治协商制度是我国的一项基本政治制度，是具有中国特色的政党制度。人民政协是中国共产党领导的多党合作和政治协商的重要机构，是中国人民爱国统一战线组织，是我国政治生活中社会主义民主的重要形式。人民政协的性质决定了它与国家机关的职能是不同的，主要是围绕团结和民主两大主题履行政治协商、民主监督和参政议政的职能。总体而言，相比国家腹地，边疆地区的民族成分更为复杂、宗教信仰更为多样、民族宗教问题更为突出，团结和民主是边疆治理过程中不可回避的重要主题。从某种意义上而言，边疆治理能否最终取得成功取决于两个方面，一方面，能否把属于不同民族成分、身份地位、宗教派别的边疆各族群众紧密地团结在中国共产党的周围；另一方面，能否通过人民政协这一组织载体有力推动边疆的民主治理过程，即能否最大程度地吸纳边疆最广大各族群众以主人翁的姿态参与到边疆治理中来。尤其在广大的边疆民族地区，生活着一大批少数民族精英和宗教界上层人士，往往在当地有着相当大的影响力和号召力，是影响边疆治理成败的一股不可忽视的力量。在边疆治理中，利用人民政协这个组织载体团结和凝聚边疆民族地区的民族和宗教精英，并以此巩固统一战线的成果，不仅有利于推进边疆地区民族团结和宗教和谐事业的蓬勃发展，而且有利于丰富和拓展边疆治理过程中的民主化实现形式。

相比腹地，边疆的民族、宗教及其文化等方面的异质性差异显然更为明显，加之面临着形势严峻的境内外敌对势力的极端民族主义思想和宗教文化渗透，因此，一定要毫不动摇地坚持中国共产党对边疆治理全过程的政治、思想和组织领导，从政治上确保边疆治理方向性质的民主法治化，从思想上确保边疆治理思维理念的科学先进性，从组织上确保边疆治理主体结构的合理合法化。另一方面，基于边疆治理是一项牵涉"五位一体"建设的浩大的系统性工程，所以必须在发挥党委组织"统筹全局、协调各方"的领导核心作用的前提下，充分调动各民主党派及边疆社会各界人士参与边疆治理的积极性和能动性。具体而言，坚持中国共产党领导的多党合作和政治协商制度之于边疆治理的重要价值，其一，体现于通过中国共产党与各民主党派的通力合作，在巩固执政党和各民主党派"长期共存，互相监督，肝胆相照，荣辱与共"的关系基础上，不断壮大边疆治理的主体力量；其二，体现于以人民政协为组织载体，在广阔的边疆地区构筑起包括全体社会主义劳动者、社会主义事业的建设者、拥护社会主义的爱国者和拥护祖国统一的爱国者在内的广泛的统一战线，为边疆治理的宏伟事业注入无穷无尽的智慧和力量源泉。

3. 民族区域自治制度与边疆治理

我国自古以来就是一个统一的多民族国家，在统一的祖国大家庭里，我国各族人民形成了"大杂居、小聚居"的分布状况。新中国的成立，掀开了中华民族翻身作主的新篇章，自此，包括内地和边疆各民族在内的共同繁荣和进步，以及国家的独立与安全就具备最牢靠的国家政权保证。为了更有效地照顾少数民族较为集中的民族地区，中国共产党创造性地采取民族区域自治制度。简而言之，民族区域自治制度就是在统一的祖国大家庭里，在国家的统一领导下，以少数民族聚居的地区为基础，建立相应的自治地方，设立自治机关，行使自治权，自主地管理本民族、本地区的内部事务，行使当家作主的权利。我国绝大部分民族区域自治地方集中在陆地边疆省区，从很大程度上而言，陆地边疆省区几乎就是民族地区的同义转述，比如内蒙古自治区、新疆维吾尔自治区、西藏藏族自治区、广西壮族自治区，云南更是十分典型的多民族地区。换言之，边疆民族地区的治理过程，实质上可以视为民族区域自治制度在边疆民族地区的落实和执行过程。按照民族区域自治制度的相关规定，民族区域自治地方具有广泛的自治权，主要包括：民族立法权、变通执行权、财政经济自主权、文化和语言文字自主权、组织公安部队权、少数民族干部的任用优先权。从某种程度上而言，各项民族区域自治权的规范运行过程，既是边疆治理的核心议题，又是边疆治理的关键步骤。就四个基本制度之于边疆治理的功能与作用而言，民族区域自治制度堪称直接针对边疆民族区域特点的基本制度体系内容。

众所周知，由于历史、地理、人文等多重因素的制约，边疆民族地区的经济社会发展一直处在普遍落后的状态之中，仅凭自力更生的内生型发展模式，显然难以早日实现边疆的跨越式发展目标，依靠国家帮助和照顾的外部助推型发展模式助推边疆发展不可或缺。民族区域自治制度从国家法律层面确立了边疆民族地区应该享有的特殊自治权利，并且明确了国家对于边疆民族地区的政策倾斜和财政补贴义务，这实际上为边疆的内生型发展和外部助推型发展的有机统一提供了制度平台。边疆治理的成功经验告诉我们，在自始至终地维护好边疆社会稳定和民族团结的同时，必须充分有效地运用民族区域自治权，一方面，在充分利用国家政策倾斜和财政补贴的基础上，更为强调自主安排和管理经济发展事业等"自我发展型"的自治权利；另一方面，必须特别注重民族区域自治权利和自治义务之间的平衡，尤其要把避免权利和义务"一头轻、一头重"的不良现象，作为落实民族区域自治制度的关键所在。

民族区域自治制度对于边疆治理的意义十分重大，从微观层面而言，有利于更好地保障边疆广大少数民族群众当家作主权利的真正实现，有利于实现边疆民族地区国家认同和民族认同的有机整合，对于激发边疆各族群众自觉捍卫祖国统一、保卫边疆安全的国民责任心起着特殊的作用；从宏观层面而言，有利于在广大边疆地区发展平等团结互助和谐的社会主义民族关系，从而增强中华民族的凝聚力，形成维护国家领土完整和统一的"万里长城"。

4. 基层群众自治制度与边疆治理

"基层群众自治制度"，是依照宪法和法律，由居民（村民）选举的成员组成居民（村民）委员会，实行自我管理，自我教育，自我服务，自我监督的制度。基层群众自治是人民当家作主最有效、最广泛的途径。边疆治理必须从满足边疆最广大各族群众最紧迫和最现实的基本需要入手，必须从解决边疆最广大各族群众最关心和最直接的利益问题入手。因此，边疆治理必须立足于最广大的边疆基层社会，必须深入每一个边疆农村村寨和城市社区，充分调动各族群众参与治理的积极性、主动性和能动性，最大程度地发挥各族群众的创造性智慧。基层群众自治制度的深入贯彻落实，正好为广泛吸纳各族群众参与边疆治理过程提供了切实可行的体制内渠道和制度化平台。借助基层群众自治的制度化渠道，边疆最广大各族群众在边疆治理中的话语权不仅具备了制度保障，而且既真实又有效。

具体而言，基层群众自治制度之于边疆治理的价值作用，主要表现在三个方面。第一，在边疆治理过程中发挥主导作用的政府系统，毕竟不可能对边疆大大小小的所有问题都面面俱到，大包大揽式的全能型政府早已成为过去式。在当前边疆问题愈来愈复杂多变的情况下，充分发挥基层群众自治的自我管理、自我服务和自我监督功能，显然是政府治理的有益补充。第二，在这一制度框架内，边疆各族群众可以充分发挥主观能动性，自主安排基层社会小范围内的公共生产和生活，确保基层群众最关心、最直接的公共利益问题能够优先得到解决，从而让有限的资源发挥最大的能量。第三，通过在基层群众自治实践中不断丰富和拓展选举、决策、管理和监督等自治方式，不仅有利于维护群众的切身利益和满足群众的基本需求，更有利于锻炼群众的民主参与能力和培育群众的现代公民意识。换而言之，作为边疆治理制度体系的基本内容之一，基层群众自治制度的落实，有利于从国家制度层面真正确立和保障生活在我国广大边疆地区的各族群众在边疆社会中的主人地位、在边疆治理中的主体地位、在边疆建设中的主力地位、在边疆发展中的主角地位。

如果着重从提升边疆各族群众当家作主能力和参政议政能力的作用而言，基层群众自治堪称一种能够吸收和容纳边疆最广大各族群众参与基层民主生活的大舞台和大熔炉。作为体制内制度平台的基层群众自治制度，不仅是保证基层民主生活稳定有序的制度条件，而且是帮助广大群众逐步学会依法理性地行使民主权利的催化剂。基层群众自治赋予边疆基层社会民主政治参与的直接性和有效性，增强民主治理效能的广泛性和真实性，有利于整合边疆治理现代化中的和谐因素，有利于排斥边疆治理现代化中的不和谐因素，有利于化解边疆农村地区的社会纠纷以及民族与宗教矛盾，有利于降低极端民族主义和冒进民主形式在边疆地区抬头的风险，有利于边疆治理主体集中精力解决边疆基层社会的建设与开发问题。

二、功能性制度与陆疆治理

1. 屯垦戍边制度

从字面上理解屯垦戍边，即驻扎下来开垦田地、守卫边疆。屯垦戍边制度主要致力于以军屯和民屯为基本手段，着力对地理边远、贫瘠落后的边疆地区进行开发和建设，并以此促进边疆的经济社会发展、巩固祖国边防和维护国家统一。作为自立于世界民族之林的统一多民族国家，中国自古以来边疆地域辽阔，辽阔的边疆也一直以来都面临着开发和建设的难题，以及保卫祖国边疆、维护国家安全的艰巨任务。作为一项极富中国特色的边疆治理制度，屯垦戍边活动在我国有着极为悠久的历史。早在2000多年前的西汉王朝时期，即已开始募民垦耕北方边郡，实施屯垦戍边，以后历代沿袭，特别是汉、唐、元、明、清各代，均把屯垦戍边作为军事、政治、经济上的一项重大战略措施。尽管历朝历代屯垦戍边的具体做法各异，但基本思路大体一致，即和平年代扎根边疆开疆拓土，战争年代拿起武器保家卫国。边疆地处祖国边陲，气候相对恶寒、土地较为贫瘠、人口相对稀少，既面临十分艰巨的开发和建设任务，又时刻面临外敌入侵的国家安全威胁，屯垦戍边的制度安排，正好为破解边疆发展与安全的双重困境提供了较好的治理思路。

新中国成立以后，屯垦戍边事业进入了新的历史发展时期。自20世纪50年代开始，我国先后组织数十万人民解放军转业官兵和支援边疆建设青年参加大规模的边疆垦荒，经过30多年的艰苦创业，先后在黑龙江、内蒙古、甘肃、新疆、西藏、云南、广西等边境省（自治区）建立兼负屯垦戍边任务的国营农场数百处，开垦荒地达数千万亩，并在兴修水利、植树造林、水土保持、改良土壤、修筑道路和桥梁、发展交通和电信、修建厂房和仓库、建立新型的村镇和居民点等方面，做了大量具体工作。这对于开发边疆地区的丰富资源，建设边疆家园，繁荣少数民族经济、文化，以及向国家提供大量的商品粮食和工业原料等作出了重要贡献。此外，新中国成立后屯垦大军一直忠实执行"既是生产队，同时又是工作队、战斗队"的方针，在边境形成一道永不移动的国防屏障，在加强和巩固祖国边防建设方面同样作出了重要贡献。许多位于边疆民族地区的屯垦农场，平时组织职工努力开荒生产，积极为兄弟民族做好事、办实事，培养少数民族职工干部，一旦遇有民族分裂分子骚乱闹事，马上组织职工拿起武器，参与平息分裂活动，为稳定社会、巩固边疆建功立业。

新中国成立以后云南的屯垦戍边事业，不同于西北边疆的垦荒造田种粮，而是主要根据云南边境地区适合种植热带作物的特点，集中精力垦荒种植天然橡胶林，先后组织数万解放军转业官兵，外加下放干部和湖南移民，先后汇集西双版纳和德宏地区垦荒植胶，在祖国的西南边疆建设和开发出一个重要的橡胶生产基地。现如今，云南西双版纳和德宏地区的广大各族群众得益于屯垦戍边这一浩大的民心工程，普遍过上了衣食无忧的幸福日子，甚至凭此发家致富。如果抛开意识形态层面的道德评价，单从促进边疆地区的产业发展，解决边疆地区的开发和建设问题而言，显然屯垦戍边制度对于边疆治理的积极意义无疑是值得肯定的。

总之，历史上尤其是新中国成立以来的屯垦戍边制度，作为中央支援地方，内地支援边疆，兄弟民族相互支援，推动边疆社会生产力发展的有效形式，对于发展边疆生产和巩固边防安全，促进民族团结和民族文化交流等方面，客观上确实发挥了"一箭多雕"的积极作用。当前，边疆地区的开发和建设任务仍旧十分艰巨，国家安全威胁仍旧远未解除。因此，根据边疆的新情况、新形势和新变化，适时地创新屯垦戍边制度的现代模式，发挥屯垦戍边制度的积极效应，以此成为推动边疆开发和建设以及国家安全问题有效解决的助力，应当成为边疆治理现代化过程中的功能性制度或政策选项之一。

2. 对口支援制度

我国陆地边疆远离国家的政治、经济、文化中心，明显表现出有别于国家腹地的落后特征：地理气候条件相对恶劣，生态比较脆弱；经济发展水平普遍落后，连片贫困面大；基础设施极其落后，交通道路条件极其艰苦；边疆社会发育程度低，教育科技水平普遍不高。在这样一种特殊背景下，党中央、国务院于20世纪70年代末开始提出由东部发达地区支援西部边疆地区的重大战略决策，此后，经过政策实践的不断探索和总结，形成了颇具中国特色的边疆治理重要制度模式之一。对口支援制度是对边疆民族地区进行的专项项目支持和横向资源转移的重要制度形式，其着力于解决边疆跨越式发展过程中所面临的资源、人才、技术等瓶颈问题，是党中央和国务院为了加快推进边疆和内地一盘棋发展，为了防止因边疆地区的发展落后状况在国家全面发展进程中所造成的"短板效应"，通过发挥社会主义国家的集中动员优势，组织和号召位于国家腹地的东中部发达地区对口支援边疆落后地区，从而实现区域平衡发展的非常规手段。改革开放30多年以来，随着对口支援内涵和外延的不断拓展，早期局限于物资设备、财政资金、人才资源等横向转移的对口支援政策做法，如今已经逐渐发展到包括资金、技术、人才、管理、教育、文化、产业在内的多层次、多方式、宽领域的对口支援活动，并被赋予社会主义国家政治优势的强力保障，演变成了政治性的常规任务和正式制度。

历经30多年发展历程的对口支援，很好地贯彻落实了邓小平同志提出的"两个大局"战略思想。现如今，对口支援早已经从一个阶段性的政策举措演变成为一项充分体现中国特色社会主义制度优势的常规化边疆治理制度举措，既可以视为中央集中统一动员下国家腹地对边疆地区进行专项支持的重要制度形式，也可以视为国家为了加快推进边疆和腹地一盘棋发展的非常规手段。总结对口支援制度在云南的实施情况，作为从对口支援中直接受益的边疆省区之一，云南获得了来自对口支援地的巨大帮助，仅1996年至2006年上半年，上海在云南无偿投入帮扶资金8.27亿元，实施了以解决温饱、整村推进为主的帮扶项目2675项，实施社会帮扶合作项目2300多项，这还不包括智力和人才方面的无形资源援助，这些援助客观上成为实现云南经济社会跨越式发展过程中的"助燃剂"。对口支援实践，在加快促进边疆地区的跨越式发展，构筑国内区域合作交流机制，切实改善边疆各族群众民生状况，以及促进边疆民族团结和睦等方面发挥了积极有效的作用，在边疆治理的系统工程中产生了良好的政治、经济、社会、文化、生态效益。

当前，边疆治理中的对口支援制度的完善及其运用，必须推动一般性的对口支援模式向精准对口支援模式转变，即要求支援地必须根据不同边疆地区的特殊地理人文环境、经济社会发展程度、民族心理与行为习惯、宗教信仰与文化特征，在精准把握加快推进边疆跨越式与和谐发展所需的外部助推条件，以及精准把握边疆各族群众紧迫性的现实需要基础上，集中各方支援的有限财力和优势资源，有的放矢地对受援地实施全方位、多层次的对口支援工程。精准对口支援首先必须要求符合边疆地区及其各族群众的客观需要，以此筑牢边疆政治认同；其次，强调"输血式"和"造血式"援助方式的有机结合；再次，注重静态政策项目和动态情感关怀的有机统一；最后，必须致力于追求受援地和支援地之间的协同发展。总之，必须彻底改变过去计划经济年代那种中央集中统一政治动员下的"被对口支援"，以及过去那种"你给我拿"的被动接受式援助，从而真正促进受援地和支援地优势互补、互利共赢基础上的协同发展。

3. 财政转移支付制度

财政转移支付是以各级政府之间所存在的财政能力差异为基础，以实现各地公共服务水平的均等化为主旨，而实行的一种财政资金转移或财政平衡制度。客观而言，我国不同区域之间的经济发展水平相差很大，发展能力存在较大差异，从而造成不同地方政府的公共财政能力相距甚远，导致各地的公共服务数量和质量参差不齐。一方面，位于国家腹地的发达地区政府，由于天然的地理区位优势，早早处于改革开放的前沿阵地，经济发展速度十分迅速，税收来源十分广泛，从而具备十分雄厚的公共财政资金实力兴办各项民生工程，当地群众所享受的公共服务水准也远远走在全国前列。另一方面，集"民族、山区、贫困"三位于一体的大多数边疆地区，其地方政府的公共财政收入来源单一、数量有限，其自有财政资金往往无法可持续地支撑当地的基础性产业发展和公共基础设施建设，有的地方甚至连政府行政管理的日常开支都难以为继，更别提什么改善民生和拓展公共服务项目了。因此，为了有效实现地区间财政资金的相对均衡，确保边疆落后地区各族群众充分享有基本的民生保障和公共服务标准，加大中央对边疆地区的财政转移支付力度也就成为不可或缺的重要制度选项，这是补齐边疆区域这一推进国家基本公共服务均等化过程中的"短板"，实现"中国梦"的关键所在。据上可知，作为构成边疆治理制度或政策体系的一种重要功能性制度，重点在于破解边疆地区公共服务水平普遍落后的现实问题，着力于运用中央财政的转移支付手段更加公平、更加优质地持续改善边疆各族人民的各项民生基本需求和基本保障。在国内区域发展不平衡的现实情况下，只有不断加大对边疆地区的财政转移支付力度，以此持续改善和提升基本公共服务水平，才能真正使国家的发展成果更多更公平地惠及到边疆最广大各族群众，与内地群众一道朝着共同富裕的方向稳步前进。

就财政转移支付的基本内容而言，主要指中央对边疆地方的财政转移支付，分为一般性转移支付、专项转移支付两类。一般性转移支付，主要是中央对边疆地方的财力补助，不指定用途，地方可自主安排支出；而专项转移支付，主要服务于中央针对边疆治理的特定政策目标，边疆地方政府应当按照中央政府规定的用途使用资金。其中，中央对边疆地区的财政转移支付方面的倾斜，主要通过中央财政的一般性转移支付实现，集中用于补贴财政税收严重不足的边疆民族地区，保障这些落后地区基本公共服务标准的实现。中央对边疆地区的专项转移支付，集中用于增加农业生产、文化教育、医疗卫生、社会保障、扶贫等重点项目的专项拨款。进入新世纪，随着中央财力的增加，中央财政逐步加大对包括云南在内的西部边疆地区一般性转移支付的规模和力度。根据国务院办公厅转发《关于西部大开发若干政策措施的实施意见》（国办发〔2001〕73号）的规定，国家明确要求不断加大对西部地区特别是民族地区（指民族自治区、享受民族自治区同等待遇的省和非民族省份的民族自治州）一般性转移支付的力度。在这种中央政策背景下，边疆治理更加应当充分发挥财政转移支付的功能性制度效应，尤其需要通过法律形式将其固定下来。

改革开放30多年以来的边疆治理实践充分证明，中央财政转移支付对边疆地区的倾斜和照顾，产生了十分积极正面的边疆治理效能，极大地帮助和推动了包括云南在内的边疆地区经济和社会的跨越式发展，有力地促进了边疆少数民族地区的物质和精神文明的共同进步。因此，今后在国家财力不断雄厚的条件下，应当继续坚定不移地加大中央对边疆地区的财政转移支付力度，应当继续秉承倾斜和照顾的原则，采取一系列针对边疆地区的财政优惠政策，以此迅速补齐我国全面发展进程中以及实行基本公共服务均等化中的边疆"短板"。

4. 军民、警民共建制度

军民、警民共建的含义。军民（警民）共建是解放军边防部队、武警部队、公安机关与驻地党委、政府、社会团体、企事业单位和各族干部民众等基于党和国家事业"一盘棋"的全局，通过解决制约军民（警民）共建的体制性障碍、结构性矛盾和政策性问题，通过国家主导、需求牵引和市场运作相统一的工作体系，通过系统完备、配套衔接、激励问责的刚性制度（法治）体系的规范、引导与保障，通过丰富军民（警民）共建形式，拓展军民（警民）共建范围，提升军民（警民）共建层次，形成的统一领导、多元领域、全套要素、协同互助、顺畅高效的深度发展格局和组织管理体系。

军民（警民）共建的特征。（1）军民（警民）共建的互促性。例如，军民资源的互通、互用、互动，促使经济建设的国防效益最大化和国防建设的经济效益最大化，实现富国强军的共融统一。（2）军民（警民）共建的互相依存性。国无防不立，民无军不安。军可御外，警可安内。"同呼吸、共命运、心连心"的军警民关系相互支持协助，具有共生依存性。（3）军民（警民）共建的贯通性。建立一个经济社会与国防之间的开放系统，实现国防建设与军队系统之间的贯通；在这个基础上，再消除军地之间相互隔离的格局，实现"军地、军警、军民、警民"等各系统之间的贯通。（4）军民（警民）共建的全局性。强化全局意识，实质是转变利益观，即以国家利益为前提整合军警民之间的利益关系。

军民（警民）共建的作用。（1）军民（警民）共建"平安边境"的军警民联防、联管、联治体系，形成区域联动、部门联动和军地联动，进一步增强了党政军警民齐抓共管、应急处突的合力，最大限度地发挥了军警民三方技术、人才和资源优势，为保证新形势下巩固党的执政地位、社会进步、经济建设、文化繁荣、生态安全、边防稳固、国家主权和领土安全提供坚实支撑。（2）军民（警民）共建是实现强军、兴军的重要途径，是实现我国跨越式发展的有力举措。军民（警民）共建有利于发扬军爱民、民拥军的光荣传统，有利于统筹配置军地资源，在经济建设与国防建设之间有机统一、良性互动，发挥经济建设对国防建设的支撑作用，发挥国防建设对经济建设的拉动作用，实现经济建设成果与国防建设成果共享互享，面向战场、立足市场实现军地互促共进。（3）军民（警民）共建密切了军警民关系，使各边防辖区社会矛盾不积累、不激化、不蔓延、不升级，强化了边疆各民族的凝聚力、向心力。以"思想共建、双向奉献、优势互补、共同发展"的共建思路，深化了军警民的鱼水情谊。

军民（警民）共建制度的成效。我国陆疆各省区党委政府和军警部队，深入研讨新形势下推进军民（警民）共建深度发展的客观规律，深入探索经济社会和国防军队建设协调发展的新路径，开展"兴边富民"工程、"爱民固边工程"，"爱国、强军、固边、富民"，"促团结、促发展、促和谐、保平安"，建设"万里文明边防线"，团结凝聚"政军、军民、警民"关系，形成了国防和军队建设不断进步，边疆经济社会稳步向前的"共赢"局面。要把陆地边疆建设成我国民族团结进步、边疆繁荣稳定的示范区，走有边疆特色的军民融合发展路子。

边疆各省区军民（警民）共建"'党政军警民'五位一体"联防、联管、联控体系，创建"平安乡镇"、"平安社区"和"平安口岸"，抓好常态化维稳工作，共筑禁毒防艾的人民战争，防范打击"三股势力"等暴恐活动，协同处置出现或可能出现的群体性事件。各省区党委政府积极支持驻当地部队军营文化建设，利用建军节、国庆节等节日，组织地方干部群众开展"走边关、进军营、送温暖"活动，并持续推进"万里文化长廊"建设，推动边疆传统文化、边寨民族文化、边关战场文化、界碑国门等边防文化的蓬勃发展。

驻边疆各省区部队深入开展部队军以上单位帮扶一个贫困县、师级单位帮扶一个贫困乡镇，以及"百个边防连队与百个边境村寨共建、百个人武部与百个贫困村寨挂钩帮扶"的"双百"活动。建立扶贫帮困常态化机制，提高强边固防的军事效益、边疆发展的经济效益和军政、军警、军民和谐共荣的社会效益。建立抗洪抢险、抗震救灾、森林防火灭火、防化救援等军警民协作应急机制，共建"美丽边疆"的国家生态安全屏障。参与"文化大篷车千乡万里行"活动，开展以送理论宣讲、送文艺演出、送影视巡播、送法律咨询、送心理服务为内容的"进村入寨"活动。推进国防教育进机关、进军营、进学校、进企业、进社区、进乡村"六进"活动。共创民族团结进步示范区，突出扶贫帮困中的智力帮扶，全力协助地方党委政府改善民生、增进人民福祉。

5. 警官兼任村官制度

警官兼任村官的含义。2005年5月，福建省漳州市公安边防支队在实施爱民固边战略中，提出了边防警官兼任"村官"深入开展群众工作的新举措，并在佛潭边防派出所首先尝试。驻村民警是中共党员的兼任村党支部（党总支、党委）副书记，非中共党员兼任村主任助理。警官兼任村官以"创新警务前移模式，增创治安工作优势，夯实农村治安基础，开启村务警务互动，推进支部共建双赢"为工作思路，以"巩固边境地区基层政权、促进边境地区和谐发展"为双重职责。

警官兼任村官实现了警务与党务、政务、社务的有机融合，强化了依法治村的力度，密切了警民关系，增强了村"两委"凝聚力与号召力；实现了从重打轻防到打防并举、以防为主的转变，有效地震慑了辖区内各类违法犯罪活动，提高了边境地区公安机关驾驭社会治安局势的能力。

警官兼任村官的职责。通过走访调查、宣传发动、开展群众工作、掌握社情民意，利用村两委平台、管理实有人口，通过安全防范、巡逻守护、专群结合、警民联防、实地检查、警情通报等方式，维护治安秩序。概言之，即通过"近距离"地防范犯罪，"零距离"地服务群众，使村官民警成为基层政权建设的助建员，各族民众诉求和呼声的信息员，各族民众生产生活的服务员，排查矛盾的净化员，化解纠纷的调解员，帮贫助富的引导员，乡村文明建设的辅导员。

警官兼任村官的作用。（1）促进了政警民间良性互动。村官民警以"入户走访、座谈交流、法制宣传、警情通报、巡逻守护、隐患排查"为工作方式，广泛接触群众，夯实群众基础，替政府减压，察民情、知民意、解民难、体民苦，真正做到心中装着群众，架起了与群众沟通的桥梁，促进了政警民间良性互动。（2）组织巡逻守护，完善群防群治。村官民警直接指导村级治安综治工作，整合治安资源，组织治保会、巡逻队等群防群治力量开展治安巡逻和邻里守望。使边防管控力量深入到责任区各个角落，深入掌握村居社会动态，及时掌握社情民意，排查整治治安隐患，强化责任区实有人口管理，帮教监控高危、重点人群，调动群防群治力量，丰富治安管理措施方法，完善防控网络体系，提升维稳效果。（3）促进村务、警务互动。村官民警出席两委会议，并建言献策，将部队党建的经验引入村党支部建设中，协助提高"村两委"凝聚、带领群众的能力。又因有"村官"的身份,边防派出所部署的工作能直接传达到村"两委"会上。而村内与治安、综治相关的工作,边防派出所也能及时掌握,从而促进村务与警务工作良性互动。(4)丰富各类矛盾纠纷化解方法。村官民警立足实际,探索出各类有效化解矛盾纠纷的方法:一般性纠纷,由村综治中心负责解决;涉及面稍广、相对复杂的纠纷,由村官民警牵头解决;涉及村与村之间或宗族之间的矛盾纠纷,由镇、街道综治中心牵头解决,提高了民众政治和法律觉悟,从而达到共建、共管、共防范的目的。(5)有利于巩固党的基层政权。警官兼任村官,一方面,以"村官"身份走访、帮助群众,其本身直接代表党和政府的形象,直接听取和反映民众的呼声,保护和传达民众的利益诉求,推动党群之间的理解信任,巩固党的基层政权;另一方面,村官民警广泛宣传法律法规和安全防范知识,使民众知法、懂法、守法,学会通过法律途径维护合法权益,减少民众个体或群体非理性的盲动盲从行为。

6. 基层信息员制度

基层信息员的含义。基层信息员是我国群防群治体系中的有机组成部分。其是在各级党委、政府领导下,发挥企业、社区、农村、学校,以及人民群众等社会力量的作用,将在国家治理过程中所需各类信息的反馈触角延伸到基层,通过各类基层信息员队伍的"第一道研判""第一时间报送",使各级党委、政府能够获取"第一手资料""第一时间正确决策",预防、控制、打击各类可能出现或已经出现,影响国家政治统治职能或社会管理职能实现的天灾与人害,推动国家治理能力现代化,确保各族民众安居乐业,确保社会和谐稳定。其具体包括基层突发事件信息员、基层气象信息员、基层国土信息员、基层水利信息员、基层治安信息员等。

基层信息员的特征。(1)基层信息员队伍的多元性。强化基层信息员队伍建设已成为各级党委政府的共识,且将基层信息员队伍作为政府应急能力体系中的重要组成部分,民政、国土、气象、环保、水利等政府部门基于各自职能,多已建立各自系统的专(兼)职信息员队伍,这体现了基层信息员队伍的多元性。(2)基层信息员工作的社会性。各类基层信息员工作,是将各类天灾和人害的预防、控制、打击的阵线前移,利用无限的民力,从群众中来、到群众中去,密切联系群众、走群众路线,这体现了基层信息员工作的社会性。(3)基层信息员工作的时效性。各类基层信息员要高效迅速地实现对各类天灾和人害信息的收集、分析和上报,让各类基层信息员成为信息传递的"快车道"。这一方面要求各级党委、政府开通接收各类基层信息员信息的"绿色通道";另一方面要求各级党委、政府提供且完善信息传送的硬件"基础设施"。(4)基层信息员工作的民生性。各类基层信息员的工作为各级党委、政府体察民意、感知民情、凝聚民心畅通了渠道,而这映射出了各类基层信息员工作的民生性。

基层信息员的作用。(1)各类基层信息员能够对各类可能出现或已经出现的天灾和人害信息及时收集、分析和上报,保证各级党委、政府迅速掌握社会矛盾症结、发展趋势,并有针对性地展开疏导、缓解、控制、警戒、查处等工作。(2)各类基层信息员成为了各族民众民心的"显示器",成为了连接民众与政府的"桥梁",密切了党群、干群关系,畅通了人民大众合理合法的民意、民情和民生的诉求通道。(3)各类基层信息员程度不同地缓解了基层政府工作人力物力不足的问题。基层工作千头万绪,而基层政府对各类资源有限的支配能力,导致其在具体工作过程中容易出现"盲视区",成立各类基层信息员程度不同地缓解了上述问题。(4)各类基层信息员增强了各级党委、政府预警信息采集、突发事件防范、基层阵地控制、矛盾纠纷调处、国防边防建设的能力。

总之,我国陆地边疆各省区推行基层信息员制度,对提高边疆地区社会治理的时效性、精准性意义重大。我国陆地边疆社会矛盾和社会问题远比内地复杂很多,由于基层信息员制度的推行,社会矛盾和社会问题得到了及时排查和消除,为促进平安边疆、和谐边疆建设发挥了重要作用。

7. 边民补贴制度

边民补贴的含义。边民是指户籍在边境地区且生活在边境地区的世居百姓。边民补贴是党和政府为了改善民生、改善边境地区居民的生产生活条件,为了提升中华民族的凝聚力,为了提高边民对党和政府、对社会主义中国的向心力,为了巩固边防、保持边境地区的和谐稳定、激发边民参与边境管控的积极主动性而采取的一项特殊的财政补助政策。其资金来源主体是各级政府的财政预算;其补贴标准由省级政府根据国家和省级政府相关规定,以及经济社会发展水平动态调整;其补贴对象主要是边民中的"五保户"和符合最低生活保障标准的居民。

边民补贴的特征。(1) 福利性:边民补贴不以盈利为目的,其是为了保障边境各族民众的基本生活。(2) 特殊指向性:边民补贴并非是一种社会化一般性德政工程,而是针对一定区域内的特定民众。例如"兴边富民"工程,其实施范围是中国135个陆地边境县(旗、市、市辖区)和新疆生产建设兵团56个边境团场。(3) 社会公平性:边民补贴作为一种社会既定资源的分配形式具有明显的公平指向。一方面,符合标准的边民都可以得到等量等质的扶助,不存在任何特殊阶层;另一方面,享受补贴的边民,其所享有的该项权利与其对应所要承担的义务并不完全对等,从而体现出一定的倾斜性公平。(4) 基本保障性:边民补贴的保障标准是保障特定边民的基本生产生活需要,保证安居温饱,带有扶助扶贫意味。

边民补贴的作用。边民补贴制度的实施,最显著的作用是吸引更多的人口到边境一线居住、生活,为国家守边戍边,维护了国家的国土安全,促进了国防安全。边民补贴作为"民心工程""德政工程",事关全面建设小康社会,是构建社会主义和谐社会,实现伟大"中国梦"的具体体现;是边境地区各族民众,特别是少数民族以及贫困群众实现温饱,乃至脱贫致富的重要举措。它有利于边境地区经济发展、民族团结、社会和谐、边疆稳定和边防巩固。

8. 党政军警民"五位一体"合力治边机制

党政军警民"五位一体"合力治边机制的含义。党政军警民"五位一体"合力治边机制是以国家边防政策、边境法规为依据,以"兴边富民"、固疆治边、长治久安为目标,在地方党委、政府统一领导协调下,综合党政军警民各自的职能作用,合力解决边境地区各类突出问题,维护或保持边境稳定的秩序,营造良好的边境地区经济社会环境,全面构筑厚重稳固的边境边防。"党"是党委领导,主抓政治安边,稳固基层政权,加强国防教育,协调好、统筹好边疆地区治边管边的各支力量;"政"是政府主导，主抓"兴边富民"，为建设稳固和谐的边防边境打牢物质基础，并依据党委的指向，协调组织各涉边部门与单位；"军"与"警"是解放军边防部队和公安边防部队，主抓军事强边、依法管边，加强解放军边防部队和公安边防部队协调配合，持续增强联合管控能力；"民"是人民群众，始终坚持以民众为基础，广泛发动广大人民群众护边守边，促使人民群众爱边固边，最终形成"人人是哨兵、户户是哨所"的参与型边防边境管控格局。

党政军警民"五位一体"合力治边机制工作的成效。（1）推进平安边疆建设：党政军警民"五位一体"合力治边机制是适合我国国情、适合边疆省情，也是经过实践检验过的有效机制。通过点线面相结合、人防物防技防相融合、专业力量与群防群治相配合、构筑打防管控一体化的边防管控网络。同时，强化风险预警评估，排查化解各类矛盾，坚持源头治理与应急处置相结合，形成统一领导、各方协调、反应迅速、资源共享、平战互补、军警民一体的管边治边局面，从而使边疆各族民众团结一心、奋力发展、齐心协力创建平安边疆。（2）推进幸福边疆建设：边疆省区为落实党政军警民"五位一体"合力治边机制，通过整合各方资源，齐抓共管、整体联动，互帮、互助、互信、互通；通过全面管控与重点管控相结合、打击惩戒与宣传教育相结合、管理与服务相结合、联保与包保相结合；通过固边强边、守边爱边、控边管边和兴边富边，通过解放军边防部队、公安边防部队担负边境一线、二线治安防控任务，边防派出所负责边境治安管理，公安机关负责边境治安秩序专项整治，乡镇屯寨负责群防群治并组织落实边境管理各项措施，从而持续提升了边疆地区各族人民群众的满意指数，深入推进幸福边疆建设。（3）推进和谐边疆建设：通过搭建一个由省区、地州市、县和乡镇四级党委、政府综合主导的平台；省区边防总队及其所属支队、大队与驻地综治、维稳、信访、司法等部门沟通协调，建立情报信息分享研判体系、信息化管控系统、维稳救援联动机制、矛盾纠纷化解联合执法机制等，实现扁平化、高效化，多方联动、协同作战；通过在防卫执勤、网格化社会治安巡逻、查控堵截、反恐维稳等工作中的联勤协勤，以及在建设"十户联防""护寨队""联防队"等群防组织过程中联动共治，构建军警民三方的"联管联控"与"联防联治"模式；边疆省区各级党委政府分别成立党政军警民"五位一体"合力治边机制领导小组并设立专门机构，且将领导干部落实合力治边机制的成效纳入政绩考核范围，以此提供组织保障；建立综合治理目标责任制、责任倒查制、一票否决制等一整套科学完备的制度，以此提供制度保障；边疆各省区党委政府利用财政预算，划拨边防业务经费、补助经费等，以此提供经费保障；边疆各省区各级党委政府在边境重点防控区域安装视频监控探头，安装联户报警器和报警系统，并为边境各族民众免费发放"边境110"一键式报警手机等方式，以此提供技术保障。对边疆经济社会可能出现的各类问题，力争做到第一时间掌握信息、第一时间报告情况、第一时间推动化解，从而不断推进和谐边疆建设。

第六章 当代陆地边疆治理的公共政策规划

一、当代陆地边疆治理中的公共政策需求

陆地边疆治理就是国家政权系统对陆地边疆社会进行有效控制和引导的活动与过程的总和。① 公共政策则是指公共行为主体，在职能范围内为了某一特定的目标，经过政治活动选择行动方案，并通过公共管理过程落实这一方案的过程。政策作为上层建筑的一个重要组成部分，是一种潜在的资本。政策这一制度资本的供给数量和质量对社会经济发展具有重大的促进或抑制作用。可以说正是陆地边疆公共政策供给的数量、质量以及其与现实陆疆公共政策需求间的匹配程度决定了陆疆治理的效果和效率。因此，对陆地边疆公共政策体系规划的深入分析必须首先建立在对一系列具体陆疆公共政策需求的认真梳理之上。

1. 边疆公共政策与陆地边疆治理

国家通过政权的力量，同时动员其他社会力量，运用国家和社会的资源，去解决陆地边疆问题，从而形成了陆地边疆治理。在这一治理过程中，陆地边疆问题不断分解细化，逐渐形成一系列具体的陆地边疆政策需求。为应对这些具体的政策需求，国家各级行政主体制定相应的公共政策，从而形成特定的边疆公共政策供给。可以说陆地边疆公共政策及其体

---

① 方盛举、吕朝辉：《中国陆地边疆的软治理与硬治理》，载《晋阳学刊》，2013 年第 5 期。

系结构正是陆地边疆治理的具体实现形式。另外，陆疆政策供给对相应陆疆政策需求的回应程度，实质上构成了陆疆治理对陆疆问题的回应程度，当然也就决定了陆疆治理的效果和效能。

自秦汉以来，随着中国边疆概念和边疆观念的不断演变，陆疆问题的内容和形式不断变化，形成了不同的陆疆政策需求。面对这些特定的需求，当时代的执政者给出相应的政策供给，从而形成了当时代的陆疆治理政策体系。两汉王朝面对的是统一不久的广阔疆域，其边疆治理的核心政策需求是维持边疆稳定和巩固边疆防御。因此，对内，汉王朝一方面承袭秦制在北疆、东北疆、西南和南部边疆地区设立郡县（如在东北疆设立辽东、辽西郡），进行较直接的管理；另一方面，针对内徙民族设立属国，保留其酋长对内部事务的管理权，从而进行较间接的管理（如在西北地区设立匈奴五属国）。在无力设置郡县的边疆地区，汉王朝还设立一些专门机构进行管理。如西域都护府管理包括今天新疆在内的辽阔西北边疆地区，匈奴中郎将主管北疆地区的匈奴。对外，汉王朝建立了较为完整的边疆防御体系，主要包括由塞、障、亭、燧构成的边疆预警防御制度，由郡太守、亭燧长、戍卒等构成的边疆防御指挥制度，以及较为规范的以军屯为主的边疆屯田制度。① 可以说汉王朝历经四个世纪，逐渐构建了中国古代边疆政策体系的雏形，为中国疆域的初步形成奠定了基础。②

隋唐两代，特别是唐王朝时期，中国疆域的范围又被扩展到一个新的水平。经历了魏晋南北朝长时间的民族融合，隋唐两朝的治边思想较之两汉亦日趋开明。对内，根据边疆各民族原有的活动范围设立羁縻府州，任命其首领为可世袭的地方长官，在羁縻府州之上又设立单于、安北、安西、北庭、安东、安南六大都护府，形成了较为成熟的边疆管理体系。对外，唐王朝建立了军镇屯戍制度，军镇大至兵力数万，小亦数千，形成了较为系统的边疆防御体系。值得注意的是，为维持戍边军队的补给，唐王朝完善了边疆屯田制度，为满足边疆物资交换的需要，唐王朝建立了互市

---

① 〔英〕崔瑞德、鲁惟一：《剑桥中国秦汉史：公元前221年至公元220年》，杨品泉等译，中国社会科学出版社1992年版，第2页。

② 马大正：《中国古代的边疆政策与边疆治理》，载《西域研究》，2002年第4期。

制度，甚至设立了专门的贸易管理机构"互市监"。① 这些边疆经济政策对当时边疆地区的发展起到了重要的作用，同时也构成了中国最早的边疆发展政策体系。

元朝首开少数民族入主中原先河，建立了幅员空前辽阔的帝国，疆域范围东西从东部沿海跨至今新疆地区，南北从南海地区跨至鄂霍次克海，实际上已无边可守。因此，较之边防，元朝边疆政策需求的重点在于如何管理距离首都政治中心如此遥远的边疆地区。而实际上，元朝也确实将中国的边疆统治推向了一个新的高度。较之唐王朝的羁縻府州制度，元朝将边疆地区直接归入行省管辖。《元史地理志》载"岭北、辽阳与甘肃、四川、云南、湖广之边，唐所谓羁縻之州，往往在是，今皆赋役之，比之内地"。之前历代以羁縻州府制度统治的边疆地区，被元朝纳入了王朝中央的直接统治。②

清朝亦是由少数民族满族建立的大一统帝国，疆域广大且历时260余年。针对其面临的种种边疆问题，历代清朝统治者亦形成了一套相当有效的边疆政策体系。首先，对在汉民族特别是汉民族上层中根深蒂固的边疆民族观念——"华夷"观念进行创新和发展，反对严华夷之别，要求各民族承认满洲贵族建立清王朝的正统地位。另外，清政府对边疆行政管辖体制亦进行了改进和完善，特别是在西南地区实行了"改土归流"政策，在元朝行省制度的基础上，把边疆同内地整体性和同质化程度提高到了一个新水平，从疆域大一统逐渐走向了政治大一统。③ 然而17世纪以后，世界格局发生了根本性的变化，西方列强不断壮大，迫使清政府直接面对现代边防等一系列全新的边疆问题。老的边疆政策供给无法有效满足新的边疆政策需求，最终导致了清朝后期边疆治理的全面破产。

"中华民国"建立，承袭的是清末积累起来的全面的边疆危机。为应对严重的边疆问题，民国政府制定了一系列新的边疆政策。主要包括在宪法层面确立各民族的平等地位，在边疆地区全面推行省县制促进边疆内地

---

① 〔英〕崔瑞德：《剑桥中国隋唐史：589—906》，西方汉学课题组译，中国社会科学出版社1990年版，第8页。

② 〔德〕傅海波、〔英〕崔瑞德编：《剑桥中国辽西夏金元史：907—1368年》，史卫民等译，中国社会科学出版社1998年版，第8页。

③ 马大正：《中国古代的边疆政策与边疆治理》，载《西域研究》，2002年第4期。

均一化，着力发展边疆经济教育卫生事业等。① 可以说民国政府着力构建的是一套区域主义取向的较为现代的边疆政策体系。然而，民国历时并不长久，且期间多受战乱干扰，因此民国边疆政策没有形成较完整的体系，边疆治理也未取得太多实质性的效果。

如上所述，中国历代政权根据其面对的边疆政策需求，确立其相应的边疆治理取向和边疆政策供给，从而形成其特有的边疆治理政策体系。从汉王朝在边疆地区设置属国到民国政府在边疆地区全面推行省县制，某一特定时期的边疆政策供给如能有效的回应当时的边疆政策需求，则边疆稳定，边防巩固，边疆治理取得成效；相反，则边疆动荡，边防崩溃，边疆治理失效失败。可以说，陆地边疆公共政策是陆疆治理的具体实现形式，是我们分析既往陆疆治理实践的重要着眼点，也是我们探索陆疆治理创新与发展的重要着手点。

2. 边疆治理中公共政策规划的重要性

中华人民共和国成立，实现了国家独立并构建了真正意义上的现代民族国家，从而也形成了现代意义上的边疆概念——边疆即指国家领土内临近边界的区域。新边疆观念与边疆历史传统在现实中的交汇构成了当代中国边疆的特点：从发展水平上看，陆疆地区与内地普遍存在较大差距；从民族构成上看，陆疆地区多为少数民族世居区域，族群结构和民族关系都较为复杂；从自然地理条件上看，陆疆地区一方面多荒漠山区，条件较为恶劣，另一方面又蕴藏众多自然资源；同时，陆疆地区普遍地处边远，远离国家行政中心。面对这些特点和问题，新中国政府推出了一系列边疆治理政策措施，包括在边疆地区建立和完善与内地基本一致的行政管理体系；在边疆地区分步但较为彻底地实施了社会改革，大大推进了边疆与内地社会的同质化；成建制的本地化戍边部队，实行军垦，巩固边防；有组织的向边疆地区移民并在边疆地区实施了一系列国家建设项目。建国初期的一系列边疆政策表现出了较好的治理绩效，在相当长的时间内保持了边疆稳定和边防安全，也在一定程度上促进了边疆地区经济社会的发展。

20世纪80年代末，苏东剧变打破了原有的世界关系格局，冷战宣告

---

① 马玉华：《治边政策：从清代到民国的梳理》，载《南京晓庄学院学报》，2012年第1期。

结束。众多区域性的政治冲突在两级张力松弛后逐渐凸显出来，来自非传统安全领域的威胁逐渐成为世界各国家面临的主要挑战。与此同时，持续的高增长迅速将中国推上世界第三进而是第二经济大国的位置。随着人均GDP超过5000美元而进入"中等发达国家"行列，中国国内社会结构调整加剧，涌现出一系列新的社会问题。国际国内环境的变化，也使中国边疆的特点呈现出一些新的内容：首先，发展问题在边疆治理中的重要性逐渐凸现出来，社会经济发展水平落后与边疆地区人民群众需求与期待间的矛盾成为了边疆问题的核心内容；其次，与经济发展相伴生的社会结构调整和现代化严重地冲击了许多边疆世居族裔的文化传统，族裔间的经济发展水平差异和经济利益冲突也逐渐成为边疆族群矛盾的重要内在原因；最后，违禁品走私、跨国恐怖活动等非传统安全威胁取代传统边防，成为中国边疆安全问题面临的主要挑战。

为应对上述新的边疆问题和边疆政策需求，中国政府实行了众多新的边疆政策，包括"兴边富民"行动、西部大开发政策、广播电视村村通等，同时也对民族区域自治制度、对口支援制度、生产建设兵团制度等既有政策进行了改进和完善。这些边疆政策总体上取得了较好的治理绩效，维护了边疆的稳定和边境的安全，也在一定程度上推动了边疆地区的发展。然而，如何构建一个系统有机的边疆公共政策体系，从而更全面更有预见性的应对不断变化的边疆问题，更有效地回应新时代的边疆治理政策需求，仍是当前中国边疆治理实践中亟待解决的问题。构建高效的边疆公共政策体系就需要一个高效的公共政策规划过程，就需要对当代中国所面临的边疆政策问题和政策需求进行深入的分析和梳理，就需要对既有边疆治理思想和理念进行不断地创新，就需要形成一套更符合实际的边疆治理政策取向。

3. 当代陆地边疆治理中的主要政策需求

市场经济得以顺利运行，依赖于市场需求与市场供给的有效匹配。中国30余年来经济改革所以能取得举世瞩目的成就，也正是因为面对复杂的经济政策需求，党和政府提供了准确而高效的政策供给。同样，构建当代陆地边疆公共政策体系的前提是准确把握和系统梳理当代陆疆治理中面对的各种公共政策需求。当代中国所面临的陆疆公共政策需求非常复杂，表现形式亦很多样，然而归结起来可以分为三个主要方面：第一，发展的需求；第二，稳定的需求；第三，安全的需求。① 发展、稳定和安全三个需求领域各有其内涵和特征，同时也相互关联相互交织，共同构成了当代中国陆疆治理公共政策问题和需求的全貌。

边疆地区经济社会发展水平决定了边疆各民族群众的生活水平和福利水平，在维护边疆稳定和保障边境安全中起到基础性的作用，对内地社会经济安全和国家统一稳定亦产生重要影响。然而，由于自然地理环境、经济产业基础、原有国家总体区域发展布局等方面的原因，当前我国边疆地区经济发展水平普遍不高，其中广西、云南、西藏、新疆、甘肃等五个西部边疆省区表现更为突出，与全国平均水平相比差距较大。

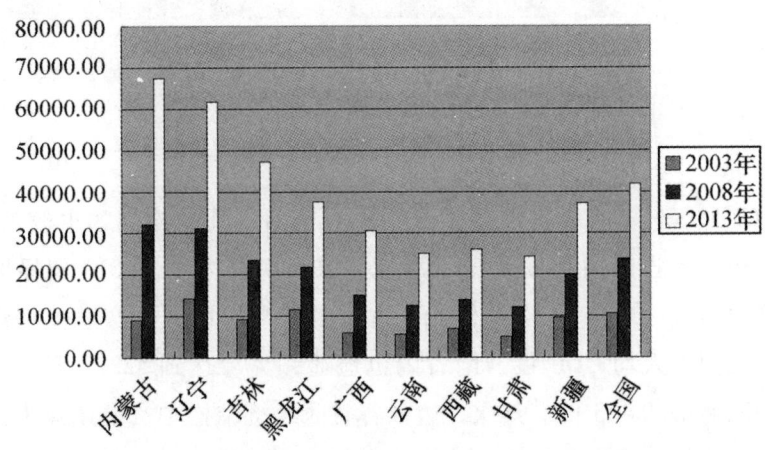

图1　边疆九省区人均GDP与全国平均值比较

如图1所示，中国边疆九省区中广西、云南、西藏、甘肃、新疆五省区人均GDP均远低于全国水平。黑龙江省人均GDP除2003年略微偏高外也低于全国平均水平，而内蒙古近来人均GDP的高起亦严重依赖对其煤炭资源的开发。

边疆省区特别是西部边疆省区经济发展水平落后，其民生发展水平落后又更为突出。如图2所示，除内蒙古和辽宁外边疆各省区人均可支配收入均低于全国平均水平，除东北地区外边疆各省区每十万人普通高校在校

---

① 周平：《我国的边疆治理研究》，载《学术探索》，2008年第2期。

生人数均低于全国平均水平。可以说直到今天，边疆地区在收入水平、教育、卫生等公共服务发展水平上仍大大落后于内地，边疆地区的民生发展水平亟待提高。

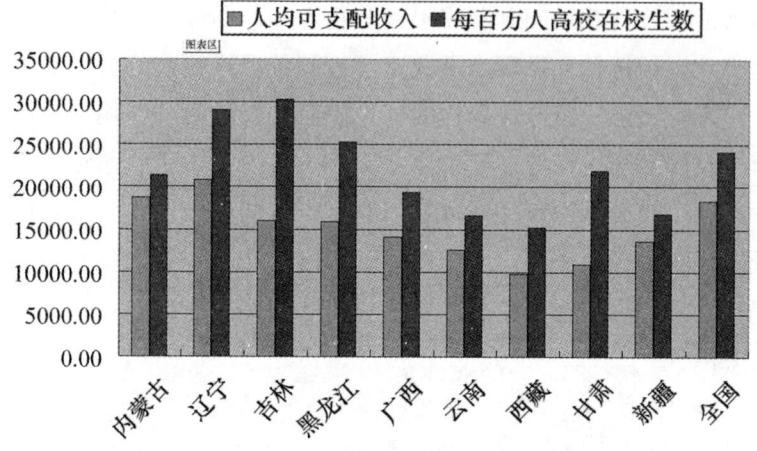

图2　2013年边疆九省区人均收入和教育发展水平

边疆地区经济社会发展总量水平相对落后，其结构问题也较为突出。首先，边疆各省区内部发展极不平衡。以云南省为例，2013年昆明市地区生产总值（GDP）为3415亿元，占云南省全省地区生产总值将近三分之一。昆明市人均GDP在云南省内也遥遥领先，达到52278元，是排序最末的昭通市的4.3倍。其次，边疆各省区经济结构中资源产业占比均较大，资源依赖程度高。近十年来内蒙古经济发展的起落和鄂尔多斯发人深省的兴衰即是最好的例证。云南省五大支柱产业，烟草、矿产、电力、生物制药、旅游也全部都是资源依赖或者资源依托型产业。最后，边疆地区经济社会发展的结构性问题还体现在各社会群体间利益分化日益突出。城乡收入差距过大，族群间就业状况、收入水平和生活水平差距过大，不同族群群众在主流经济活动中的参与程度差距过大等等问题没有得到很好的解决。

边疆由其特殊的地理位置而具备特殊的战略地位，边疆地区的稳定对于国家的安全和统一历来具有特别重要的意义。然而，随着社会经济的发展，边疆地区群体利益分化加剧，引发了一系列社会矛盾和不稳定因素，这与边疆地区复杂的族群结构和宗教结构相叠加，构成了当代中国必须面对和有效回应的边疆稳定政策需求。

中国历代边疆稳定问题都首先表现为边疆民族问题。民族关系处理得当，则边疆稳定，国家繁荣；民族关系处理不当，则边疆混乱动荡，甚至危及中原王朝的统治。新中国成立以来，随着中央政府一系列民族政策的贯彻落实，边疆民族问题总体上得到了妥善处理，基本形成了一种建立在民族平等基础上的以团结发展为基调的新型民族关系。然而，近年来随着边疆地区区域、阶层、族群利益分化加剧，边疆民族问题又呈现出一些新的特点。新疆"7·5"事件、西藏"3·14"事件、昆明"3·01"事件等严重暴力恐怖事件频发，民族关系问题再次凸显。与民族关系问题相伴随，在边疆稳定问题中，宗教问题也扮演重要的角色。中国边疆各少数民族都信仰宗教，且宗教信仰不一致，情况非常复杂。同时，一些境外敌对势力也常利用宗教对中国边疆地区进行干扰和渗透。民族问题和宗教问题常常交织在一起，对中国边疆稳定构成威胁。

值得注意的是，不少边疆治理中稳定方面的政策需求表面上以民族问题和宗教问题的形式出现，实际上却具有较深刻的发展问题的背景。少数民族特别是少数民族青年在就业市场上的失意在很大程度上导致了边疆地区族群关系的紧张，被越来越多的学者看作为维护边疆稳定而必须解决的问题。巨型能源国企的行政级别和行政化管理，使得在边疆建设的很多大型项目较少考虑建设地的利益，与当地社群关系紧张，甚至引发严重冲突，威胁边疆安定。与此同时，边疆族群冲突也反过来拖累了边疆地区的发展。有媒体报道，"7·5"事件后新疆喀什一家水泥厂300多名汉族工人有100多人离厂回家，导致工厂陷入瘫痪。

随着2008年中国与越南完成陆上边界勘定，传统意义上针对特定主权国家的边界防御问题已不再是中国陆疆治理安全方面政策需求的核心内容。伴随着军事活动的平静，边境地区各种经济社会活动不断发展繁荣，给边境管理和边疆安全带来了许多新的问题和挑战。边境的和平环境使得穿越边界的人员、货物流动大大增加，而中国许多陆上边界又没有高山河流等天然屏障分隔，这给毒品等违禁品的走私提供了条件，使关税的征缴增加了难度，同时也增加了国外敌对势力向国内渗透的风险。由于族群、宗教信仰、语言和文化传统的相似性，随着经济互动的增加，边界两边居民的社会生活呈现出事实上的一体化倾向。近年云南勐腊跨国婚姻增多的现象便是这种一体化倾向的一个例证。① 这种新的边境社会现实对边境管理提出了新的要求。

随着中国沿边开放战略的提出和实施，边境管理在被动应对边境地区新问题新挑战的同时，也需要更多地承担保障沿边贸易、促进陆疆地区跨境经济合作的任务。近年来欧美市场疲软，国内要素价格上涨压力增大，在沿海地区"世界工厂"模式之外启动中国经济新增长点，成为保障中国国家经济安全的首要任务。而扩大内陆沿边开放正是重要的政策选择之一。因此，可以说如何创新边境管理模式，保障和促进跨境经济活动也是边疆安全问题的一个重要组成部分。

二、当代陆地边疆治理中的公共政策供给

为应对上述来自发展、稳定和安全领域的诸多边疆治理政策需求，中华人民共和国成立以来，各级政府特别是中央政府施行了众多边疆治理政策。这些政策各有侧重又相互关联，逐渐构成了一个较为完整的政策体系，形成了当代中国特有的陆疆治理政策供给。60 余年来，中国的陆疆公共政策供给总体上表现良好，较为有效地回应了不同时期的政策需求，取得了有目共睹的成效。然而，面对当前陆疆治理政策需求在数量、质量和结构上的新特点，陆疆政策供给也需要不断地调整和创新。

1. 当代陆地边疆发展政策

中国政府为回应边疆地区发展方面的众多政策需求，制定和实施了一系列边疆发展政策。这些政策按实施时间和政策目标，大致可以分为两个类别。一类是新中国建立后不久即开始实施的，旨在建设边疆地区基本生活生产设施，满足边疆群众基本生活生产需要和战备需要的边疆区域开发政策；另一类是改革开放后特别是 20 世纪 90 年代后实施的，旨在扩大沿边开放，搞活边疆经济，协调国家区域经济发展，促进边疆地区实现小康

---

① 肖静芳：《云南勐腊跨国婚姻增多给边境管理添难题》，载《中国民族报》，2009 年 4 月 28 日。

的边疆区域发展政策。

（1）边疆区域开发政策

边疆区域开发政策所面对的是建国后陆地边疆地区特别是西部边疆地区普遍的落后面貌，其主要政策目标为建设边疆地区基本生活生产设施，满足边疆群众基本生活生产需要和斗争战备需要。边疆区域开发政策的供给形式以劳动力、资本、技术等生产要素从内地向边疆的输送为主，是一种输入式、外源性的发展政策。建国后长期实施的全国性、较为典型的区域开发政策有：生产建设兵团制度、中央财政的转移支付政策，以及内地与边疆地方政府间的对口支援政策。另外，知识青年"上山下乡"运动也值得关注。

生产建设兵团制度建国后即开始形成，其基本政策方针仍是"屯垦戍边"的思想。1949年《关于一九五零年军队参加生产建设工作的指示》，提出"人民解放军不仅是一支国防军，而且是一支生产军，借以协同全国人民克服长期战争遗留下的困难，加速新民主主义建设"①。此后，新疆军区用几年的时间，兴修水利、开垦荒地、饲养牲畜，积极投入农业生产，同时还为新疆建设了第一批机械、煤炭、钢铁等现代工业。1954年10月，第二十二兵团全员，以及第二、第五、第六军部分官兵就地转业，正式成立了新疆军区生产建设兵团。以新疆生产建设兵团的经验为基础，20世纪60年代末70年代初，全国又先后建立了12个生产建设兵团，其中黑龙江、内蒙古、兰州、云南等兵团几乎覆盖了我国陆地边疆的主要区域。

到20世纪70年代中期，随着国内外环境的变化，大部分生产建设兵团被撤销。而建立最早的新疆生产建设兵团建制被保留下来，为新疆地区的建设和发展作出了巨大的贡献。生产建设兵团为新疆稳定住了几十万优质的劳动力资源，同时也稳定住了先进的生产和管理技术。50年来，新疆生产建设兵团由建立时的17.5万人，发展到14个师，174个农团场，拥有517个独立核算的公交建商企业。生产总值由1954年的8800万元增长到2010年的770亿元。可以说生产建设兵团制度为新疆地区输入了大

---

① 《毛泽东文集》（第6卷），人民出版社1999年版，第27—29页。

量生产要素,很大程度上巩固发展了地区基础设施,较好地实现了区域开发政策所应承载的政策功能。改革开放之后,生产建设兵团进一步促进了新疆地区的内源型增长,提升了新疆地区自身的发展能力,逐渐开始实现一些区域发展政策的功能。

转移支付政策是几乎所有大国中央政府为实现欠发达地区开发所必然采取的政策措施。一方面,中央政府以一般性转移支付的形式向边疆地区输送生产建设所需资金,平衡边疆与内地的收入水平;另一方面,中央政府以专项转移支付的形式支持边疆地区道路、水利、教育、卫生等基础设施和民生事业的建设和发展。新中国成立初期,政务院发布了《关于统一管理1950年度财政收支的决定》,建立了高度集中的财政管理体制,为中央政府实现地区间转移支付奠定了基础。当时规定各大行政区税收和粮食征收按照中央计划实行多缴少补,这实际上形成了我国最初的在发达与欠发达、内地与边疆地区间的转移支付制度。[1] 财政体制后来历经几松几紧,于90年代中期完成了分税制改革,确立了中央政府在财政领域的优势地位。在此基础上中央对地方的转移支付力度也不断加强,20世纪末达到28000亿元,增速远超过同期财政收入增速,其中大量资金流向了陆地边疆地区和少数民族地区,大大促进了当地生产建设和人民生活水平的提高。

对口支援政策实质上是一种特殊的横向转移支付制度。然而,由于采取了干部挂职、转业技术人员选调、公共工程项目援建等相当多样的形式,对口支援政策较之一般意义的财政转移支付又发挥了更大的作用。我国的对口支援政策萌芽于20世纪五六十年代,在70年代得以正式确立。1979年中央提出"组织内地发达省、市实行对口支援边境地区和少数民族地区",形成了第一批对口支援伙伴。[2] 1996年又增加了广东支援广西、江苏支援陕西、浙江支援四川、山东支援新疆、福建支援宁夏、大连青岛深圳宁波支援贵州等一批对口支援伙伴省区。

---

[1] 王鹏:《财政转移支付制度改革研究》,吉林大学,2012年博士学位论文。
[2] 兰英:《对口支援:中国特色的地方政府间合作模式研究》,西北师范大学,2011年硕士学位论文。

表1 第一批对口支援省区

援助省区	受援省区
北京	内蒙古
河北	贵州
江苏	广西、新疆
山东	青海
天津	甘肃
上海	云南、宁夏
全国	西藏

对口支援政策与一般意义的财政横向转移支付制度不同,其援助形式不仅局限于资金的转移,而主要体现在项目援建、干部技术人员输送、相应科教文卫机构结对等方面。对口支援政策正式实施30多年来,取得了较为显著的成效,其中又以西部基础设施建设和西部地区贫困人口脱贫两个方面较为突出。在基础设施建设方面,以西藏为例,仅前四次中央西藏工作会议上确定的各省市援藏基础设施建设项目累计投资就超过50亿元。30年援藏真正使西藏的基础设施建设水平发生了质的飞跃。解决贫困问题方面,各支援省区通过开发式扶贫、科教扶贫等方式帮助受援省区开展减贫工作,截至2010年,西部地区贫困人口已减少到2300万,375个国家级扶贫工作重点县农民人均纯收入增加到2500元。

"上山下乡"政策指从20世纪50年代中期持续到70年代末期,将城市知识青年(主要是中学毕业生)大规模下放到农村参加生产生活的全国性运动。由于在运动中大量的城市青年劳动力从东部发达地区流向了边疆民族地区(如有大量上海知青到云南西双版纳参加生产),讨论边疆区域开发政策时,也不应遗漏"上山下乡"运动。历时近25年的知识青年"上山下乡"运动累计向农村地区输送了超过1600万文化素质较高的青年劳动力。[①] 然而由于没有很好的同当地生产条件相结合,这项政策并没有给农村地区、欠发达地区和边疆地区带去预想中的发展,反而在很大程度上耽误了许多知识青年进一步的人力资本投资,影响了一代青年教育水平

---

① 潘鸣啸:《上山下乡运动再评价》,载《社会学研究》,2005年第5期。

的提高。

新中国建立后,由中央政府主导实施的一系列边疆区域开发政策,以生产要素输送为主要手段,以基础设施基本能力建设为主要目标,历经几十年艰苦努力,使中国陆地边疆地区经济得到了长足的发展,基本摆脱了生活绝对贫困、生产绝对落后的状态,大大加强了陆疆地区经济社会面貌同内地的同质化。

(2) 边疆区域发展政策

中国陆疆地区历经几十年卓有成效的开发,基本设施建设得到很大改善,满足了边疆群众基本生活生产需要。在此基础上,新时期边疆发展的要求逐渐提高,区域经济发展的内生动力,经济产业发展与全国其他地区的互动协调等问题成为陆疆发展新的政策需求。相应的边疆发展政策也逐渐由区域开发政策向区域发展政策转向。改革开放以来,特别是20世纪90年代后,中国实施了西部大开发、"兴边富民"行动、沿边开放等一系列边疆区域发展政策。对口支援等持续实施的边疆区域开发政策也逐渐向区域发展政策转型。这些政策措施在以要素输送为载体的基础上,更加关注边疆地区内源发展的能力,更加关注边疆地区在对外开放中的作用,更加关注边疆地区发展与内地发展的互动与协调,构成了新时期我国陆疆发展政策的主要内容。

西部大开发战略于1999年在党的十五届四中全会上被正式提出,认为该战略是"直接关系到扩大内需、促进经济增长,关系到东西部协调发展和最终实现共同富裕的重大问题,是党中央总揽全局,面向新世纪做出的重大决策"①。2001年中央政府颁布了《关于西部大开发若干政策措施的若干意见》,明确了政策适用范围为重庆、贵州、四川、宁夏、陕西、青海、广西、云南、西藏、甘肃、新疆、内蒙古等12个省区市,同时形成了一套比较完整的政策规定。西部大开发战略的政策供给主要包括:财政倾斜政策,中央采取多种方式筹集专项资金,重点支持西部基础设施建设,特别是涉及交通、铁道、水利等建设项目时,不断提高西部地区项目在总项目中的占比。同时中央在一般性转移支付和专项转移支付中继续加

---

① 曾培炎:《西部大开发决策回顾》,新华出版社2010年版,第11页。

大对西部地区的倾斜力度，重点强化西部地方政府在基础教育、社会保障、生态保护等方面的财政能力。金融支持政策，通过调整国有商业银行和政策性银行信贷政策，加大对西部地区重点项目的资金投放力度，通过贴息等金融手段，降低西部地区重点项目融资成本。同时发挥信贷杠杆的调节作用，支持和推动西部地区经济结构和产业结构转型升级。税收优惠政策，适当增加西部地区在共享税中的分成比例，同时针对基础设施建设、针对优势特色产业、针对生态保护事业不断加大减税力度。贸易产业政策，进一步加大对发展沿边开放和陆上贸易的支持力度，加强陆地口岸建设，加强跨境交通基础设施建设，不断完善通关制度和贸易协定。同时加强对西部地区优势产业特别是资源依托型优势产业的扶持力度。人才开发政策，从早期的运动式人口迁移政策转变为以构建合理激励机制为基础的引智创智政策，提高西部人才津贴，构筑博士后流动站等人才高地。

西部大开发战略的实施，对西部地区边疆地区的发展起到了巨大的推动作用，在一定程度上甚至改变了中国的区域经济格局。首先，西部地区经济发展水平不断提高，增长速率逐渐超越东部发达地区。即便是受全球金融危机的影响，2008年西部地区GDP增速仍达到12.4%，较之全国和东部地区分别高出0.5和1.1个百分点。1999—2008年，西部地区固定资产投资年均增速达到23.4%，较之全国和东部地区分别高出1.9和4.4个百分点。截至2008年，西部地区工业增加值在总产值中占比已提升至41.1%，增长幅度同样远高于同期全国和东部地水平。西部地区居民生活水平和对外开放水平也得到明显改善，1999—2008年西部地区人均生产总值由4283元快速提高至15951元，对外贸易额年均增长则超过25%。[①]

"兴边富民"行动于1998年由国家民委倡议发起，提出"争取用10年左右时间，使边境地区基础设施得到明显改善，边民早日富裕起来，经济和社会事业全面进步，最终达到富民、兴边、强国、睦邻为最终目的"[②]。

---

① 范柏乃、龙海波、王光华：《西部大开发政策绩效评估与调整策略研究》，浙江大学出版社2011年版，第22页。
② 国家民委"兴边富民"行动领导小组：《兴边富民行动》，民族出版社2000年版，第29页。

随后国家启动西部大开发战略,"兴边富民"行动作为西部大开发的重要配套政策,于 2000 年 2 月得以正式启动。当年确定了九个试点县(旗),中央财政安排专项资金 5100 万元。之后中央不断加大扶持力度,扩大扶持范围。截至 2009 年,中央财政累计投入超过 10 个亿,行动实施范围扩大至全部 136 个边境县和新疆生产建设兵团 58 个边境团场。

"兴边富民"行动实施 15 年以来,在不断加强陆疆地区县域交通、教育、卫生等民生基础设施建设的同时,国家根据不同陆疆区域的特点,有针对性地实施了一系列区域发展计划。在东北地区,对内利用沈阳、长春、哈尔滨等发达中心城市的辐射作用,开展技术人才产业合作,促进边境地区经济社会发展。对外,利用与东北亚接壤的地理优势,依托满洲里、珲春、丹东等口岸城市,重点发展与俄罗斯、蒙古、朝鲜等国的口岸贸易,同时促进来自日本、韩国的投资并开拓向两国的服务输出。在西北地区,对内依托乌鲁木齐、石河子、喀什等中心城市,促进边境地区城镇化和生产生活设施现代化,同时在不断完善生态建设的基础上,推动葡萄、棉花种植和深加工等特色产业发展。对外依托依宁、塔城等沿边开放城市,促进南疆铁路、三北快捷公路网等交通基础设施同中亚各国互联互通,将边境区域建设成为丝路经济带上的重要门户和节点。在西南地区,对内依托滇中城市群和北部湾城市群,承接东部产业转移,构建边境特色产业体系。对外充分利用既有的东盟合作机制和大湄公河合作机制,大力发展沿边贸易,促进边境区域经济发展。

"兴边富民"行动经过 15 年的努力,取得了显著的成效。首先,边境地区经济加速发展,经济实力得到明显提升。与 2000 年相比,截至 2010 年 136 个边境县主要经济指标均增长超过三倍,其中进出口总额更是增长超过八倍,增速超过同省其他地区,经济发展差距不断拉大的趋势得到控制,落后面貌得到明显改善。其次,边境地区水利、交通、通讯等基础设施建设水平大大提高,人民生产生活条件大大改善。同时,边民收入不断提高,生活水平大为改善,与 2000 年相比,截至 2010 年,边境地区农牧民人均纯收入增长 117%。

沿边开放政策正式提出于 1992 年。从 1982 年恢复由黑龙江向苏联的边疆贸易开始,我国沿边开放逐渐解冻。1992 年国务院颁布《关于进一步对外开放黑河等四个边境城市的通知》,标志着我国沿边开放政策正式启动。一年之后,我国沿边贸易就达到了一个高峰。然而不久边贸中的很多问题就暴露出来,贸易秩序混乱,商品质量良莠不齐,引起了边贸对象国的不满,有的国家甚至专门出台政策抵制我国出口商品。为此,我国政府收紧了边贸政策,弱化了针对边贸的经济优惠,加强了对边贸的审批和管制。这使得我国沿边开放秩序得到了较大的改善,然而沿边贸易却一直没有再得到大的发展。直至20世纪末,西部大开发战略和"兴边富民"行动计划相继提出,特别是2007年国家颁布《兴边富民行动"十一五"规划》,沿边开放作为促进边疆边境发展的重要手段再次得到了特别的重视。《关于促进边境贸易发展有关财税政策的通知》等一系列具体政策措施也陆续推出。和1992年的沿边开放政策相比,第二轮沿边开放政策又表现出一些新的特点。首先,沿边开放政策由单纯的边贸政策向边境地区区域发展政策转向。政策优惠的内容由单纯的关税减免延拓至包括关税、财政转移支付、出入境管理、货币金融支持等综合领域。政策目标也从简单的活跃边贸延拓至建设陆地口岸城市,建设陆地口岸经济区进而强化边境地区整体的发展。另外,新的沿边开放政策不仅鼓励沿边地区发展边境贸易,还特别鼓励沿边地区发展次区域经济合作。中国陆疆地区陆续涌现出图们江次区域合作、澜沧江—湄公河次区域合作等沿边次区域经济合作框架,经新疆延伸至西亚中亚地区的丝绸之路经济带更是已经成为重要的国家战略。

  沿边开放政策的实施在很大程度上促进了我国陆疆地区的发展。沿边地区的GDP由1993年的2.5万亿元增加到2009年的6.2万亿元。以经济发展总体水平指数[①]衡量,辽宁、吉林、黑龙江、广西、云南、内蒙古、甘肃、新疆、西藏等沿边九省区经济发展水平较之全国平均水平有显著的提升。较之全国的相对水平由1994年的0.359提升至2009年0.518。同时,通过加强与毗邻国的经济合作,我国边境地区的经济产业结构也得到了相当的改善。

  新中国建立以来,针对边疆发展中出现的各项政策需求,中央和地方

---

① 张丽君、陶田田、郑颖超:《中国沿边开放政策实施效果评价及思考》,载《民族研究》,2011年第2期。

政府推出了一系列边疆发展政策，形成了相当充实的政策供给，较好地回应了各项政策需求。建国后边疆区域开发政策的有效实施，以生产要素输送为主要手段，以基础设施基本能力建设为主要目标，使中国陆地边疆地区基本摆脱了生活绝对贫困、生产绝对落后的状态，大大加强了陆疆地区经济社会面貌同内地的同质化。新时期边疆区域发展政策的不断推进，更是有效地促进了我国陆地边疆地区的经济发展，促进了陆疆地区与内地陆疆地区及毗邻国之间的区域协同与合作，也使我国区域经济格局逐渐发生变化。2013年我国沿边九省区GDP增速均超过全国平均7.7%的水平，边疆地区与内地的经济发展差距已经开始逐渐缩小。

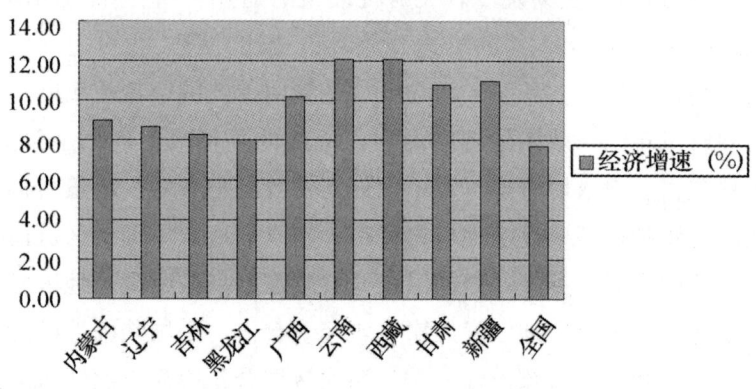

图3　2013年边疆九省区经济增速

2. 当代陆地边疆稳定政策

首先必须注意到，建国以来政府实施的几乎所有陆疆发展政策都具有维护边疆稳定的政策含义，都在某种程度上回应了陆疆治理中维护稳定的政策需求，甚至可以说其本身就是稳定政策的一个组成部分。1981年《关于恢复新疆生产建设兵团的决定》中，提到"生产兵团屯垦戍边，发展农垦事业，对于发展自治区各民族的经济、文化建设，防御霸权主义侵略，保卫祖国边疆，都有十分重要的意义"。2014年习近平在新疆五家渠市召开兵团座谈会时，也提到"历史上，从秦始皇时代后的各个朝代都把屯垦戍边当作开发边疆、巩固边防的重要举措。新疆地区的屯垦活动，从汉武帝开始，已经有2000多年的历史。屯垦兴，则西域兴；屯垦废，则西域乱"。2007年《兴边富民行动"十一五"规划》开篇即提出"为深入推进兴边富民行动,促进边境地区加快发展,帮助边民尽快富裕,巩固祖国万里边疆……制订本规划"。2014年国家民委主任王正伟在《中国民族报》撰文《将兴边富民行动一任接着一任干下去》,认为"兴边富民行动自世纪之交启动实施以来,成为推动边境地区发展的一面旗帜,成为做好新形势下民族工作的一个有力抓手"。文中提到"兴边富民"行动的出发点为"着眼党和国家事业发展全局","推进边疆地区经济社会发展","维护万里边疆安定团结"。边疆发展政策的有效实施,大大改变了我国边疆地区的落后面貌,边疆地区发展水平同内地之间的差距出现了缩小的趋势。这很好地支撑了边疆地区的民族团结,促进了边疆地区的宗教和睦,为边疆地区的社会稳定奠定了坚实的基础。然而,边疆地区发展与稳定之间的内在逻辑联系和传导机制仍有待深入的分析。在以GDP为代表的宏观经济增长之外,越来越多的学者开始关注边疆地区就业、教育等民生发展在维护边疆稳定中的作用。① 各民族在主流经济生活中的参与程度,在经济一体化进程中所处的地位等问题也受到了越来越多的关注。什么样的边疆发展政策和边疆发展模式更能支撑边疆地区的团结稳定?本章最后将作更为详细的讨论。

　　边疆发展为边疆稳定奠定了坚实的基础,边疆民族政策和边疆宗教政策的有效实施在维护边疆稳定中同样扮演着核心角色。我国的陆地边疆地区多为少数民族聚居区,以民族识别和民族区域自治制度为核心的边疆民族政策体系有效地保障了边疆地区的民族团结和社会稳定。我国边疆地区少数民族信仰结构复杂,如何处理好不同信教群众之间的关系,如何管理好不同的宗教活动场所也是边疆稳定工作中一个重要的组成部分。

　　民族识别作为制订民族政策的基础性工作,在新中国建立后不久就被提上了议事日程。1953年第一次人口普查时,民族成分采用自愿自主的方式申报,结果全国共上报了超过400种民族名称。随即民族识别作为一项必须解决的基础性工作被正式提上了民族工作的日程。1953年中央民委派员赴东南沿海调研,认定畲民不属汉族亦不属瑶族,为一独立民族。

---

① 王蜀:《国家治理体系现代化视阈下的边疆治理研究》,载《中共贵州省委党校学报》,2014年第3期。

同年在东北又确认达斡尔人为单一少数民族。到1954年，在对识别族体的历史渊源进行仔细追溯的基础上，结合现实的民族特征和民族自我意识，中央民委从第一次人口普查获得的400多种民族名称中，共确认识别了38个少数民族，其中包括蒙古、回、藏、维吾尔、苗、瑶、彝、朝鲜、满、壮、布依、侗、白、哈萨克、哈尼、傣、黎、傈僳、佤、高山、东乡、纳西、拉祜、水、景颇、柯尔克孜、土、塔吉克、乌兹别克、塔塔尔、鄂温克、保安、羌、撒拉、俄罗斯、锡伯、裕固、鄂伦春等民族。之后历经近40年，除"文革"时期中断外，民族识别工作一直在慎重仔细的推进。到1990第四次人口普查时，又确认了阿昌、布朗等17个少数民族。至此，中国统一多民族大家庭56个民族的构成基本弄清，民族识别工作基本完成。

民族识别工作的基本完成意味着我国众多少数民族得以"返本归源"，成为多民族大家庭中的平等一员。① 民族识别使各少数民族的族称和少数民族群众的民族成分得到国家的正式承认和认定，为各少数民族群众依法享受国家规定的民族区域自治政策和各项民族政策提供了依据。在此基础上，民族平等、自由使用和发展少数民族语言文字、尊重少数民族风俗习惯、保护少数民族宗教信仰自由、培养民族干部、帮助少数民族发展经济文化等少数民族优惠政策才能得到有效的实施。今天国际上有众多国家都是多民族国家，其中一些国家的民族构成相当复杂，然而极少有国家对本国的民族构成作出官方详细地考察和认定。我国民族识别工作的基本完成为这一领域的工作积累了丰富的经验，受到许多多民族国家的重视和肯定。同时，历时40年的民族识别工作也为我国民族学研究积累了丰富的资料。民族识别工作中所做的大量实地调研，使我们对各民族语言、风俗、社会发展状况、民族历史等情况有了系统的了解和掌握。在民族识别工作中，民族学研究队伍也得到了极大的锻炼，以相关专家学者为骨干，以大批民族工作干部、研究人员基础，形成了一支逾千人的民族学研究队伍，构建了一套较为成熟的调查研究工作机制。

民族区域自治制度是中国共产党处理国内民族问题的一项基本政策。

---

① 黄光学、施联朱：《中国的民族识别》，民族出版社2005年版，第123页。

新中国建立后，这一制度立即被以基本政治制度和国家制度的形式确立下来。1949年中国人民政治协商会议第一届全体会议上通过的宪法性文件《中国人民政治协商会议共同纲领》中就专设"民族政策"一章，其中载明"各少数民族聚居的地区，应实行民族的区域自治，按照民族聚居的人口多少和区域大小，分别建立各种民族自治机关。凡各民族杂居的地方及民族自治区内，各民族在当地政权机关中均应有相当名额的代表"。随后，1952年中央政府又批准了专门的《中华人民共和国民族区域自治实施纲要》。到1954年《宪法》，民族区域自治制度、各级自治机关的构成和职权被以根本法的形式确定下来，确立了我国以自治区、自治州、自治县为主体的三级民族区域自治体制。之后在历次政治运动中民族区域自治制度遭到了不同程度的削弱和虚置。改革开放后民族区域自治制度的地位得以重新确立，1982年《宪法》在总纲中再次明确"各少数民族聚居的地方实行民族区域自治，设立自治机关，行使自治权"，同时以"民族自治地方的自治机关"专门一章具体规定了自治机关的设立规则和自治权的主要内容。1984年全国人大又通过了专门的《民族区域自治法》，明确规定了民族区域自治机关的组成、自治机关的自治权、相关上级国家机关的职责、民族自治地方法检两院的地位和职责等内容，深化了民族区域自治制度的法制化，使其真正成为国家政治生活的一项基本规范。① 《民族区域自治法》颁布后，在全国掀起了一场建立和规范民族区域自治地方的浪潮，到2001年《民族区域自治法》修改时，全国共建立了五个自治区、30个自治州和120多个自治县，我国现实的民族区域自治体系在全国范围内得以基本建立。

　　民族区域自治制度实施50多年来，首先是有效地保障了我国各少数民族对自身事务的自治权。到20世纪末，全国已有45个聚居的少数民族建立了民族自治地方，民族自治地方占国土面积超过60%，实行自治的少数民族人口占全国少数民族人口的75%。② 在法律规定不设立自治地方的县级以下地区，还建立了1200多个民族乡，对当地聚居少数民族的利益

---

① 周平：《民族区域自治制度在中国的形成和演进》，载《云南行政学院学报》，2005年第4期。
② 陈云生：《中国民族区域自治制度》，经济管理出版社2001年版，第204页。

进行照顾。同时有效地保障了各少数民族的自治权力，民族区域自治制度也就成为了我国协调少数民族同汉族关系，协调各少数民族之间关系的重要政策工具。建立在少数民族区域自治制度基础之上，国家还实施了一系列有针对性的经济社会政策，帮助和支持少数民族聚居地区的经济社会发展。

  宗教政策在我国陆疆治理中占有特殊重要的地位。我国陆疆地区少数民族聚居，各少数民族信仰宗教是一种普遍现象，其中西南、西北地区尤为突出，很多少数民族全民信教。我国陆疆地区各民族宗教信仰门类派别繁多，结构较为复杂①，这与民族结构、陆疆发展相对落后等问题一起，为我国陆地边疆地区的稳定带来挑战。正因为宗教问题的重要性，新中国筹建伊始，中国共产党就对该问题进行了特别的关注和安排。《中国人民政治协商会议共同纲领》总纲第五条，就明确提出了中华人民共和国的人民享有宗教信仰自由的权利。然而，当时我国的宗教体制和宗教团体中遗留下较深的封建主义和帝国主义的因素，如何审慎地对其进行改造是一个无法回避的问题。当时具体涉及的主要是两个方面的问题：一是没收教堂的封建地产，限制其封建特权，仅保留其进行宗教活动必不可少的活动场所；二是明确教会与教会学校之间的关系仅限于协助经费和主持宗教选科，要求教会不能干涉教会学校的日常教学活动。总体上要求各宗教团体一方面必须遵守新中国的各项法律法规，另一方面要切断与帝国主义势力的联系，形成"自治、自传、自养"的新型宗教体制。1957年周恩来明确提出，"不信仰宗教的人应当尊重信仰宗教的人，信仰宗教的人也应当尊重不信仰宗教的人。不信仰宗教的人和信仰宗教的人都可以合作。信仰不同宗教的人也可以合作"②，这构成了当时新中国宗教政策的基本方针。随后，在历次政治运动和"文化大革命"中，我国的宗教政策受到了严重的干扰和破坏。

  改革开放之后，中央迅速着手宗教政策的恢复，出台了一系列在宗教界"拨乱反正"的政策措施，逐渐落实了对宗教团体、宗教场所和信教群众基本权利的保障。1982年中央印发《关于我国社会主义时期宗教问题

---

  ① 方盛举、吕朝辉：《宗教信仰与中国陆地边疆治理》，载《云南民族大学学报》（哲学社会科学版），2014年第1期。
  ② 《周恩来统一战线文选》，人民出版社1984年版，第387页。

的基本观点和基本政策》，明确提出"经过社会经济制度的深刻改造和宗教制度的重大改革。宗教问题上的矛盾已经主要是属于人民内部的矛盾"。当然同时国家宗教工作也必须积极引导宗教团体和宗教事业不断与社会主义社会相适应。一方面，要警惕国外反华势力利用宗教对国内特别是对青年群体进行渗透；另一方面，也利用宗教教义中许多正面的内容，支持宗教团体参与社会公益事业。① 新世纪以来，中央和地方各级政府又实施了"创建和谐寺观教堂"活动等一系列新形式的宗教政策。2004年国务院颁布了《宗教事务条例》，使我国宗教事务法制化进程更上了一个台阶。

新中国建立以来，中央和各级地方政府以经济社会发展为根本动力，以民族工作和宗教工作为主要内容，制定和实施了一系列政策措施，较好地回应了我国陆疆地区治理中出现的各种政策需求，总体上创造了一个稳定和谐的边疆社会环境。然而新疆"7·5"事件和西藏"3·14"事件的发生，也表明当前陆疆稳定问题正在出现一些新的特征。信息技术的迅速发展和国内国际人员流动性的大大增强向我国陆疆稳定政策的有效性提出了越来越多的挑战。很多陆疆稳定问题以民族宗教问题的面貌凸现出来，其后却往往隐藏着较为深刻的发展问题。

3. 当代陆地边疆安全政策

新中国建立之初，我国边疆安全领域所面临的最急迫的政策需求是来自陆上邻国的军事威胁。然而随着时间推移，国际战略形势不断变化，陆上勘界工作不断推进，陆疆地区军事形势逐渐平静。与之相伴随，边境地区各种经济社会活动不断发展繁荣，穿越边界的人员、货物流动大大增加，给边境管理和边境安全带来了新的问题和挑战。近年来为寻找新的经济增长点，保障国家经济安全，扩大内陆沿边开放成为一项重要的国家政策。如何创新边境管理模式，提高边境服务质量，保障和促进跨境经济活动逐渐成为边疆安全领域的重要议题。与政策需求的不断变化相适应，我国边疆安全政策供给的重点也由军事防卫经由边境管理进而向边境服务不断演进。在我国边疆安全政策体系中，边防和边境管理、陆上海关体系和睦邻外交政策处于核心地位。

---

① 金义枫：《中国共产党宗教政策发展述略》，载《当代中国史研究》，1999年第5、6期。

陆疆边防任务在新中国建立之初是由公安部边防局来承担的。以从解放军中抽调的力量为基础，1950年公安部边防局在各大行政区、各边境省区分别建立了若干边防局，同时又建立若干边防分局，形成了遍布陆疆地区的一线边防管理机构，初步构建了新中国的边防体系。1951年由于抗美援朝的需要，中央在原有边防机构和边防部队的基础上抽调内卫部队的部分兵力，整编形成了中国人民解放军边防公安部队。1955年边防公安部队又改名为公安军。20世纪70年代，由于边防形势趋于严峻，边防工作逐渐交由人民解放军承担，边防部队也由边防站体制改为战斗边防体制。到80年代，邓小平作出"和平与发展是世界主题"的战略判断，我国的边防工作逐渐回归常态。1980年国家组建边防武装警察部队（后改名公安边防部队），承担边防、边境管理和出入境检查任务。公安边防部队和驻扎在中朝、中缅边境的人民解放军一起，共同构成了我国陆疆边防的有生力量。建国后我国的边防设施现代化建设也取得了长足的发展。到20世纪60年代中期，全国陆疆地区基本完成了边防骨干工程的建设，其后又在东北、华北、西北等地区建设了一系列纵深国防工程，形成了我国边防设施的骨干基础。进入新时期，1982—1985年国家实施了边海防三年规划，逐步解决了一线边防部队在住房、吃水、医疗、交通等方面长期存在的困难，大大改善了边防官兵的生活和工作条件。随着通讯、电子监控、卫星遥感等能力的不断加强，我国现代化信息化的边境防卫和管理体系逐步实现。

改革开放以来，我国的陆地边境地区逐渐从对抗对峙的前哨变成了交流与开放的前沿。以云南为例，全省共有国家一类口岸16个、二类口岸7个，年进出口额超过110亿美元，与毗邻国家的区域经济合作机制也日趋成熟。与之相适应，边防和边境管理就必须促进边境地区从封闭的旧秩序向开放的新秩序平稳转型。为此，边防部队实施了许多新的边境通行、居住和生产作业管理办法，在方便边贸促进跨境交流的同时，有效地遏制走私、毒品、跨境赌博等跨境犯罪活动。更进一步，边防部门不断创新完善边境管理工作，逐渐向边境服务转型。例如，中俄界河额尔古纳河畔的室韦边防派出所为推动边境旅游快速发展，主动协调地方政府，对"家庭游"从业人员进行法律、安防知识培训，同时规范"家庭游"从业人员遵守相关规定，避免出现宰客和哄抬价格的现象。

海关工作在新中国建立伊始就受到了中央政府的高度重视，1949年10月25日海关总署即告成立。旧中国原有的173处海关被调整为70处，根据《关于海关总署直接领导全国各地海关的通知》全部由海关总署直辖。随后政务院颁布《关于关税政策和海关工作的决定》，明确了新中国海关的性质、任务、管理体制、税则、税率等基本要素，要求海关及其关税行为必须为保护国家主权和根本利益、发展工农业生产、促进社会主义建设服务。① 1951年中央和海关总署又先后颁布了《中华人民共和国暂行海关法》、《中华人民共和国海关进出口税则》、《海关进出口税则暂行实施条例》等30余部海关法律法规和业务规章，新中国海关的基本形态和运行模式得以建立。然而1953年社会主义改造启动之后，对外贸易逐渐由国营公司专营，国营公司进出口合同可以得到许可证审批，海关的贸易管理职能和关税税收职能逐渐被削弱。行政隶属上，海关总署被并入对外贸易部，各地海关也被并入相应的对外贸易管理局，各地海关开始接受外贸部和地方的双重领导。直至"文革"时期，海关征收关税职能被取消，实行所谓"税利合并"制度，海关各项职能几乎被完全虚置。改革开放之后，海关的工作得以恢复到促进和保障国家经济发展、对外开放和现代化建设上来。1980年国务院颁布《关于改革海关管理体制的决定》，恢复了海关总署，重建了全国海关的垂直领导体制。其后30余年，中国海关制度不断调整和完善，中国亦从一个封闭的贸易弱国逐渐成长为全球贸易第一大国，并且逐渐向贸易强国转型。

新中国建立后相当长的一段时间内内陆省区都不设海关。直到1985年设关原则调整为"根据对外开放的需要，从有利于对外经济贸易和国际交往的开展，有利于海关的监督管理出发，在对外开放口岸和进出口业务比较集中的地方设立海关机构"，内陆各省的海关和沿边海关监管机构才逐渐得以建立，为沿边开放和保障沿边口岸贸易安全提供了有效的保障。

周边外交政策在维护我国陆地边疆安全的过程中起到非常重要的作用。依据不同时期的周边国际战略格局，同时受不同时期决策者主观认识

---

① 白雪燕：《中国海关概论》，中国海关出版社2008年版，第28页。

的影响，我国的周边外交政策呈现较明显的阶段性特征。建国初期，中国在国际上相对孤立，周边国际环境较为紧张，中央采取了对苏"一边倒"的外交战略。"一边倒"战略的实施使得中国迅速得到了周边社会主义阵营各国的承认和支持。苏联政府立即承认了新中国政府，朝鲜和蒙古也很快同中国建立了友好关系。中国还积极支持越南共产党领导的民族解放战争，并第一时间承认了越南的独立。在"一边倒"战略之外，中国还提出了"中间地带"外交的概念，从而与不少周边民族主义国家建立睦邻友好关系。印度、巴基斯坦、锡兰、尼泊尔、阿富汗、柬埔寨、缅甸先后与中国建立了外交关系。中国的周边外交实现了第一次突破。然而进入60年代，随着中国与苏联关系紧张，中国周边外交环境开始恶化。中国政府采取了"既反美又反苏"的外交战略，更加剧了周边外交的紧张。此间中国与印度又发生边境战争。虽然通过提供经济援助，签订友好条约或互不侵犯条约等途径与缅甸、尼泊尔、阿富汗等陆上邻国缓和关系，但总体上当时中国周边外交环境异常紧张。进入70年代，随着美国与苏联实力对比的下降，中美关系出现缓和，中国开始执行主要针对苏联的"一条线"外交战略，同时提出"三个世界"的概念。此间中国先后与马来西亚、菲律宾、泰国建立了外交关系，与新加坡开展了友好往来，与东盟关系也进一步发展，同时在对越自卫反击战中取得胜利。周边外交环境总体上得到改善。进入80年代，根据邓小平"和平与发展是当今世界的主题"的基本判断，中国开始执行不与任何大国结盟的独立自主的外交战略。随着与苏联关系的正常化，中国与蒙古的关系得到全面改善，1986年两国签署了《五年贸易协定》。同时中国与越南的关系也出现了明显的缓和，直至两党两国最高领导人实现会晤，推动中越两国关系正常化。苏联解体、东欧剧变之后，中国北疆、西北疆外交环境发生了重要变化。利用这一变化，中国很好地处理了与俄罗斯的关系，构建了中俄持续稳定的伙伴关系。同时，通过上海合作组织、丝绸之路经济带等一系列载体，中国与西北几个前苏联邻国也保持了较好的关系。随着2008年中国与越南完成陆上勘界工作，中国与陆上邻国边界争端基本解决，周边安全政策的重点也逐渐从传统安全领域向非传统安全领域转移。遏制跨境犯罪活动，遏制暴力恐怖、民族分裂、宗教极端等"三股势力"的跨境渗透成为周边外交政策在安全领域的主要目标。

当代中国边疆安全政策体系以边防体系、边境管理体系和口岸海关体系为基础，以周边外交政策为延伸，较好地回应了新中国不同时期的陆地边疆安全政策需求，使中国从频繁遭受封锁和军事骚扰的封闭孤立的边疆环境之中，逐渐走上与各陆上邻国和睦相处、合作发展的新道路，为促进边疆发展和维护边疆稳定提供了有力的支撑。当然，如何应对非传统安全领域新的边疆安全挑战，如何有效地为"一带一路"等重要国家发展战略服务，成为当前中国边疆安全政策需要面对的主要问题。

4. 当代陆地边疆政策体系

新中国建立以来，中央和地方政府施行了众多陆地边疆治理政策，与不同时期不断变化的陆疆治理政策需求相对应，这些政策形成了当代中国特有的陆疆治理政策供给，逐渐构成了一个较为完整的陆疆政策体系。中国陆疆政策体系从政策目标的角度大致可以分为发展政策、稳定政策和安全政策。各领域政策各有侧重又相互关联、相互支撑，共同服务于完善陆疆治理以至于国家治理的总目标。中国当代陆疆发展政策按实施时间和政策目标，大致可以分为两类。一类是新中国建立后不久即开始实施的，旨在建设边疆地区基本生活生产设施，满足边疆群众基本生活生产需要和战备需要的边疆区域开发政策，如生产建设兵团制度、早期对口支援制度等；另一类是改革开放后特别是 90 年代后实施的，旨在扩大沿边开放，搞活边疆经济，协调国家区域经济发展，促进边疆地区实现小康的边疆区域发展政策，如"兴边富民"行动、西部大开发战略等。中国当代陆疆稳定政策的基石是边疆发展政策的有效实施。同时，由于我国陆地边疆地区多为少数民族聚居地区，且边疆少数民族信仰结构复杂，以民族识别、民族区域自治为主干的边疆民族政策和以独立自主自办为原则的边疆宗教政策在边疆稳定政策中同样处于核心的地位。当代中国陆疆安全政策是国门政策，对中国陆地边疆地区的发展和稳定起到重要的保障作用。陆疆安全政策以边防政策、边境管理政策、口岸海关体系和周边外交政策为载体，从应对邻国军事威胁的需要，逐渐向保障边境经济合作、扩大内陆沿边开放、保障国家经济安全的需要转型。

中国陆疆政策体系作为一套完整有机的制度安排，作为对陆疆政策需求的一种整体性的回应，其真实的供给效果和供给效率都受到相应政策运行体制和现实政策实施过程的制约。或者说具体的政策实施过程和政策运行体制也是中国陆疆政策体系不可分割的一部分。中国是单一制国家，中央享有几乎所有行政权力，向地方政府转授和收回权力几乎没有任何障碍。中央同时享有所有行政官员的最终任免权，因而可以较为有效地构建一定程度上超越地方利益的激励机制。正因为这样，只要中央政府下定决心，中国各项陆疆治理政策的实施一般都比较彻底。几十年来，基本形成了一种中央强力主导，沿边各级地方扎实落实，内地发达地方积极支持配合的陆疆政策实施模式，较为有效地保障了陆疆治理政策体系的有效运转。当然，由于中国实际上的"财政联邦制"特征，边疆与内地在陆疆治理政策实施过程中也存在一些利益协调的问题。

新中国建立60余年来，陆疆政策体系总体上适应了各项陆疆政策需求，推动陆疆地区完成了跨越式的发展，创造了陆疆地区总体稳定的大好局面，保障了陆疆国门的安全和秩序。边疆区域开发政策的有效实施，使中国陆地边疆地区基本摆脱了生活绝对贫困、生产绝对落后的状态，大大加强了陆疆地区经济社会面貌同内地的同质化。新时期边疆区域发展政策的不断推进，更是有效地促进了我国陆地边疆地区的经济发展，促进了陆疆地区与内地陆疆地区与毗邻国之间的区域协同与合作，也使我国区域经济格局逐渐发生变化，边疆地区与内地的经济发展差距已经开始逐渐缩小。中央和各级地方政府以经济社会发展为根本动力，以民族工作和宗教工作为主要内容，制定和实施了一系列政策措施，总体上创造了一个稳定和谐的边疆社会环境。以边防体系、边境管理体系和口岸海关体系为基础，以周边外交政策为延伸，当代中国陆疆安全政策较好地回应了不同时期的陆疆安全政策需求，使中国从频繁遭受封锁和军事骚扰的封闭孤立的边疆环境之中，逐渐走上与各陆上邻国和睦相处合作发展的新道路，为促进边疆发展和维护边疆稳定提供了有力的支撑。

三、当代陆地边疆治理中的公共政策选择

当代中国陆地边疆政策体系总体上运转良好。然而随着时代的发

展，中国陆地边疆治理中也涌现出一些新的问题和挑战。在边疆发展领域，在基本消灭绝对贫困绝对落后的基础上，如何进一步激发区域经济发展的内生动力，如何促进经济产业发展与全国其他地区的互动协调，如何深入推动边疆地区全面建设小康社会，如何在扩大对外开放的基础上寻找新经济增长点、保障国家经济安全等一系列问题成为新的课题。边疆发展与边疆稳定、边境安全之间的关系也需要进一步分析，什么样的边疆发展最能有效地保障边疆地区的稳定和安全仍然是一个值得深入思考的问题。在边疆稳定领域，新疆"7·5"事件、西藏"3·14"事件、昆明"3·01"事件等严重暴力恐怖事件的发生，使得民族关系问题再次凸显，并且表现形式出现了新的变化。与民族关系问题相伴随，新的宗教问题也开始涌现，一些境外敌对势力利用宗教对中国边疆地区进行干扰和渗透。民族问题和宗教问题常常交织在一起，对中国边疆稳定构成威胁。在边疆安全领域，当前边境的和平环境使得穿越边界的人员、货物流动大大增加，给毒品等违禁品的走私提供了条件，使关税的征缴增加了难度，同时也增加了国外敌对势力向国内渗透的风险。由于族群、语言和文化传统的相似性，随着经济互动的增加，边界两边居民的社会生活呈现出事实上的一体化倾向。这种新的边境社会现实也对边境管理提出了新的要求。随着中国沿边开放战略的提出和实施，边境管理在被动应对边境地区新问题新挑战的同时，也需要更多地承担保障沿边贸易、促进陆疆地区跨境经济合作的任务。面对陆地边疆治理领域涌现出的很多具有挑战性的政策需求，中国陆疆治理政策规划应该也必须作出有效的回应。而这种有效的回应又必须建立在对陆疆治理领域一些基本问题的深入思考之上。

1. 族际主义与区域主义

"边疆"从字面理解完全是一个区域性的概念，是指靠近国界的边远的地方。然而边疆问题和边疆治理一直以来却被放在民族问题的语境下进行讨论。在中国历史上漫长的王朝时期，并没有形成现代意义下区位明确的国家边界，因而当时的边疆实际上是指与王朝核心区距离较远、王朝中央政权控制力较弱的地方。在这些边远地方主要居住的是汉族之外的其他民族。由于当时区域间交流和人口流动相对困难，内地与边疆的这种区域上的分隔同时又构成了以民族为标签的生活方式、生产方式和宗教文化结构上的分隔。因此，对于当时的中央王朝，边疆问题的核心就是民族问题，而边疆"治理"的主要任务就是调整边疆各民族与汉族中央政权之间的关系。直至清朝中期，在沙俄等列强的挤压之下，中国逐渐形成了较为清晰的国家边界。为应对边疆压力，清政府亦逐渐开始在边疆地区推行与内地同质的统治制度。可以说虽未对族际主义的边疆治理模式形成挑战，一种新的着眼于区域的边疆治理思维开始出现。① 在随后战乱不断的"中华民国"时期，中央政府在边疆治理过程中逐渐确立了区域治理的取向。新中国建立后，区域取向的边疆治理政策没有得到长期的坚持，边疆治理一直被放在民族政策的框架下进行讨论。"兴边富民"行动这样一个更多体现区域含义的边疆治理重大政策也始终是在国家民族事务委员会的主导下推行的。

在中国当代陆地边疆治理政策规划中，选择族际主义取向还是区域主义取向是一个值得思考的重要问题。所谓边疆治理政策的族际主义取向，即是指以处理族际关系为核心的边疆政策取向。与之相对应，边疆治理政策的区域主义取向，则是指以处理区域性问题为核心的边疆政策取向。公共政策供给的选择，应该取决于其所面临的公共政策需求的性质。只有公共政策供给很好地回应了特定时空的公共政策需求，公共政策才能表现出较好的效果和绩效。那么，当前中国陆疆治理中公共政策需求的性质如何呢？我们认为，当前中国陆疆治理领域中区域性需求已经占据了主导地位。中国已经在所有边疆地区建立了与内地同质的司法和行政体系。随着边疆内地间持续的双向人口迁移和日益频繁的文化交流，边疆与内地在社会文化形态上的差异逐渐缩小。"边疆"这一概念本身主要呈现出区域的特征，而非族际的特征。新中国60余年的建设史，特别是改革开放30余年的发展史已经将边疆各族人民的愿景集中到经济社会的发展上来，全面建成小康社会已经成为边疆各族人民共同的中国梦。可以说当前中国边疆

---

① 周平：《中国的边疆治理：族际主义还是区域主义》，载《思想战线》，2008年第3期。

治理在发展、稳定和安全领域所需要应对的新挑战，主要都是区域性的问题。

当然，近年来新疆"7·5"事件、西藏"3·14"事件、昆明"3·01"事件等严重暴力恐怖事件的发生，使得在边疆治理领域，民族关系问题再次凸显，并且表现形式出现了新的变化。第一，民族问题与暴力恐怖主义相联系，暴力恐怖活动向内地渗透程度加深。民族分裂势力和宗教极端势力越来越倾向于采用针对无辜群众的暴力恐怖手段来制造事端。随着边疆内地间交通日益便捷、交流日益频繁，暴恐活动向内地渗透的程度开始加深。随着信息技术的发展特别是各类自媒体的发达，单次暴恐活动的影响范围不断扩大，对社会氛围和群众生活的影响越来越深。第二，民族分裂势力与境外反华势力关系复杂化。一方面，几乎所有国内活跃的"三股势力"均与境外反华势力有所勾结，甚至都有"流亡"境外的所谓组织机构；另一方面，许多境外反华势力又都以境内"三股势力"为筹码，向某些国际力量献媚示好讨要资源。第三，民族问题制约边疆发展，进而威胁国家经济安全的可能性增加。暴恐事件的主要危害之一就是打击公众信心，影响社会秩序，进而干扰经济活动和经济发展。新疆"7·5"事件发生后，超过8万团队游客立即取消了赴疆旅行，新疆旅游在传统旺季遭遇"冻结"，整个旅游业和相关产业遭遇重创。当前中央将"一带一路"建设提高到国家重要战略的高度，更是赋予陆地边疆地区以全国性的经济意义。陆疆民族问题如不能妥善处理，将影响向西开发大局，乃至影响国家经济发展和经济安全。

当前中国陆疆治理中所面临的主要是区域性的问题，然而民族问题在局部也较为突出，并且呈现出一些新的特点。因此，陆疆治理政策规划应总体采取区域主义取向的同时，也应更加注意民族问题的处理和族际关系的协调。或者说可以也应当通过区域主义的陆疆政策安排，更好地协调族际关系和处理民族问题，应当以边疆地区的区域发展来推动边疆各民族的繁荣和发展，应当以边疆地区的区域稳定和安全来引导边疆各民族的团结与和谐。

2. 软治理政策与硬治理政策

当代中国陆地边疆治理中存在着两种相互区别的治理模式，即软治理模式和硬治理模式。与之相对应，当代中国陆疆政策也可归类于软治理取向与硬治理取向。所谓陆疆政策的软治理取向，是指在发展上中央和内地发达地方投入资源对边疆地区进行援助帮助，对边疆地区采取特别的照顾和倾斜措施。新中国建立后实施的众多边疆区域开发政策均具有明显的软治理倾向，改革开放后陆续实施的边疆区域发展政策也都不同程度的包含软治理政策的成分；在处理边疆民族宗教问题上，强调互相尊重、平等交流、相互帮助的原则，以争取边疆地区各族群众对多民族国家的认同，建立在民族识别基础上的民族区域自治制度和众多少数民族优惠政策均具有明显的软治理倾向，对边疆各种宗教信仰的包容态度也体现了软治理的理念。所谓陆疆政策的硬治理取向，是指在发展上中央和内地发达地方在向边疆地区输送资源的同时，更着力于培养和提升边疆地区自身的发展能力，当前中国实施的若干边疆地区发展政策均以硬治理取向为主导；在边疆民族宗教政策上，以国家法律法规为准绳，明确各社会主体的权利义务，严厉打击各类危害边疆安全稳定的犯罪行为，国家在打击边疆"三股势力"、打击陆疆走私等领域的一系列严厉政策都体现了硬治理的政策取向。

　　软治理政策与硬治理政策各有其功能也各有其局限。边疆软治理政策措施通过资金、人才、技术等生产要素的输送，有效地推动了边疆地区的基础性发展，帮助边疆地区走出了普遍贫困落后的状态，同时传达了关心、爱护和尊重的精神，有利于边疆各民族群众建立对国家、政权、政党的认同。当然软治理政策也存在一些局限，一方面过多的倾斜性政策容易使边疆地区在产生发展惰性的同时自尊心受到伤害；另一方面过多的倾斜性政策也容易使边疆地区产生地区特权意识，而义务与责任意识淡漠。边疆硬治理政策在要素输送的同时，特别关注边疆地区自我发展能力的提升，特别注重培养边疆发展的内生动力，使边疆发展的质量得到有效提高，同时提高了边疆治理的法制化水平，有效地遏制边疆地区的各类违法犯罪行为。当然硬治理政策也存在一些局限，一方面过于强调硬治理政策取向容易使边疆各种社会主体产生抵触情绪，影响团结，降低治理效果；另一方面过于强调硬治理政策倾向也容易忽略边疆民族地区的特殊性，导致"一刀切"治理方式泛滥。①

面对当前中国陆疆治理中出现的新的政策需求，应当注意软治理政策与硬治理政策的有机结合。要想把软治理政策和硬治理政策有机地结合起来，使它们在分工中发挥最大的治理效能，首先，必须梳理和明确各个治理主体的地位和功能。中央政府应提供宏观战略规划和充分的财政支持，边疆地方政府应承担起边疆治理的直接责任，组织实施好各项边疆政策，同时也应当有序地培养边疆社会民间组织力量，整合边疆社会自身具有的治理资源。其次，要特别注意边疆地区权利和义务的合理匹配，让边疆各族群众在充分享受权利的同时，能够自觉承担国家法律规定的各项责任和义务。再次，许多边疆问题具有两面性，在特定的条件下会相互转化。一些本来属于软治理范畴的问题在特定条件下发生转化时，可辅之以硬治理政策，而一些本来属于硬治理范畴的问题在特定条件下发生转化时，同样可辅之以软治理政策。最后，在当代中国陆疆治理实践中软治理政策和硬治理政策不可偏废，有机统一、软硬皆强的政策模式才是最优的政策组合。

3. 边疆发展转型与边疆稳定

发展与稳定一直是边疆治理领域的核心议题。一方面，推动边疆发展往往被看作是维护边疆稳定的最重要的手段。云南省在《中共云南省委云南省人民政府关于建设民族团结进步边疆繁荣稳定示范区的实施意见》中明确提出，指导思想为"以共同发展促进民族团结，以边疆繁荣促进边疆稳定"。另一方面，维护边疆稳定又构成了边疆发展政策重要的甚至是主要的政策目标。那么边疆发展与边疆稳定之间是否天然存在某种正向相关的关系呢？边疆发展与边疆稳定之间相互影响的作用机制是怎样的呢？在研判边疆治理政策的过程中，发展与稳定之间的关系必须首先得到厘清。

事实上总量意义下的经济增长并没有带来预想中的边疆稳定。如图4所示，新疆地区生产总值1953年为0.087亿元，1978年增长到0.39亿元，增长了3.5倍，2008年增长到42亿元，此时新疆经济总量已相当于

---

① 方盛举、吕朝辉：《中国陆地边疆的软治理与硬治理》，载《晋阳学刊》，2013年第5期。

1978年的108倍,相当于1953年的483倍。西藏地区生产总值1953年为0.014亿元,1978年增长到0.067亿元,增长了3.8倍,2008年增长到3.9亿元,此时西藏经济总量已相当于1978年的58倍,相当于1953年的279倍。在经济增长的中国奇迹之下,建国以来特别是改革开放以来,边疆地区也创造了总量增长的"边疆奇迹"。然而,正是在2008年以及随后的2009年,新疆"7·5"事件和西藏"3·14"事件相继发生,给中国边疆稳定和民族团结提出了新的挑战。经济总量的增长无法完全化解边疆稳定问题,不少学者将目光更多地投向了与人民群众生活感受更直接相关的民生领域。①

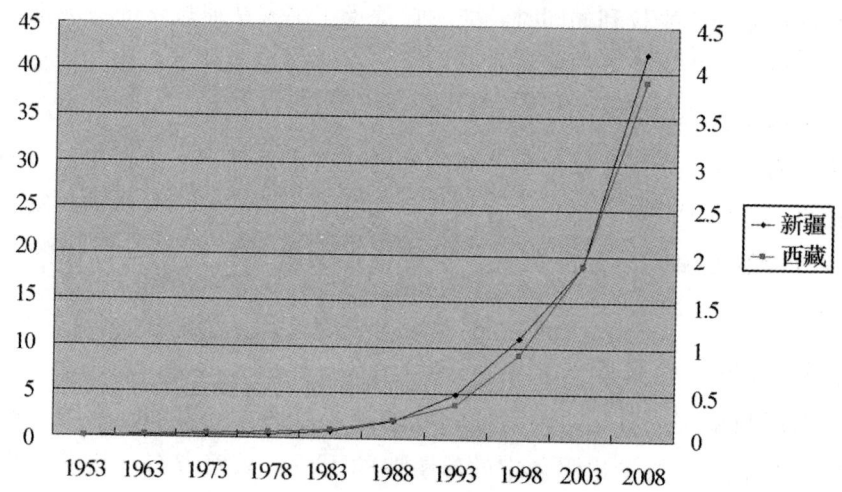

图4 新疆西藏经济总量增长趋势(单位:亿元)

然而,几十年来中国边疆地区民生水平的不断改善甚至是加速改善也是不争的事实。我们仍以新疆为例,新疆城镇人均可支配收入和农民人均纯收入30多年来保持了持续加速增长的势头,截至2008年分别达到11432元和3503元,分别是1978年的36倍和29倍。每万人在校大学生数和每万人拥有病床数90年代后虽有小的波动,但截至2008年也分别达到201.2人和43.76张,分别为1978年的24倍和1.4倍,分别是1949年的237倍和27倍。应该说很难单纯以民生问题来解释当前中国边疆稳定

---

① 郑永年、林文勋:《21世纪的中国边疆治理与发展》,社会科学文献出版社2013年版,第185—192页。

问题出现的局部反复。

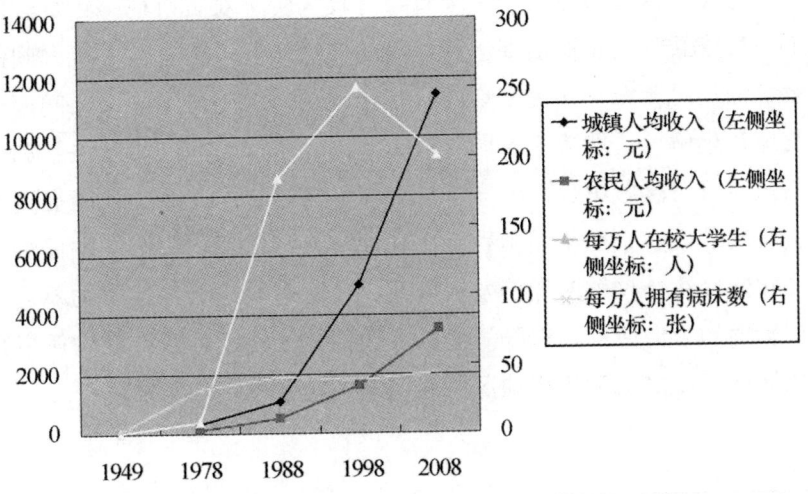

图 5　新疆民生指标增长趋势

　　一些学者开始对发展特别是经济发展在维护边疆稳定中的作用产生怀疑。这种观点认为，当代发展理论特别是发展经济学理论将发展树立为一种"发展的神话"，这种"神话"的文化内核必然是高度同质化的个体主义、世俗主义和理性主义，而伴随发展而生的文化同质化过程必然与多样化的族群因素相冲突，最终引起族群冲突和社会动荡。我们认为这一观点可能过多强调了文化传统的特异性，而忽略了族群的一般个体对生活改善的更本质和普世的追求。发展当然可能带来冲突从而导致稳定问题，然而这些问题最有效的解决途径可能还是进一步的发展，或者说发展方式的不断转型。边疆发展的转型，边疆发展政策的转型应该仍然是当前维护边疆社会稳定和民族团结的最重要手段。

　　我们认为边疆发展转型应包含更为丰富的内涵。如前所述，总量增长难以引致稳定，单纯的民生改善也不一定带来稳定，经济发展中更细微的模式可能发挥非常重要的作用。第一，经济发展能否增进不同族群在经济活动中的参与程度？许多观点都认为当前新疆稳定问题的局部反复很大程度上与当地少数民族青年就业问题的突出有关。特定族群对主流经济活动参与的缺乏必然产生隔阂甚至可能导致冲突。第二，共同参与经济活动是否带来更密切的日常接触？一个大型石化项目每年为 GDP 增长可以贡献超过一千亿元，这可能相当于一个省级行政区所有农贸市场一年贡献的总合。哪一种模式的增长更能促进族群间的接触从而可能有益于族群间的相互理解显而易见。第三，更密切的日常接触是否能使得不同文化间产生更多的交流和理解？这取决于不同族群在共同经济活动中的相互关系和相对地位。只有日常接触中公平的竞争机会和平等的合作关系，才能促进不同族群文化间的理解，而不是引致矛盾和冲突。可以说，只有一种促进不同族群文化间交流与理解的经济发展模式，才能有效地支撑边疆的稳定。边疆发展转型的方向应当是以经济增长在边疆地区构建各族群众均衡参与的经济共同体，使之成为边疆地区民族团结和社会稳定的坚强基石。

第七章　中国陆地边疆的规制型治理与情感型治理

新中国建立以来，我国政府对边疆治理的理解仅局限在三个方面：一是边疆治理意味着守护好国家主权范围内的领土；二是边疆治理意味着解决好民族问题，处理好民族关系；三是边疆治理意味着维护好边疆的社会稳定，即"不要出乱子即可"。上述边疆治理观具有明显的消极色彩，导致了消极治理模式的逐渐形成：不积极主动地发展边疆地区的生产力，不积极主动积累边疆地区的社会财富，不积极主动推进边疆地区的文化繁荣，不积极主动培育边疆地区的社会力量。在我国面临周边国家战争威胁的形势下，在我国内地发展程度不高的历史条件下，为迅速增强国家生存和发展的实力，我国政府在内地治理与边疆治理的选项上，向内地治理倾斜是必要的、是可以理解的，毕竟边疆地区面临战争破坏的概率最大，有限的建设资源如果很大部分投入到边疆地区，那么好不容易积累下来的社会生产力，最容易在战争中遭到破坏。我国政府的这种担心是有道理的，故而选择优先发展内地社会生产力，建设资源优先投入到内地的建设中，是符合国家整体战略利益的。相应的，广大边疆地区也就被政府放在"先放一放"的处境下。

在国家治理格局中，对内地的积极治理取向和对边疆的消极治理取向一旦形成习惯和模式，就会产生巨大的思维惯性。即使在"和平发展、合作共赢"成为时代发展主题的今天，政府系统乃至全民对边疆治理的理解仍然停留在过去的历史条件和思维惯性下，而没有开辟和发展出新的边疆治理观，更没有形成全新的成熟的边疆治理模式。特别是近30年来，"世情"和"国情"都发生很大变化的条件下,构建全新的边疆观和边疆治理观,探索形成崭新的边疆治理模式显得尤为必要和重要。从"世情"上看,周边国家新的地缘政治格局在剧烈的变化和重组;从"国情"来看,以市场经济为导向的改革深入推进,促使区域利益、阶层利益、民族利益等严重分化,边疆问题层出不穷,我国边疆治理面临前所未有的挑战。如果国家政权系统不能适应"世情"和"国情"的变化,变革和发展新的边疆治理理念,探索形成新的边疆治理模式,那么,我国陆地边疆治理将面临越来越严重的危机,以西藏"3·14"事件、新疆的"7·5"事件为代表的一系列社会事件的频发,已经给我们敲响了警钟。

从总体上看,我国边疆治理绩效与东部发达地区相比并不理想,如果没有创新思维和创新行动,继续坚持传统边疆治理模式,那么我国边疆省区与国家核心区的差距将越来越大,边疆社会的安定与和谐、民族团结、国家统一等价值追求将受到严峻挑战。所以,创新边疆治理模式,提高边疆治理效能,打造边疆超常规跨越式发展的现代化道路刻不容缓。

一、边疆治理模式创新及其意义

边疆治理模式,指以政府系统为主导的边疆治理主体,在对边疆特殊公共事务进行管理、对特定公共问题进行处置过程中,逐渐形成的具有普遍指导的一套理念、制度、政策、技术方法等的总称。构建一种边疆治理模式,在相对稳定的特定阶段和条件下,至少应当包括处于动态调整中的以下基本元素:价值取向或价值追求;建构的理论依据和基本内涵;构建的现实动力即构建的必要性和紧迫性;具有操作性的治理维度(方式或手段);治理模式的基本实施要求等。每一种边疆治理模式的构建,都可以视为一种治理模式的整体架构设计。

边疆治理模式创新的本质要求即实事求是,坚持具体问题具体分析、不同形势不同选择。尤其当国家所面临的外部环境是和平发展还是战争威胁时,边疆治理模式的选择必将大相径庭。一般而言,在和平发展的外部条件下,边疆治理的重心应当放在加快边疆建设与开发、积累边疆财富上来;在时刻面临外部战争威胁的特殊年代,边疆治理模式的价值追求就应当以守边固边、维护国家安全和边疆稳定为优先选择，边疆经济建设就可以暂时搁置下来。总之，如果在战争威胁频频的特殊时期，一味坚持和平发展年代的边疆治理思路，就极有可能导致边疆地区好不容易经营起来的经济产业和国民财富遭到战争破坏和敌人掠夺；如果在外部战争威胁基本消除、人民内部矛盾占据主流的情况下，再一味地强调阶段斗争和军事镇压，忽视或轻视边疆经济发展和财富积累的话，就极有可能得不到边疆各族群众的拥护和支持，动摇国家的政治认同基础。

边疆治理模式创新的第二层含义，即不同治理模式有其更为适用的治理客体或问题范畴，即针对特定的边疆问题，不同的治理模式有其特定的治理优势或者能够产生最优的治理效能。每一种边疆治理模式都有其适用的治理范围，意味着不同的治理模式之间存在问题边界，这条"边界线"既清晰又模糊。除了个别比较极端或典型的边疆治理领域，不同治理模式的边界十分清晰之外，边疆治理模式所适用的大多数边疆问题边界比较模糊，需要好几种治理模式的有机运用加以解决。比如对于以暴力恐怖袭击为手段的分裂祖国的一切行径，只能采取以专政和法纪为特征的规制型治理方式予以重拳打击，而对于处理人民日益增长的美好生活需要和不平衡不充分的发展之间的矛盾范畴内的边疆问题，则应当着重采取以关心、帮扶、照顾为主的情感型治理方式。但大多数边疆问题存在着权利的给予和义务的规制、人民内部矛盾和敌我矛盾的相互转化和两面性等特征，纯粹用一种单一的治理模式显然难以妥善解决，必须综合运用好几种治理模式，区别在于特定阶段和条件下起主导作用的是哪一种治理模式，起辅助作用的又是哪一种治理模式。

边疆治理模式创新还有一层内在的含义，就是细化到各个边疆省区甚至不同的边境县（市），由于不同的边疆地区所面临的具体问题差异，或者相同问题的严重程度差异，以及边疆总体治理任务上的轻重缓急差别，意味着同一治理模式在不同边疆地区所起主导或辅助作用的程度存在差异。比如，整个边疆区域都面临防暴防恐防分裂的艰巨任务，但各地的严重程度差异较大。就东北边疆三省而言，这方面的压力相对比较小，经济发展和社会治理的区域合作模式的主导分量更重，与此对应的是，在"东突"势力和伊斯兰原教旨主义的影响和破坏下，新疆面临着严峻的防暴防恐防分裂任务，以专政和法纪为主要实施手段的规制型治理必须成为治理新疆的主导方式。即使在新疆内部，针对自然区位条件、经济发展程度、民族宗教复杂性等方面差异较大的南疆和北疆地区，治理模式的选择上也应当有所侧重，发展和壮大特色优势经济产业应当成为治理北疆的首选，对于更为落后的南疆，举全国之力扶植其基础设施建设、文化教育事业和生态文明建设应当成为重点治理方式。此外，在运用公共权力的集中统一规划力量时，也必须根据各个边疆地区的实际情况因地制宜治理。像东北三省应当把建设林业生态基地作为重点；内蒙古应把壮大草原畜牧经济实力作为重点；西藏则要发挥宗教文化的健康引导作用，保持原生态的自然风貌；西南边疆省区作为多民族和谐杂居的示范区，应当把打造强大的文化软实力作为边疆治理的中心任务之一。当然，由于边疆区域的整体共性特征明显多于各个地区之间的个性差异，所以，边疆治理的总体目标和基本任务是一致的，差别在于侧重点有所差异而已，在同质性特征突出的边疆区域，提炼出几种普遍适用的治理模式是完全可行的。

1. 我国边疆治理模式创新的必要性

应对边疆形态不断演变的现实需要。如同经济发展的快慢不一，世界各国的边疆治理水平同样差距明显。我国20世纪末在边疆地区启动大开放战略之时，以美国为首的西方大国，其边疆治理思路早已突破传统的地理范畴，早已超越主权领土之上。最为典型的表现就是利益边疆的构建和实施，即边疆治理模式创新的基础不再立足于固定不变的领土边疆，而是一种美国利益所及的"移动边疆"治理，认为只要美国的利益能够触及到的地球上每一个角落，都是其利益边疆范围，并在此认识上构建国家的边疆治理战略。在利益边疆形态的基础上，战略边疆、信息边疆、文化边疆等等新边疆形态相继产生，并且其重要性与日俱增。在这种背景下，如果我国再固守传统的边疆治理观，显然跟不上形势的新变化，必将在激烈的全球竞争中落伍。因此，面对新边疆形态的日益兴起，我国不仅不应该回避，而且应该主动出击、迎头赶上，及时调整传统边疆治理思维模式和政策模式，适时创新边疆治理模式予以积极应对。

解决边疆具体问题的直接需要。边疆社会的具体问题数不胜数，如果缺乏抽象性的理论解释和前瞻性的理论指导，解决问题的困难和压力必将倍增。而如果把一个个现实当中的具体边疆问题，根据其性质和特点划分到某一类抽象的特定边疆问题范畴内，并从解决这一同类问题的无数个体实践中总结和提炼出行之有效的治理模式。那么，再次解决相同类型的具体问题时，在既定治理模式的理论指导下，自然易于设计出最优化的治理方案，易于产生最佳的治理效能。特别需要说明的是，边疆各类具体问题的牵涉面广、利益影响深远，治理的综合性、系统性、繁重性特征明显，而且各类问题所面对的国际国内形势瞬息万变。在这样的情况下，具体问题的个性特征愈来愈明显，具有共性特征的问题类别越来越多。因此，必须通过借鉴过往的边疆治理历史经验和及时总结当前边疆治理的实践得失，不断创造性地探索和提炼对特定类型边疆问题能够产生最佳治理效能的治理模式，方能有效解决层出不穷的边疆新问题。

提升各族群众幸福指数的内在要求。幸福指数更多的是一种内心感受的主观满意度，是精神世界充实和物质利益满足的有机结合。改革开放以来，边疆各族群众的生活面貌发生了翻天覆地的变化，人们的幸福指数相应地呈直线上升。但同时也要看到，随着市场经济浪潮的不断冲击，边疆各族群众的利益意识越来越强烈，思想观念也越来越多元化。一方面，传统的思想文化堡垒被逐渐攻破，外来文化不断分化瓦解着边疆传统社会结构；另一方面，社会主义核心价值观在当前边疆社会尚处在深入贯彻的过程之中。在这样一个过渡期内，精神世界的无所适从就无可避免地存在。边疆现实社会中，民族习俗和宗教信仰未得到充分尊重、民主和自由权利未得到充分保障的现象并不少见，在很大程度上降低了各族群众的满意度。总之，幸福指数的提升，直接得益于边疆各族群众现实而紧迫的多样化需求得到最大程度的合理化满足，显然单一而僵化的治理模式无法满足这一需求，唯有通过治理模式的不断创新方能达此目标。

提升边疆治理能力的必由之路。边疆治理模式创新的直接结果，即边疆治理能力的不断提升，换言之，掌握并灵活运用一种治理模式就等于拥有了一种治理能力。一方面，当前我国边疆面临着复杂难测的国内外环境和特殊性治理难题的严峻挑战；另一方面，边疆治理能力建设却明显滞后于边疆发展和治理的现实需要。以边疆治理模式的创新为切入点提升边疆治理能力，显得尤为必要。提升边疆治理能力，其核心在于调整和改善边疆地方政府的角色。长期以来，政府一直在边疆治理过程中扮演全能型的管理者或控制者角色，治理能力往往单一地体现在控制社会而不是发展社会上，从而限制了综合治理能力的提升。比如在"稳定压倒一切"的特殊时期，政府的维稳能力远远强于发展能力，治理能力结构极不合理。当前，政府的传统管理或控制模式，显然已经无法适应边疆治理能力的现代化要求，必须把特定类型的相关问题归入到治理模式的理论框架之内加以解决，并在这个解决问题的实践过程中切实提升边疆治理能力。

推进国家治理体系和治理能力现代化的紧迫要求。受边疆、山区、民族、宗教等多重影响，我国大部分边疆地区长期存在发展落后和安全威胁等内外部突出问题，对这些问题的治理效果直接关系到国家的安危和兴衰。相对治理水平较高的国家腹心区域，我国边疆治理总体上仍然处于低级和落后的层次，现代化的治理体系构建仍然处于萌芽阶段，现代化的治理能力打造仍然处于起步阶段，严重延缓了推进国家治理体系和治理能力现代化的总体进程。因此，通过当代中国边疆治理模式的创新构建，改善边疆治理体系、提升边疆治理能力，进而从根本上促进边疆治理状况的改变，显得尤为紧迫。总之，通过从价值理念、治理方式、基本要求等方面，对适应新世纪边疆情况和挑战的治理模式架构进行创新构建，既及时回应了"推进我国治理体系和治理能力现代化"目标，又适应了加快实现边疆科学、和谐和跨越发展的现实需要。

2. 我国边疆治理模式创新的重要性

具有重要的理论价值。虽然边疆治理模式创新的着力点在于探索治理理念和治理方式的有机结合，但显然这不是一个孤立的研究过程，既内在地包含对当前边疆的各类问题和各种挑战的理论阐述，又努力探索解决各类边疆问题和应对各种挑战的方法论基础，理论价值的重要性不言而喻。边疆治理模式的创新，是一个整体连贯的研究议题，是一个有机联系的逻辑过程，必须同时弄清"为什么要创新"和"从那几个模式予以创新"这两个基本理论问题。前一个问题，主要是对新世纪我国边疆所面临的发展、安全、民族、宗教等特殊性问题进行理论分析，以及对其所面临的复杂国际国内政治环境进行理论阐述，这可以对当代中国边疆治理模式的创新动因和挑战等作出基本的理论解释，为治理模式的构建树立良好的问题意识和打下扎实的理论前提。唯有在此基础上构建起来的边疆治理模式，才能对边疆不断涌现的新问题和新挑战作出合理的理论解释，其理论指导价值才具有科学性、前瞻性、现实性和可行性，方可以"对症下药"地为边疆治理实践找到方法论层面的治理之道。

有利于及时调整和更新边疆的发展和治理思路。当前绝大部分边疆地方政府的发展和治理水平，基本处在全国范围的边缘地位和落后位置上，导致这一局面的重要原因之一，就是边疆的发展和治理思路仍旧停留在过往的思维框架里，未能及时更新和调整。不少边疆基层政府干部长期凭仗"山高皇帝远"的地理优势，以及长期依赖党和国家特殊照顾的心理定势，一味地向上级政府"诉苦叫穷"，久而久之，形成了"等、靠、要"的惯性思维。受这种思维左右，实现边疆繁荣发展的积极性和主动性自然慢慢流失，使命感和责任感自然慢慢淡化。比如部分边疆基层政府为了所辖地区的社会稳定，不惜错过最佳的发展机遇，将绝大部分的治理资源投入到维稳任务上，更加导致发展资源的匮乏。再比如，由于缺乏发展和创新的内在驱动力，部分边疆基层政府并不具备适应全球化和市场化的发展思路和治理能力，表现在"GDP至上"的发展模式仍旧占据主导，很多时候GDP的增长以生态环境的破坏为代价。边疆治理模式的创新，正是以确立边疆治理的正确理念和发展思路为其重要目的。

有利于巩固政治合法性基础。边疆治理模式的创新，包括治理体系的完善、治理理念的树立、治理能力的提升，不仅是实现边疆治理科学化和民主化的必由之路，更是强化边疆治理责任感和使命感的必然途径。通过边疆治理模式的理论指导，稳步提升边疆地方政府的治理效能，持续改善边疆地方政府的政府形象，是强化和巩固国家政权系统的政治合法性的根本途径。边疆地方政府直接面向边疆基层社会和最广大各族群众，是党和国家联系各族群众的桥梁和纽带，是处理民族纠纷、宗教矛盾和利益冲突的"急先锋"。边疆地方政府能否秉持正确的治理理念、能否制定合理的政策举措、能否运用恰当的治理方式、能否实施科学的治理过程，与边疆治理模式的创新息息相关，直接影响到党和政府在边疆各族群众中的形象和威望，最终影响党和国家在边疆民族地区的政治合法性基础的牢固程度。边疆地方政府通过科学合理地实施各类治理模式，及时把握并有效应对边疆的新情况、新形势和新问题，必将树立起并展现出政府正确的治理政绩观、良好的服务作风以及廉洁公正的形象，最终获得边疆最广大各族群众的理解、信任、认同和支持，最终巩固党和国家的政治合法性基础。

有利于加快实现边疆的科学、和谐和跨越式发展。改革开放初期，在"让一部分条件好的地区率先发展起来"的思想指导下，举包括广大边疆在内的全国之力支持东部地区，这是特定历史时期的"第一个大局"，可以说，这个大局基本伴随着我国30余年改革开放的大部分历程，也客观地延缓了边疆地区的发展历程。新时期，东部地区率先发展的目标已基本实现，在全球化和国家全面发展的总体要求下，边疆发展的重要意义前所未有地凸显出来，举全国之力尤其是发挥东部发达地区的生产要素优势力量支援边疆地区，是必须服务的"第二个大局"。如果说"第一个大局"在"摸着石头过河"的特定历史阶段和条件下，允许有试错机会的话，那么，当前整个边疆地区全面落后于发达地区的客观现实，却不允许有太多的犯错机会。这就要求在"第一个大局"的治理和发展经验基础上，加快推进边疆治理模式的创新，针对边疆这块具有特殊战略地位的政治地理空间单位，确立有别于国家核心区域、适应边疆发展和治理现状的治理理念和方式，这本身是推进边疆治理能力现代化的必由之路。而加快实现边疆的科学、和谐和跨越式发展，必须依赖现代化治理能力的强力推动。

二、边疆规制型治理模式

在当今全球化趋势愈演愈烈的形势下，我国边疆地区所面临的国内外政治与社会环境发生了巨大改变。从国际上看，在"和平发展、合作共赢"成为时代发展主题的今天，局部国际环境仍然十分不安宁，强权政治和"霸权主义"仍然横行，民族极端主义、恐怖分裂活动仍然猖獗。从国内看，伴随着改革开放矛盾多发期的到来，边疆传统的社会结构加速解构，民族群体与社会阶层利益日益分化，民族与宗教矛盾出现了新的变化，不安定、不和谐的因素在边疆治理的各个领域均不同程度的存在，加之国内"三股势力"的客观存在，愈发凸显了边疆社会问题的复杂性、综合性、突出性、敏感性特点。针对国内外安全威胁和边疆特殊社会生态的双重压力，我们通过总结过去的边疆治理经验，梳理出一种以法治为基础，以国家权力强制和直接运用为基本特征的规制型治理，并试图作出理论上的初步阐述。

1. 边疆规制型治理模式的内涵

政治学意义上的"治理"（governance）一词，即以维护特定的政治秩序和实现既定的社会目标为旨向，国家公共权力组织对社会开展的管理、规范、控制与引导的一切活动的总和。规制型治理就是把法律、制度、公共权力等的强制力直接运用到治理过程中的一种治理方式。据此，可以归纳出规制型治理应有的几个基本特征，即以法律规制为基础，以秩序规范为目标、以政权系统为主体、以强制权力为手段。

综上分析，边疆的规制型治理就是国家政权系统最直接地发挥法律、制度及公共权力的强制力，在经济发展领域，集中谋划边疆经济发展的战略布局和产业规划，增强边疆地区的自我发展和变革能力；在边疆社会治理领域，平衡并明确各类社会主体的权利义务关系，强调法律法规的严格执行，崇尚党纪国法的至上权威，确保边疆社会的和谐有序；在国家安全领域，严格运用法纪力量打击一切破坏犯罪活动，坚决采取专政力量对付一切破坏国家统一的敌对分子，巩固边疆地区安全稳定局面。而把边疆规制型治理实施中的成功做法上升到一种具有普遍指导意义的理论高度，就是边疆规制型治理模式。

作为一种以国家权力直接运用为核心特征的边疆规制型治理，至少体现出标准的明确性、方式的原则性、手段的强制性、效果的即刻性等四大特点。

规制型治理标准的明确性意味着：边疆规制型治理的承担主体、适用客体、规制范围及运用方式都必须具有清楚明白、确切无误的法律制度规定，最大程度地减少诸如"适当、恰当、应当"此类的含糊不清、模棱两可的法律用语。标准的明确性可以最大程度上降低边疆治理过程中的主观任意性，防止硬性权力的软性滥用。

规制型治理方式的原则性意味着：边疆规制型治理的实施过程和方式运用处处讲原则、讲法纪，内在地遵循合理合法、公平公正的现代文明要求，与国家的根本大法与基本法律的精神原则不相抵触，与国家整体利益和边疆各族群众的根本利益不相违背，与社会主义的价值准则和道德标准不相冲突。

规制型治理手段的强制性意味着：公共权力的直接行使以国家暴力机器为后盾，主要依靠专政的力量和法治的力量。在体现"公意"的国家利益和边疆各族广大群众的根本利益面前，不受边疆个别地方、个别组织和个别群体"一己私利保护主义"的左右，直接运用不受客体意志为转移的强制性公共权力，坚决有力地保护普通群众、惩戒犯罪分子、打击敌对势力。

规制型治理效果的即刻性意味着：如果说边疆情感型治理实施产生的是情感认同和文化认同两大治理产品，其治理效果的长期性和持久性特征十分明显，那么，依靠国家权力控制和法律规制手段的边疆规制型治理，惩戒的真实效果和威慑的心理效应立竿见影，其治理效果往往来得快捷、迅速。

理解边疆规制型治理，必须认清这么一个事实：根本不存在对任何治理领域具有普世价值的万能型治理模式。作为一种把边疆规制型治理的基本做法上升到理论高度的模式，同样不能"包治百病"，也只能在特定的边疆治理范畴内起优势作用，治理范畴一旦无限放大，必定存在不可回避的缺陷。因此，只有通过对边疆规制型治理优缺点进行全面分析，才能全面准确地理解边疆规制型治理的内涵，才能真正做到扬其所长、避其所短。

边疆规制型治理的优点有以下几点：

第一，有利于增强边疆地区自我发展的能力。如果说以被动接受式的物质给予和倾斜照顾为内容的边疆情感型治理过于泛滥，容易造成边疆自我发展惰性蔓延的话，那么边疆规制型治理所采取的战略布局和产业规划方式，则可以为边疆各族群众建构起怦然心动的发展前景，打造一个干事创业的良好政策环境，从而激发出边疆社会的无限动力和活力，形成一种主动求创新、积极谋发展的社会氛围，进而吸引更多的人口到边疆地区从事生产和生活，促进国家安全和边防巩固。

第二，有利于提高边疆治理的法治化水平。对法纪、制度和规则的推崇契合了现代法治文明的精神内核，对规范化、制度化、程序化的边疆规制型治理过程的强调则是建设边疆法治文明的必由之路，法律规制的惩戒性和可预期性的配套效应则可以提高边疆各族群众的守法意识，政府权力的法律规范则可以保证公正合理的政府执法行为，政治权力与政治责任的相对应则可以保证法律监督的有效性。以上这些规制型治理要求所产生的综合效能意味着边疆治理法治化水平的全面提升。

第三，有利于培育边疆各族群众现代理性的公民意识。公民意识是边疆法治化的内驱力和助推器。边疆规制型治理过程自始至终渗透着公民权利享有与义务承担之间平衡与对等的价值理念，这一过程的洗礼就是边疆社会公民意识的成长历程。边疆规制型治理所强调的主体意识、责任意识、法律意识是公民意识的核心内容，所以规制型治理的扎实推进可以有效培育边疆社会文明理性公民意识的普遍生成。

第四，有利于严厉打击与制裁各种民族分裂行为和邪教活动。对于敌我矛盾性质的民族分裂势力和邪教组织的头目和主要成员而言，残暴无度、不达目的不罢休是他们的本性。此时若采取柔性安抚和软性教育不仅起不到应用效果，反而还可能失去最佳的打击时机，对各族人民群众的生命财产造成更大损害，这是我们最不愿意看到的，却是"三股势力"所乐见的。规制型治理可以凭借具有强力惩戒性、严厉制裁性和重拳打击性的专政力量，迅速快捷地应对一切暴力恐怖袭击活动，让一切民族分裂行为和邪教活动在边疆地区无容身之处、无葬身之地。

第五，政治权力的强力运用有利于集中力量、快速有效地解决边疆治理中的急、难、险、重任务。边疆规制型治理依托于国家政治权力的强力运用，注重发挥党和国家强大的集中动员和资源整合力量。在边疆地区遭到紧急棘手的突发偶发事件时、碰到难以处置的矛盾纠纷时、受到国内外安全威胁时、遇到繁重艰巨的抗灾救灾任务时，规制型治理力量统一、资源集中、迅速快捷的优势就可以淋漓尽致地体现出来。

边疆规制型治理的缺点也同样不可忽视，具体可以归纳为如下几点：

第一，对法律法规严肃性、严厉性的过分强调，容易造成治理行为情感含量的下降。情感因素好比一块硬币的正反两面，一方面，边疆治理若运用过多的情感维度，会陷入"人情大于法律"的泥潭，削弱法治的权威；另一方面，缺乏情感含量的治理行为，则得不到边疆各族群众心理上的认可和接受。过分突出法律规制的严厉性一面，会造成法律"人情味"的缺乏，长此下去，将产生政治冷漠、人情淡漠等规制型治理的负面副产品。我国边疆地区由于过去长期的封闭，以致"重情感胜于法纪"的文化传统仍然遗存，过度强调法制的"刚性"治理容易造成各类社会主体的抵触情绪，甚至是抵制行为，会降低边疆治理整体效果。

第二，过分突出法律的原则性及其适用的确定性，过分强调制度的明确性和程序的规范性，容易造成治理行为灵活性的下降，以及对偶发性和突发性的边疆治理问题应对不灵和不及时。对原则性的过分迷信，在治理过程中容易忽视或者无视治理客体和治理环境的变化，容易留下治理中的刻板印象，进而阻碍和压缩权变治理方式的发挥空间。

第三，过度使用边疆规制型治理，容易造成边疆治理政策和治理行为"刚性"过强，而"柔性"不足，从而造成边疆治理主客体之间关系的紧张。对于文化习俗异质性差异相对较大的边疆地区而言，民族的宗教性、宗教的民族性特征十分明显，民族与宗教问题的敏感性也很突出，边疆治理政策上的一次失误或者治理行为的一次偏差，都有可能形成治理主客体间紧张关系的内在张力，极易诱发边疆特殊问题的滋生。西方敌对势力也常常加以利用、授以话柄，借此制造民族矛盾，煽动极端民族情绪，对边疆社会的安全稳定带来极大威胁。

第四，过度使用边疆规制型治理，容易忽视边疆地区的特殊性和少数民族的特殊性。边疆的特殊性是客观存在的事实，是边疆治理有效实施的出发点。过度迷信规制型治理的万能作用，容易导致边疆治理流入一般化和泛化，治理过程脱离边疆的特殊社会政治生态。对规制型治理方式的过度开发和利用，容易引起边疆治理过程的硬化和僵化，导致治理中的教条主义滋生，"一刀切"治理方式泛滥，这样会极大地影响边疆治理的效果。

2. 建构边疆规制型治理的现实动力

第一，边疆发展战略布局和产业规划问题的紧迫性

边疆治理问题固然很多，但解决好边疆发展问题始终是实现边疆有效、和谐治理的关键"钥匙"，如何解除边疆发展的落后和不平衡状态始终是边疆治理最为棘手的现实问题。我国边疆地区往往集偏远地区、民族地区和贫困地区于一体，是跨境民族分布广泛、少数民族聚居集中、宗教信仰普遍盛行的连片区域，在这个特殊区域，发展问题通常凸显出如下特征：地理区位和发展资源的先天不足造成边疆发展的脆弱性和依赖性；多向度的边疆定位思维造成边疆自我发展的动力不足；国家战略选择的长期边缘化导致了简单重复发展模式在许多边疆地区占据主导，独具特色的边疆持续发展模式少之又少。因此，边疆既要解决与内地存在共性并且严重性还更为突出的发展问题，诸如区域发展不平衡、产业结构不合理、人与自然不和谐等常见难题，还得在立足于边疆各地实际情况，着力发展自身的特色经济产业，唯有如此，边疆经济社会的可持续发展才可能得以实现。

治理边疆发展问题的方式，可以分为两种：一种是以帮助、援助、优惠、照顾等为实施内容的外部"输血式"的情感型治理方式；另一种则是以政权力量谋划战略布局与产业规划推动边疆自我发展的"造血式"的规制型治理方式。情感型治理往往是国家政权系统通过主动调配外部资源输入边疆地区增加边疆一时的社会财富，有限地缩短边疆发展的时间周期，但其起到的作用充其量以维系边疆社会正常运转为限。而以产业规划和战略布局为内容的规制型治理方式，则可以切实提升边疆自我发展的活力，切实增强边疆自我发展的实力。所以，在边疆发展过程中，必须要克服一味热衷于注资金、上项目、投物资的短视发展观，避免陷入"唯 GDP 至上"的片面发展误区，应该采取规制型治理方式认真研究和制定长期性和全局性的边疆经济发展战略规划，树立全面、可持续的发展理念，增强陆地边疆自我发展的潜力和能力，这才是解决边疆发展问题的硬道理。

第二，边疆内外部安全局势的特殊性

我国陆地边疆地区面临着发展落后、环境恶劣、民族众多、周边复杂、宗教盛行等特殊的社会政治生态，这些因素的综合效应加上外部力量的诱导，使得边疆安全局势显得更为扑朔迷离、复杂多变。首先，边疆地区除了自身发展落后以外，还有一个不容忽视的客观事实，即邻国的经济社会发展也大都比较落后，深层次的社会矛盾冲突在这些国家时有发生，间接或直接地对我国边疆的安全稳定构成威胁。其次，我国边疆地区大都位于崇山峻岭、戈壁沙漠之间，山高路远，气候干燥，羊肠小道盘根错节，境内外民族同宗同源，经常互通有无，与实行轮换轮班的边防战士相比，边境线一带的边民往往更为熟悉当地的复杂山形，为走私贩毒等跨境犯罪活动提供了潜在的便利条件，世界两大毒源地"金三角"和"金新月"就分别以我国西南和西北边疆地区为最佳突破口，时不时向我国偷运毒品。再次，边疆地区是我国少数民族的集中居住地，宗教信仰情况十分复杂，国内外敌对分子常常以这一区域为西化分化中国的突破口，常常有意夸大边疆社会问题，挖空心思怂恿、煽动与制造民族与宗教矛盾。如臭名昭著的达赖集团和热比娅集团，为了一己私欲，与国外反华势力相互勾结，完全置祖国和人民的根本利益于不顾，一面策划发动暴力袭击和恐怖犯罪活动，另一面假借宗教学说的传播，资助边境地区尤其是跨境民族聚居地区的少数民族学生学习极端宗教思想，向他们灌输分裂祖国的思想，对他们进行思想毒害。最后，就周边形势而言，陆上邻国要么国内社会矛盾积压太深，要么本身就位于世界安全稳定的热点地区，如印度和巴基斯坦围绕克什米尔地区的领土之争、朝鲜核问题、中亚"颜色革命"后的历史遗毒、缅甸的长期武装割据斗争等等，这些周边安全隐患好比一颗颗深水炸弹，随时有可能引爆。以上这些要么暗流涌动、要么频频发生的边疆安全威胁，必须采取以专政、法纪为力量的规制型治理方式，一方面强力保障边疆安全局势的稳定，另一方面严厉打击一切在境内外从事危害国家安全活动的敌对分子。

第三，边疆社会内部矛盾与问题的复杂性

边疆除了存在多方面的外部安全威胁因素，在改革开放逐步深入的转折期内边疆社会内部的利益矛盾也日益凸显，不安定因素在一定范围内有可能激化。倘若边疆社会的种种矛盾得不到有效化解、社会问题得不到有效处理，边疆社会的整体秩序就会出现混乱，道德沦丧、法律权威流失现象严重，公平正义处处遭到破坏，"三股势力"伺机而动。在那样的社会状态下，边疆各族群众的根本利益和安全幸福感不仅得不到任何保障，甚至可能彻底丧失，国家整体利益也会处处受损，国家统一与繁荣也会失去最重要的一块屏障，后果不堪设想。

诱发或诱致边疆社会矛盾的原因主要体现在：其一，公民权利与义务的失衡，边疆绝大多数各族群众对党和国家怀有深厚感情，在充分享受祖国发展巨大成果的同时也认真履行作为一名中国公民应尽的责任和义务，但总有极少数个人和群体在利益意识极度膨胀的驱使下，弃法律责任于不顾，追求一己私利，从而作出违法乱纪的事来。其二，传统风俗习惯与现代理性文化的冲突，一面，民族特色浓厚的传统观念仍在大部分边疆占据着人们的头脑；另一面，民主、公平、责任、自由等现代理性元素却开始不断解构和冲击边疆固有的传统观念，这种冲突可能衍生出人们内心价值观迷失、民族群体心理失衡、局部族群利益膨胀等对边疆社会安全稳定造成潜在威胁的"副产品"。比如人治和法治的对立现象，一方面，法治已确立为边疆治理的主导方式；另一方面，在现实的边疆社会里，还处处存在根深蒂固的传统人治思想，表现在部分少数民族干部群众法律意识淡薄，尊重宗教势力大于世俗权力，尊重人情面子大于尊重法律法规，这恰恰是边疆法治文明建设的最大障碍。其三，国内"三股势力"实施的暴力犯罪和蓄意破坏活动所诱发的社会不安定因素，以及由此引发的社会恐慌、民族隔阂和群体不信任心理等，也是诱发边疆社会矛盾的潜在原因。此外，边疆内生的社会治理资源和内在的治理能力的欠缺，会进一步加深吸毒卖淫、偷渡贩卖、艾滋病等边疆社会问题及其滋生出来的危害性的严重程度。

上述问题在全球化的新背景下，形式变得愈来愈多样、手段变得愈来愈隐蔽、表现手法变得愈来愈新颖、破坏力变得愈来愈深层。所以，我们必须采取规制型治理方式，通过法律法规的建立健全来加强边疆社会管理，打击与惩戒一切破坏社会秩序的违法犯罪行为，规范与维护边疆的社会秩序。

第四，边疆政府与市场双重失灵的严重性

规制型治理运用的根本任务之一，即借助法律制度规制政府的公共权力失范行为，以及有效克服因市场因素固有缺陷凸显而带来的市场失灵。基于民族习惯心理、偏僻地理区位、传统文化阻力等现实因素的制约，相对于内地发达地区，大部分边疆地区市场发育还不太成熟、市场体系还不太健全、市场活力还不太充分，甚至在许多山高路远的偏远边境村寨，自然经济特征还十分明显，市场力量的触角难以触及。以上客观状况，注定了边疆走向完善的社会主义市场经济体系还有一段艰难缓慢的过渡期。在这个过渡期内，边疆固有的传统民族习俗仍旧发挥着强有力的惯性作用，同时现代理性的市场经济和法治文化尚未得到普遍而深入的认同，导致市场竞争法则对弱者利益的保护不力、唯利是图本性对道德和良知底线的屡屡突破等市场经济的负面性被放大，加之边疆不同民族地区的发展不平衡造成的群体失衡心理，诱发了许多破坏边疆社会稳定秩序的潜在的不安定因素。另外不得不承认的是，相对于东中部发达地区，我国广大边疆地区许多基层政府的法治建设、作风建设、能力建设和活力建设还远远不够，工作效率低下、官僚作风盛行、地方保护主义等问题均不同程度地存在，政府失灵现象在边疆比较突出，法治政府、责任政府、服务政府、阳光政府的建设任务还十分艰巨。如何改变政府和市场双重失灵的现实状况是边疆治理必须首先解决的重要课题，一方面，市场失灵可以通过对政府权力的合理规范和有效行使，使其得以最大程度的克服；另一方面，政府失灵则可以通过市场体系的逐步完善获得治理动力和监督力量，治愈市场失灵和政府失灵的最好一剂"良药"就是采取以公共权力有限与有效运用为基本要求的规制型治理。

3. 边疆规制型治理的价值追求

边疆规制型治理具有自身特有的价值追求，它决定着边疆规制型治理的行动逻辑：

第一，边疆规制型治理首先特别注重经济的可持续发展

陆地边疆的经济发展是一个情感型治理与规制型治理综合作用的结果，两者相辅相成、互为条件、互为支撑、缺一不可。当需要一种外部的经济发展助推力量时，边疆情感型治理方式有其不可或缺的治理功效，但仅仅依靠物质帮扶、财政补助、工程援建等情感型治理手段，可以治愈制约边疆经济发展中的一时性物质资源匮乏和基础条件薄弱等"贫血"病症，但却难以产生边疆经济发展中持久的发展活力和动力等"造血"功能。为此，必须通过国家制定中长期的经济产业规划和有效的人才政策支撑等规制型治理方式，实现边疆经济与社会、人口、资源、环境有机协调和内在统一的基本原则，即在边疆经济社会的发展过程中，自始至终地遵循可持续发展理念。总体价值取向就是在坚持眼前利益和长远利益、短期利益和长期利益、局部利益和全局利益有机结合的基本原则的前提下，切实以增强边疆经济社会自我发展实力和能力为旨归，综合考量边疆发展资

源的现有存量、自然资源的承载能量、区域发展的平衡力量等相关因素。首先,通过国家层面的战略布局和宏观规划,以市场机制作为配置资源的基础性手段,培育和发展具有市场竞争力的边疆特色产业、优势产业和支柱产业;其次,有效运用法律规制保护边疆自然资源的原生态性和可持续性,以及文化资源的产业化发展;最后,制定宽松的创业政策,吸引更多企业、更多人才加入开发边疆、建设边疆的行列,夯实边疆的人口基础。

第二,边疆规制型治理特别强调治理过程的公平公正

坚持公平公正原则,是边疆规制型治理的基本价值导向。采取国家产业规划这一基本的规制型治理手段,促进边疆地区的产业经济、特色经济、优势经济、绿色经济和拳头经济培育和发展起来后,边疆区域与国家核心区域之间的平等对话和互利共赢才具备坚实的经济基础和扎实的社会基础。在此基础上强调边疆治理过程的公平公正现实意义十分重大,一则有利于有力保障和有效维护边疆各民族之间平等、团结、互助的民族关系。对边疆不同地域、不同民族采取双重标准的法律规定和法律适用,只会加剧不同群体间权利享有的不对等和义务承担的不平衡。只有在边疆经济发展实力和自我发展能力得到增强,与发达地区的发展鸿沟拉得不是太大的时候,不同民族族群之间的权利与义务平等与均衡关系才具备牢靠的根基。二则有利于加快边疆法治文明建设的步伐。当前,边疆的法治建设在民族风俗的影响、宗教教义的干扰、人情世故的困扰面前,遇到的阻力和障碍因素太多,离法治文明状态还有很长一段距离。所以必须在边疆规制型治理中,突出法律内容的公平性和司法审判不偏不倚的公正性原则,强调法律面前人人平等,不管你是何种民族、不管你信不信仰宗教,不管你信仰何种宗教,都受到法律的平等保护和规制,没有例外。

第三,边疆规制型治理崇尚法治

边疆规制型治理核心在于公共权力的规范性和有效性运用,与以崇尚法纪、崇尚制度、崇尚规则为基本价值取向的法治方式异曲同工。总体上看,我国法治文明的价值基因已有效地植入到边疆治理过程,但由于民族与宗教因素的复杂原因,局部边疆地区的法治状况仍不容乐观,建设任务仍十分艰巨。比如,我国陆地边疆地区均不同程度地存在人情面子大于法

律权威、宗教势力干涉世俗政权、宗教教义替代法律条文、民族习俗左右司法审判等不良现象，很大程度上阻碍了边疆法治文明的建设进程。如果不及时对以上现象加以有效治理，法治权威将会受到极大挑战，边疆社会的公平正义将会失去最有力的屏障，边疆法理型组织资源也难以得到积累和巩固，最终可能会导致边疆社会的异质化和分化程度加深，进而在一定程度上削弱边疆各族群众对党和国家的普遍认同。边疆规制型治理把法治作为核心的价值追求，特别强调完善边疆治理的法律法规，增强边疆各族群众的遵法守法意识，建立严格的法律监督体系，保障政府行政执法的公平正义，保障司法审判的公正。绝不允许有超越于法律之上的特权及其行为，更不允许有超越法律之上的所谓"潜规则"，一切权力行为都必须能够找到法律的依据，否则都应视为违法，都应受到严厉的责任追究。

第四，强调国家安全和政治稳定的至上性是边疆规制型治理的重要理念

边疆的国家安全和政治稳定是整个国家安全稳定体系中最为脆弱的环节，是国内外敌对势力重点着力的地方。古往今来国家的兴衰存亡史已充分表明，边疆的动乱或安宁是衡量一个规模较大国家是否繁荣稳定的"晴雨表"，从某种程度而言，边疆乱则国家不稳，边疆稳定则国家安全。在全球化新形势下，边疆的领土、边防、政治、军事、经济、文化等传统领域的安全和稳定问题不仅仍然存在，而且还出现了许多新的变化，同时战略安全、利益安全、信息安全等新形态边疆问题也日益凸显出来。保障边疆国家安全和维护边疆政治稳定，一方面要与周边国家实现政治上的互相理解、军事上的互相信任、经济上的互相帮助以及文化上的互相包容；另一方面要坚决使用以国家专政和法纪力量为后盾的规制型治理方式，严厉打击一切危害国家安全、破坏政治稳定的犯罪行为，有效控制和规范一切不利于边疆团结稳定的个人、组织与群体行为。此外，必须清醒地认识到，我国陆地边疆是西方敌对势力、国内"三股势力"制造事端的重点地区，内外部安全与稳定环境都存在难以预计的影响和破坏因素，保障这一地区国家安全和政治稳定的任务十分复杂且艰巨。为此，针对敌对势力和发动分子的猖獗行为，强调法治的严肃性、明确性、约束性、强制性，以及强调专政的打击性、压制性、震慑性、威胁性，就显得不可避免和必不

可少。

4. 边疆规制型治理的基本要求

边疆规制型治理以国家政权的强制力作为后盾，强调直接而有效地运用法律、制度、规则手段，强力保障民主和法治的社会秩序，为边疆经济社会的健康有序发展提供必要动力和营造良好环境，具体要求做到以下几点：

（1）政治权力与政治责任合理匹配

边疆规制型治理范畴，一方面，体现在国家政权系统运用专政和法纪力量实现边疆社会的健康发展和有序运行；另一方面，体现在边疆政府自身的法治化和责任化建设。后一个范畴即以权力规制权力，"把权力关进笼子里"，这是边疆规制型治理中最容易被忽视的部分。长期以来，少数边疆基层政府时常仗着"山高皇帝远"的地理区位条件，以边疆特殊性为借口，对政府自身作风建设缺乏自觉性，对开拓、创新、求真、务实的政府精神塑造缺乏能动性，造成一些特殊官僚弊病，如"不催不动、小催小动"的惰性作风和"上有政策、下有对策"的被动式执行，导致政治权利和政治责任的严重失衡。强调政治权力与责任匹配的规制型治理要求，首先，要求边疆各级地方政府的一切活动必须在法律法规和组织纪律的范围内活动，必须符合边疆各族群众的根本利益；其次，要求边疆各级地方政府的治理权限法定、责任承担明确、法律监督有力，不管是超越权限、决策失误或治理缺位，还是无所作为和消极应付，均需承担必要的政治责任；最后，考虑到我国陆地边疆民族自治地方数量较多的实际情况，要求民族区域自治机关在依法充分享有宪法和法律规定的自治权的同时，必须自觉履行维护国家统一与民族团结的责任，自觉履行法律和政治责任。

（2）公民权利与公民义务基本对等

边疆规制型治理内在地要求边疆各族群众在充分享有法定权利的同时，必须同时履行相对应的公民基本义务，不管是作为个体的公民、作为集体的组织，还是作为群体的民族等都必须如此。新中国成立以来，在国家整体发展和党的民族政策的双重作用下，边疆各族广大群众的权利享有充分而真实。然而，部分边疆地区的个别组织、群体或个人，处处以民族特殊性为借口，一味追求权利享有，却有意无意地忽视责任和义务的承担，造成边疆社会一些特殊问题的滋生，影响了国家法制的尊严和权威。当然，公民权利和义务的失衡现象要一分为二地来剖析：第一种类型是国内"三股势力"这一小撮顽固不化分子，一面借助少数民族的特殊身份"开着豪车挣着大钱"，一面却完全忽视作为一名中国公民应尽的基本义务，处心积虑策动暴力恐怖事件，肆意破坏边疆各族普通群众的生命财产安全；第二种类型则属于人民内部矛盾范畴的权利义务失衡现象，是极少部分受到"三股势力"唆使的不明真相的少数民族群众国家意识自觉性不够造成的。对于前者，必须采取"严厉打击、决不姑息"的专政手段，依法严惩暴力恐怖犯罪分子；对于后者，要通过广泛宣传和严格执行国家法律法规、民族与宗教政策，形成一种人人自觉履行公民义务、人人主动遵纪守法的边疆法治氛围，铸就共同抵制西化分化和犯罪活动的铜墙铁壁。

（3）边疆治理过程规范化和程序化

边疆治理中一个不得不面对的客观事实是，处于我国改革开放前沿阵地核心区域的法治文明和制度文明已步入快速建设的正确轨道，其政府治理的规范化、民主化和程序化也已初具雏形，与此相反，广大陆地边疆政府治理的规范化、民主化和程序化建设却还大体上处在一个漫漫求索和苦苦追赶的历史阶段。在部分边疆民族地区，农业社会后期阶段的特征还很明显，民族传统习俗和宗教文化信仰的影响和束缚仍旧突出，"人情占主导、法律非主流"的传统不良因素在边疆社会一定范围内还普遍存在，总之，离现代工业文明社会所要求的法理型文化的特征要求还有很长一段距离。而法理型文化的核心要求就是政府治理过程的规范化和程序化，目的在于限制政治权力的滥用，所以，以政治权力直接使用为特征的边疆规制型治理，格外强调规范化、制度化、民主化和程序化的要求。规范化是强调边疆治理内容和标准的明确性和统一性；制度化关键是要求政府的一切行为均需遵照法律制度行使，清除"以言代法、以情代法"的人治痕迹；民主化强调边疆治理的一整套法律制度体系从维护人民的根本利益出发，并得到边疆广大各族群众的普遍认同；程序化则要求边疆治理过程严格按照一套能确保公平公正原则的方式与流程来展开。

（4）法律法规建立健全并严格执行

边疆规制型治理以法律法规的直接运用为基本方式，首先必然要求制定一套完整的体现现代法治精神、遵循国家宪政原则以及与边疆社会现状相吻合的"良法"体系，这套"良法"体系要把边疆治理的相关问题均纳入法律规制的轨道，尽可能保证各种边疆公共治理行为均有"良法"可依。具体而言，"良法"就是指能切实保护边疆各族广大群众的自由平等权利，能强力打击暴力恐怖活动，能有效制止违法犯罪行为，能切实维护公平正义，能有效促进民族团结和社会和谐的一套建立健全的边疆治理法律法规体系。"良法"的建立健全是实现边疆"善治"的前提条件，而"良法"只有得到不折不扣的严格执行，边疆规制型治理才能真正实现"善治"目标。我们把强调法律法规的建立健全和严格执行作为边疆规制型治理的基本要求之一，首先，要求中央政府及边疆地区的各级政府，在维护好中央权威和法律统一的前提下，用足、用好、用活《民族区域自治法》，要善于以边疆重大公共问题为切入点来建构边疆议题，并围绕边疆议题做好立法工作。其次，必须要建立完整的法律监督体系，完善统一的监管机制，保障所制定的法律法规得到不偏不倚的严格执行和实施，切实提高边疆治理效能。

（5）以法律规制作为边疆规制型治理的主要工具

法律规制是以法律为基本手段规范与控制个人、组织以及群体的行为。法律规制的特点十分鲜明：以暴力为后盾，保障法律的严格执行，具有明显的强制性；对一切违法犯罪行为，施之以权利剥夺和义务履行为具体内容的真实惩罚，具有有形的惩戒性；法律强制性与惩戒性的巨大威慑力对社会民众具有无形的约束性；人们可以明确预见每一种违法行为的责任与后果，具有明显的可预测性。此外，法律规制是迄今为止人类发明的保护公民自由平等权利的最具效度和最能体现公平正义的治理工具，法律规制的建立健全是代表一个国家或政府治理过程规范性与程序化运行的重要标志和象征。所以，法律规制理所当然地成为边疆规制型治理最常采用的基本治理工具，边疆问题的治理都应纳入法律规制的轨道：一是必须运用敏锐的政治洞察力，及时发现、判断、分析、整理、提出、建构重大而特殊的边疆立法议题；二是要从法律内容上充分体现出政治权力行使和政治责任承担之间的合理匹配关系，以及公民权利享有和公民义务履行之间的平等对应关系；三是要有效保证法律规制内容的边疆适用性和手段的可操作性，既要确保司法审判的独立和公正原则，又要适当考虑边疆民族与宗教情感的因素，尽量避免界定模糊的法律用词，明确各项权利与义务的具体内容。

（6）以行政规制作为法律规制的必要补充

边疆治理中的法律规制有其他治理工具所不能替代的优点，譬如法律适用的平等性、法律周期的稳定性、法律实施的规范性、法律后果的可预期性等，但也存在不容忽视的缺点：一是难以面面俱到，在偶发性或突发性事务领域内，可能缺乏具体规定。一方面制定法律的复杂流程意味着法律规制难以涵盖到复杂多变的边疆社会问题，另一方面"三股势力"处心积虑钻法律空子，更有可能放大这一缺点；二是在较为微观的领域其可能会失灵。比如针对隐蔽性极强的市场交易活动中的"昧良心"行为，以及社会生活中道德失范的个性化行为，法律规制往往难以触及；三是法律规制复杂的实施程序会造成时间成本较高。法律规制一般要经过报案—立案—侦查—审判—执行—监督等复杂过程，对人民内部矛盾而言，这是确保公平正义的必经程序。但对于穷凶极恶的暴力恐怖分子而言，严格遵循这套复杂的实施程序就极有可能错失严厉打击罪犯的最佳时机。行政规制往往在某种政治价值标准的引领下，直接使用行政权力，具有灵活、便捷、快速的优点。法律规制的缺点恰恰就是行政规制的优势所在，如在偶发性事务领域可以迅速作出具体规定、在较为微观的领域可以直截了当的现场处置、有一套简易的实施程序等。当然其也有缺点，就是行政规制实施的随意性容易导致行政权力的无限扩张。为此，必须发挥行政规制与法律规制优势互补、相互支撑、相互配合的整体协同式治理效能。

三、边疆情感型治理模式

我国边疆政治生态和行政生态极其复杂，治理任务繁重，加强边疆治理的重要性不言而喻。在这样的背景下，指望一两种治理模式能一劳永逸地解决边疆所有的社会问题既不现实也无可能。因此，不断挖掘出针对边疆特定社会问题，并能产生最佳治理效能的边疆治理模式就显得尤为重要。情感型治理模式，就是我们认真反思新中国建立以来的边疆治理实践的基础上，总结概括出来的一种重要治理模式。纵观新中国建立60多年来的边疆治理历程，情感型治理实践十分丰富，除了"文革"特殊年代以外，情感型治理始终是边疆治理未曾断裂的一条主线。

1. 边疆情感型治理的内涵分析

管理学上的行为科学理论，是通过探究被管理者的需求规律，满足被管理者的基本需求，诱导被管理者的正确动机，改善被管理者的行为方式，最终达到提高组织管理的绩效水平。行为科学理论始终围绕着人的需求展开，始终以满足人的合理需求为出发点，始终以激发人的积极性、主动性、创造性为落脚点，所以也称为"以人为中心"的管理。行为科学的开创者梅奥教授以霍桑实验的结果为依据，提出"社会人"的人性假设，其后，行为科学学者们不断揭示出"社会人"的需求规律：人际关系需求，被关注、被尊重、被承认、被肯定、被赞赏需求，权力需求，成就感需求，公平感需求，使命和责任感需求等等。围绕着如何对"社会人"进行有效的管理，逐渐形成了组织管理领域的情感型管理理论。政府对整个社会的管理，同样也要掌握和遵循人的需求规律，并从这些规律出发来建构对整个社会的管理方法，形成成熟有效的管理模式。

行为科学的"社会人"假设及其所形成的情感型管理理论，用来指导我国陆地边疆的管理实践，于是形成陆地边疆治理的情感型治理模式。对行为科学作出重要贡献的马斯洛，提出了需要层次理论，为陆地边疆情感型治理实践提供了最直接的理论指导。按照马斯洛的需求等级序列，结合边疆的实际发展状况和特殊性，边疆各族群众的五类需求可以粗略描述为：一是生理层面的需求，包括基本的衣食住行能够得以大体满足，对于我国陆地边疆来说，就是要解决各族群众仍然不同程度上存在的贫困问题，尽快达到温饱水平；二是安全层面的需求，包括生命安全、财产安全、社会保障安全等得以基本满足。对于我国陆地边疆来说，要解决目前较为突出的各种传统安全和非传统安全问题，保证边疆社会的稳定、安宁、和谐。解决好各族群众的各种社会保障，使群众基本能够实现病有所医、劳有所得、住有所居、学有所教、老有所养，使边疆社会心理平和安定，使公众的社会生活充满安全感；三是社交层面的需求，包括人际关系的和谐，人际之间信任、理解、协作和帮助比较容易实现。对于我国陆地边疆来说，就是各族群众之间平等、团结、互助、和谐的关系能够得以巩固和发展；四是受尊重层面的需求，包括人格与尊严、劳动与创造、文化与习俗等能够得到尊重，不同的人或者民族都能够得到公平对待。对于我国陆地边疆来说，就是相互尊重和认可各民族的历史地位和现实权利，尊重和认可不同民族的文化风俗差异，摒弃民族偏见和歧视，抵制"大汉族主义"和"地方民族主义"；五是自我实现层面的需求，包括个人理想和集体理想的实现愿望，超越自我利益之外的使命和责任的实现愿望等。对于边疆各族群众而言，自我实现的需求具体包括：公民主体意识的成长；公民自主管理能力的增强；有开明的视野迎接市场化浪潮的冲击；自觉把本民族的局部利益整合进中华民族的整体利益之中；对于国家范围内的任何一个民族都做到一视同仁、不持偏见；对于一切破坏和分裂势力有清醒的认识，具备理性的分辨和判断能力，不轻易受煽动和蛊惑；具备把党和政府"输血型"的特殊关怀与照顾，转化为自力更生的"造血型"的持续发展活力的主动意识和行动能力。

从边疆的现实状况出发，实实在在地满足边疆各族群众的上述五类需求，进而激发边疆各族群众建设边疆美好家园的主动性、积极性和创造性，培育出边疆高水平的国家认同和强烈的中华民族归属感，这恰恰是构建边疆情感型治理模式的出发点和着力点。如果说，行为科学为边疆情感型治理模式的构建提供了最好的理论指导，那么，边疆各族群众特殊而紧迫的各类实际需求，则是建构边疆情感型治理模式的现实依据。

纵观国内研究，"情感"似乎只是社会学和心理学研究领域的专属品，谈及"人本管理"或"情感管理"也只限于企业管理范畴，少见政治学和公共管理学视阈的专门研究成果。引入滥觞于企业管理的情感型管理理论，并把其运用到政治权力运作的边疆治理领域，开展边疆情感型治理模式的理论建构，意义不言自明。目前，国内关于企业情感管理比较权威的是陈桂玲的定义：即管理者以真挚的情感为出发点，以增进管理者和员工间的情感沟通和思想交流为手段，目的在于通过满足员工的心理情感需求，达到激励效果，最终促进工作效率与工作效果的提升，进而实现组织目标。① 另外，章凯认为"情感管理的本质就是尊重人的尊严与价值，帮助人实现愿望与梦想，让人体验生活的幸福与快乐"②。需求的满足与情感的建立有着天然的正相关关系，因此，通过政府的情感治理，以最大的真诚，尽最大的努力满足边疆各族群众最紧迫、最现实、最突出的需求，解决边疆各族群众最期盼解决的突出问题，确保边疆各族人民与全国人民一道，平等地共享改革发展的成果，逐步培植边疆各族群众对党和国家情感上的归属感和认同感，对各民族共同团结奋斗、共同繁荣发展的使命感和责任感。

情感型治理依赖的路径是：剖析边疆各族群众的主要需求—创造条件满足合理需求—建立情感认同—诱导正确动机—激发组织化行为—达成治理目标。根据情感型治理的这一行进路径，边疆情感型治理模式有以下几个基本要点：

第一，各级党委政府始终坚持以人为本理念，以边疆各族群众的正当需求为出发点，制定和实施尊重群众、关心群众、爱护群众、激励群众、满足群众合理需求的公共政策。在边疆治理中所制定和推行的公共政策，都能够体现出尊重群众的主体地位，尊重群众的各项权利，尊重群众的劳动和创造，公平对待群众权益，消除一切特权及不平等现象；这些公共政策能够充分关心群众的民生境遇和未来发展，关心群众的疾苦和诉求，珍爱和保护群众的合法权益，不损害群众的正当权益；这些公共政策还能够有效激发和调动群众参与边疆治理的积极性、主动性和创造性；这些公共政策的实施能够满足群众的基本愿望和合理需求。

第二，各级党委政府要善于为边疆各族群众规划设计令人怦然心动的未来。生活在边疆的各族群众对未来美好生活也充满憧憬和期待，但这种憧憬和期待往往处于模糊和零碎状态，需要各级党委政府根据本地区实际给予规划设计，使未来的愿景科学化、明晰化、系统化。这样才能最大限度凝聚共识，招揽人心，鼓舞斗志，才能使边疆各族群众很容易看清未来光辉的前景，才能感到自己的奋斗有良好的前途和奔头。

---

① 陈桂玲：《情感管理》，中国纺织出版社2002年版，第39页。
② 章凯：《情绪的目标结构变化说与情感管理的发展》，载《中国人民大学学报》，2004年第3期。

第三，通过推进经济和政治体制改革，建立健全公平合理的收入分配制度，彰显边疆的社会公平公正，促进边疆的和谐社会建设。公平合理的收入分配，不仅是各族群众十分迫切的精神需求，也是抚平社会焦躁心理，维护社会行为规范，化解社会尖锐矛盾、解决社会深层问题的前提和基础。建立健全公平合理的收入分配制度，是边疆情感型治理模式的基本要求。

第四，在边疆治理中，要树立民主理念、健全民主制度、扩大民主渠道、发扬民主作风，使各族群众通过参与民主决策、民主管理、民主选举和民主监督，逐步确立边疆治理的主体地位，改善边疆治理的实际效果。民主治理既是边疆治理的目的，也是边疆治理的手段。民主治理体现了对边疆各族群众主体地位的充分尊重和肯定，是边疆情感型治理模式的必然要求。

第五，弘扬爱国、敬业、诚信、友善的核心价值，营造积极进取、互帮互助、平和友爱的社会氛围和人际氛围。提高各族群众的幸福感是边疆情感型治理的主要目标。社会中的每一个人，在精神上都有人际交往的客观需求，这种需求包括：与别人建立感情，希望得到别人接纳、信任、理解、合作等需求。这些需求的满足与否是人们幸福感的主要来源因素。在边疆治理中，为了提高各族群众的幸福指数，就必须加快社会道德建设，提高社会文明程度，使人们在践行爱国、敬业、诚信、友善的核心价值过程中，能够逐渐形成一个充满亲和力、温暖感、归属感的社会环境和人际环境，从而提高各族群众的幸福感。

第六，在边疆治理中要创造良好的发展环境和事业平台，让各族群众都有在事业上成长进步的机会，都有人生出彩的机会，都有共享发展成果的机会。美国管理学者奥尔德弗在其创立的 ERG 理论中指出，"成长"是人最重要的需求，所以情感型治理总是要把是否给人们创造成长的机会，作为重要的治理目标。边疆的情感型治理同样要把是否为边疆各族群众创造良好的成长环境作为重要的治理目标。

第七，各级党委政府要善于及时而真诚地关注、肯定、承认和赞赏在边疆建设事业中表现出色的各族干部群众。在边疆治理和边疆建设实践中，在各行各业都会涌现出一批批优秀的建设者、劳动者、创造者、管理者等等，各级党委政府要建立健全激励机制，能够使这些优秀的干部群众，能够得到及时而真诚地关注、肯定、承认和赞赏，这样的治理方式，能够巩固和积累边疆治理的正能量、正效应，有利于提高边疆治理的效能。

第八，边疆的情感型治理特别强调，绝对禁止一切带有歧视性的语言、社会思潮及政策主张。各民族的历史文化、风俗习惯、宗教信仰等，都是历史上形成的，都有其存在的道理，决不允许歧视现象的存在和发生。

2. 建构陆地边疆情感型治理的必要性

第一，边疆治理形势的严峻性。边疆情感型治理的最终目的就是确保边疆各族人民的情感走向沿着良性的轨道健康发展，这个良性轨道就是国家认同水平的不断提高和中华民族归属感的不断增强。然而，时至今日，西方敌对势力亡我之心不死，分裂分子和极端宗教分子串通一气，在国家反分裂斗争力度不断加大的情况下，转而到地下开展更为隐蔽的分化渗透活动，肆意造谣、恶意中伤、蓄意诱导，利用狂热的民族情绪和极端的宗教思想，诱使不明真相的边疆各族群众脱离情感的良性轨道，在错误的情感取向道路上愈走愈远。这些错误的情感取向，一旦聚成一定规模、形成一定气候，造成的破坏力不堪设想。如最近两年发生的四川甘南藏区的自焚事件，即是负面情感极端异化导致的直接后果。相对处于国家腹心区的内地，边疆更易成为敌对分子情感渗透的突破口，边疆情感治理的任何一个环节出现纰漏，都有可能会给他们以可乘之机。如在部分山高路远的边境山区，敌对分子通过安装国外广播电台、散发非法书籍传单、地下传教等渗透方式，企图篡占边疆各族群众的情感高地。因此，边疆情感型治理面临的治理形势十分严峻。

第二，边疆各族群众需求的特殊性。边疆各族群众与内地各族群众一样，都有从低到高、不同层次的复杂情形的需求，但基于边疆特殊的自然地理环境、历史文化传统与经济社会发展状况，具体的需求内容和需求层次还是有其自身的特点：一是需求内容的侧重点不同。内地各族群众靠近或直接处于改革开放的前沿阵地，生活水平明显优于边疆地区，就物质上的情感帮助效应而言，内地肯定不如边疆；二是需求层次的复杂性。一般而言，低层次的生理需求仍旧占据着边疆各族群众情感需要的主导地位，但边疆地区"偏、远、贫、穷"的自然环境与经济社会发展特征，加上特定的少数民族文化与宗教信仰特色，决定着边疆各族人民群众区别于内地各族群众复杂特殊的需求层次。如在个别全民信教的边疆少数民族地区，对神灵情感上的信仰和尊崇甚至超出了对党和国家的情感认同，此时，物质上的情感帮助不足以引导这部分群众走出情感的误区。边疆地区需要的各类治理资源，就某一时期和某一范围而言，是恒定和稀缺的，尤其是政府的公共治理资源质的程度和量的内容，不可逾越特定社会阶段的发展水平，加之规制治理还要占据大量的实质有形的公共资源输出，以维持社会秩序必不可少的无形价值，留给情感型治理的公共资源空间就更为有限。因此，在公共情感治理资源有限的条件下，研究如何通过有效开展边疆情感型治理以满足边疆各族群众的广泛需求、积极引导边疆各族群众情感的正确走向，当是刻不容缓的重要研究课题。

第三，边疆治理理论构建的紧迫性。"情感管理"曾一度成为企业管理的时髦话语和理论模式，也一直主导着企业人事管理实践。相比企业管理"情感模式"的大行其道，政府情感管理理论却很少开展专门研究。边疆是国家发展过程中的历史和地理、文化等综合因素导致的特殊区域，"历史遗留落后基因、恶劣地理条件阻隔、现代文明进化程度低……"在边疆地区印上一层深深的"烙印"，随着国家对边疆几十年来的大力建设和开发，这层"烙印"已愈来愈薄，但它的完全去除尚需很长一段时日，而去除它的"法宝"之一就是政治情感的特殊关怀。党和国家对加快边疆地区的经济社会发展给予了特殊情感上的极大关怀，而政治情感上的特殊关怀不仅要持续不断地继续实行，而且要提升到情感治理的理论高度，保证情感治理的常态化、科学化、理性化实施。情感型治理模式的特征里包含着这么一些字眼：尊重、关心、帮助、照顾、引导、疏通等等，这些以人为本的治理方式内含着主观随意性。诚然，情感治理避免不了主观随意性，在特定场合，人情还很有必要，像政治情感关怀就是一种带有浓郁主观感情色彩的治理方式。但情感治理也需要一套系统的理论来指导，缺乏正确理论指导的情感治理实践极易导致边疆治理效能的低下。

3. 边疆情感型治理的主要任务

（1）满足边疆各族群众的合理需求

满足边疆各族群众的各类合理需求，既是边疆情感型治理的出发点，也是其落脚点。总体上看，综合边疆地区总体经济社会发展水平不高的现实状况，以及边疆公民意识成长的现实条件所限，目前边疆各族人民生理和安全层面上的需求，仍然占据着不同类型需要层次光线谱的主流。大部分边疆地区仍然停留在经济社会发展的初始阶段，情感型治理的指向更多地还是满足边疆各族群众最底层的衣食住行等需求。此种情形下，对于边疆各族群众的基本生活保障与安全保护，毫无疑问应占据各级政府情感型治理任务的中心。但随着国家发展战略的重点倾斜和政策措施上的大力扶持，边疆经济与社会发展程度不断得到提升，生理与安全层面上的需要会不断下降，而精神层面上的情感需求，会愈来愈占据边疆各族群众的主导地位，政府的情感型治理就是要顺应这一变化，通过开拓有序的公民参与渠道舒缓边疆各族群众的利益张力、疏通各族群众不良情绪的积压，用建立在情感基础上的双向沟通体现政府的正义与公信，增进政府的情感型治理能力。当然，我们应当看到，边疆各族群众的自我实现等高层次需求，总体上处于低端与次要水平，这是由于久远的历史印痕和深远的时代发展特征所造成的。这并不是说政府的情感型治理责任聚焦于边疆生理与安全层面停滞不前，坐等边疆所有各族群众生理与安全层面的优势需要完全满足后，再推进更高层次需求的解决，这是一种简单机械的情感式灌输手段，而不是一种综合联动式的情感型治理方式。因为按照马斯洛的"相对满足"论：即一种低层次需要只需得到相对的满足，另一种高层次的需要便会出现。① 另外，受到个人或人群生存与生活背景左右，马斯洛概括的从低到高的五种需要不会是一条直达式的路线，而是充斥着迂回曲折与复杂反复。宏观上边疆与内地经济社会发展上的巨大数字鸿沟，微观上边疆内部不同地理生态、不同种族文化的差别更是千差万别，这些因素好比马斯洛需要层次理论模式上的变量，这些变量的多变性与不确定性给边疆情感型治理模式的构建与运行带来了极大的挑战。比如说个别边疆地区走在

---

① 〔美〕马斯洛：《动机与人格》，许金声等译，华夏出版社1987年版，第43页。

了沿边开放的前沿阵地,当地各族群众的需求早已跨越了生理与安全的层面,开放、进取、创新等自我实现基因已植入当地,情感型治理的指向恐怕更多地要考虑满足他们的高层次需求。与其说生理与安全层面的需要是一个人与生俱来的天性需要,不如说社交、尊敬与自我实现等高层次的需要也是人的一种"准天性"的需要。基于边疆的历史与现实原因,从某种程度上而言,边疆各少数民族更为需要来自祖国大家庭赋予的特殊的爱、格外的尊重和强烈的归属,更为渴望来自政府公平、正义与理性,更为期盼党和国家优惠照顾政策的"阳光雨露"。因此,政府在建设与开发边疆、满足边疆各族人民物质生活条件的基础上,创造条件注入大量的情感因素,满足他们较高层次的情感需求,当是情感型治理的基本任务。

(2) 有效培植边疆各族群众的情感认同

物质上的帮助和经济上的援助固然是满足边疆各族群众情感需求的基本手段,但如果沉湎于此,却无法保证边疆各族群众积极情感的持续良性发展与深化。边疆各族群众积极情感的培育单靠政治情感输入"散播情感种子",显然远远不够,"开垦"和谐稳定的边疆社会这片积极情感生成的"优质土壤"同样不可或缺。正如土地不精心浇灌和施肥,就成不了优质土地,优质土壤里播下的种子不去虫除害,就收获不了丰盛的果实一样;影响边疆各族群众情感安全的各类威胁因素,如果不得到及时清除和有效处理,培育和内化边疆各族群众积极情感的成果将会大打折扣。比如,像爱国主义和民族团结此类的积极情感,在普遍生成的过程中,不时受到民族分裂势力的破坏和干扰,因为干扰和破坏这些积极情感的深化和普遍化,有助于他们不可告人目的的达成。

具体而言,影响边疆各族群众积极情感安全受到威胁的因素有:跨境犯罪和吸毒贩毒,这是基于高山密林的边境、跨境民族的交往便利等天然条件,借族群间的情感纽带之名,行谋财害命之实,在一些跨境犯罪和吸毒贩毒猖獗的偏远边疆村落,出现了所谓的"艾滋病"村,凄惨境况令人发指,在边疆各族群众的情感心理深处留下了挥之不出的阴影,也极大地增添了边疆情感型治理的难度;西化分化和宗教渗透,这是"三股势力"在边疆地区开展情感渗透的惯用伎俩,这些伎俩外在包装做得好、隐蔽性强，具有很强的欺骗性，往往打着人道主义和宗教传播的幌子，抓住边疆各族群众的情感素养仍处在低层次、低水平的弱处，炮制谣言，妖言惑众，煽动极端民族情绪，肆意破坏边疆多民族地区业已建立起来的团结和谐的民族关系，他们的目的就是诱导边疆各族群众的情感走向滑向自我毁灭的危险边缘，脱离积极情感发展的良性轨道；自然灾害和生理疾病，由于边疆恶劣的自然环境，以及相对落后的经济社会发展程度，这方面因素在边疆地区较为突出，如果不花大力气从根本上解决，会极大地侵蚀边疆情感型治理开展的心理基础；社会解构和市场冲击，这是边疆在现代社会的转型过程不可回避的阵痛，在现代化和市场化的浪潮冲击下，边疆各族群众的心理动荡在所难免，尤其在新体制尚未建立、旧体制无力应对的情况下，会导致边疆各族群众情感取向上的无所适从。威胁边疆各族群众情感安全的因素还远远不止以上这些，虽说这些安全威胁因素不仅仅只是情感型治理的治理对象，但这些依附在边疆社会肌体上的"害虫"一旦泛滥，不仅导致边疆情感型治理的成本直线上升，而且极大地影响国家认同和民族归属等积极情感在边疆社会的普遍形成，最终直接影响边疆情感型治理的综合效能。因此，就边疆情感型治理任务而言，一方面，政府应为边疆各族群众积极情感的健康有序发展和深化，创造一个安定、团结、和谐、稳定的边疆社会环境，因为这既是抑制负面情感泛滥、压缩负面情感成长空间的根本途径，也是积极情感生成、弘扬和深化的前提条件；另一方面，运用情感型治理的多维手段，逐渐培育边疆各族群众高水平的情感素养，采取整合措施巩固业已建立起来的边疆各族群众积极情感阵地，营造一个积极的边疆社会情感氛围，不留一丝"三股势力"情感渗透的空间和余地。

(3) 引导边疆各族群众情感的理性释放

情感是人的一种心理情绪表现，需要适时得到释放，情感的释放分为积极情感释放和负面情感爆发。如果边疆各族群众在边疆治理过程中，感受到明显的利益被剥夺感和不公平对待，就会出现积极情感严重受挫、负面情感快速聚集的局面，这种情绪一旦聚集到一定规模，就会如火山般爆发，社会破坏力十分之大。积极情感的不断释放，一般有利于边疆社会的团结和谐，但也有理性和非理性释放之分，过分高涨的情感非理性释放，会把积极情感导向"民粹主义",同样不利于边疆的繁荣稳定。因此,引导边疆各族群众积极情感的理性释放在边疆情感型治理中的分量举足轻重。如果边疆治理主体能在既定的治理资源条件下,或者自身能生产源源不断的情感治理资源,帮助边疆各族群众实现内心不断提升的需求和期望值,边疆社会这一情感"大源泉"就会不断涌出"细水长流"般的情感"涓涓细流",这一情感"细流"富含强烈的中华民族归属感与高度的国家认同水平这些"营养元素"。依赖以这些积极情感为内容的"营养元素",政府的边疆治理成本将会不断下降,治理效能将会不断提升。反之,如果在现有体制内实现不了现实需求和美好愿景,或者干脆就看不到实现的希望,边疆各族群众就会萌生出一种难以名状的情感挫折感和失落感,负面情感就会悄然侵袭边疆各族群众的情感高地,如果此时敌对分子和破坏势力趁势介入,这种消极负面的情感破坏力将会无限放大,后果不堪设想。

那么,边疆政府如何才能正确引导边疆各族群众情感的理性释放呢?第一,全面把握边疆各族群众需要优先次序变化的客观演变规律,有的放矢地满足边疆各族群众的主导和优势需求,激发边疆各族群众的正确行为动机,使得边疆各族群众的日常行为模式符合维护国家整体利益的理想行为。举例说明,假如边疆某个偏远贫瘠村落的人们各个层次的需要都没有得到满足,这时衣食住行方面的生理需求就会凸显出来,追求低层次的生理需要,就理所当然地成为这个村落全体村民的最佳行为动机,此种情形下政府投入的财政补贴与社会提供的物质援助,就会发挥出边疆情感治理的最大功效;相反,如果某个边疆地区的各族群众已然丰衣足食,还是不加改变地采取实物补贴式的情感型治理手段,治理效果就会大打折扣。这也许可以部分解释少数边疆局部地区经济发展和人们生活水平已与内地相差无异甚至于更好,民族矛盾与纠纷却呈不断加剧趋势的怪异现象。第二,致力于边疆各族群众情感素养的培育。众所周知,受民族文化和社会发育状况的束缚,边疆各族群众理性分辨情感和理性释放情感必备的情感素养受到一定的局限,加之边疆各族群众的市场竞争观念和开拓进取精神总体上并不是很成形,内在地存在需求欲望旺盛和创造能力不足的结构性冲突。因此,政府应采取措施培育和提升边疆各族群众的情感素养,引导边疆各族群众正确看待和理性对待不断上升的期望值与现实生活满足感之间的数字鸿沟，把物质上的需求与以国家认同为核心内容的情感上的精神追求有机统一起来。第三，边疆各级政府、社会组织在施之以情感型治理的过程中，及时常态地开展社会主义核心价值观的引导与教育，尽力规避因情感型治理不当而引发的负能量和负效应，要在边疆社会中形成一种恒久深入的信念：社会主义核心价值观在边疆社会的普及推行，是保障边疆各族群众充分平等享受改革开放成果的最有力情感力量，而不是剥夺边疆少数民族利益和扼杀合理需求的"合法外衣"。

(4) 扮演好规制型治理的"润滑剂"

我们在相关学术文章中对边疆规制型治理模式的理论框架进行过系列探讨，边疆规制型治理的不合理不公正运用，必然引发公共空间范围的压缩和狭窄，以致参与渠道不畅、公共生活不公开透明、公共利益分享不均等，带来的直接后果就是边疆各族群众置身于边疆公共事务治理之外，充当"事不关己、高高挂起"的"旁观者"，从而加剧政府与公众之间的情感疏远、冷漠甚至对立，直接后果就是极大地侵蚀了边疆情感型治理的社会基础和政治条件。以政治权力保障为后盾，利用规制手段治理边疆，毫无疑问应成为边疆治理的主导，这是由边疆治理的复杂情形和严峻形势所决定的，但基于情感治理满足边疆各族群众各类需要的特定治理功效，边疆情感型治理模式可以成为规避边疆非理性规制主义治理最佳"调节器"和"润滑剂"。从某种意义来看，如果说规制主义治理为边疆社会安全、稳定、团结秩序的维护，制定了科学合理的"游戏规则"；那么，情感型治理则为边疆治理的整个过程添加了"黏合剂"和"润滑剂"，规制主义治理和情感型治理好比推动边疆治理良性前行的两驾马车，并驾齐驱、并行不悖。建立在情感型治理基础之上的规制主义治理，其运用的基本治理手段——法律与规章制度，等于添上了一层人性化治理的厚膜，防止边疆治理过程沦为"制度主义"的奴隶。

从一种单一的边疆治理模式来看，情感型治理同样不是万能的，藉由情感型治理模式治理边疆，一方面具备规制治理等其他治理方式所不能替代的优势，另一方面也不可避免地存在一些局限性：一是不同边疆存在不同程度的地域文化与民族风俗差异，因此导致各族群众的情感需求也千差万别，情感投入的均等并不会带来治理效果的同等理想，甚至适得其反，产生情感资源的无谓损耗；二是实践中的情感运用难免存在主观任意色彩的渗入，借口情感治理践踏法律制度的权威，用一时头脑发热的"拍脑袋"式决策替代科学化理性化的规制治理；三是中央政府与上级部门对于边疆的特殊情感输入，易于受到边疆当地政府局部利益的绑架利用，把边疆的各类特殊性当成非正当情感诉求的"正当性理由"，自然而然地养成被动的"等、靠、要"惰性思想。并且还一味地凸显边疆各族群众的物质需求，看不到或不愿意看到边疆各族群众不断渴求的爱与归属等精神需要，从而违背了情感型治理的初衷。而边疆情感型治理的这些局限正好可以通过规制主义治理得到克服。因此，由于情感型治理模式在边疆治理中的运用同样具有不可避免的治理张力，抑制其负面效力的膨胀，最大化其积极治理效能的显现，根本解决之道就是在情感型治理和规制主义治理之间找到一条最佳的平衡线。总之，通过情感型治理这一"软"治理方式与规制主义治理这一"硬"治理方式相得益彰的有机结合，边疆的治理状况必将得到质的飞跃。政府在运用情感型治理方式治理边疆的过程中，需要防止为了情感型治理而采取情感型方式，或者为了凸显情感型治理的功效而忽略其他治理方式，正确的做法应当是，自觉把情感型治理的"柔性"特征融入到规制主义治理的"刚性"特征之中，自觉在边疆治理过程中发挥情感型治理充当规制主义治理的"润滑剂"作用，并自觉把以上做法提升为边疆情感型治理模式建构的基本任务之一。

（5）正确发挥个人与集体情感的作用

个人和集体情感分别有积极情感和负面情感之分，并且都有特定的内容或形式。边疆各族群众的积极情感至少应包括如下内容：较高的国家认同水平、较强的中华民族归属感、共享祖国未来的美好愿景、自主自立的意愿或能力、互信互助的各民族交往特征、良好的社会伦理道德观、正确的社会主义荣辱观等。符合国家利益的边疆各族群众的积极情感从来不会自然生成，它需要政府采取情感型治理措施，着力提高边疆各族群众的自觉情感意识和理性情感能力，减少诱发他们产生负面情感的不利因素，正确引导他们积极情感正能量的不断蓄积。边疆治理的公正合理缺失或治理效能低下是边疆各族群众产生负面情感的根源，边疆治理的失败表现在利益分配的不平等、利益表达的不顺畅、族群之间的不团结、多元文化的相冲突等等方面，这些都会导致边疆各族群众情感的严重受挫，是直接产生边疆各族群众负面情感的导火索，一旦此类负面情感出现普遍繁衍或快速扩散，体制外的边疆社会冲突将在所难免。边疆社会的集体情感同样存在积极和消极两个方面的作用。边疆社会集体情感的积极作用有：第一，在国家整体和边疆各族人民之间起到一个牵线搭桥、承上启下的精神凝聚和情感纽带作用；第二，聚焦于集体组成人员的普遍利益与情感需求，便于广袤边疆社会的有效整合；第三，集体主义精神有利于边疆各族人民的团结整合。集体情感的负面效应体现在，由于边疆社会集体情感的形成，有其不同于内地的复杂特殊性，主要是民族与宗教干扰因素多，有些集体情感直接就等同于族群情感或宗教情感，不可避免地存在与社会主义现代化不相适应的非理性情感成分，而"三股势力"又热衷于蓄意利用这些非理性情感，一旦形成一定规模，边疆社会产生不利于国家统一和民族团结负面情感的可能性就易于放大，如果麻痹大意，不加以防微杜渐，将会酿成难以弥补的后果。

　　边疆政府在情感型治理中的基本任务之一就是，充分发挥边疆各族群众个人和边疆社会集体情感作用的积极正向的一面，抑制边疆各族群众个人和边疆社会集体情感作用的消极负向的一面。具体要从以下几个方面做起：第一，引导边疆各族群众的个人角色情感符合维护边疆安全稳定和国家根本利益的基本要求。既要做到边疆各族群众的个人情感角色内容与边疆情感治理的内在要求一致，又要做到与边疆各族群众现实情感需求相吻合。处在边疆社会不同地位或不同角色的人们，都具备特定内容的角色情感。如宗教领袖，要求爱国情感，要求在开展宗教活动时，不得损害边疆人民的根本利益，国家对其有明确具体的角色情感期待。具体而言，政府有两大治理任务，一是制定符合社会主义价值规范的角色情感要求，引导边疆各族群众理性释放和表达情感；二是合理满足边疆人民的优势需求和主导愿望，丰富边疆积极情感产生的社会情感资本。第二，在着力解决边疆各族群众各类基本需要和边疆社会主要矛盾和问题的基础上，逐步扎实地促进能正确兼容个人和集体情感的"自我实现人"的不断增加。基本需要长期得不到满足或者更高层次的需要没有希望获得，是人产生破坏社会和伤害他人冲动行为动机的根本原因，社会矛盾的根源就在于有限的社会资源满足不了人的无限欲望。而对于各种需要的无尽渴求是人与社会不断发展前进的最重要动力源。支持边疆经济社会的大力发展，不断满足边疆各族群众的各类需求，以唤醒边疆社会的生机与活力、激发出边疆人民的积极性主动性和创造性、培育边疆各族人民强烈的国家认同感，是边疆情感型治理的永恒主题。"自我实现人"的理想标准与实现方式是构思与创立一个情感型的治理模型，在这个模型结构里面，通过正义理念的弘扬与模范标杆的树立，人人都能向往一个"自我实现人"的愿景，即对祖国和中华民族深深认同与热爱，对社会、对家庭和对自己担负起应尽的责任与义务。第三，培育边疆各族群众的中华民族共同体情感。以边疆治理主体的情感治理能量为抓手，把各自为营、随性而为的边疆各民族的本民族情感，融入到荣辱与共、生死相依的中华民族共同情感上来，这是融合民族局部利益与国家整体利益内在张力的必然选择。因此，以突出族群特征和强化族群情感意识为治理内容的"族际主义"治理模式，应逐渐淡出边疆治理的主流，而致力于培育国家认同和中华民族共同体情感意识的"区域主义"治理模式，应主导新时期边疆治理的历史舞台。①

---

① 周平：《中国的边疆治理：族际主义还是区域主义？》，载《思想战线》，2008年第3期。

第八章 中国陆地边疆的文化型治理与合作型治理

我国陆地边疆是指具有陆地边境线的省级行政区的总和。目前陆地边疆有九个省区，分布在我国领土的边缘地带，这一区域远离国家的政治中心、经济中心和文化中心，表现出较为特殊的治理生态：自然地理环境相对恶劣，生态比较脆弱；基础设施极其落后，经济发展水平低，贫困面很大，教育科技水平普遍不高；社会发育程度低，民族宗教关系较复杂，威胁国家安全的隐患较多；边疆治理体系不完善，治理能力有限；周边地缘政治关系复杂，周边国家国内的不确定因素较多等等。总体上看，我国陆地边疆的基本区情是处于社会主义初级阶段的低层次。陆地边疆的这一特殊治理生态，必然呼唤特殊治理模式的建构。我们认为文化型治理与合作型治理应该是我国陆地边疆治理的两种重要的模式选择。

一、陆地边疆的文化型治理模式

就治理手段而言，文化既可以成为国家政权系统运用公共权力强力实施意识形态宣传和灌输的载体，更可以发挥出一种超越制度的刚性力量，以收服人心、感化人心为旨向的柔性力量。这种文化的柔性力量本质上展现了一种现代治理愈来愈高度关注的软实力，这种建立在文化力量基础之上的软实力，既可以产生一种积极的凝聚力和同化力，也可以产生一种消极的破坏力和渗透力，其对当今世界格局的影响力，甚至远远超过了传统的军事和经济硬实力所产生的影响力。正如国际文化讲坛所流行的一句名言所印证的那样：19世纪是靠军事改变世界，20世纪是靠经济改变世界，21世纪要靠文化改变世界。①

文化不仅有意识形态属性（宣传教育功能）和产业属性（消费娱乐功能）②，更重要的是它还具有不可替代的治理工具属性，可以作为规制型和情感型治理手段之外的"第三种"治理手段。如果说规制型治理所发挥的力量是法律和专政手段的强制力，情感型治理所发挥的力量是现实需求得到充分满足之后的一种行为导向，那么，文化型治理所发挥的力量则是价值观念的感召力和优秀文化的同化力。总体上看，我国边疆治理水平落后于国家核心区，其文化资源表现出特殊性的一面，既具有特色鲜明的独特优势，又具有传统文化的负面积淀，可谓文化型治理过程中挑战和机遇并存。因此，在总结过往经验的基础上，把握机遇、应对挑战，创新建构一种能够充分发挥文化治理效能的边疆文化型治理模式，对于推进边疆治理现代化的意义不言而喻。

1. 边疆文化型治理的内涵

从狭义的角度上讲，文化是人类共同体在长期的生产生活实践中逐渐形成的，并得到共同体成员普遍认同和践行的价值观念、精神品格、行为规范、目标使命、理想愿景等的总和。人类共同体的"文化"一旦形成，就会对该共同体的成员产生指导、规范、约束、凝聚、激励等功能。

大到一个国家、一个地区，小到一个组织、一个单位，都可以充分开发文化的治理功能，在其成员中有意识、有目的、有计划地建构和传播所需的文化类型。通过长期的绵绵用力，就可以确立起有利于国家或组织发展的文化样态，并逐渐把其变成成员的思维方式、行为选择、行为习惯等。

当代的企业文化理论就是典型的把文化作为治理企业的手段和工具，从而创造出来的企业治理的理论。同样我们也可以把文化作为国家治理、区域治理的工具和手段，从而形成文化型治理。所谓文化型治理，就是借助组织文化的引导力、规范力、约束力、激励力、感召力、协调力等，对

---

① 邓清柯：《文化软实力：改变世界的另一种力量》，载《理论参考》，2011年第11期。
② 孙波：《文化软实力及其我国文化软实力建设》，载《科学社会主义》，2008年第2期。

组织成员的思想意识、行为方式等进行的管理活动。简单地说，就是在一个组织中把其组织文化"内化于心、固化于制、外化于行"，从而发挥其管理功能的活动。

边疆文化型治理，就是通过建构和传播有利于提高边疆治理效能的文化样态，充分地发挥和释放该文化样态的引导力、规范力、约束力、激励力、感召力、协调力等，对边疆各种复杂的社会主体的思想意识和行为方式进行引导、疏导、管控等的过程。

我国边疆作为一个特殊的区域，其地域文化、民族文化、宗教文化等的多元性、复杂性、封闭性，始终会滋生各种各样的隔阂、矛盾、对立，甚至冲突，给国家的边疆治理带来很多影响和挑战，加剧着边疆治理的成本，仅靠规制型治理模式和情感型治理模式的使用，还不足以彻底解决积淀于心理文化层面的深层次的矛盾和问题。引入和创建边疆文化型治理模式，就是根据我国边疆的区情，有目的、有计划地建构一套成熟的价值观体系、行为规范体系等，引导、规约、激励边疆社会共同体成员的思想意识和行为方式，从而消解边疆地区因文化的不同而产生出来的各种隔阂、矛盾、对立和冲突，提高边疆治理的效能和水平。

我国边疆文化型治理模式可以从各个角度来理解其内涵：

第一，以一种边疆文化型治理的战略眼光，以具有边疆鲜明特色的民族与地域文化为资源依托，以社会主义核心价值体系和中华优秀文化为价值内核，打造出具有世界视野、中国气派、边疆特色的文化产业，并以此为平台，发挥边疆文化对周边国家的吸引力、辐射力和影响力。边疆文化产业的发展，拥有天然的优越条件，即边疆社会内部潜藏着丰富多彩的少数民族文化资源和宗教文化资源，形成了一座座地缘特色鲜明和民族特色浓郁的文化资源富矿，尤其是民族歌曲、民族舞蹈以及民族艺术品，既有文化的持久生命力，又有文化的独特风采。

第二，在边疆地区铸就展示我国整体文化软实力的最佳平台。主要通过在边境一带搭建对外文化交流与合作的多渠道平台，展现中华文化谦逊、大度、包容的精深内涵，呈现边疆民族地区丰富多彩、和谐相处的多元文化，向陆上邻国以及全世界彰显出一个勇于承担责任和维护和平的大国形象。以边境地区文化软实力的增强为契机，与邻国之间建立起同宗同源的文化联系纽带，既是向邻国展示中国特色社会主义文化无穷魅力和无尽生命力的窗口，也是建构我国与陆上邻国之间的文化互谅和文化互信机制的平台，更是构筑横跨边境线内外的纵深文化安全边疆场域的现实需要。

第三，打造吸引力和辐射力兼备的强大的边疆文化软实力，核心在于坚持践行社会主义核心价值观的文化自觉和树立中国特色社会主义文化的文化自信。边疆文化型治理的核心任务，即是要深入开发适应边疆实际情况的主流文化传播平台，建立社会主义核心价值观的践行机制和中华文化的宣传机制，发挥社会主义核心价值观在边疆文化型治理中的价值引领作用，深化中华文化对于边疆各族群众共同家园的精神凝聚和心灵塑造功能。具体而言，一是要通过"西新工程"、"广播电视村村通"等重点针对边境地区的文化信息工程的持续实施，保证国家主流媒体的声音能够传播到边疆地区的每一个角落；二是要采取边疆少数民族群众"喜闻乐见"的本地化方式传播社会主义意识形态，筑牢中华文化的"主体性"文化地位。

第四，边疆文化型治理模式的持续实施，还会衍生一个至关重要的"副产品"，即构筑起边疆地区多民族文化良性交融、各民族群众友爱互助的社会氛围。这样一种氛围极其有利于打造一个政治舆论环境振奋人心、政策导向环境宽松便利、社会服务环境优质高效、人文道德环境和谐有序的边疆社会。具有如此良好的边疆软环境条件，必然可以演化为一个能够广泛吸纳各方英才、拓展各路招商引资渠道的最佳"磁场"，进而可以把人烟稀少、潜力巨大的边疆地区，建设成为全国各族群众创业就业、安居乐业的远方最佳乐园，还可以为社会主义核心价值观在边疆地区的深入宣传和贯彻落实，以及为边疆各族群众自觉增进对中华文化的自尊、自豪和自信，奠定最为坚实的文化基础和社会根基。

总而言之，边疆文化型治理模式本质上是一种"内外兼修"的边疆治理工程，它不仅要求在价值理念和思想观念上对边疆治理的整个过程起到导航的作用，而且还需要在边疆治理的具体策略和方式上充分发挥文化手段的独特治理功效。

2. 边疆文化型治理模式的主要特征

文化资源的整合性特征。边疆文化型治理模式的有效实施，必须依托优质的文化资源，包括中华文化的传统优秀文化基因、中国特色的社会主义文化体系以及边疆少数民族文化的精华部分。边疆的各种内生及外来文化资源库里，糟粕和精华文化成分并存、优质和劣质文化内容掺杂，必须进行文化资源的整合：首先，通过中华文化建设工程，把多样性的少数民族文化资源以及体现边疆地域特色的文化资源，统一整合到中华文化宝库里，突出国族文化的主导地位，从而最大程度地发挥中华一体文化的向心力和凝聚力；其次，必须站在巩固和提升国家认同的高度，把中国特色社会主义文化体系的建设，作为边疆文化型治理的核心任务，把中国特色社会主义文化体系作为维护国家统一、社会稳定和文化安全的坚实屏障，通过强化主流政治文化的地位，削弱边疆地区具有民族化、宗教化、地域化和西方化倾向的政治亚文化力量。充分发挥文化资源的整合性特征，以中华文化和中国特色社会主义文化统领一切边疆文化资源，是边疆文化型治理的题中之义。

治理过程的软约束特征。边疆文化型治理过程，实际上是边疆治理主体利用社会主义核心价值观的"风向标"，对边疆地区的社会风尚进行正确的导航，从而对边疆各族干部群众的心灵进行先进文化和文明道德的洗礼和塑造。边疆文化型治理强调中国特色社会主义文化的社会化过程，尤为突出一种崇尚正义、讲究文明、遵奉道德的正确社会舆论导向，尤为注重从公民教育层面对边疆各族群众进行现代文明和公民意识的重塑。不管是社会舆论的导向、精神信仰的内化还是道德规范的约束，均凸显了文化手段的柔性治理特征，充分彰显了文化型治理的软约束功效。具体而言，即充分运用先进文化的软性同化力和约束力，平衡人们的心态、美化人们的心灵、优化人们的心智和塑造人们的行为。

治理手段的依附性特征。边疆文化型治理模式的依附性特征十分明显，往往要与其他治理手段联合运用，才能全部发挥文化手段应有的治理效能。简而言之，只有在其他治理模式得到最有效地实施的前提下，边疆文化型治理模式才能体现出它的独有特征，才能发挥出它的独有功效。首先，边疆文化型治理的一些内在要求，比如边疆最广大各族群众必须具备符合现代文明理性的公民意识，以及风清气正和井然有序的边疆社会环境，必须依赖边疆规制型治理模式加以强有力的保障。其次，筑牢边疆各族群众对中国特色社会主义文化的自发性接受和自觉性认同，必须通过情感型治理模式的实施，从情感心理和物质生活两个层面最大程度地满足边疆最广大各族群众最紧迫的各类现实需求。最后，边疆文化型治理和边疆合作型治理存在着相辅相成的天然联系，只有建立在对中华民族共同体文化的高度认同之上，才能在边疆地区促成多元共治合作治理模式的形成。

治理效果的持久性特征。不同于规制型治理效果的即刻性特征，文化型治理所依赖的治理机制是治理客体从内心深处自愿接受治理主体的价值理念，并自觉遵从和维护在这种文化价值理念导向下的行为规范。显而易见，运用文化的软约束力量促使人们形成一种道德内化和文明自觉的行为模式，必然是一个"温水煮青蛙"式的缓慢过程。虽然边疆文化型治理模式的实施成效不如规制型治理来得那么迅速和直接，但是，一旦文化型治理举措有的放矢并实施得当，将会产生一种深入持久的治理效能，而且这种治理效能在边疆规制型、情感型和合作型治理模式的综合治理机制保障下，将会呈几何级数地成倍累加，同时也会极大地降低其他治理模式的实施成本、放大其他治理模式的实施成效。此外，边疆文化型治理模式还会增加许多文化本身之外的附加效应，比如在造就具有现代理性公民意识的边疆各族群众、形塑体现先进文明发展方向的边疆社会精神风貌的同时，也会有效地巩固主导文化型治理过程的党政系统的政治合法性基础。

治理效益的多重性特征。边疆文化型治理模式能够产生政治、经济、社会、文化等多重效益。边疆文化型治理所产生的政治效益具体表现在：增进政治社会化的效度、降低政治社会化的成本；以文化认同增强政治认同、以文化认同促进国家认同；以文化型治理作为推进边疆政治文明建设的重要抓手等。边疆文化型治理所产生的经济效益具体表现在：整合和创新边疆地区具有民族和地域特色的民族习俗和民间艺术，打造特色鲜明、文明高雅的边疆文化产业，形成规模效益，培育边疆的文化拳头产品，实施民族文化"走出去"战略，打开国外市场，并且把边疆迷人的自然风光和民族特色文化"合二为一"，开创旅游产业的新局面，最大程度地实现文化产品经济效益上的创收和增值。边疆文化型治理所产生的社会效益具体表现在：积聚边疆社会资本，降低边疆社会的交易成本和治理成本；形成积极正面的边疆社会舆论导向。边疆文化型治理所产生的文化效益具体表现在：满足边疆各族群众日益增长的精神文化产品需要；有利于构筑中华文化主体性地位下"一元多体"文化体系；有利于增强中国特色社会主义文化的生命力和创造力。

3. 边疆文化型治理模式的价值取向

强调边疆文化软实力的打造。边疆是展现我国经济硬实力和文化软实力的重要窗口，由于在与陆上邻国接壤的同一块水域、同一座山头的另一头，居住着与我国边境地区群众同宗同源的跨境民族，双方彼此的一举一动均暴露在对方的视线范围内，倘若边疆的文化吸引力和辐射力不如另一头的跨国邻居，再加上现实存在的国内区域发展的严重失衡态势，边境地区的跨境民族群众就会不由自主在心灵深处产生"我群"和"他群"的巨大落差，就会在情感上自然而然地倾向同宗同源的本民族认同，进而削弱国家认同，敌对分子的文化渗透因此就有可乘之机。经济发展的硬实力固然重要，但如果在文化软实力上不能建立起对邻国的比较优势，就难以维系边地区各族群众对国家身份的认同。边疆经济发展硬实力的提升，并不会必然带来文化软实力的增强，但是边疆文化软实力的羸弱，却必然会导致边疆经济发展的持续性不强和根基不牢，因为"软实力虽然是在硬实力的基础上产生、发展起来的，但以文化为核心的软实力又深深渗透到经济实力、科技实力、国防实力等硬实力之中"①。因此，着力于打造强大的边疆文化软实力，是边疆文化型治理必须坚持的重要价值要求。

崇尚德治。德治是对道德文明的推崇，即便到了法治文明占据主导的当代，道德文明的情感型治理功效仍然应当在边疆治理中发挥应有的辅助性作用。边疆文化型治理崇尚德治，基本要求就是要在文化异质性差异相对较大的边疆地区，坚持一套符合社会主义核心价值观要求的道德文化标准。这套标准对不论属于何种民族以及信仰何种宗教的边疆各族群众均适用，只要越了公认道德标准的"雷池"，就必将遭到舆论和民意的一致谴责，接受道德良心的"拷问"和"软惩罚"。我国的道德文明既要传承传统文化的优秀基因，也要与国际接轨，吸纳国外体现现代文明的道德文化。边疆文化型治理实施德治的主要途径就是通过道德文明在广阔边疆社

---

① 卢新华：《关于提升中国软实力的几点思考》，载《集团经济研究》，2006年第4期。

会中的深入践行，是每一位生活在边疆地区的人们能够真正形成文明礼貌、诚信友爱的道德行为模式。在外国人出入频繁的边疆地区，道德文明的广泛而深入的践行，其意义更为重要，一方面可以展示边疆文化软实力的正面印象，另一方面也可以有效抵制外来腐朽消极文化的侵袭。

强调理性的文化认同。文化认同对于边疆治理来说具有双重效应：其一，可以维持和巩固边疆各族群众对党政系统等硬层面认同对象的政治合法性基础；其二，可以强化对中华文化和社会主义意识形态等软层面认同对象的文化塑造能力。而且这种双重效应彼此之间存在相互强化、相互深化关系。所谓理性的文化认同，即是在对外来文化、内生文化和形成性文化这三类文化认同之间保持一个合理的比例、维持一种平衡的态势。如果边疆各族群众对包括西方自由主义、拜金主义和消费主义等在内的外来文化，不加区分地加以接纳吸收，那么这种非理性的热情就会驱使外来文化的认同比例始终处于高位，就会导致对以中华文化为核心的内生文化，以及对以中国特色社会主义文化为主体的形成性文化的认同比例急剧下降，在某种程度上而言，此类现象可以看作国家认同危机的先兆。总体而言，对于三种文化形态的认同必须保持在一个合理的比例范围内，合理的标准应当是对内生文化和形成性文化的认同保持最高的比例，对外来文化的认同，也要以一种"取其精华、去其糟粕"的姿态，始终保持一个以不危及前两类文化认同为前提的恰当比例。唯有如此，边疆文化型治理才能把中华文化和中国特色社会主义文化的有效整合力、强大凝聚力、持久生命力和宽厚包容力，最大程度地凸显出来，边疆各族群众无比强烈的民族自豪感和国家尊严感，以及坚定的社会主义理想信念才会真正树立起来。

强调文化安全前提下的文化包容。边疆文化型治理模式首先必须以维护国家主流意识形态和文化安全为根本的价值取向，在此基础上，尤为强调对多元文化的尊重和包容。具体要求做到如下几点：一是要以一种开放、包容、尊重的态度看待形形色色的多元文化，不以文化的异同为区分敌我的标准，即所谓"我尊重你的文化价值取向，但我不一定要按照你的办"；二是要以保护国家主流意识形态和文化安全的需要，对外来文化加以理性分析和适度选择，文化包容的目的不是在与外来多元文化的交流融合中，迷失了自我，更不是被外来文化所同化、所吞没，而是以一种以我为主的文化自信态度坚守边疆文化安全阵地；三是要以中华文化统一整合56个兄弟民族的族群文化，在边疆民族地区构筑一种建立在普遍性国族文化认同基础之上的国家认同局面。对边疆各民族文化的包容，关键是在边疆文化型治理过程中，不要过分地突出各个民族的文化特殊性，在不同民族文化之间不要画"楚河汉界"式的文化分界线。如果总是过分强调族群文化的特殊性，并耗费大量的人力物力财力去收罗一切差别，哪怕是一点细微差别的族群文化特征，显然无益于中华文化共同体的构建。

4. 建构边疆文化型治理模式的意义

（1）边疆厚重的传统文化负荷

由于受历史惯性作用和现实瓶颈制约，边疆地区的传统文化积淀仍旧深重、传统文化负荷仍旧厚重，当前，由于文明理性的现代文化体系尚未完全在边疆地区建立起来，以至于宗教信仰和民族习俗等传统文化形式仍旧占据着边疆社会的较大空间，仍旧对边疆各族群众发挥着不容忽视的软规范作用。首先，传统的宗教文化对广大边疆社会的影响力广泛而深远，边疆地区的宗教信仰情况十分普遍，全民信教现象比比皆是，宗教活动或宗教仪式在边疆少数民族群众日常生活中的分量很大。此外，边疆地区的传统民族习惯和民间风俗的社会约束力也不容忽视，至今仍在少数偏远落后的边疆村寨保留着"头人""族长"等传统宗族统治形式。对于边疆地区背负的厚重的传统文化负荷，要一分为二地予以看待：一方面，要在法律法规的可控范围内，适当发挥传统文化形式在凝聚人心、道德自我约束等方面的积极功能；另一方面，更要深刻地认识到，毕竟大多数传统文化形式流淌着人治文化基因，会在不同程度上和不同范围内消解边疆各族群众对法治文化等现代理性文化的接受、认同、吸收和消化。正因为传统人治文化在边疆地区的影响至深，导致法治文化不能彻底地深入边疆各族干部群众的内心，也正因为人治文化在边疆地区的恣意横行，导致法治文化的生存空间受到极大压制，形成对法治文化的怀疑和漠视。

如果边疆地区一直承载着厚重的传统文化负荷不加以卸载的话，就难以"轻装上阵"。一方面，将导致诸如民主与法治等现代理性的文化基因难以有效植入边疆社会的"肌体"；另一方面，将难以真正有效地打造边疆地区的软实力，从而难以抵御形式多样的国内外文化侵略和文化渗透。

我国边疆地区直接和陆上邻国山水接壤、人文相连，往往是外来消极腐朽文化侵袭我国文化安全防线的第一道关口，比如"金三角"和"金新月"等两大世界毒源地，一直把我国边疆作为其出口毒品的重要通道，伴随毒品而来的色情文化、拜金文化、堕落文化等毒品文化对边疆群众造成了不小的心灵毒害。在这样的背景下，如果边疆各族群众缺乏现代理性文化和社会主义文化价值观的武装，仍旧圈在宗教与民族传统文化的笼子里徘徊的话，显然难以抵制外部文化渗透。边疆文化型治理模式的实施是对国家的法律规范体系的很好补充，因为抵制文化侵略和渗透不仅需要硬层面的法律法规约束防线，更需要边疆最广大各族群众从心理层面全部接受社会主义核心文化价值体系的洗礼，而不是被厚重的传统文化负荷"牵着鼻子走"，从而形成全民系统的文化软约束防线。

（2）西方国家文化渗透带来的现实挑战

在和平与发展已成为时代主题的今日之世界，以美国为首的西方国家热衷于利用文化渗透手段分化瓦解社会主义国家。针对中国这个最大的社会主义国家，西方国家一直强化文化渗透，尤其选择民族和宗教因素复杂的我国边疆地区作为西化分化中国的重点突破口，企图从思想文化上分化瓦解边疆地区的第一道国家安全防线。更有甚者，一些西方国家在向我国边疆渗透和灌输西方资本主义主流文化的过程中，常常戴着有色眼镜看中国特色社会主义文化体系建设，常常借题发挥，有意无意地利用主导国家舆论的本国主流新闻媒介，制造和宣传各种莫须有的"中国威胁论""中国崩溃论"等，对我国党和政府进行妖魔化传播，试图运用这种文化偏见和文化诋毁式的文化软侵略策略，打压中国在世界发展舞台上的地位和空间。

20世纪90年代以前的较长一段时期里，许多偏远贫困的边疆民族地区不通电、不通路，相当多的少数民族群众只能接受来自邻国跨境民族同一语言的国外广播电台和电视频道，而以普通话主导的中央电视台等国内主流文化的新闻传播媒介，却长期普及不到这些地区。这些国外广播电视电台等"非主流渠道"常常受西方强大媒体力量的操纵、控制和利用，常常掺杂着刻意诽谤党的领导和社会主义制度的无良言论，处处彰显出功利主义、个人主义、拜金主义等各种消极腐朽的资本主义文化，与此同时，号召所谓的西方传教士宗教人士，开展各种宗教文化地下渗透活动。总之，西方国家就是企图通过种种文化软侵略方式，不断冲击建立在社会主义主流意识形态基础上的我国边疆文化安全防线，达到其西化分化中国的阴谋政治目的。进入全球大众文化传播的信息爆炸时代，互联网和大众文化传播媒介更是成为西方国家向我国进行文化渗透的重要途径，"如果说西方在全球化早期是用枪炮加传教士把自己的价值观强加给殖民地国家，那么今天的西方是用大众化文化加互联网向后发展国家输入他们的文化价值观"①。

西方国家的文化渗透，好比依附在边疆这块健康肌体上的"病虫"，如果不采取措施及时清除，将会造成难以挽回的后果。从国家的整体利益视角剖析，西方国家对边疆地区的文化渗透或文化侵略的危害性表现在：一是侵蚀国家政权系统的合法性基础；二是干扰边疆各族群众国家认同意识的持续性和稳定性；三是破坏边疆地区的国家文化战略安全；四是歪曲党政系统的良好形象；五是消解边疆地方党政系统的政治动员能力。进入新世纪以来，我国从国家文化安全的战略高度，实施一系列诸如"万里边疆文化长廊建设工程"、"广播电视村村通工程"、"西新工程"等文化型治理举措，与邻国之间的文化交流合作也逐步展开，但总体上看更像一种被动防御式的文化治理战略。如何通过边疆文化型治理模式的创新构建，积极地应对西方文化渗透和文化软侵略的严峻形势，制定和实施一种主动出击式的文化治理战略，对于树立中国特色社会主义的文化和制度自信，显得尤为紧迫和必要。

（3）特殊环境导致的文化认同危机

造成边疆文化认同危机的重要根源，在于边疆地区面临的复杂特殊的文化生态环境，大致包括：部分边疆少数民族群众对传统民族与宗教文化的非理性坚守；文化全球化浪潮对边疆既有文化认同体系的巨大冲击和解构；市场化衍生出来的道德文化缺失现象对传统道德文化秩序的破坏；西方国家实施的形式隐蔽难辨、花样层出不穷的文化渗透和文化侵略；边境地带普遍存在的跨境民族对同一族群文化认同的"高位"比例等。尽管以

---

① 田丰、肖海鹏、夏辉：《文化竞争力研究》，中国社会科学出版社2007年版，第5页。

上复杂特殊的文化生态环境不全是边疆地区的特有现象,但至少相比国家的其他区域,其严重性特征往往更为突出。首先,不可逆的全球化文化浪潮,催生了良莠混杂的外来文化,尤其是境外跨境民族的民族与宗教文化不断渗入边疆民族地区。一部分少数民族群众在直接或间接接触国外文化的过程中,往往陷入对内生文化、形成性文化和外来多元化文化进行取舍的迷茫和纠结当中,要么对狭隘地域范围内的族群文化盲目自信,拒一切不属于本族文化范畴的外来文化于千里之外,实际上在过度强化民族身份认同的同时,无形之中淡化了国民身份认同;要么容易对"韩流"、"西方热"等外来文化不分良莠地盲目崇拜、盲目亲近和信任,产生了一种由文化过于自负或文化过度自卑所造成的文化认同危机。其次,在传统道德文化向现代市场经济文化的漫长过渡期内,追求市场利润最大化的利益唯上观对边疆社会既有道德伦理秩序不断形成冲击,引发了部分群众对传统道德文化的怀疑和抛弃,导致这部分群众道德文化价值取向的混乱不堪、无所适从,从而造成文化认同危机。再次,部分跨境民族群众对国外同一族群文化的强烈认同,及其导致对中华民族国族认同和中华人民共和国国民身份认同的削弱和模糊,以至于"中国人正在失去中国人之所以为中国人的中国性"[1]。在一些跨境民族居民众多的边境地区,不同程度、不同范围地出现了国家认同和中华民族文化认同的模糊现象,对族群文化和境外文化的亲近和认同现象有所抬头,比如不愿送子女在国内就读汉语学校、接受国民教育,更愿意送子女到境外学校接受本民族语言和习俗的教育。最后,在和平与发展占据主流的当代世界,我国边疆面临的以军事战争为特征的传统安全威胁因素不再是主导,但以文化渗透和扩张为特征的非传统安全威胁因素却日益发酵,成为威胁边疆地区国家安全和社会稳定的新的最大的不安定因素,"文化软侵略"已成为国外反华势力乐此不疲的一种西化分化中国的战略选择方式,这也是诱发文化认同危机的重要原因。因此,极其需要通过边疆文化型治理模式的创新建构和持续实施,治理各种特殊环境诱发的边疆地区文化认同危机。

---

[1] 李慎之:《全球化与中国文化》,载《美国研究》,1994年第4期。

（4）全球化和市场化带来的道德文明危机

新时期，在全球化的大背景下，西方国家以宣传灌输资本主义文化为目的的"大杂烩"文化在全世界范围肆意横行，如果不考虑文化生成的传统背景和社会基础，简单地对西方社会的"大杂烩"文化照单全收，不仅难以形成新的社会道德文化秩序，而且会造成更深层次的道德文明危机。此外，在传统民族与宗教文化根基深厚的我国边疆这一块特殊的土壤里，在边疆传统社会向现代社会急剧转型的这一"十字路口"，随市场化而生发出来的新观念和新思想，剧烈地解构着边疆社会的传统结构和文化形态，这一方面加速了边疆各族群众利益意识的觉醒和物质欲望的增强，释放了边疆社会的无尽活力，从而极大地解放了边疆社会的生产力；另一方面，随着追求物欲动机的极度膨胀，却可能造成物质财富富有和精神文化贫乏的并行，从而造成边疆社会道德规范的失灵和道德文明的危机。

在现代理性的法律规制和道德约束体系尚未完全建立起来的较长社会过渡期内，市场固有的失灵现象和负面效应却最大程度地、赤裸裸地暴露在边疆的现实社会里。在商品市场体系和社会治理体系相对不健全的边疆地区，外来的市场力量在缺乏有效规制的情况下，在市场利润最大化的驱使下，或多或少地带入了一些欺行霸市、以次充好等不良市场行为，造成对边疆传统社会负面性的现代解构效应，反过来更加剧了边疆各族群众在道德选择和价值取向上的无所适从。官商勾结、"潜规则"盛行等"消极市场文化病症"屡次挑战市场规则的底线，极少数人在市场化和社会化活动中，为了一己私利，弃基本的社会责任和道德良知于不顾，屡屡挑战个人和社会应有的道德底线。此外，严重的阶层和群体利益分化与社会分配的严重不均，以及由此导致的对公平剥夺的失落感、悲观失望情绪、仇富仇官心理不断扩散，社会浮躁情绪蔓延、道德诚信滑坡、社会责任意识缺失、人际关系商品化等社会病态现象也日益暴露，给边疆地区的稳定有序局面造成了很多隐患，最为危险的是，一旦这种病态化的心理和行为模式成为边疆社会的常态，就成为了一种社会的普遍性文化价值取向。虽不能从当前边疆社会存在的种种道德滑坡现象中判断边疆社会出现了严重道德滑坡，但也由此十分清晰地昭示了重建边疆文化型治理模式、重塑边疆社会核心价值观、重构边疆道德文化体系的必要性和紧迫性。

5. 边疆文化型治理模式的基本要求

（1）突出强调中华文化认同

中华文化是一种"多元一体"文化。具体而言，"一体"指的是各民族文化在长期的历史发展中，形成了你中有我、我中有你、血脉相连、水乳交融、联系紧密的文化整体；"多元"指的是在整体的中华文化中保留和发展着各民族文化形态的多样性和丰富性。① "多元"与"一体"是一组不可分的整体，一方面，充分展现了我国对多样化文化的尊重和包容，呈现了中华文化兼容并蓄、海纳百川的永恒创新活力；另一方面，在传承和发展多样化优秀民族文化的基础上，不断充实中华文化的价值蕴含，着力发挥中华文化的凝聚力、向心力和整合力。

边疆是我国少数民族集中居住的重点区域，是多样化民族文化闪耀光芒的"温床"，因而，在这一特殊区域实施边疆文化型治理模式，必须同时遵循两大基本要求：一是着力保护和传承少数民族的优秀文化基因，并有机地融入和整合到中华文化的资源宝库；二是要着重凸显中华文化在边疆民族地区的主体性地位，增强少数民族群众对中华文化的归属感和认同感，实现少数民族文化多样性和中华文化统一性的有机结合。加强边疆民族地区的中华文化认同建设，既是传承和创新绚丽多彩的少数民族优秀文化的现实需要，又是维护边疆文化安全、抵御西方文化侵略的最强精神武器。巩固和提升边疆各族群众对"多元一体"文化体系的统一认知和共同认同，是提升边疆文化软实力的重要前提，其中，"一体化"的中华文化认同，是构筑边疆各族群众血脉与共的中华民族大家庭"一家亲"关系的精神纽带；"多元化"的少数民族优秀文化是边疆民族地区文化软实力的优势所在。总之，强调对"多元一体"文化体系的认同，关键是要坚持中华文化所蕴含的道德文明价值，实现中华文化的整体性和多民族文化的多样性的有机融合和相向而行。

（2）强调边疆传统文化的适应性变革

强调边疆传统文化的适应性变革，关键是坚持两点基本原则：一是要

---

① 王霞：《民族地区中华文化认同与边疆文化安全》，载《黑龙江民族丛刊》，2012年第5期。

在整个边疆社会始终保持对"一体化"中华文化普遍而深入的认同；二是在坚持前一条原则的基础上，及时把多样化的民族文化资源，转化为适应现代化转型、适应国家全面发展需要、适应边疆文化型治理要求的现实文化动力和文化能量。"一体化"中华文化是56个民族在长期的共同生产生活和文化交流融合中共同筑就的，汉族在这个过程中扮演了一个重要角色，其他少数民族创造的优秀文化资源是中华文化资源宝库里不可或缺的组成部分。因此，边疆传统文化的适应性变革能否顺利实施，根本上取决于能否在最广大的边疆少数民族群众当中形成对中华文化普遍而深入的认同，其中，关键是要把多样化民族文化的优质资源和价值内核整合到中华文化的整体结构中，反过来，以中华文化的价值标准引领和规范边疆多样化民族文化的健康有序发展。

把边疆传统文化资源转化为适应现代化要求、符合中华文化价值标准的文化治理能量，要尤其注意避免两种错误倾向：一是躺在狭隘的民族和地域文化的"温床"里"自娱自乐"，对转成什么样稀里糊涂，对怎么转化漠不关心，即便有些零零碎碎的文化转化活动，"雷声大雨点小"，本质上仍然是"换汤不换药"，不仅无益于边疆文化现代化发展趋势，还会给边疆文化型治理模式的实施制造这样那样的障碍；二是对"摸着石头过河"式的文化转化模式缺乏耐心，盲目激进地把一切外来文化尤其是西方文化价值标准和取向奉为进化的模板，以此彻底替代边疆社会现存的文化资源，这种做法不仅破坏了中华文化和边疆多样化民族文化相向而行的良性互动局面，更为危险的是，可能就此给西方反华势力对我国边疆地区进行文化扩张和文化渗透留下可乘之机。

（3）强调与邻国建立互谅互信的文化交流模式

当前，跨境民族居民的民族认同和国家认同的相互调适问题，成为我国和陆上邻国都必须共同面对的难题，任何一方跨境民族居民的本民族情感认同过于高涨的话，必定会相应地导致其国家身份认同的下降，从而造成本国政治认同危机。在这种情况下，基于文化认同是任何一种身份认同的根基，我国与陆上邻国之间的文化包容和理解态度，以及相互之间的文化沟通和互动模式自然就显得至关重要。这就必然要求把正确处理好与陆上邻国的文化交流、沟通和合作关系，作为边疆文化型治理模式的基本要求，而其中的重中之重，即是要与各个陆上邻国真正建立起互相体谅、互相信任的文化交流模式。

首先，要坚持边疆文化型治理模式的基本原则，即始终坚定中国特色社会主义理想信念，始终保持中国特色社会主义的道路自信、理论自信和制度自信，以中华文化和社会主义核心价值观作为思想武器，逐步增强边疆地区的文化软实力，同时采取多种文化传播形式不断扩大中华文化对周边邻国的影响力和辐射力。比如遍布云南边境地区的"国门书屋"，风靡东南亚国家的孔子学院，均有效地散播了中华文化的优秀"种子"，同时也提升了国际影响力。

其次，要尊重邻国的文化发展方向和意识形态的自主选择权，理解和包容邻国宗教文化盛行和传统文化浓郁的现实状况，在选择和平发展伙伴上不带"有色眼镜"，不以文化价值取向的异同作为选择文化交流合作伙伴的唯一标准，而以互谅互信的姿态，努力寻求多元异质性文化的价值共识。强调与陆上邻国建立互谅互信的文化交流模式，其实质是通过打通陆地口岸、放开边民互市、深入民间文化交流等措施，与陆上邻国真正建立起互谅互信的文化交流合作机制。采取官方和民间文化交流的双轨方式，在文化的良性互动中不断增强彼此之间的文化理解力和包容度，合力打造边境内外的文化软实力，持续扩展和拓宽边境内外文化安全边疆场域。

（4）强调净化边疆社会的文化环境

我国边疆地处祖国边陲，民族与宗教文化的国际化特征突出，并且直面陆上邻国民族与宗教文化的深刻影响，同时也是西方敌对势力实施文化渗透和侵略的首选之地，加上边疆社会本身传统文化的深重负荷、现代市场文化的负面效应等等，构成了种种破坏边疆社会文化环境的复杂因素。一直以来，国内"三股势力"与国外敌对势力遥相呼应，重点在少数民族聚居的边疆民族地区实施分化破坏活动，大肆鼓吹以民族分裂为本质的"疆独""藏独""蒙独"思想等，并借助极端宗教思想包装和宣扬各种蛊惑人心的口号和主张，对边疆社会的文化环境造成了不同程度的污染。面对国内外敌对势力制造的种种破坏边疆社会文化环境的"污染源"，一旦边疆文化型治理模式实施不到位，这些"污染源"就会纷纷渗入边疆社会的"肌体"。因而，克服破坏边疆社会文化环境的种种障碍，努力净化边疆社会的文化环境，自然就成为了边疆文化型治理模式的基本要求之一。

净化边疆社会的文化环境，不仅要求毫不留情地打击国内外反敌对势力的文化渗透和破坏行为，同时，也要对边疆社会内部仍然遗留的传统封建社会的文化糟粕加以祛除，对因市场体系的不健全导致的道德失范行为及其低俗文化加以重塑。首先，彻底清除残留在边疆社会里的垃圾文化内容，如"人不为己天诛地灭""唯女子与小人难养也""三从四德"等封建文化遗毒，如若不对其加以清除，会把人引入迷信、愚昧的人生歧途。其次，整治边疆现实社会中的种种道德失范行为，如个人利益欲望的极度膨胀导致的道德腐化现象，道德诚信和良心底线的不断失守，西方腐朽庸俗的大众消费文化的广泛流行等。总之，要以社会主义荣辱观为核心内容的良好社会道德风尚，引领边疆社会文化环境的形塑，遏制腐朽落后的社会低俗文化的传播渠道和扩散空间，积极营造有利于健康、文明、向上的社会风尚弘扬的"绿色"空间，排斥一切有可能污染边疆社会文化环境的"灰色"空间。

（5）强调发挥文化的软性同化力

边疆文化型治理模式特别强调通过发挥先进文化的软性同化作用力，使边疆多样化的民族文化自觉融入到象征着56个兄弟民族共有精神家园的中华文化之中。这种建立在文化自觉基础上的软性同化力，凸显的是一种优秀文化或先进文化的内在吸引力、辐射力和影响力，而绝不是一种受人为操控的文化取代或吞没。发挥文化的软性同化力，首先要求边疆最广大各族群众从心底升腾起对中华民族优秀文化传统的认同感和自豪感，自觉把中华民族传统文化的优秀基因植入各族群众的血肉之躯，这是各族群众共同抵御外敌入侵、共同保家卫国、共同战胜一切灾难险阻的精神支柱和情感动力。中华民族历代相传的"三个臭皮匠赛过诸葛亮""众人拾柴火焰高""团结就是力量"等精神财富，是发挥文化软性同化力的思想载体。文化的软性同化力，还体现在道德文化的约束力，当前，主要通过在边疆社会大力弘扬社会主义核心价值观、践行"八荣八耻"社会主义荣辱观，进而在边疆最广大各族群众内心深处形成道德行为自觉的心理防线，抵御社会形形色色的诱惑，固守自身的道德良心底线。

边疆文化型治理视域下的文化软性同化作用力，本质上是通过政治社会化方式宣传和灌输中国特色社会主义文化价值观，通过道德文明和法治文明对理性"文化人"的形塑，把最广大边疆各族群众培育成为能够合理平衡国家认同和民族认同的现代公民。受历史传统的惯性作用和邻国普遍落后的社会发展现实的双重影响，边疆仍旧保持着浓厚的传统思维习惯、生产方式和生活模式，辅之以交通的阻隔和环境的封闭，即有可能产生文化认同的两极分化现象：其一，易于保存纯朴的民风，易于维系对国家的原始忠诚；其二，这种朴素的国家认同情感，容易被邻国同一跨境民族的族群认同所干扰。因此，建立在对国家朴素情感上的文化认同必须向国家公民身份的理性认同转变，根本途径就是在中华文化认同的前提下，增强边疆各族群众的公民意识，实现中华民族国族认同和中华人民共和国国民身份认同的"合二为一"。

二、陆地边疆的合作型治理模式

我国陆地边疆省区公共事务的艰巨性和复杂性远远超过内地省区，而边疆省区拥有的治理资源远不及内地省区。为了提高陆地边疆治理的效能，必须对有限的治理资源进行最大化地组织动员，最优化地配置使用。实践证明合作型治理，就是实现陆地边疆治理有效性的最佳模式。

1. 边疆合作型治理的内涵

边疆治理是"运用国家权力，动员社会其他组织，调动国家和社会资源，处理边疆问题"①。边疆的合作型治理是中央政府及其陆地边疆的地方政府，在顶层设计和统筹规划的基础上，把拥有不同资源优势的政府组织、社会组织、企业组织及其社会公众，统合成一个拥有共同目标，既合理分工又有效协同的治理体系，以陆地边疆问题的解决为依归的边疆治理模式。合作型治理的目的在于整合已经各自在独立发挥着作用的分散资源和能量，并且致力于开发和挖掘优势潜能尚未凸显的隐性资源和能量，通过多元主体各自的资源、信息、技术和人才等要素的有机融合，进而实现

---

① 周平：《我国的边疆治理研究》，载《学术探索》，2008年第2期。

我国陆地边疆治理效能的最大化。

恩格斯曾指出，合作就是"许多人协作，许多力量溶合为一个总的力量，用马克思的话来说，就造成'新的力量'，这种力量和它的一个个力量的总和有本质的差别"①。中央政府组织、发达地区的政府组织、陆地边疆的政府组织及其他一些公共组织等各自都拥有丰富的公共资源，可以为陆地边疆治理提供强大的治理资源；各种类型繁多的社会组织、市场组织及其社会公众，也蕴藏着庞大的治理资源。但这些资源平常都处于分散、闲置状态，中央政府及其陆地边疆地方政府完全可以通过顶层设计和统筹规划，把这些分散和闲置的资源动员和整合进边疆治理的过程中来，为实现边疆治理的目标服务，最终产生"整体大于部分之和"的合作治理能量。

边疆合作型治理包括如下几层含义：首先，基于我国边疆地区特殊的政治、经济、社会、文化、地理等生态状况，由中央政府、发达地区政府、边疆地方政府、社会组织、企业、边疆各族群众等多元主体组成现代化的边疆合作治理体系；其次，凭借各自的资源、信息和能力优势，秉持互利、共享、协商、妥协等合作治理精神，建立健全合作治理体制、机制、方式和规则；再次，在维护和实现国家整体利益以及边疆各族群众根本利益的共同目标指引下，参与到边疆合作型治理过程中的各个主体，通过彼此间物质、能量与信息的"输入—整合—转化—产出"的循环往复过程，形成一个上下联动、左右逢源、内外结合、闭合自如的边疆治理合作圈，最终实现边疆"善治"。

新中国建立以来，学界和政界对陆地边疆治理的理解较为粗浅，"一是边疆治理意味着守护好国家主权范围的领土；二是边疆治理意味着解决好民族问题，处理好民族关系；三是边疆治理意味着维护好边疆社会稳定"②。理论准备的不充分，致使边疆治理实践效果很不理想。今天我们站在国家治理现代化的视野下来审视陆地边疆治理，就必须抛弃以往消极型的治理模式，而主动设计和选择积极型的治理模式。上述合作型治理模式，就是我国陆地边疆治理的积极型模式。

---

① 〔德〕恩格斯：《反杜林论》，人民出版社1970年版，第124页。
② 方盛举、吕朝辉：《中国陆地边疆的软治理与硬治理》，载《晋阳学刊》，2013年第5期。

边疆合作型治理既要符合现代公共治理的理论内核及协同合作精神，又要植根于边疆特殊的治理生态之中，从理论上其应该具有以下特征：

合作主体的多元性，这是边疆合作型治理的首要特征。当前，随着公共权力的弥散和市场触角的深入，传统的政府边疆治理模式逐渐转变为公共治理型边疆治理模式，合作治理视野下的边疆治理主体同样呈现多元化的趋向。另外，基于大部分边疆地区历史欠账多、地理位置偏远、发展基础薄弱、治理思路落后等状况，以至于在国家全面发展的大背景下，"摸着石头过河"的边疆发展模式显然难以适应跨越式发展步伐，必须聚集全国之力和调动全国资源帮助边疆地区实现非常规式发展。因而，参与边疆合作型治理过程的主体必然具有更为广泛、更为多元的特征，中央政府作为边疆治理宏观战略的规划者角色、边疆地方政府作为边疆治理的具体组织落实者角色自不必说，除此之外，边疆民间组织、企业组织、各族群众理应主动积极地参与到边疆治理的宏大工程中来，发达地区在继续响应中央号召、全面对口支援边疆的同时，还应当更多地扮演边疆合作型治理中的发展引路人和治理引导者角色。

合作价值的认同性。合作治理的意义在于，参与合作的主体均能感受到合作所带来的物质和精神双重层面的价值，即公共利益或共同利益的持续增加，以及在合作治理过程中随之而来的以团结、和谐、友爱、互助为特征的精神享受。边疆合作型治理模式是针对边疆这个民族成分复杂、宗教信仰多样、思想价值多元的特殊区域而设计的，不同的民族群体、宗教群体或利益群体，均存在或多或少的异质性价值追求，如果彼此之间没有就合作价值达成共识，那么搭建边疆合作型治理架构的价值认同根基就必然不牢。边疆合作型治理模式内在地要求原本具有各自资源优势和不同利益目标的多元合作治理主体，经过信息之间的相互沟通、资源之间的相互利用、能力之间的相互补充和利益之间的相互协调，在彼此良性互动的基础上，逐渐培育出建立在共同一致价值目标基础上的合作治理精神。

合作效能的多赢性。合作治理的神奇之处在于，秉持合作理念的政府如若主动吸纳社会、市场和公众力量参与公共治理过程，其治理效能将会在原来凭一己之力所产生出来的效能基础上成几何倍数地增加，同时社会的自治能力、市场的竞争能力以及公众的参与能力等也相应地得到提高，并且还会持续不断地积聚社会资本存量，呈现出一种双赢、多赢、共赢局面。建立在持续良性互信、互动和互助基础之上的边疆合作型治理模式，内在地要求各合作主体在边疆治理过程中，适时地、主动地、周期性地调整各自的行动方向、目标及内容，灵活机动地应对复杂和动态的边疆治理环境，这样一来，可以最大程度地减少边疆治理中的风险和不确定因素，有效规避人为失误和无所作为，切实降低信息成本和治理成本，实现"1+1>2"的互利多赢的合作效能。

合作结构的网络化。边疆合作型治理模式下，政府不再是唯一的权威治理中心，而是政府、社会、市场、公众之间形成纵横交错的网络治理结构，政府不过是合作治理网络的中心连接点，确保各个方向合作连线的规范化和有序化。当面对边疆治理中的重大议题，在政府的组织和动员下，各合作主体"牵一发而动全身"，谁也不能置身事外，围绕合作共赢的共同网络目标，采取多向辐射的网络治理方式，在一个立体纵横的网络结构内，进行彼此"适度拉伸"式的协商，确保合作网络结构的持续通畅。建立在多元合作主体权威互补、地位平等、彼此共存、良性互动基础上的网络合作结构，往往具有以目标为导向、以问题为中心、辅之以社会资本的互换为纽带、灵活机动等典型特性，是开展合作型治理的基础架构和前提条件。这种网络合作结构既包含纵向的合作，也包含横向的合作，更包含纵横向之间的交叉合作。

合作资源的共享性。边疆合作型治理模式的内在要求之一，就是主动创造有利于外来力量共同参与边疆治理的软环境和硬环境，实现边疆内外部资源的共同分享和优势互补，进而抵制消极、被动、封闭的地方保护主义和狭隘族群主义利益观。边疆治理的艰巨复杂特性意味着合作型治理资源互享的必要性和重要性，一方面，边疆与邻国陆地相通、山水相连，资源禀赋和人文地理相似性高，合作基础深厚；另一方面，边疆与国家核心区的资源禀赋和人文地理差异比较大，社会、经济和文化资源的互补性十分明显。因此，国家核心区和边疆在区域性合作治理的过程中，完全可以而且应当最大程度地发挥彼此资源的共享及其优势的互补，而且其资源整合效应还可从国内的区域合作辐射到与邻国间的深入国际合作。

合作策略的多样性。合作治理体系的系统性结构和开放性要求，可以有效削减边疆治理系统内部的熵值效应，消解"全能政府模式"对权力的垄断。在此基础上所形成的合作主体的多元化，必然导致合作策略的多样化组合，有政府与社会、政府与企业、政府与公众等许多类别的组合式合作策略模式。边疆合作型治理单个主体或者组合主体均有自己的资源禀赋优势和信息基础优势，在新兴知识经济时代和全球化背景下，社会矛盾的特性日益多样化、利益多元的分化日益复杂化，公共权力的运用日益弥散化，从而赋予合作主体拥有更多的自由机会，可以根据社会环境选择差别化的合作策略和合作方式，这种策略或方式与"所感知到的内部政治的、运行的障碍以及政府间系统外部固有的环境有关"[①]。换而言之，合作策略及其组合的多样性，为治理复杂多变的社会内外部环境提供了十分丰富的选择机会。

2. 边疆合作型治理的必要性

（1）边疆治理任务的艰巨性

历史"账务"的负累与消极治理思维的双重效应，造成大部分边疆地区在很长时期内处于贫困闭塞、封闭落后的状态，而且在"维稳主义"的思维方式和行为习惯下，政府系统也有意无意地排斥社会组织的合作参与。多年来随着陆地边疆市场化的深入发展，边疆社会内部的利益分化、阶层分化日益突出，外部的非传统安全威胁日益增多，民族宗教问题的极端化和国际化也凸显出来，加之边疆发展问题的固有历史欠账短期内难以"清账"等，更加剧了边疆治理任务的艰巨性。此外，大部分边疆地区除了要加快清除"外账"，还要努力偿还因自身条件不足而导致的"内账"，譬如大部分边疆地区位于崇山峻岭或者戈壁沙漠之间，自然地理环境恶劣，交通、水利、通信、电力等基础设施非常薄弱，如何举全国之力支持边疆地区的基础设施建设是合作型治理不可回避的重大议题。

边疆地区治理任务的艰巨性还有一层内在的蕴涵，即各种边疆问题的系统性特征。通过审视边疆治理过程，不难发现，不管是民族宗教问题，或是开发和安全问题，都不是孤立存在的。一个问题的治理成效直接或间

---

① 〔美〕罗伯特·阿格拉诺夫：《协作性公共管理—地方政府新战略》，李玲玲等译，北京大学出版社2007年版，第28页。

接地影响到其他问题的治理成效。也就是说,边疆现实存在的相关问题之间形成一个有机联动、密不可分的系统结构,只要哪个环节出差错,就会不同程度地牵连到问题系统的正常运转,组成这个问题系统的环节越多,治理的任务就越艰巨和繁杂,出错的可能性就越大。新形势下,我国边疆地区除了仍然面临着国土安全、国防安全等传统安全威胁之外,更是面临着层出不穷的诸如吸毒贩毒、非法跨国婚姻、贩卖人口、跨境犯罪、宗教渗透、"三非"人员急剧增多等非传统安全威胁,治理任务不减反增,边疆问题系统牵涉的相关方错综复杂,倘若依然采取过去那种大包大揽式的全能型政府治理模式,明显力不从心,甚至可能错失治理良机。因此,边疆治理任务的艰巨性和系统性特征,十分迫切地催生边疆合作型治理模式的应运而生。

(2) 边疆治理体系现代化程度较低

国家治理现代化绝不限于国家核心区的治理现代化,边疆治理的现代化同样不可或缺,只有同步实现国家核心区域和边疆区域的治理现代化,才是国家治理现代化的全部内涵。边疆合作型治理模式重点是应对边疆治理体系现代化任务而提出的一种治理模式,内在地要求对包括治理结构、治理制度、治理政策、治理方式在内的边疆治理体系加以现代化建构,并以此推进边疆合作型治理模式的有效实施。目前我国处在社会转型期的总体背景以及边疆社会生态的特殊性,对边疆治理体系的现代化变革提出了许多重大命题与挑战。一方面,大部分边疆地区的市场化和社会化改革进程与全国步伐大体一致;另一方面,边疆治理体系的改革与创新步伐却有些跟不上边疆社会的变化节奏。当前边疆地区的改革开放进入关键期、深水期,意味着进入了社会矛盾的多发期、凸显期,单凭政府力量显然难以化解种种复杂难测的社会矛盾。此外,随着利益意识的逐渐觉醒,边疆社会的利益分化现象日益突出,边疆各族群众现实需求的公共性和个性化特征同时凸显,一元化的公共服务供给模式在多元化的社会需求面前显然力不从心。纵观当前边疆治理体系状况,相对国家核心区,边疆地区基层政府治理理念与方式更为落后、政府失灵问题更为突出;边疆地区的社会组织化力量更为弱小,官方依附性太强,发展前景的模糊性和不确定性因素多;许多边疆地区的市场经济发展进程相对滞后,市场环境规范性不够,自发性和随意性太大，缺乏统一规划和综合整治。这些现状极大地制约了边疆治理体系现代化建设进程，进而限制了边疆合作型治理的力度和效度。因而，如何借鉴世界各地政府治理体系创新的成功实践，吸纳社会、市场甚至民间力量参与到边疆合作治理的过程中，已经成为边疆现代化进程亟需解答的重大课题。

(3)"和平发展、合作共赢"时代主题的呼唤

冷战结束以来，经济全球化、政治多极化、文化多元化不断深入发展，"和平发展、合作共赢"逐渐成为主导世界的时代主题，正如习近平总书记所指出的，"这个世界，和平、发展、合作、共赢成为时代潮流"①。当前边疆的区域性问题日益得到重视，诸如跨国非法婚姻、贩卖人口、吸毒贩毒等犯罪问题，跨区域的基础建设工程的共同维护、公共危机问题以及环境污染问题等，常常跨越了政治设计和地理布局上的行政界限，不仅牵涉到国内区域性的利益纷争问题，更牵涉到与周边相邻国家之间的国际责任分担问题。区域性问题的频发，意味着仅凭一方力量独力处置问题和独立承担责任，必然造成治理成本和治理受益的严重不对称，会造成其他方的"搭便车"行为的盛行，从而阻碍多方合作共赢结局的发生，导致"多败俱伤"的结局。因而，不同国家或地区的政府和民间之间联合起来治理共同面临的跨界和跨域问题，已经成为全球的共识性问题。

边疆合作型治理模式的建构，虽然主要是就我国边疆内部的治理现代化而言的，但其合作共赢的理念应当辐射到边境线内外两侧的国家间政府合作、民间交流和市场整合中。分居陆地边境线两侧的居民，虽属不同国家，但同宗同源、血缘相同、地缘相近，哪一边动荡不居，另一边也难得安宁，从这层意义而言，合作共赢是我国与周边邻国任何一方都不可回避的共同选择。我国陆地边境线长达2.2万公里，与14个陆上邻国山水相连，在恐怖事件、跨国犯罪、气候变化、民族争端和宗教矛盾等各类问题的全球化或区域化特征日益明显的新时期，双边或多边边界问题的治理，愈来愈依靠互利共赢的国际合作治理。尤其是进入21世纪以来，邻国彼

---

① 习近平在莫斯科国际关系学院的演讲：《顺应时代前进潮流 促进世界和平发展》，http://theory.people.com.cn/n/2013/0325/c40531-20902911-2.html（访问时间：2013年3月24日）。

此之间愈来愈深的利益融合度，催生了各式各样的跨国合作组织，对于治理边境地区的非传统安全问题，发挥着不可替代的作用。因此，讨论边疆治理现代化，必然要把与陆上邻国之间的合作治理机制纳入其范畴之中。总之，不管是特定边疆地区内部多元治理主体，还是国内不同地区政府之间，乃至不同国家之间，如果在治理过程中彼此割裂、各行其是，甚至互相拆台、恶性竞争，就会产生"1 + 1 < 2"的零和甚至负和博弈效应；倘若能始终保持平等、协商的合作态势，必然会产生"1 + 1 > 2"的共赢博弈效应。

(4) 解决国内区域发展不平衡问题的内在要求

区域发展不平衡是一个国际性和普遍性的难题。受东部地区率先发展、中部地区适时跟进、西部地区（主要集中在边疆地区）先放一放的传统区域发展战略布局的长期影响，造成我国不同区域之间发展差距的基数很大。尤其与位于国家核心区的东部发达地区相比，因受制于区位条件、文化因素、历史积淀、治理体系、治理能力等多重障碍，边疆地区的发展基础薄弱、发展速度缓慢，贫困覆盖面更广，在经济发展、民生保障、收入水平、基础设施、教育资源、公共服务等方面与国家核心区域的差距日益明显。许多地处偏远边境地区的村寨牧场，由于大都地处和陆上邻国之间的交界区，深受邻国社会状况的影响，一旦邻国边境发生内战会直接造成我国边境一带的经济萧条，加之这些地方远离边疆省区的政治、经济、文化中心，造成发展鸿沟愈拉愈深的恶性循环，易于成为"一穷、二乱、三差、四不管"区域，导致固边安边的人口基础薄弱，进而形成边境一带安全防线的一片脆弱环节。以上这些状况，如若不通过边疆合作型治理模式的有效实施加以改变，就有可能在偏远边境一带形成边疆治理与经营的盲区，这正是国内外敌对分子所乐见的。

治理国家核心区和边疆区域发展不平衡问题，当常规经济援助难以奏效、一般治理手段难言理想时，创新边疆治理模式必须成为最佳选项。作为一种践行区域合作理念的最佳选择，边疆合作型治理模式既是实现国家核心区和边疆互利共赢目标的必由之路，更是加快推进边疆现代化进程的有力武器。确保边疆合作型治理模式的有效实施，至少需要两方面的内在要求：一方面，国家核心区要彻底改变过去那种一味把资源负担转嫁给边疆地区，却又一直不采取合理利益补偿的做法，尤其要对广大边疆地区在顾全"第一个大局"时期所作出的资源牺牲有一个全面清晰的认识，在边疆合作型治理过程中，要以一种"反哺"的精神从资源、信息、能力上全面帮扶和支援边疆地区；另一方面，边疆地方政府要彻底改变固守陈规、自我封闭、自甘落后式的地方保护主义发展思路，要积极地融入到市场竞争和区域合作的浪潮中，充分利用国家政策的倾斜照顾和发达地区的对口支援，稳步提升边疆的自我发展变革能力和主动参与合作能力。

（5）通往边疆善治目标的必然选择

任何一种治理模式创新的落脚点都在于实现现代化的治理目标，边疆合作型治理模式同样不例外。当前，体现现代化基本要求的治理模式创新，在处于国家核心区的东部发达地区基本上已经进入深入探索和实际运行阶段。与此同时，由于长期受落后的经济基础和思想观念掣肘，处于边缘区域的大部分边疆地区，其治理模式创新节奏总是要比东部发达地区慢半拍，尤其是许多边疆基层政府的治理体系变革和治理能力提升总是显得不紧不慢、不温不火，从而导致现有的边疆合作治理实践所产生的实效有限。这其中固然有历史累积的厚重"欠账"以及陆上邻国经济社会发展普遍落后所产生的"鲶鱼效应"等客观原因，但目前的边疆治理离现代化治理标准或者善治目标尚有一段距离的现状，更是不可忽视。由于长期受稳定至上秩序观、"中心—边缘"治理观以及体制转型张力等多重影响，以至于许多边疆基层政府仍然习惯于用单一的政治管制手段和行政干预方式治理边疆社会，仍然习惯于垄断边疆社会一切显性的治理资源，其治理能力和水平离理想化的善治状态尚有距离。这样一来，必定会造成两个方面的不良后果：其一，造成潜藏在边疆社会的极其丰富的隐性治理资源得不到有效开发，导致边疆自我发展和变革的能力难以得到提升，以及边疆自我发展和变革的活力和动力难以得到激发；其二，造成党委、政府、社会、市场之间的职能错位、越位与缺位，导致边疆各级地方党委组织应该发挥的对思想、人力和组织资源的整合治理效能得不到充分体现，导致边疆地方政府职能转变的速度和力度明显跟不上时代急剧变化的要求，以致政企不分、政社不分、政事不分现象难以消除，导致边疆社会和市场力量得不到充分开发，极大地阻碍了通往边疆善治之路。边疆合作型治理尤为强调处于边疆治理主导地位的各级党委政府，与处于边疆社会层面的民间组织、企业组织和广大各族群众之间，实现对国家利益和边疆各族群众根本利益的相互认同，而这种认同须通过构筑一种平等协商、互相支持、互相信任的合作治理关系得以巩固和发展，这是通向边疆善治目标的必经之路。

3. 边疆合作型治理模式的建构

（1）政府与政府的协同模式

作为边疆合作型治理模式的一种基本形态，政府与政府的协同治理大致可分为纵向、横向、纵横向交错等三种类型，具体包括中央政府与边疆地方政府之间的协同治理、不同边疆地方政府之间的协同治理、发达地区政府与边疆地方政府之间的协同治理、边疆地方政府内部各部门之间的协同治理。协同合作是合作治理的最高形态，首先要求不同主体有彼此理解、支持、认同的共同目标，其次要求合作主体实质上的主动参与而不是形式上的被动参与。按照这个标准审视，目前边疆合作型治理中的政府间协同关系主要还是依赖于被动式的自上而下的行政命令来建构，而主动式的自愿组合的协同关系并不是很普遍。

政府与政府的协同模式，本质上是国家政权系统内部各个子系统的强强联合。根据当前我国边疆治理的相对落后状况，在较长时期内尚不可能照搬照抄西方发达国家甚至国内发达地区政府治理创新的路径和方式，由国家政权系统集中掌控和调配边疆治理资源的模式，仍将继续主导边疆治理过程，自然而然，政府与政府的协同模式也就成其为边疆合作型治理模式的核心形态。边疆合作型治理视野下的政府间协同模式，内涵十分丰富，首先包括一般意义上的中央政府与边疆省区政府之间的协同、边疆地方政府之间的协同等。中央政府和边疆省区政府之间纵向协同的中心任务，主要集中于国家重大边疆战略的监督落实和政策反馈。边疆地方政府之间的横向协同可以说是一种竞争和合作关系的结合体。在区域性问题已成为边疆问题主流的背景下，某个边疆地方发生的社会问题可能会牵涉到多个边疆地方政府的辖区，从而产生连锁效应，"画地为牢"式的治理是边疆合作型治理模式必然排斥的。"如果说纵向的地方政府间关系具有政治与行政意义的话，那么横向间政府关系主要具有经济意义"①。除了一般意义上的不同政府层级和部门之间的协同，发达地区政府和边疆地区政府之间以对口支援为支点的协同关系应当是重点建设的合作类型。对口支援的初衷是中央政府运用强大的集中动员力量，从特殊年代"举全国之力支持东部地区率先发展"的第一个大局向新时期"举全国之力支援边疆地区加快发展"的第二个大局转变的重大战略调整。实际上，这个层面的政府间协同模式，远远不止发达地区对边疆落后地区倾力援助单向度内涵，更多地应当是双方通过协同合作实现互利共赢的双向模式，因为双方之间的合作共赢有着相当广泛的基础，一方面，发达地区往往拥有雄厚的经济实力、高端的人才和技术、成熟的治理经验等优势；另一方面，边疆地区具有广阔的市场空间、富足的旅游文化资源、富余的劳动力等优势。因而，发达地区和边疆地区的政府间协同合作，应当转变一味予以政策倾斜、财政补助、对口援助等单向度模式，从而树立平等协商基础上的互利共赢、彼此依存、有机互动、优势互补式的双向度甚至多向度模式，这正是边疆合作型治理模式的内在要求。

（2）政府与社会的共治模式

政府与社会的共治模式本质上是治理主体和治理客体之间关系的重新调整，作为一直以来被动接受政府治理的社会组织、群体或个人，愿意与政府一道共同关切社会变化、共同解决社会问题，从传统社会里的消极被动态度转变为现代社会里的积极主动态度，从等级森严的官民对立身份转换为鱼水关系的官民平等身份。作为边疆合作型治理模式的一种基本形态，政府与社会共治的根本要求，即要求在边疆治理这出大戏中，边疆地方政府系统不再扮演"自编自导"的独角戏，而是要通过搭建"舞台"，吸引和调动潜藏在边疆社会内部的多元角色共同参演，边疆治理这出大戏的演出才会精彩纷呈，缺乏边疆社会自身参与其中的角色扮演，好比釜底抽薪，得不到边疆社会的普遍响应和认同。

边疆合作型治理视野下的政府与社会共治，至少包含两层含义：一是边疆地方政府对边疆社会内部资源力量的最大开发；二是边疆地方政府对

---

① 林尚立：《国内政府间关系》，浙江人民出版社1998年版，第24页。

边疆社会本身组织力量的充分吸纳。就前者而言，边疆社会内部蕴藏着丰富且有特色的情感、文化、道德等资源力量，比如随地缘、血缘和亲缘关系带来的情感纽带力量，随民族风俗而来的传统文化认同力量，随宗教信仰而来的道德规范力量。在边疆合作型治理过程中，如果边疆地方政府对边疆社会内部蕴藏的资源力量不加以深入认识并合理利用，而只是一味地运用由公共权力派生出来的法律规制和制度约束力量的话，不仅会造成边疆治理成本成倍增加，还会造成既有边疆治理成效的倒退。就后者而言，边疆社会内部广泛存在着发挥边疆治理实际功效的民间组织，这些民间组织一般以民族、家族、宗教、习俗、兴趣、爱好、利益等为凝聚媒介，把边疆社会不同的人群联系在一起，具有不可忽视的组织力量。考察过往的边疆治理历史，民间组织发挥的功能好比一把双刃剑，积极的一面可以成为政府治理的最佳助手和合作伙伴，消极的一面体现在部分带有政治或宗教色彩的边疆民间组织，极有可能受国外反动势力或宗教极端势力的赞助，打着慈善组织的旗号行分裂破坏之实。审视边疆民间组织的发育现状，大致呈现出官方依附性强、管理规范性不强、发育不够健全有序、分布不够均匀合理等几大基本特点，这些特点表征着边疆民间组织不够成熟的现状，这就意味着边疆地方政府和边疆民间组织的合作缺乏坚实的基础，边疆社会的自治能力难以真正体现于边疆合作型治理过程之中。因而，边疆地方政府与边疆社会之间的共治模式，不应当再是过去那种纯粹的主导与依附、主体与客体的主从关系，也不应当再是曾经长期存在的"一山不能容二虎"的零和博弈关系，而应当是一种优势互补、互相支持、互相促进的双赢博弈关系。

（3）政府与市场的互补模式

从资源配置层面而言，计划可以视为政府系统的专属手段，正好与注重自由配置资源的市场手段，组成一对相互对应、相互补充的资源配置手段，计划手段可以克服市场的混乱局面及其外部效应，市场手段则可以克服政府计划的刻板性并激发政府计划的活力。边疆合作型治理模式之所以必须以政府与市场的互补作为其基本方式，主要基于政府失灵和市场失灵的客观存在，而且许许多多的国家治理案例已反复佐证一个客观事实：政府的失灵可以借助市场力量加以有效克服，市场的失灵则可以通过政府计划力量加以有效克服。

众所周知，市场力量的规范、健康和强大，与完善的交通设施、雄厚的资本实力、丰富的资源条件以及众多的人口基础等几大基本要素密不可分，而这些却是市场本身无法自动产生的，需要通过政府持续制定和实施发展战略规划得以产生。当前，大多数边疆地区交通条件落后、地广人稀产业弱的特征仍旧突出，造成自身的市场力量始终得不到壮大，市场规范体系也不太完善，以至于一些边疆基层政府在面对外来市场力量的滚滚而入时，常常显得准备不足、措手不及。此外，由于边疆的内生市场主体竞争力的不足，加之当地政府对市场体系规范的不到位，容易造成外来市场主体对边疆资源的新一轮剥夺，产生市场利益分成不均衡和解构传统道德信用体系的双重负面效应，从而增加边疆地区民族纠纷和社会事件的发生几率及复杂程度。因而，构筑边疆地方政府和边疆市场力量的互补互促关系，是边疆合作型治理模式的题中之义。

市场力量的壮大不仅可以激发边疆地方政府的创新动力和活力，其本身也是边疆多元合作治理主体结构的重要一极，因为在广阔的边疆地区建立起完善的市场体系，就会吸纳大量的人才到边疆去创业，进而带来边疆的产业发展、经济实力的提升、人口基础的巩固等积极治理效应。客观而言，山区阻隔和民族传统一方面造成了边疆地区的交通不便、观念落后、发展滞后、地广人稀，另一方面辽阔边疆却保留了大量未受人为破坏和改造的原生态自然风貌，加上丰富多彩、原汁原味的民族风情和人文特征，潜藏着无法估量的适合开辟旅游市场的自然和人文资源。当前，在国家日益重视边疆这块巨大的市场空间之时，如若举全国之力对偏远边疆地区的交通设施加以改善，最大化地挖掘边疆旅游资源和民族文化资源的潜能，必将产生难以估量的旅游经济效益，也将吸引大量的外地人到边疆开发旅游文化产业、从事商品贸易，经济的繁荣辅之以宜人的环境，也必定会留住大量的外地人才，边疆治理现代化也会由此加速推进。因此，边疆地方政府在有效保护当地原生态的自然和人文风貌的基础上，在边疆自然资源能够承载的合理范围以及边疆民众能够承受的心理界限内，更要以一种海纳百川的包容态度和勇于进取的开拓精神，挖掘利用和建立健全具有边疆特色和优势的市场体系，实现政府计划力量和市场力量的互补互促，这方是边疆合作型治理之道。

（4）政府与公众的互信模式

政府与公众的互信模式是边疆合作型治理的实施前提。如果边疆地方政府与各族群众之间互信关系缺失，必然形成"塔西佗陷阱"，造成政府合法性流失，执政和行政成本急剧上升，还易诱发政治动荡。随着市场经济深入发展，社会利益分化日益严重，边疆各族群众的利益需求也呈复杂化、多样化和个性化特点，需要地方政府主动拓宽吸纳公众政治参与的制度化渠道，真切地回应各族群众的愿望和需求。如果仍然坚持以往单向灌输式的社会需求满足模式，可能造成群众与政府之间的认知错位，导致官民互信程度下降。一方面各族群众的多样化、个性化和合理化利益诉求难以满足，另一方面地方政府公信力下降。

当前，很多边疆地区由于交通基础设施极其落后，群众到县乡政府办事都很不方便。在有些地方群众要带上干粮花上很长时间徒步十几公里甚至几十公里山路。有时却因部分政府机构或公务员的官僚主义习气而遭到拖延或推诿，造成群众对基层政府及其公务员的失望，严重损坏了地方政府的形象。一旦边疆基层政府在当地群众中一次次造成不良影响，而政府对自身工作作风毫无反省和改进，则很快失去群众的信任。近些年来，很多边疆社会发生的冲突事件和民族宗教矛盾，就是由于基层政府与当地群众之间长期的沟通不畅和互信不足酝酿而成的。一旦基层政府与公众之间的互信关系受损，基层政府就会缺乏与公众开展合作治理的信心和意愿，转而一味迷信各种强制性的维稳手段，简单地推行规制主义的治理方法，反而加剧了政府与公众的相互不信任，从而形成一种恶性循环。与此同时，一旦边疆各族群众对边疆基层政府的不信任心理愈加严重，就会形成"大闹大解决、小闹小解决、不闹不解决"的这样一种与政府打交道的非理性方式。

政府与公众的相互信任模式既是边疆合作型治理模式的一种基本形态，更是边疆合作型治理模式的主要动力源泉，因为只有贴近民众最真实需求和满足民众最真挚情感的合作治理，才是最为有效的深度合作。边疆地方政府应该"高扬以人为本的治理理念，主张以边疆各族群众最关心、最直接、最现实的重要需求为施政的出发点，制定和推行最能够满足各族群众合理需要的公共政策，充分体现出对各族群众的尊重、关心和爱护，以此培植各族群众对党和政府的认同感、对各民族间生死与共的血脉感、对国家的忠诚感、对边疆加快发展的使命感和责任感，形成完整健康的情感纽带，提高边疆治理的效能"[1]。边疆合作型治理视野下的政府与公众互信模式，可以从显性和隐性两个层面对政府与公众的互信关系予以建构。其一，通过正式的法律规制把政府的权力边界与责任界限、公民的权利范围与义务内容明确规定下来，为政府与公众间的良性互动创造一个公开、透明、规范的制度环境，从而建构一种显性层面的互信关系。其二，隐性约束力量即非正式的软约束力量，要通过深入推进社会主义核心价值观及其引导下的主流文化在边疆地区的广泛传播，积极正面地调动边疆社会内部潜藏的隐性约束力量，发挥传统文化、民族习俗、宗教信仰、道德准则等非正式的软约束力量，最终实现显性互信和隐性互信的兼容并蓄。

三、建构多元模式有机统一的边疆治理格局

政治学视域下的"边疆治理"，是新世纪以来逐步兴起的学术研究新领域，尤其是近些年来，国内政治学者在这一领域的积极探索和密集行动，佐证了边疆治理在国家治理现代化整体架构中的重要分量。时至今日，关于"边疆治理"的研究范畴不断扩大，研究内涵不断深化，实体意义上的海洋边疆、空中边疆、太空边疆、底土边疆，虚体意义上的战略边疆、利益边疆、信息边疆、文化边疆等新边疆形态及其理论的相继涌现，对我国陆地边疆治理体系和治理能力现代化研究具有重要的启发和指导意义，但是这些理论具有很深的西方烙印，基本上停留在西方世界的一套话语体系，在中国化和本土化的边疆治理研究方面还有很多缺陷。

就当前中国边疆的实际情况而言，共包括九个省级行政区，面积超过整个国土面积的60%，普遍存在着地域辽阔、地理险峻、气候恶劣、经济落后、民族多样、宗教复杂等特性。尤其随着全球化和市场化浪潮的滚滚而至，边疆的区域发展不平衡、利益分配不均衡、阶层严重分化、民族心

---

[1] 方盛举：《论我国陆地边疆的情感型治理模式》，载《云南行政学院学报》，2013年第5期

理失衡等新情况、新问题不断凸显出来。这就注定了边疆治理任务的特殊性、艰巨性和复杂性，决定了边疆治理在国家治理架构中的关键地位。在我国以往边疆治理历史经验不足以支撑甚至严重滞后于当代中国边疆治理现实需要的情况下，在当前我国边疆面临的特殊性问题不断衍生的情况下，在当前我国边疆身处的内外部政治环境变幻莫测的情况下，以边疆治理模式的创新研究作为对抗这些情况的"药方"，其必要性和重要性显而易见。

边疆治理模式的创新内涵究竟是什么？简而言之，针对一类或某几类具有同质性的边疆问题，基于古典管理理论、行为科学理论、组织文化理论和多元合作治理理论等相关理论基础，用中国化和本土化的话语体系，设计一套符合边疆实际的治理理念及其指导下的治理方式，实现价值理性和工具理性的有机结合。

边疆治理模式的理论框架究竟是什么？至少应当包括层层递进的六大方面的基本内容：直接理论依据和基本内涵；核心价值取向或价值追求；创新建构这种治理模式的现实推动力；凸显工具理性的治理手段或维度；实施该种模式所最适用的治理客体或治理问题；实施该种模式最为基本的要求。

边疆治理模式的创新思路究竟是什么？本章立足于我国边疆面临的特殊政治与社会生态，紧紧围绕"当代中国边疆治理模式创新"这一中心课题予以层层破解，分别回答"为什么要创新？"和"怎么样创新？"这个"一问之两面"问题，这是本章为之展开的中心思路和逻辑主线。

梳理中国边疆的历史演变及其治理流变，把握当代中国边疆的基本状况，厘清当代中国边疆的特殊性，认清当代中国边疆治理的目标和任务，是进行当代中国边疆治理模式创新研究的逻辑起点。尽管不同边疆省区具体情况各异，但整个边疆区域同质性的特征却普遍而客观地存在，具体包含如下：自然地理条件普遍恶劣；经济发展水平普遍落后；地广人稀特点普遍突出；民族与宗教积淀普遍深厚；资源开放潜力和瓶颈普遍并存；邻国政治与社会环境普遍动荡等。从这些实际出发，意味着建设富裕边疆、法治边疆、和谐边疆、平安边疆、幸福边疆和美丽边疆目标的必要性、重要性、艰巨性和复杂性，形成了当代中国边疆治理模式创新的最大现实动力。

　　随着1992年初社会主义市场经济在我国经济发展中主导地位的全面确立，当代中国也随之步入了一个深受全球化和市场化浪潮冲击的全新时代，本书限定在1992年以来的"当代中国边疆"，显然顺应了时代的发展变化和回应了边疆治理创新的现实诉求。回顾和总结1992年以前我国以往边疆治理模式实施的成败得失，尽管不同历史时期的边疆治理模式表现出不同的特点，但都为当代的中国边疆治理模式创新提供了丰富的历史素材、智慧源流和资源宝库，留下了鲜活的历史经验借鉴。过往的中国边疆治理历史，既体现出了"族际主义"——"区域主义"——"族际主义"——"区域主义"的历史循环特点，又留下了许多值得后人反思的成功经验和失败教训。当代边疆治理模式创新必须回到浩瀚的历史长河中去汲取养分，才能凸显出持续的生命力和活力。

　　目前，边疆地区客观存在着许许多多的特殊性和复杂性问题，这是开展当代中国边疆治理模式创新研究的根本动因所在。边疆建设与发展方面的巨大历史欠账，全球化和市场化的冲击带给边疆的负面性，传统边疆思维模式和行为习惯的巨大惯性力，交通阻隔、产业瓶颈、周边环境等，构成了产生当前边疆问题的历史、现实、主观和客观的立体化原因。如果从边疆问题的"浩瀚汪洋"中提炼出最为基本的特殊性问题，大致可分为四类：发展问题、安全问题、民族与宗教问题、政治认同与文化认同问题。这些体现特殊性的边疆基本问题，在过往历史上一直未曾得到妥善解决，况且在新时代背景下更处处表现出新的变化特点，无疑增加了其复杂深层程度，解决这些问题的巨大压力迫切地呼唤多元化的边疆治理模式予以对抗。

　　边疆是国家整体政治地理空间范畴内的一个特殊性单位，置于当代中国的时代背景下全面审视，边疆在国家政治地理空间中的特殊意义日益凸显，具体体现在边疆的多重战略意义：国家全面发展的拓展空间；国际交流交往的陆上通道；国际地缘政治的战略重心；国家安全防卫的缓冲地带；国家利益维护的关键部位；国家战略资源的储备区域。除却政治地位的变化，边疆面临的内外部政治环境同样复杂。就内部而言，一方面，边疆民族、宗教、文化等传统因素的厚重积淀，给边疆社会套上了沉重的历史负荷，由此而来的传统政治习惯，深深地束缚着边疆地方政府系统乃至全民现代民主与法治能力的提升，对现代化的边疆治理过程表现出诸多的不适应；另一方面，市场化背景下的边疆地区差异、收入差距、利益分化和阶层分化现象日益突出，与传统边疆社会秩序之间形成了巨大的内在张力，而且民族意识的非理性膨胀随之而来。就外部而言，边疆一直都是西方国家实施西化分化活动的敏感地带和热点地区，同时也直接暴露在周边相邻国家动荡的政治大环境的侵染之下，充分佐证了边疆外部政治环境的复杂性和特殊性。

　　基于边疆地区传统问题的负面性尚未消除，而新形势、新情况和新问题却层出不穷的双重压力，必须以一种理论创新精神挖掘和探索多元化的边疆治理模式予以对抗。在坚持具体问题具体分析、不同情况不同考虑、不同形势不同选择的总体要求下，当代中国边疆治理模式的创新内涵大致包括以下四层含义：第一，治理模式创新是一个持续不断的过程，仅凭几种模式的创新建构显然难以穷尽整个创新过程，所以，本书所探讨的当代中国边疆治理模式创新研究，也只是一种初步的总结与探索而已，需要今后的深入研究予以深化和拓展；第二，每一种治理模式的相对固定性不代表僵化守旧性，必须随时代的变迁和形势的变化而不断进行调适，是一种处于动态调整中的创新过程，绝不能迷信某一种治理模式的固有思路；第三，诚然每一种边疆治理模式都有其更为适用、更为有效的问题范畴，甚至为了研究的方便，划分每一种模式的适用问题范畴，但这种划分不是"楚河汉界"的非此即彼关系，因为大多数边疆问题必须有机运用好几种治理模式才能找到最佳的解决途径；第四，每一种边疆治理模式都是基于边疆整体性同质特征加以创新构建的，如果具体运用到不同边疆省区乃至不同边境县市，必然存在不同模式发挥主导性和辅助性作用的程度差异。因此，本书提出的四种边疆治理模式，既不能止步于此，也不能孤立看待，不仅要实现这四种模式的有机结合，还有在此基础上进一步挖掘新的边疆治理模式。

　　边疆规制型治理模式的直接理论依据是古典管理理论或科学管理理论，本质上是一种"非人格化"的治理方式，强调公共权力的强制运用，推崇法律、法规、规章、制度等规制手段，追求边疆效率的最大化提升和边疆社会秩序的最优化安排是其核心价值目标，治理标准的明确性、治理手段的强制性、治理策略的规划性和治理效果的即刻性是其基本特征。边疆规制型治理模式不局限于法治，是包含法律规制、行政规制、组织纪律、乡规民约等规制手段在内的综合运用。规制型治理有理性规制和非理性规制之分，理性的边疆规制型治理模式植根于具有特殊政治与社会生态的边疆土壤之中，适时跟进全球化和市场化变化趋向，强调公共权力与责任、公民权利与义务、治理效率与公平之间的相互匹配和有机平衡。

边疆情感型治理模式的直接理论依据是行为科学理论，本质上是一种"人格化"的治理方式，高扬"以人为本"的治理理念，主张以边疆各种群众最关心、最直接、最现实的各类需求为边疆治理的出发点，以物质帮扶、财政补助、政策优惠、情感关怀为施政的重要手段，处处体现党和国家对边疆少数民族群众的尊重、关心和爱护，从而在边疆形成安全、健康、完整的情感纽带。边疆情感型治理模式大致有这么一条实施路线图：把握需求规律——→提炼主要需求——→满足合理需求——→培植情感认同——→诱导正确动机——→实现应然目标。边疆治理实践过程中经常性运用的民族政策、对口支援、群众路线、民主参与等，可以被有效开发和利用为边疆情感型治理模式的运用维度。相对而言，在民族关系的构筑、群众需求的满足、边疆发展的助推、边疆软环境建设、政府服务作风建设等问题范畴内，可以最大限度地发挥边疆情感型治理模式的优势效能。为各族群众谋划美好梦想、构筑公平合理的收入分配体系、激发边疆社会潜力和活力、尊重少数民族风俗习惯、保障人民民主权利和主体地位，是边疆情感型治理模式的核心要求。

边疆文化型治理模式的直接理论依据是组织文化理论，特别注重建立在文化的影响力、吸引力和辐射力基础之上的软权力运用，强调发挥一种以征服人心、收服人心、感化人心为旨向的柔性力量，对应于公共权力强制推动的刚性力量。如果以文化感化、文化认同、文化安全和文化包容作为文化型治理的逻辑起点和目标终点，那么，边疆文化型治理模式至少体现出文化资源的整合性、治理过程的软约束、治理手段的依附性、治理效果的持久性、治理效益的多重性等特征。边疆地区典型的民族、宗教、地域等文化特色，既可以为边疆文化型治理过程增添优势，又可能因为传统文化的负累和现实文化认同危机而徒添劣势。中华文化的一体化建设、不同民族优秀文化基因的相互吸纳、健康民间习俗的软约束、宗教信仰的积极道德引导以及特色文化产业的综合治理等多维治理手段，对边疆规制型和情感型治理过程可以起到很好的辅助和补充。相对而言，在文化的合理变迁、多样化文化的融合、亚文化的健康发展、政治社会化、社会活力激发等问题范畴内，可以最大限度地发挥边疆文化型治理模式的优势效能。

边疆合作型治理模式的直接理论依据是现代公共治理理论，本质上是一种推崇多元共治和整体治理理念的合作模式，特别强调政府、社会、市场、公众等多元主体秉承合作精神、遵循合作机制、按照合作规则、运用合作方式，在边疆治理过程中发挥各自资源、信息和能力优势，注重在合作过程中实现彼此的资源互补、信息互享和能力互促，最终达到"1+1大于2"的整体治理效能。当前边疆地区面对的日益突出的公共权力弥散化、社会生活自治化和经济发展市场化等三大趋向，意味着加快创新构建边疆合作型治理模式的紧迫性。随着我国边疆沿边沿境开放的深入，与周边相邻国家的全面合作应当成为边疆合作型治理模式的题中之义，借此可以扩大和筑牢我国的安全边疆场域、利益边疆场域、文化边疆场域以及信息边疆场域。边疆合作型治理模式具备以下核心特征：合作主体的多元性、合作价值的认同性、合作效能的多赢性、合作结构的网络化、合作资源的共享性、合作策略的多样性。

边疆合作型治理模式强调多元主体的合作角色。在边疆合作型治理过程中，中央政府肩负着谋划边疆合作治理战略、制定边疆合作治理规则、激发边疆合作治理动力、监控边疆治理过程的重大责任；东中部地区扮演帮助边疆早日实现跨越式和协同式发展的"传、帮、带"角色；边疆地方政府具体负责落实合作治理责任和搭建合作治理平台；边疆市场活动主体同时扮演合作效益的分享者和社会责任的分担者双重角色；边疆社会组织同时扮演社会自治的组织者和价值精神的倡导者双重角色；边疆各族群众扮演合作治理的积极参与者、边疆稳定的维护者、合作治理的效能评价者、合作治理的终极受益者等多重角色。

总而言之，具体回归到当代中国边疆治理的几种创新模式，边疆规制型治理模式所主要依赖的是法律和专政手段的强制力，边疆情感性治理模式所主要依赖的是物质帮扶和经济发展为特征的情感导向力,边疆文化型治理模式所主要依赖的则是价值观念的感召力和优秀文化的软性同化力。以上三种治理模式更多的是从边疆治理能力现代化的角度进行的创新建构,而边疆合作型治理模式则更多的是从边疆治理体系现代化的角度进行的创新建构。前者的有效实施必须以后者的建立健全为保障,后者的真正建构必须以前者的合理运用为前提。四种治理模式之间绝不是一种单纯的"非此即彼"、相互排斥式的并列关系,任何一种治理模式的缺失,都可能导致当代边疆社会的病态。如果边疆规制型治理模式缺失,必然导致人治社会的复辟及对公平正义的践踏;如果边疆情感型治理模式缺失,必定形成一种冷冰冰、缺乏人情味的社会状态;如果边疆文化型治理模式缺失,注定无法维系社会的和谐关系和无法保证社会的文明延续;如果边疆合作型治理模式缺失,显然无法有效凝聚和整合分散的社会治理资源和力量,造成社会的撕裂。

　　本书通过对四种边疆治理模式的全面分析和理论构建,最终得出如下结论:推进边疆治理体系和治理能力现代化,进而实现边疆科学、和谐和跨越发展,必须依赖边疆治理模式的创新;根据过往中国尤其是新中国成立以来的边疆治理经验与教训,当代中国边疆治理创新内在地要求根据边疆面临的具体情况、具体问题和具体形势,权变地、综合地、全面地使用边疆规制型、情感型、文化型、合作型四种治理模式,不过于偏重、不过于迷信某一种模式,方是当代中国边疆的科学治理之道。当然,以上四种边疆治理模式,远不能穷尽一切边疆治理实践,否则,边疆治理创新的活力就不复存在。

第九章 中国陆地边疆治理体系与治理能力现代化

在中国的发展越来越注重整体性的今天，曾长期被边缘化的陆地边疆在国家发展中的战略意义日渐凸显。而现有的陆疆治理体系在结构和功能上都日渐暴露出固有缺陷，并在应对当下陆疆新形势中表现出不适应性。这种缺陷和不适应性并非由某个结构要素造成，因而无法通过局部微调进行改善。在这样的现实条件下，从整体上推进陆疆治理体系和治理能力由传统型向现代型转变，便成为一种必然趋势和必要选择。中国陆地边疆的治理体系与治理能力是一个有机整体。其中，治理体系是陆疆治理的组织、制度架构，治理能力是治理体系发挥作用的表现。陆地边疆治理体系现代化，是对治理结构、体制、机制以及治理政策等方面的调整与更换。而陆疆治理能力现代化，是指治理体系发挥功能的能力得到提升。二者是相辅相成的关系，只有实现了治理体系现代化，才能为培养治理能力提供"硬件"条件；同时，稳定性、创造性的治理能力也可以从"软件"方面有效推动治理体系现代化。

一、当代陆疆治理体系与治理能力的反思

当代中国的陆疆治理已经走过了60余载的历程。陆疆治理的理论、制度和实践经过长期的沉淀，逐渐形成了现行的治理体系与治理能力。总体来看，当代的陆地边疆治理是传统类型的，表现为在治理理念上是保守性和内向型的，在治理路径上是族际主义的，在治理结构上是一元化的，

在治理方式和手段上是碎片化的，在治理过程上是单向的。这样的陆疆治理曾在特定的历史条件内对于改变陆疆面貌、促进国家发展等方面发挥了巨大作用。然而，在国内外形势都发生了深刻变化的今天，陆疆治理的劣势和不足已开始显露。因此，对现行陆疆治理体系与治理能力进行全面的回顾和反思，并在此基础上思考中国陆地边疆治理的整体转型与重构问题是十分必要的。

1. 陆地边疆的治理体系

当代中国的陆疆治理体系是有关陆地边疆的治理主体、治理结构、治理制度、治理方式和治理客体的总和。治理主体和结构构成了陆地边疆治理的实施者和基本载体，制度体系构成了陆疆治理的行为规范和制度框架，而治理方式即治理措施与手段则构成了陆疆治理的具体实践。这几个要素之间不是孤立的，而是一个有机整体，其基本运行机制和逻辑便是治理主体按照既定的国家制度框架，实施现实的治理行为和治理活动。

首先，当代陆地边疆的治理主体与结构。我国的传统社会，是一个典型的强国家、弱社会的结构形态，因此整个国家治理都呈现出政府主导型的特点。当代中国的陆疆治理，沿承了传统边疆治理的框架，根本上是以国家或政府为治理主体的，是颇具典型性的一元治理结构。在现代化进程中，中国呈现出亨廷顿所言的"变革社会"的特性，政治秩序的维护同样需要强政府的存在。与此同时，社会发育相对缓慢，公共组织和公民社会也远未达到自主、成熟的地步。在这样的境况下，国家或政府依旧是拥有主要公共权力，能够承担公共责任和调配社会资源的主体。因此，在中国形成政府主导型的陆地边疆治理模式是势所必然的，在这里，政府是指广义政府。从横向结构来看，既包括执政党机关、国家权力机关、司法机关、行政机关、军事机关，又包括政协，以及承担一定政府任务的人民团体等非国家机关的公共组织。在我们国家，中国共产党是唯一执政党，又在"以党建国"的历史时期形成了一种特定的"党和国家领导体制"。[①]中国共产党通过统一领导、协调各方的方式，成为国家治理中的领导核

---

① "党和国家领导体制"一词来自1980年邓小平《党和国家领导体制的改革》的讲话，实际上是指党对国家的领导体制。参见杨光斌：《中国政府与政治导论》，中国人民大学出版社2003年版，第24页。

心。在陆地边疆治理中，党在治理结构中也起到决定性的作用。从纵向结构上来看，陆地边疆的治理主体又可分为中央和地方各级政府。在中央集权的单一制国家结构下，中央政府是边疆治理的主导力量和推动者，主要负责从国家全局的高度来进行谋划，以及调配全国的资源并进行整合。在地方上，陆地边疆与行政区划紧密联系在一起，因而其治理主体可分为省（自治区）、市（地、州）、县（旗、市、市辖区）、乡（镇）四个层级的政府，它们是陆疆治理的具体责任主体。当然，随着市场经济不断发展和社会力量不断成长，企业组织、非政府组织和公民个体，也开始逐步参与到陆疆治理的活动中来，并对政府决策、政府过程和政府行为产生了一定的影响。但是，从总体上看，这些主体所发挥的作用无论是广度还是深度上都十分有限，中国的边疆治理结构仍旧是政府占据绝对主导地位的。

其次，当代陆地边疆的治理制度。当代陆地边疆的治理制度是在对历史上边疆治理制度的继承、批判和超越的基础上形成的。历史上中原王朝采取了多种多样的手段治理边疆，包括羁縻州府、土官土司、纳质、和亲、互市、盟誓等等。这些治理手段和措施，由于长期反复地运用实施，已经具备了高度的制度化，因此可被视为治理制度。尽管这些制度的外观形态丰富多样，但都具有羁縻性的本质。近代以后，随着民族国家构建进程的不断推进，晚清政府和民国政府相继采取了一系列措施，力图实现边疆和内地在地方制度上的同构和同一化，具体来说就是要将内地的省制和县制在边疆地区广泛推行。然而，这样的举措虽然满足了民族国家一体化的根本要求，却忽视了中国的特定历史和基本国情，因此遭到了边疆各族民众尤其是精英阶层的激烈反抗，甚至引发了边疆政局的动荡。

新中国成立以后，党和政府创制了新的边疆地方制度和治理制度，力求在古代羁縻制度和近代同化制度之间取得平衡。一方面，当代陆地边疆治理是在整体性的国家制度体系中展开的。因此，坚持党的领导、人民当家作主和依法治国有机统一，这一关乎国家国体的轴心制度，和由人民代表大会制度、中国共产党领导的多党合作与政治协商制度、民族区域自治制度、基层群众自治制度构成的基本制度，既是陆地边疆治理的制度前提和基础，也是实现陆疆治理目标的制度保障。另一方面，陆地边疆有着特殊的治理生态，因此也需要在国家治理中运用特殊性的制度安排来予以治理。在这个维度上，当代中国的边疆治理制度和边疆地方制度之间具有高度的同一性。其中在"内地化"程度很高的边疆地区，地方制度与内地相比并无太大区别，治理制度自然也是高度同质的。而在"边疆性"较为突出的少数民族聚居地区，则实施了民族区域自治制度，而这一制度也成为最为典型和最为根本性的边疆地方制度。由于中国的边疆治理是在族际主义的治理模式下进行的，因此边疆治理活动也主要是在民族区域自治制度的框架下展开的。

从总体上来评价，当代中国的边疆治理制度较好地处理了国家治理统一性与边疆地方异质性之间的辩证关系，在一体与多元之间寻求到了较为准确的平衡点。但是与此同时，当代的陆疆治理制度较为单一，主要表现为只有地方制度而缺少系统而丰富的治理制度。这样的客观现实也导致了当代陆疆治理体系的制度化程度相对较低。

再次，当代陆地边疆的治理方式。面对复杂的陆疆环境与多样的陆疆事务，在当下中国陆疆治理的实际过程中，采取了多种治理方式。按照不同的维度，可以将这些治理方式归纳为不同的类型。一方面，按照治理方式的专门性，可以分为：专项治理，即指"国家制定专门针对边疆问题的政策，启动专门解决边疆问题的政治过程，着力解决边疆问题的行为"；非专项治理，是指"国家解决全国普遍性问题的政策和措施在边疆地区实施和解决边疆问题的过程"①。另一方面，根据治理手段的刚性程度，可以分为：软治理，即"国家政权系统对边疆地区及其各族群众在经济上实施帮助、援助、照顾的倾斜政策，在政治上实施平等、团结、互助的民族政策，在文化上实施平等交流、相互尊重政策，在精神情感上坚持爱护、关心和尊重的基本准则"；硬治理，就是"国家政权系统，采取有效措施在经济上增强陆地边疆地区的发展能力和发展水平，在社会政治领域明确各种社会主体的权利义务关系，严肃国家法律法规的贯彻实施，有效打击各种危害国家安全和破坏政治稳定的犯罪行为的治理过程"。当然，如果按照其他维度也可将中国的陆地边疆治理方式划分为更多的不同类型。但是上述两种划分方式却有着独到的优势，其中最为主要的就是具有较大的

---

① 周平主编：《中国边疆治理研究》，经济科学出版社2011年版，第83—84页。

包容性和弹性，能够将更多的治理方式涵盖进来。另外，这样的划分方法具有明晰的边界，能够有效地区分不同种类的治理措施和手段。在这两个维度的基础上，又可以将当下中国的陆疆治理方式进一步细分为专项型软治理、专项型硬治理、非专项型软治理与非专项型硬治理四种基本类型。归纳起来，在当代中国的陆地边疆治理活动中，专项型软治理主要有"兴边富民"行动、边疆地区对口支援、重大支援项目等；专项型硬治理主要有沿边开放政策、边防建设、边境管理等；非专项型软治理主要有西部大开发战略、民族工作、扶持人口较少民族发展、少数民族发展资金等；非专项型硬治理主要有"三线"建设、颁布《反暴力恐怖法》等等。

最后，当代陆地边疆的治理客体。陆地边疆的治理客体也就是陆地边疆的治理对象，这既是针对陆疆治理主体而言的，也是陆疆治理的最终作用对象和最终落脚点。根据维度不同，可将当代中国陆地边疆的治理客体划分为事务层面和地域层面两个基本领域。在事务层面，又可分为一般性治理客体和特殊性治理客体。其中一般性治理客体"就是指边疆所要管理和处置的国家事务和社会公共事务中，与腹地具有相同或相似性的那一部分事务"。在当今的历史条件下，可以把陆疆治理的一般客体归纳为政治方面、经济方面、文化方面、社会方面和环保方面。而特殊客体，"是指在国家治理格局中，只有边疆地区才具有的国家事务和社会公共事务，而内地要么没有这种事务，要么这种事务地位不突出"。主要包括：边疆开发和发展问题、民族问题、国家安全问题、政治认同问题等。①

而在地域维度上，鉴于历史和现实的考虑，可以通过广义、中义和狭义的不同口径来认识陆疆治理的基本范畴。② 其中，广义的陆疆指具有边界线的省级行政区，包括广西、云南、西藏、甘肃、新疆、内蒙古、黑龙江、吉林、辽宁等九个省区，面积约577万平方公里，占整个国土面积的60%，在这一地区生活的人口约2.8亿，占全国人口的21%。③ 中义的陆疆指辖有边境的45个地、州、市。而狭义的边疆主要指136个边境县

---

① 方盛举、王志辉：《我国边疆治理的一般客体与特殊客体》，载《思想战线》，2015年第5期。
② 周平主编：《中国边疆治理研究》，经济科学出版社2011年版，第417页。
③ 方盛举、吕朝辉：《中国陆地边疆的软治理与硬治理》，载《晋阳学刊》，2013年第5期。

（旗、市、市辖区）。然而在现行的陆疆治理体系中，对治理对象即陆地边疆的界定并不明确，如对口支援政策是以省级行政区为单位的，而"兴边富民"行动又主要限定在边境县和新疆生产建设兵团的58个边境团场。

2. 陆地边疆治理能力

当代中国的陆地边疆治理总体上是"问题导向型"的，即在治理对象的层面，陆疆地区往往被视为问题丛生之地，而治理行为也主要针对"边疆问题"展开。主要包括：政治稳定问题、开发建设问题、民族问题与宗教问题、社会问题、边境维护问题、安全问题等。这些问题虽然呈现多样性的特征，但是可以归结为安全问题、稳定问题和发展问题三个基本方面。① 中国的陆疆治理主要就是围绕着这三个问题展开的，由此也形成了陆疆治理的能力范畴。

一是保障边疆安全的能力。边疆的安全问题可以分为传统安全问题与非传统安全问题。在新中国成立初期，我国面临着严峻的周边形势，不仅有美国、苏联两个超级大国的经济封锁和军事威胁，而且还同周边国家存在着边界争端和冲突。而近年来，这样的传统安全问题渐渐得到缓和，非传统安全问题则开始凸显。鉴于此种形势，保障边疆安全一直是我国陆疆治理中极为重视的一项能力。陆疆安全治理主要是通过边防建设、边境管理和边疆社会管理等途径完成的。其中涉及边防、边境管理的机构主要有：解放军边防部队、公安边防部队、公安机关的出入境管理部门、海关等；此外，外事部门、交通管理部门、农业管理部门等机构也承担了相应的辅助功能。边防、边境管理的具体事务包括：保卫领土主权完整与安全，防御外敌入侵，维护边境秩序，保障边境地区稳定和经济发展等。而社会管理则主要针对走私贩毒、跨国犯罪、艾滋病蔓延、武器扩散、跨境民族宗教、恐怖主义、非法移民、信息安全和资源安全等直接危及陆疆安全的社会问题。②

二是维持边疆稳定的能力。边疆地区天然地就与稳定问题具有关联性。首先，边疆地区生活着众多的少数民族，每个民族都具有与生俱来的

---

① 周平：《论我国边疆治理的转型与重构》，载《云南师范大学学报》（哲学社会科学版），2010年第2期。
② 陈为智：《转型期边疆社会问题的理论探讨》，中国社会科学出版社2013年版，第91页。

民族认同，当民族认同与国家认同之间出现"集体忠诚冲突"[①]时，便容易产生与国家共同体的离心力。其次，陆地边疆面临着复杂的周边环境，国外敌对势力更容易从这一地带渗入，这样的地缘政治特性使得边疆更容易产生稳定问题。再次，由于陆地边疆地区地处国家疆域的边缘，在地理空间上属于国家权力的末梢，因而常态化、普遍性的政治统治在维持边疆政治秩序方面往往显得乏力。总之，边疆的政治稳定问题是一个长期存在的社会政治问题，这样的问题在现代化和全球化的影响下将变得更加尖锐。正因如此，我国的陆疆治理尤为重视"维稳"工作，在稳定压倒一切的认识下，维持社会政治稳定已然成为现行治理体系的主要功能和必备的主要能力之一。在威胁我国陆地边疆政治稳定的诸多因素中，民族问题和宗教问题是两个十分棘手的问题，它们对于各民族自身政治发展、边疆社会安定以及整个国家的政治建设均产生了负面影响。正因如此，对于民族问题与宗教问题的治理一直是陆疆治理所承担的重中之重的功能。在我国，民族问题治理是在民族区域自治制度的整体框架下展开的，同时民族政策、民族工作是化解民族矛盾、处理民族问题的主要方式。在宗教问题上，我国坚持宗教信仰自由原则，同时坚决取缔和打击非法宗教组织以及极端宗教势力，注重处理同宗教上层人士的关系，并主动将其纳入到国家体制中来。

　　三是促进边疆发展的能力。通过开发建设促进边疆地区的发展，是当代中国陆地边疆治理所承担的另一项重要功能，这项功能是通过诸多政策和措施来完成的。第一，屯垦戍边，即在新中国成立初期，原驻扎在陆疆的军队在完成其军事任务后，成建制地在当地转业，既达到了戍边目的，又能以军垦形式建设边疆；第二，移民实边，即从内地省份向边疆地区移民，这在很大程度上改变了边疆社会的人口结构，促进了对边疆地区有组织地垦殖开发；第三，重大建设项目，即在陆地边疆地区安排国家建设项目，并在"西部大开发"战略下，促进其经济发展；第四，扶贫开发，即有针对性地开展边疆贫困治理，改变其落后面貌，最典型的代表便是推动"兴边富民"工程；第五，沿边开放，即利用陆疆特色资源、区位优势，

---

① 〔美〕布里埃尔 A. 阿尔蒙德、小 G. 宾厄姆鲍威尔：《比较政治学：体系、过程和政策》，曹沛霖等译，东方出版社 2007 年版，第 35 页。

通过开设口岸、互贸区、保税区和合作园区来加强对外贸易，促进陆疆地区的经济发展。

在特定的历史情境中，边疆治理这三种主要能力应该说是基本上满足了边疆治理需求。"但是边疆传统社会向现代社会的深刻转型，现代化进程中边疆社会形态的急遽嬗变与边疆社会根深蒂固的社会传统性产生了激烈的碰撞，传统边疆治理能力正面临着现代化过程中的动荡风险和现代公共服务饥渴的双重压力。"① 这种"问题导向"的治理思路在理论上将治理的概念等同于统治和管理，而忽略了其提供公共产品的服务性内涵；在实践上则忽略了陆疆自身的地缘政治和地缘经济价值。由此形成的边疆治理能力整体上是不完善的，能力的内部结构也是失衡的。

3. 陆地边疆治理的基本特点

新中国成立开启了陆地边疆治理的新时代，确立了主权领土框架下的边疆观念，形成了全球视野下的、理性化的、清晰化的边疆观；在政治建设基础上深刻改变了边疆现实，同周边国家基本划定了陆疆边界，改善了族际关系，建立了人民政权，改造了边疆社会，更新了政治文化；边疆治理全面展开，深入开展民族工作，开发建设边疆地区，建设边防与管理边境。可以说，在现行治理体系与治理能力下，我国的陆地边疆治理曾经取得了不可磨灭的巨大成就。然而，这样的治理毕竟是属于过去时的，它所适应的是新中国成立初期的国情，并且保留着传统边疆架构的烙印，已经无法完全适应当下的时代需求。

一是传统型的陆疆治理理念。当代中国陆地边疆治理，受到中国传统文化中一些基本价值观念的深刻影响。自秦朝以降，历代的王朝国家便将核心区的外围定为边疆，并将其看作是统治范围的边缘地带和夷狄之地。在治理过程中，则采取"慑之以兵，怀之以德"恩威并施的方式加以治理。在漫长的历史过程中，特定的边疆的现实、边疆的观念以及治理边疆的实践逐渐沉淀成为一些根深蒂固的治边理念。而当代中国的陆地边疆治理，则顺理成章地继承了这些传统的治理理念，并运用于边疆治理当中。

---

① 王砚蒙、朱碧波：《论我国边疆治理的体系转型与能力重构》，载《西北民族大学学报》（哲学社会科学版），2014 年第 6 期。

然而，传统型的治边理念在以往的历史时期可能行之有效，但在面临现代的边疆问题和边疆事务时，却不可避免地遭遇到现实困境。传统型的陆疆治理理念，在当前集中表现为以下几个方面。首先，是内敛式的治理思维。在传统思维里，常常将边疆视为维护核心区的安全屏障或战略缓冲，或是在谈到"边疆问题"时才会注意到边疆及边疆治理。其次，是"中心—边缘"的视阈偏见。人们总是习惯于站在国家权力中心或是核心区域的立场看待边疆。这样的边疆在地理上是偏远的，在文化上是落后的，在经济上是贫穷的，在社会上是异质性的。再次，文化性的边疆观念，即以文化的方式界定边疆，将边疆看作是少数民族的聚居地，并将边疆治理纳入到族际治理的视野中来。然而这样的边疆理念已经远远滞后于陆地边疆的现实。在交通通讯以及军事技术高度发展的今天，陆地边疆的地理空间已经被压缩了，其提供安全缓冲的作用已受到削弱。此外，经过新中国成立以来的经营治理，边疆社会已经得到深刻改造，族际关系已经大为改善，周边形势也较为稳定。在这样的境遇下，应该突破传统的内敛式理念，而逐渐在全球视野之下，形成从国家关系、地缘政治、世界格局的角度来看待陆疆及陆疆治理的理念。

二是一元式的陆疆治理结构。历史上的陆地边疆地区，在经济上以农牧业的生产方式为主导，第二产业和第三产业薄弱。在这样的经济基础之上，社会组织和市场经济的发育十分缓慢，国家与社会之间的关系属于强政府、弱社会的类型。在边疆治理过程中，政府承担了主要治理职责，同时也垄断了治理权力。因而陆地边疆治理是典型的一元结构，这在宏观的政治生态层面，是由国家与社会关系所决定的。同时，在现行的政治体制下，执政党通过党管干部、党推荐干部、领导干部党员化、党组制以及归口管理等领导方式，将治理权力集中到党委手中，"执政党主导和组织化调控是新中国国家治理体系的本质特征"①。而在实际的权力运行中，"以党代政""以党令政""党政不分"的现象则时有发生。因此可以看出，这样的党政关系在政治体系内部又强化了这种一元结构的特征。但是，一元式的治理结构无法做到对治理资源的充分整合利用。随着改革开放的不

---

① 唐皇凤：《新中国60年国家治理体系的变迁及理性审视》，载《经济社会体制比较》，2009年5期。

断深入，陆疆地区的社会发育迅速发生，市场力量也不断壮大。陆疆治理完全由政府唱独角戏，非但不能将社会和市场资源充分整合到治理过程，而且还会因为不能时时得到利益相关者的支持而陷入治理困境。而在政治体系内部，由于政治体制不完善，也很难有效拓展陆疆治理所需要的制度资源、组织资源和智力资源。

　　三是单向性的陆疆治理过程。陆疆治理过程是治理步骤、程序的总和，是陆疆治理体系的动态表现，其回应和解决"怎样治理"的问题。由于当代中国陆疆治理的主体为广义政府，而治理行为也主要属于政府行为，因此治理过程就表现为特定的政府过程或政治过程。作为一种政治过程，陆疆治理由政治系统的输入、转换、输出及反馈等环节构成。由于中国政治体系的外部环境缺乏西方式的压力集团，因此输入功能主要由政党或政府机构完成，属于一种"内输入"模式。① 在政策制定阶段，即在"转换"② 环节上，党中央、全国人大和国务院扮演了决定性的角色。而在输出环节上，地方政府及国务院各部委、各直属机构承担了相应的实施功能。在这里，可以通过近年来最为典型的陆疆治理行为——"兴边富民"行动来管窥当代中国陆疆治理的过程模式。"兴边富民"行动于1998年由国家民委倡议发起，属于典型的"内输入"模式。1999年，在中共中央、国务院共同召开的中央民族工作会议上，部署了大力推进"兴边富民"行动的具体方针。2000年，国家民委宣布"兴边富民"行动正式启动。随后，分别在边疆省区召开"兴边富民"行动现场会，各省根据自身特点予以实施。外交部、科技部、教育部、民政部、工业和信息化部等部门也在国务院的统一领导下纷纷配合此项治理活动。根据陆疆治理中此项政策的实效反馈，国务院进一步颁布了《兴边富民行动规划（2011—2015年）》，并要求各省、自治区、直辖市人民政府，以及国务院各部委、各

---

① 伊斯顿建构了一个政治系统模型，这个系统由输入、调节、转换、输出、反馈等环节构成。"内输入"的概念是指对政治体系的要求"并非产生在社会非政治领域中担任角色的人们的经验，而是直接来自于政治角色本身，即来自于政治系统内部"。参见〔美〕戴维·伊斯顿：《政治生活的系统分析》，王浦劬等译，华夏出版社1998年版，第63页。

② 即把有效的政治要求转换成权威性决策的阶段。参见〔美〕加布里埃尔 A. 阿尔蒙德、小 G. 宾厄姆鲍威尔：《比较政治学：体系、过程和政策》，曹沛霖等译，东方出版社2007年版，第245页。

直属机构组织实施。从这个典型案例中，我们可以发现当代的陆疆治理是一个单向性的治理过程，缺少同社会的互动机制，也缺乏系统有效的治理绩效评估机制。

四是族际主义的陆疆治理路径。族际主义的陆疆观念及治理路径是在传统的边疆现实环境下渐进形成的。在秦朝建立至辛亥革命爆发这段漫长的历史中，中国长期处于王朝国家的形态，既未形成主权体制，也未形成边界、领土概念。国家的核心区生活着华夏族或汉族，而其他少数民族则主要生活在边缘区域即陆地边疆地区。因而，在这样的疆域格局下，边疆除了地理、政治上的涵义外，也拥有着更多的文化内涵，成为文化的边缘地带，陆疆地区也就被看作夷狄之地。① 与此边疆现实相适应的便是族际主义的边疆观念及边疆治理模式。当代的陆地边疆治理则在很大程度上继承了这样的治理模式：在观念上，中国的陆地边疆地区同少数民族地区往往不加区分，因而又经常被称为边疆民族地区；在边疆治理的实践层面，边疆问题往往被纳入到民族问题的框架下予以看待和处理。然而，在民族国家时代，这样的治理模式已然不能适应边疆现实。首先，将边疆地区笼统地视为少数民族聚居区的观念与边疆的现实情况脱节：一方面，在边疆地区生活的除了少数民族还有汉族，而且在很多区域汉族人口甚至占大多数；另一方面，除边疆地区外，少数民族还生活在内地省份，并形成了一些民族自治地方。其次，民族问题不能完全覆盖边疆的区域性问题。这些问题包括边疆地区的开发建设、生态环境保护、社会改造、边境安全、政治发展等等方面。显然这些边疆事务及边疆问题不是民族问题所能涵盖的，也不能在民族政策的制定和执行过程中得以迎刃而解。

五是碎片化的陆疆治理方式。长期以来，中国的陆地边疆治理是不系统的，甚至呈现碎片化的状态，这与持续存在的边疆问题是不相称的。首先，对于陆地边疆这一特定区域缺乏一种整体性的空间概念。关于国土空间格局，我国历来注重的是东部、中部和西部的划分方式。对于这些区域的发展也有较为成熟的战略模式，概括起来为东部腾飞、中部崛起、西部开发，以及振兴东北老工业基地的总体布局。在这样的国土格局中，边疆

---

① 周平：《中国的边疆治理：族际主义还是区域主义？》，载《思想战线》，2008年第3期。

地区并没有占有明确的位置，只是以碎片化的方式散落在西部与东北部之中。其次，缺乏稳定的陆地边疆治理框架。治理实践是断续的，甚至是权宜性的，并没有形成一系列"稳定的重复出现的行为模式"，更缺乏整体性的陆疆治理战略。目前涉及陆地边疆治理的重大举措，主要有西部大开发战略、"兴边富民"行动，以及"对口支援"政策。西部大开发战略虽然涉及了边疆地区，但是"它本身并不是边疆战略，而且从目前的实施情况来看，其重点在大中城市，并非严格意义上的边疆"①。"兴边富民"行动本质上是一个在沿边地区实施的扶贫行动，并且仅涉及与边界相连的136个陆地边境县（旗、市、市辖区）和新疆生产建设兵团58个边境团场，这样的边疆界定不仅是狭小的，而且是不完整的，称不上是一个整体性的边疆战略。而"对口支援"政策也不是专门针对陆疆治理，除了对部分边疆省份支援以外，还包括针对灾害损失严重地区以及重大工程的对口支援，支援内容包括经济发展、教育、医疗和卫生等社会事业以及基础设施建设等方面。②因而无论是事务领域还是地域范围，都无法与陆疆治理严丝合缝地切合在一起。

二、陆疆治理体系与治理能力现代化的紧迫性

陆地边疆治理总是在特定的国家发展阶段下展开的③，不同时期的边疆治理面临的主要矛盾不同，要实现的治理目标和能够获得的治理资源也不尽相同。今天中国的发展已经进入一个新阶段，无论是内部环境还是周边环境都发生了深刻变化。然而，现行的陆地边疆治理体系和治理能力存在诸多不足，已经无法完全适应当下的边疆问题和边疆事务。在此背景之下，应尽快实现陆地边疆治理的现代化，并以"补短板"的方式推进整个

---

① 周平：《论我国边疆治理的转型与重构》，载《云南师范大学学报》（哲学社会科学版），2010年第2期。
② 赵明刚：《中国特色对口支援模式研究》，载《社会主义研究》，2011年2期。
③ "国家发展"是周平为了描述和分析国家政治单位的整体进步状态而提出的一个概念，指"国家通过有效的内部和外部治理而稳定政权、增加社会财富、提升公共利益、建立必要的安全保障，以及获得较好的外部环境和产生国际影响力而达成的整体性进步"。参见周平：《国家治理须有政治地理空间思维》，载《探索与争鸣》，2013年第8期。

国家治理的现代化。

1. 陆疆治理在国家整体发展阶段的凸显

新中国成立60多年来，主要政治制度业已建立，国家发展道路已经确立，人民生活温饱问题基本解决，国家整体经济实力大大增强。国家发展至今日，经济总量已跃居世界第二位，全面建成小康社会成为国内发展的重要战略目标。此外，国家此前选择若干具有区位或资源优势的区域进行重点开发建设，这样"非均衡"的发展模式已经取得了重大成功。这些都昭示着，国家的发展已经进入一个整体、全面的阶段。在这样的时代背景下，陆地边疆治理也应进入新的历史阶段，体现出现代化的特点，承担起新的任务。

第一，国家整体实力是实现区域公平的现实基础

伊斯顿认为，政治体系的最大效用是"为一个社会权威性地分配价值"①。新社会契约论也认为正义问题实际上就是分配的公正问题②，正如罗尔斯指出，"所有的社会基本善——自由和机会、收入和财富及自尊的基础——都应被平等地分配"③。国家自形成以后，便成为迄今为止最有效也是最有力的政治形式，在资源整合与分配过程中发挥着决定性作用。因此，在组织和运用国家政权过程中，更应遵循公平正义的理念。在国家治理层面谈政治公平问题，大致可分为两个维度：一是群体间的公平，二是区域间的公平。因而"边疆—内地"的区域统筹发展，应被视为政治公平的必然要求。

历史上，边疆地区往往因华夷之别而被视为四夷之地，在"守中治边"的思想下对边疆区域的开发建设十分有限。新中国的成立，开启了中国的民族国家时代。边疆地区虽然被纳入领土范畴，不再被视为化外之地，但在很长的一段时期内边疆治理仍然采取"重稳定，轻发展"的传统思路。另外，在有限的陆疆发展中，还呈现出一种"重开发，轻建设"

---

① 〔美〕戴维·伊斯顿：《政治生活的系统分析》，王浦劬等译，华夏出版社1997年版，第26页。
② 徐大同：《现代西方政治思想》，人民出版社2003年版，第158页。
③ 〔美〕约翰·罗尔斯：《正义论》，何怀宏等译，中国社会科学出版社1988年版，第292页。

"多取少予"的畸形特征，具体表现为过度开采自然资源，并主要输往内地，而边疆建设却往往无人问津。其导致的结果便是，资源开发带来了植被损失和环境污染，开发地人民就业不足，矿区失地农民与库区移民后期生活困难等等。边疆地区为国家发展提供了巨大的能矿资源支持，但在付出生态破坏代价的同时却并未平等地分享到发展红利。在这样的治理格局下，原本就在地缘上处于劣势的边疆地区，同核心区域的发展相比更加滞后了。

中国边疆与内地间的非均衡发展在过去的发展模式中，无疑具有一定的历史必然性，但在国家整体实力大大增强的今天，这种发展模式已经日渐丧失了合理性。如果说过去的"非均衡发展"是种无奈之举，那么现在对落后区域的补偿和支援便是正逢其时。如此，实现区域公平和统筹发展的道义责任也就被凸显出来了。在内地与沿海地区发展起来之后，加大对陆疆地区的扶持，这也符合邓小平同志"两个大局"战略构想的思路。而要重新规划边疆地区的发展，缩小同内地的发展差距，就必然需要提升陆疆治理的能力，将边疆治理纳入到国家治理体系中来，并在治理过程中给予更多的资源配置。

第二，全面建成小康社会需要向陆疆地区倾斜

继小康社会目标基本实现，全面的小康社会建设取得显著进展之后，党的十八大报告首次提出了全面建成小康社会的宏大目标，这也是国家进入整体发展阶段的突出表现和必然要求。如要实现全面建成小康社会的目标，国家治理一方面需要向弱势群体倾斜，另一方面应当向发展落后的区域倾斜。而长期以来，边疆地区似乎已经成为贫穷落后的代名词。提起边疆，人们的印象不仅仅是地理上的偏远，更是经济、文化、社会上的欠发达。对于我国人民物质生活水平的区域间差异，胡鞍钢曾有"一个中国四个世界"的形象比喻：上海、北京、深圳等地区构成了"第一世界"，包括约占2.2%的中国人口；天津、广东等沿海地区构成"第二世界"，包括约占22%的人口总量；中西部地区则构成"第三世界"和"第四世界"，分别占人口总量的26%和50%。[①] 而陆疆地区绝大部分属于西部地区，"是我国贫困人口大面积分布区，具有贫困人口众多、贫困发生率高

---

① 胡鞍钢：《中国战略构想》，浙江人民出版社2002年版，第2页。

的特点"①，总体的经济发展水平显然落后于核心区域。况且从目前的情形来看，边疆与内地在发展水平上的差距有进一步扩大的趋势。在这样的现实条件下，陆疆地区也就成为全面建成小康社会的软肋和应当重点扶持的对象。

此外，陆地边疆的落后现实"为国家治理带来了在国家经济社会发展、民族团结、社会整合和政治稳定方面的消极影响，以及对国家协调与化解地区与阶层之间利益矛盾与利益冲突，维持全国性政治共同体的存在预置了难题"②。其中最为突出的不良后果是，边疆与内地发展水平上的悬殊，会直接危及到边疆人民对国家的认同。因而，这样的局面不仅制约了国家的均衡发展，也成为制约整个国家治理的瓶颈。如此看来，向陆疆地区倾斜实现国家的整体发展，所产生的"外部效应"又超出了全面建成小康社会的本身意义。

第三，陆疆治理为国家整体发展提供空间支撑

国家的整体发展，对于中国而言既是一个刚刚开启的过程，也是一个有待达到的目标。在这样一个特定阶段下，提出陆疆治理的现代化，并非仅仅因为陆地边疆地区整体发展处于落后状态，更是因为这一区域的有效治理能够为国家的整体发展提供新的地理空间和动力。

关于国家发展与地理空间的关系，地缘政治学家拉采尔曾认为国家是一个有机体，要保证国家的生命活力就必须在疆域规模上不断成长扩大，而地理空间拓展的停滞就意味着这一政治有机体的衰老和凋亡。当然拉采尔的学说未免太过危言耸听，但离开了广阔的地理空间，国家的发展会受到极大限制却是个不争的事实。然而，在民族国家时代，国家疆域以领土的形态存在，处于主权框架的管辖保护之下，并形成了较为明晰的外部界线，国与国之间以划定边界的方式确立各自疆域。这样的情形使得国家疆域不再拥有可以任意向外推移的活动地带，而是在领土的边缘地带基本稳定下来了。在此境遇之下，国家要拓展发展空间必然会采取两种基本方

---

① 陆大道、樊杰主编：《2050：中国的区域发展——"中国至2050年区域科技发展路线图"研究报告》，科学出版社2009年版，第352页。
② 唐皇凤：《大国治理：中国国家治理的现实基础与主要困境》，载《浙江省委党校学报》，2005年第6期。

式：一是在领土之外构建新型疆域形态，如现在诸多学者鼓吹的"利益边疆""战略边疆"等都属于这种情况；二是在现有的领土空间内，重新调整国土空间的开发格局，规划出新的发展空间。在传统的治理框架下，陆地边疆的开发建设程度与内地相比远远不足，而这也恰恰给这一区域留下了更多的治理潜能。它可以扩大国家经济活动的空间，加强工业化的物质基础，开拓出较内地更为广阔的国内市场，促进产业结构调整和产品升级。如若能够充分利用陆疆地区的空间优势，完全能够使其成为国家整体发展中一个新增长域，从而大大增强国家的综合实力。

因此在国家整体发展阶段，应当重新重视陆地边疆，并调整对这一地理空间的规划和治理。在这个方面，美国的边疆治理模式可以给我们提供较大启示。美国官方曾将陆地边疆界定为每平方英里人口为2—6人的前沿地区，并宣称这个地域范围在1890年前后就消失了。然而这样的陆疆观念是传统型的，它仅仅是"印第安商人的边疆""牧牛人的边疆"以及"农民的边疆"①，与其相适应的边疆治理也是初步的较为有限的"农业开发阶段"。此后，随着国家发展层次的不断提升，美国对西部边疆地区的治理也不断升级，依次经历了"工业开发阶段"和"科技开发阶段"。②在这样的过程中，美国的陆疆不断得到有效治理，国家也从开发边疆中先后获得了发展农业、工业、科技的巨大空间，二者形成了相得益彰的关系。由此我们可以得出的基本判断是，陆疆地区具有持续开发的潜力，因而需要不断以新的方式推动陆地边疆治理现代化，从而在地理空间上支撑国家的进一步发展。

2. 陆疆治理需要适应内外环境的变迁

经过改革开放以来30多年的发展，无论是整个国家的形势还是边疆社会的面貌都发生了根本性的变化。此外，随着国家实力的增强和外交上的努力，我国同周边国家的关系得到了明显改善。当下的陆地边疆治理面临着一个全新的内外环境，这既为陆疆治理提供了难得的机遇，也提出了新的挑战。

---

① 〔美〕弗雷德里克特纳：《美国边疆论》，董敏等译，中国对外翻译出版有限公司2012年版，第10页。

② 何顺果：《美国边疆史——西部开发模式研究》，北京大学出版社1992年版，第385页。

第一，地理环境制约作用的减弱

很多学者都曾注意到，自然地理环境对陆疆及陆疆治理的决定性作用。美国边疆学派的创始人弗雷德里克·杰克逊·特纳，在论述美国早期对西部边疆开发的活动中，十分强调边疆的自然环境对美国社会进化和文明发展起到的关键性作用。他认为，作为"文明先锋"的拓荒者首先要面对的挑战就是边疆地带的自然环境。在西进运动中，移民和某一地域环境相互作用，形成了一些边疆地域特殊的经济结构和人们特定的心理素质。① 研究中国亚洲内陆边疆的拉铁摩尔，更是坚持认为中国传统边疆地区游牧文明形成的根本原因，在于边疆完全不同于内地的自然环境。他认为，边疆地区降雨量少、昼夜温差大等自然特征，决定了"中国本部"②的农业生产无法在这里持续存在，这也决定了中央王朝的势力无法真正深植于边疆地区。③

这种自然决定论的观点，对于描述和解释生产力较为低下的传统社会，在很大程度上是成立的。此时的陆疆地区往往因自然环境的限制，长期处于闭塞的状态，与之相适应的边疆治理也总是有限的、传统的。但是，人类的活动能力和活动领域总是随着科技水平不断提升而不断得到拓展。在车马商队为主要运输方式的时代，中国的陆疆地区曾有过丝绸之路、玉石之路、茶马古道的兴盛，并出现了诸多交通线上的经济文化中心。然而伴随海上交通的兴起，陆疆区域的经济、文化和社会发展逐渐衰落，甚至沦为与世隔绝或半隔绝的状态。但是，近代以来，火车等现代交通工具的使用极大弥补了陆地区域的先天缺陷，使之在交通上甚至可以同海上航线媲美，而地缘政治学学者麦金德的"陆权说"，也正是基于这个客观现实提出的。在科学技术进一步发展的今天，传统上地处偏远，交通通讯闭塞的陆地边疆地区，受到自然环境制约的程度已经大大降低了：在信息化时代，同外界的顺畅沟通已经不成为问题；而"路桥"经济时代的

---

① 相关论述参见〔美〕弗雷德里克杰克逊特纳：《美国边疆论》，董敏等译，中国对外翻译出版有限公司2012年版。
② 这一概念在清末形成，拉氏在这里使用主要指在王朝国家时代长期被汉民族占有、统治的农业文明区域。
③ 相关论述参见〔美〕拉铁摩尔：《中国的亚洲内陆边疆》，唐晓峰译，江苏人民出版社2010年版。

即将来临①，也将彻底改观边疆地区的交通现状。这些都将为形成现代化的边疆治理提供有利条件，同时也使得传统的治理思维终将成为过去时。

第二，边疆社会环境的转变

首先，边疆地区开始从传统社会向现代社会转变。对于整个中国而言，工业化尚未全部完成。但是核心区域，尤其是东部省份的工业化水平已经达到了较高水平，甚至已经开始进入后工业化时代，相比之下边疆地区的差距较大。尽管如此，与自身纵向比较，边疆地区正在经历从农业社会向工业社会的转变，而且在中央政策扶持下，这种转变将以加速度进行。这主要表现为产业结构的调整，二、三产业在国民生产总值中所占比例不断提高，从事非农业生产活动的人口比例也日渐上升。此外，伴随着工业化，边疆地区的城镇化也逐渐展开。在这样的过渡阶段，传统的针对农业社会的治理范式应当随着社会变迁而迈向现代化的转型。这其中最具典型性的是，传统的屯垦戍边应当转向现代的"建城戍边"，以适应工业化和城市化的现实需求。

其次，社会组织和市场机制的发育日渐成熟。改革开放政策极大地推动了边疆社会的现代化进程。在传统社会向现代社会快速转型的场域下，社会组织以前所未有的速度发育起来。在沿边开放的宽松环境中，各类境外的非政府组织也在边疆地区纷纷涌现。此外，随着我国市场经济的建立和日趋完善，市场机制在边疆地区的资源配置作用也越来越重要。这样的改变，一方面对政府的社会管理、市场监管能力提出了更高要求，另一方面则意味着应当允许社会力量和市场力量在边疆治理中承担更多的功能。

再次，边疆社会利益格局发生变动。关于陆疆地区的利益分化问题，曾有学者在云南、广西等地的民族地区进行了专题调查。调查结果显示，陆疆地区的利益格局呈现利益主体多元化、利益来源多样化、利益差别扩大化、利益关系复杂化、利益表达公开化、利益冲突明显化等

---

① 随着人类科技手段的不断进步，在以往交通不便的陆地区域，日渐可以做到"逢山开路，遇水架桥"。现代化的交通工具通过路与桥，把不同地区联系在一起，推进着经济的发展，形成了"路桥经济"。

方面的特征。① 利益格局发生变动要求在治理过程中,不能简单地将治理对象看作是浑然一体的,而应该注重社会的分层,并在治理体系上设立相应的承担利益表达、利益综合功能的治理结构。总之,利益分化对边疆治理体系和治理能力提出了更高的要求。

第三,周边环境的深刻变化

陆地边疆既是国家疆域的组成部分,同时又是与其他国家的毗邻区域。因而,陆疆治理必须要考虑地缘政治和地缘经济因素,尤其是要兼顾到周边形势。在新中国成立初期,面临着非常不利的周边环境,此时的边疆治理措施主要遵循着安全和防卫的思路。我国的陆地边疆治理体系的总体框架正是在这个时期基本确立的。两极格局解体后,周边的地缘政治形势发生了巨大改变,我国同周边国家的关系得到了持续调整。

近年来,随着全球化进程的加深,国际地缘政治格局的变动,我国陆地边疆面临的周边环境再次发生了深刻变化。环视我国陆地边疆的外围,无论是东北亚、中亚、东南亚或者南亚,都有着较为宽松的地缘政治环境,在地缘经济上都有可以拓展边疆价值的空间。在这样的条件下,加强区域合作,共建统一市场,在更广泛的区域进行资源配置,不断巩固和发展与周边国家建设战略协作伙伴关系,是实现陆疆发展、维持政局稳定的有益途径。然而,尽管这些年我国对陆疆治理措施进行了很多改善,但是仍然囿于传统边疆治理的思维桎梏,没有完全超出传统范畴。那种饱含"坚壁清野"意味的"重稳定、轻发展"的传统治理思路,将与陆地边疆的政治生态难以匹配。

与陆疆地区相比,我国海疆地区面临的周边环境并不乐观。对于我国这样一个海陆复合型国家,在海疆困局难以打开,或者海洋通道风险重重的时候,以开放性的心态重估陆疆的陆权价值是十分有必要的。其中,在陆疆地区构建我国未来的能源通道,已经成为应对世界战略格局变化的必然选择。

3. 陆疆治理需要迎合现实问题的转变

从根本上讲,之所以要持续不断地进行边疆治理,一个重要原因便是

---

① 本课题组:《边疆多民族地区的社会利益格局变动与利益协调》(上),载《云南行政学院学报》,2008年第2期。

边疆问题的存在。因此，为实现有效治理，边疆治理体系和治理能力都应随着现实问题的转变而及时作出调整。就当下形势来看，中国陆地边疆地区产生的问题与以往相比更为多种多样、错综复杂。这些问题的涌现也对陆地边疆治理现代化形成倒逼之势。

一是民族问题更为复杂。首先，全球化催生了新问题。随着经济、文化交往的加强，民族群体的成员跨越国家界限的流动大量增加，并由此形成了跨界民族问题。这种情况一方面导致了陆疆地区的人口结构更为复杂，不单居住着国内少数民族，还流动着相当多的境外人员；另一方面，跨境而居的同一民族共同体，因交往接触的增多使得成员的族性认同也明显加强。① 此外，民族主义思潮借助信息全球化得以迅速传播蔓延，从而加剧了民族问题，这在陆疆地区表现得尤为突出。总之，在全球化的推动下，国内民族问题很容易在陆疆地区同国外问题纠缠在一起。其次，在市场经济条件下，由于资源禀赋与获得利益方式的差异，陆疆地区各民族间的利益实现水平产生分化，大大增加了族际间利益争夺与利益冲突的可能性。最后，民族问题同宗教问题相互交织，并衍生出更为复杂的社会问题。

二是暴恐问题更加突出。自"9·11"事件以来，暴力恐怖行为引发了全世界的关注。近年来，以民族或宗教名义发动的暴力袭击平民的惨剧，也屡屡在我国上演。从西藏拉萨"3·14"打砸抢烧事件、新疆乌鲁木齐"7·5"事件，到2013年北京天安门"10·28"暴力恐怖案与2014年昆明"3·01"暴恐事件，这样的惨剧已经向世人发出警示，恐怖主义行为的发生地点和影响范围已经逐渐超出了边疆地区，进而成为影响整个社会政治稳定的新问题。在这一过程中，现代化信息技术为暴恐思想传播提供了便利，也对传统治理手段构成了挑战。

三是生态问题更加严峻。长期以来，陆疆地区面临着经济发展同生态破坏间的矛盾。特别是资源丰富地区，在能矿开采过程中产生了诸多严重的生态危机，如森林面积减少、土地沙化扩大、水资源污染、草场退化等等。这样严重的生态环境问题直接威胁我国与周边国家的生态安全，影响

---

① 周平：《全球化时代的民族与国家》，载《学术探索》，2013年第10期。

整个国家可持续发展及周边外交关系。然而，随着科学发展观的提出，我国在边疆建设中开始重视"统筹人与自然和谐发展"。2012年中共十八大进一步作出"大力推进生态文明建设"的战略决策，形成了建设中国特色社会主义"五位一体"的总布局。在这样的背景下，边疆的发展问题获得了生态文明建设的新内涵，"以资源换效益"的发展途径难以继续，这也对陆疆治理体系和治理能力提出了新的要求。

四是社会问题更为繁杂。首先，在现代化进程中，边疆社会的利益分化急剧发生，由此带来了边民政治参与的空前旺盛，如若没有制度化渠道加以引导，就有可能形成无序参与，甚至危及社会治安和稳定。近年来，在陆疆地区频发的群体性突发事件便是这一社会问题的表征。其次，随着沿边开放的不断深入，跨境犯罪、艾滋病蔓延等问题都呈现出高发势态。最后，陆疆地区的境外非政府组织大量涌现，对这些组织的有效管理也成为一项繁杂的任务。

以上枚举的问题，已经开始对陆疆地区乃至国家的稳定、安全和发展产生极为严重的负面影响。而面对这些问题，现有的陆疆治理却表现出种种不足。因而，与时俱进地创新和改进治理手段，并最终实现治理体系和治理能力现代化就显得十分紧迫了。

4. 国家治理现代化要求陆疆治理现代化

中国共产党十八届三中全会提出要推进国家治理体系和治理能力现代化。从本质上来讲，国家就是这样一种政治形式：占据一定的地理空间即国家疆域，并在此基础上组织和运用以暴力为后盾的公共权力。因而，疆域治理必然属于国家治理中最为核心的层面。然而，在整个国家疆域治理中，相比核心区域，边疆治理的现代化没有被引起足够重视，甚至常常付之阙如。正因如此，实现陆地边疆治理的现代化，是以"补短板"的方式推进整个国家治理现代化的重要力量。

首先，陆疆治理是国家治理的应有之义。构成国家的核心要素有两个：一个是以暴力为支撑的国家权力，另一个就是国家的疆域。国家自产生之日起就占有、控制着一定的地理空间，这就是国家的疆域。任何国家都是有疆域的，无疆域便不能成为国家。王朝国家时代的中国就占有大片疆域，这个疆域会随着国家实力的盛衰而发生盈缩变化。当欧洲的民族国家成为世界主流之后，主权和领土的概念随之凸显。后来人们就用领土代指国家控制的区域，所讲的疆域也往往指主权控制之下的疆域，这样疆域就同领土重合了。在这层意义上，中华人民共和国的疆域就是中华人民共和国的领土。因此从国家本质上来看，疆域一直是构成国家的核心要素。按照这样的逻辑，疆域治理也必然属于国家治理中最为核心的层面。

有了疆域治理，便一定会有边疆治理，由此边疆治理便成为国家治理的应有之义。这是因为，一个国家要控制并治理一定规模的疆域范围，就需要划定核心区和边缘区。其中核心区我们称之为内地，边缘区我们称之为边疆。中国自秦朝就开始划定边疆了，在郡县制中，核心区的叫做县，核心区外的叫做道。汉朝则开始划定华夏文化区，外围的东夷、西戎、北狄、南蛮都是边疆。再如罗马帝国，将本土以外新占领的地区都叫做边疆。而美国在历史上疆域的不断扩大依靠的也是边疆的拓展。美国学者特纳曾在《边疆在美国历史上的重要性》这篇著名的论文中，提出了"移动的边疆"的理论，论述了边疆治理对于扩大美国疆域与塑造美国精神的决定性意义。可见，古今中外任何疆域庞大的国家，都要划定边疆范围，并将边疆治理作为国家治理中不可或缺的一部分。此外，作为国家整体治理中的一部分，陆地边疆治理还占有十分重要的地位：其一，为国家核心区域提供安全屏障和战略缓冲；其二，从社会公平正义的路径提升国家政权的合法性；其三，维系多民族国家的统一和稳定；其四，在地缘政治格局中为国家谋求有利地位。从另一个侧面来看，陆疆治理不善不仅无法充分利用国土资源，还会降低应对外来威胁的能力，甚至可能会带来国家疆域的沦丧。

其次，陆疆治理滞后成为国家治理现代化的瓶颈。作为国家疆域的边缘部分，陆地边疆的治理往往同其地理属性一样，经常被边缘化，其现代化的程度也远远滞后于核心区域。一是，作为边疆治理的主要实践者与执行者，边疆地方政府的治理能力与内地相比较为有限，当然这主要是源自财政等治理资源的匮乏。而作为治理客体的边疆地区，在经济、文化、社会、政治等多个方面的发展都相对落后，现代性的特征还很淡薄。二是，边疆治理方式较为传统，治理工具较为粗陋，甚至同现代化的边疆事务相去甚远。相比之下，内地尤其是东部沿海地区的治理已经颇具现代化的色彩，在治理范畴上不仅包括大都市治理，还形成了方式精细的社区治理、乡村治理。在治理主体上，政府自身不仅具有极强的治理能力，还可充分调动市场机制和社会力量来实现治理目标。由此，陆疆和腹地间的治理现代化程度形成了鲜明对比。中国共产党十八届三中全会提出要推进国家治理现代化，对此可有两种不同路径的解释：一是以国家作为治理主体的现代化；二是国家作为治理客体，即治理国家的现代化。然而无论从哪个角度理解，国家治理现代化都意味着治理体系和治理能力在整体上的发展。边疆地方政府属于整个政府体系的一部分，而边疆地区则属于整个国家疆域的一部分。因而，无论是将国家作为主体还是作为客体，陆疆治理滞后都意味着整个国家治理的缺陷。相反，只有实现了陆疆治理现代化，才能以"补短板"的方式推进整个国家治理现代化。

再次，陆疆治理现代化有助于国家治理现代化。 陆疆治理不仅仅是国家治理的薄弱环节，更能成为完善国家治理体系，提升国家治理能力的重要动力。大致看来，陆疆治理现代化从三个方面为国家治理现代化提供了契机。

一是陆疆治理现代化有助于推动民族问题治理。新中国成立以来，一直偏重于从少数民族利益的角度来进行民族问题治理，并形成了"民族主义"取向的政策工具。这类政策在少数民族发展程度较低时发挥了重要功能，但在少数民族发展起来以后则显得功能不足，并暗含了强化民族利益共同体意识的政治风险。① 鉴于我国大部分少数民族都生活在边疆地区这一客观事实，在陆疆治理现代化过程中，可以将族际利益与区域发展相结合，将边疆地区的民族问题放到区域框架下来治理，从陆疆治理的角度来消弭族际利益间的不均衡。这样的民族问题治理路径，并不是从某一民族立场出发的，而是国家主义的表现，不仅不会刺激民族意识，还有助于增进国家认同和政权合法性。

二是陆疆治理现代化有助于完善地方治理。西方意义上的地方治理是指，"在一定的贴近公民生活的多层次复合的地理空间内，依托于政府组织、民营组织、社会组织和民间的公民组织等各种组织的网络体系，共同

---

① 周平：《中国民族政策价值取向分析》，载《当代世界与社会主义》，2010年第2期。

完成和实现公共服务和社会事务管理的过程"①。当然,将现代治理理念直接引入地方事务的地方治理概念,并不完全适应中国国情。就中国情境而言,"地方治理"主要是以地方政府为治理中心的"地方政府治理"②。面对庞大的国家疆域,以及情况各异的区域差别,即便是在高度中央集权的国家体制下,也难以做到全国不同政区的整齐划一,所以向地方分权在所难免,从而突出了地方政治和地方治理的必要性。此外,经济全球化在很大程度上打破了民族国家的主权和领土边界,使得地方不但是国家的地方,而且还成为全球的地方,全世界都出现了"地方国际化"的趋势③,这就凸显了地方治理的相对独立地位。然而就当前中国地方治理来看,无论是理论层面还是实践层面,主要遵从"城市治理"与"乡村治理"的二分法,并未形成完整的地方治理架构。而陆疆在本质上既属于客观的地理空间,同时在国家结构中相对"中央"而言又属于"地方"的范畴。因此陆疆治理现代化,将有助于强化地方治理的观念、构建"内地—边疆"的地方格局,并增进地方治理的能力。此外,就西方国家经验来看,地方治理的创造性一直是行政体制改革创新的动力。在我国的陆疆治理现代化过程中,某些地方试点性的、自主性的治理创新经验也会对国家治理的发展产生启发作用。

三是陆疆治理现代化有助于提升国家参与"全球治理"的能力。在全球化进程中,产生了超出民族国家范畴的世界性公共事务和公共问题,这"要求政府和非政府组织将其在不同层面的:地方、国家、区域和全球的活动联系起来"④。简言之,全球治理便是治理理论在国际领域中的应用。中国的改革开放恰好赶上全球化加速推进的时期,因而中国也逐步被卷进全球治理中来。但是在以往的历史时期内,我国在国际上的话语权非常有限,在全球治理体系中长期处于被动状态。近年来,随着国家综合实力的

---

① 孙柏瑛:《当代发达国家地方治理的兴起》,载《中国行政管理》,2003年第4期。
② 范逢春:《全球治理、国家治理与地方治理:三重视野的互动、耦合与前瞻》,载《上海行政学院学报》,2014年第4期。
③ 范逢春:《全球治理、国家治理与地方治理:三重视野的互动、耦合与前瞻》,载《上海行政学院学报》,2014年第4期。
④ 〔美〕迈克尔·爱德华兹:《公民社会与全球治理》,王玉强、陈家刚译,载《马克思主义与现实》,2002年第3期。

不断飙升，中国的崛起已经变得势不可挡。另外，中国的发展也越来越融入世界，国家利益已经溢出领土之外，维持和拓展规模庞大的海外利益对于国家发展的意义越发突出。在这样的历史转折处，中国的国家治理应当同全球治理结合起来，在国际事务中扮演更为重要的角色，这也是国家治理能力现代化的有机组成部分。很显然，由于独特的地理位置，陆疆治理当成为提升国家参与"全球治理"的能力的重要动力。一方面，陆疆治理中的很多问题可以成为在全球范围寻求合作的平台，如生态环境问题、恐怖主义、难民潮、走私贩毒、国际洗钱、跨国犯罪问题等等；另一方面，在地缘政治上，陆疆治理还往往同周边环境及大国关系有着千丝万缕的联系。此外，在地缘经济上，陆疆地区与周边接壤国家具有天然的区域经济一体化的优势，可以通过关税同盟、自由贸易区等方式，降低交易成本，实现合作共赢。因此，陆疆治理不仅仅是国家内部的"地方治理"，还属于"全球治理"的重要内容。这些年，依托陆疆的地缘平台，我国参与全球治理的能力确实也有所提升，从中国—东盟自由贸易区到上海合作组织，我国在相关区域和领域所发挥的作用越来越重要。陆疆治理体系，特别是治理能力现代化，将推动中国在全球治理的相关领域中发挥更大作用，并为中国的崛起谋取更为有利的国际秩序和外交环境。

三、陆疆治理体系与治理能力现代化的基本要求

现代化的陆疆治理体系与治理能力同传统类型相比有着本质的不同。明确现代化治理的主要内涵与基本要求，既可以明晰与传统治理相区分的界限，同时也为进一步推进陆疆治理的发展锁定了目标和方向。陆疆治理体系与治理能力现代化不仅是对现行治理的修补完善，更是对治理结构和功能进行整体性的重构。因此，现代化的衡量标准不是单一的，而是多维向度的。在陆疆治理体系层面，现代化意味着体系维度、过程维度和政策维度的全面升级；在陆疆治理能力层面，现代化要求治理能力在静态维度达到综合性、稳定性和效益性标准，而在动态维度具有创造性特征。

1. 组织体系的现代化

组织体系是陆疆治理的主体和承载者，因而治理现代化必然要求实现

组织体系的现代化。在这一问题上，美国学者亨廷顿曾指出，现代社会是一个复杂的社会，治理这样一个社会尤其依赖于"政治组织和政治程序的力量"①，而这种力量的强弱则又取决于这些组织和程序的制度化程度。总的来看，一种现代化的陆疆治理体系首先应当具备一套制度化程度较高的组织结构，并符合适应性、复杂性、自治性和内部协调性等基本要求。

首先是适应性。治理组织现代化首先意味着能够适应国内外环境、形势，进行持续稳定的陆疆治理。中国的陆地边境线漫长且与多个国家毗连，同时陆地边疆又是多个民族"大杂居，小聚居"的区域，民族问题与宗教问题突出。因此，无论是国内方面还是国际方面，陆疆治理都天然面临着复杂的治理环境。在现代化、市场化快速推进并相互交织的背景下，这样的客观现实表现得尤为明显。经过 30 多年的改革开放，中国的发展已经开始进入一个全新阶段，国内的政治体制、经济体制都将进入深化改革的轨道，中国的崛起将成为影响世界地缘政治格局的最大变量。在此形势下，陆疆治理所面临的环境将更富变动性，因此能否应对这样的挑战，将成为衡量治理组织现代化的重要指标。

我们大致可以用三种方法来对治理组织的适应性进行评价。一是治理组织的稳定性，简单而言就是其存续的时间。在中国历史上，民国时期中央层面的边疆治理机构从 1912 年到 1929 年短短 17 年的时间便经历了蒙藏事务局、蒙藏院和蒙藏委员会三种机构的变迁，且每种机构的管理体制也不尽相同。这种陆疆治理组织显然是由于适应性较差，而相对缺乏稳定性。二是治理组织的人员流动性，要求既不能频繁变动组织人事，又能够保证人力资源适时更新，同时加强队伍的培训建设。三是组织职能的适应性，即组织能够根据环境的变化而演化出新的职能。相反，那些职能固化的治理组织，则被认为制度化和现代化程度较低。

其次是复杂性。陆疆治理组织的复杂性是相对传统组织的简单性而言的。治理组织的复杂性是指功能上的复杂性，这也是由边疆问题的复杂性所决定的。复杂性与适应性联系在一起的，二者成正相关性，这是因为功能越为健全就越能够应对持续变化的边疆问题和治理环境。此外，复杂性

---

① 〔美〕塞缪尔·P. 亨廷顿：《变化社会中的政治秩序》，王冠华等译，上海人民出版社 2008 年版，第 10 页。

还意味着组织内部应当根据功能不同，明确各个机构的职权。这样一来，"整个组织的职能变化就很容易从下属机构的权力和作用的变化中反映出来"。相反，如果各个机构的功能不是专门分化的，并拥有更大的结构性职权，"整个组织的灵活性就很难得到加强"①，从而制约治理组织的适应能力。

再次是自主性。 从制度化与现代化的角度来谈治理组织的自主性，主要有四层涵义。一是，在陆疆治理过程中，不受周边国家与域外大国等国际势力的左右，不受其他国家的代理人、团体和意识形态的渗透，能够在主权体制下按照国家发展需要独立自主地开展治理活动。在苏联解体及我国与周边国家基本划定陆地边界之后，这一标准已基本达到。二是，陆疆治理是国家治理体系中的一部分，国家主义与国家立场应是陆疆治理所坚持的主要价值导向。于是陆疆治理组织的自主性便表现为，并非代表某一社会阶层或某一民族群体的利益，而是通过政治地理空间的治理来实现国家利益。三是，治理组织的设立和运行遵循其固有规律，并不因个别领导人的主观因素而发生转移。四是，治理组织的功能应当具有自主性，应当将陆疆作为单独的区域看待，将陆疆事务和陆疆问题看作专门的领域来加以治理。在这一点上，特别是要区分民族问题同陆疆问题的范畴，不应当将陆疆问题作为民族问题的附属加以看待和解决。

最后是内聚力。 现代化的治理组织，不能是松散的各自为政的体系，而是具有强大的内聚力，能够将多种治理结构团结起来的有机统一体。组织内部的内聚力或团结力能够将组织力量整合起来，以便更好地应对外部环境的挑战；而没有凝聚力的组织将会产生巨大内耗，制约整体功能的发挥。一个具有内聚力的组织体系至少应当满足四个条件：一是共同的治理目标；二是组织化的治理行为；三是协同性的治理机制；四是团结性的组织文化。从目前来看，中国陆疆治理的组织体系内聚力的形成和巩固，其核心力量仍旧会来自中国共产党的领导。其中，党的政治领导，将确定陆疆治理的战略性目标；党的组织领导将实现协调一致的治理行为和治理机制；党的思想领导则是治理组织文化建设的基础。通过加强党的领导，可

---

① 〔美〕塞缪尔·P.亨廷顿：《变化社会中的政治秩序》，王冠华等译，上海人民出版社2008年版，第14页。

以使得治理组织内部达成共识，形成一致性的治理程序。从这个角度来看，中国共产党不仅是陆疆治理体系中的核心主体，更是推动治理现代化的决定性力量。

2. 治理过程的现代化

如果说治理组织是陆疆治理体系的静态形式，那么治理过程则可被视为治理体系的动态表现。因此，陆疆治理体系现代化自然应当在实际的治理过程中有所表现。具体可以将治理过程现代化划分为法治化、规范化和科学化三个具体要求。

第一，法治化。治理过程法治化主要是对行使公共权力的治理主体而言，要求其政治行为契合法治精神，遵循法律规定。治理过程法治化是推进陆疆治理体系和治理能力现代化的重要内容和重要保障。只有依法治理，才能实现治理体系和治理能力的规范化和程序化；同时法治也使得治理体系和治理能力现代化具有制度性保障。治理过程的法治化首先要求治理主体及其行为要遵守法律规定并受到法律约束，一切公共权力的行使都要符合法治精神，将权力关进法治的笼子，做到依法治理和依法行政。其次，在治理过程中减少人治与运动式治理。因为无论是人治还是运动式治理体现的都是领导者主观意志和个人权威，其治理目标往往是短期的，缺乏长远效益。再次，治理过程的法治化还意味着为陆地边疆治理体系划定了权力边界，并将越位和缺位行为都同责任追究机制连结在一起。最后，在治理过程中，更加强调国家法制的作用，减弱"潜规则"和"习惯法"对依法治国的冲击。

第二，规范化。治理过程规范化是指，以现代国家制度规约治理行为，使得整个陆疆治理按照一定的程序、标准进行。从管理科学的角度来看，规范化和标准化是提高工作效率的基本原则，也是消弭个性化行为与组织行为矛盾的有效方式。因而，将规范化纳入到陆疆治理过程现代化的标准中，有利于保障治理效率与效益。治理过程规范化还可以有效避免治理主体从事诸如寻租、腐败等非生产性和分利性活动。而只有首先约束和规范好治理主体的行为，才能约束治理对象的行为，从而保障整个治理体系的有效运转。在现代性的政治过程中，治理规范化的突出表现便是官僚制度的建立和完善。马克斯·韦伯最早提出的官僚制是指一种现代的政府管理体制，是一个中性词，其关键是政府管理的理性化，而并非中国语境下的官僚主义。首先，官僚制强调科层制，要求管理活动自上而下逐层进行，而不能越级干预；被管理者直接对上一级负责，也不能越级汇报工作。其次，官僚制还要求职能的专门化，每一项责任和任务要有特定的组织结构和角色负责，各机构和专人各司其职。再次，官僚制的另一重要特征是非人格化。这在政府部门集中表现为法治化，即政府行为并非个人意志的表现，而是在行政过程遵循特定的组织规范。因此现代官僚制既是治理体系制度化的有效保证，也是治理过程规范化、现代化的重要形式。很显然，在中国的政治生态下，官僚制的建设是不尽完善的，这也表现在现行的陆疆治理过程中。当然，按照后现代主义的观点，官僚制也因等级森严、官僚主义、效率低下等问题而饱受诟病。但是在中国陆疆治理中，现代性尚未完成，遑论后现代的治理。

第三，科学化。陆疆治理过程的科学化是实现有效和高效治理的有力保证。陆疆治理过程的科学化，首先要求具有系统思考和战略规划。离开了宏观上的科学规划和顶层设计，就容易迷失治理的理念、目标和路径。其次，作为政治过程的核心环节，决策过程也要实现科学化。一是完善的决策系统，执政党、权力机关和行政机关之间的关系应该进一步明确。执政党应该充当好利益表达和利益综合的角色，并充分支持人大对重大事项的决定权，将党的意志转化成国家意志。此外，还应规范中央政府和地方政府的关系、不同政府部门之间的关系，明确各自的决策权限。二是需要有合理的决策程序，陆疆治理决策要依次经历发现问题、确定目标、调查研究、拟制方案、分析评估、优选方案，实施方案、追踪决策等重要环节。① 三是健全的决策机制，应有科学决策所必需的预警机制、沟通协调机制、公众参与机制、专家咨询机制、决策制约机制、中枢决断机制、决策监督机制、决策责任机制等。② 四是先进的决策技术和手段，借助最新的信息技术、网络技术来为科学决策提供信息支持、咨询支持、监督支持

---

① 周平：《边疆多民族地区政治文明建设的重大问题分析》，载《思想战线》，2006年第5期。
② 周平：《边疆多民族地区政治文明建设的重大问题分析》，载《思想战线》，2006年第5期。

和纠正支持。最后，陆疆治理的政策执行过程也要做到科学化。通过运用现代管理理论、技术和方法从组织设计、机制优化、人员培训和技术创新等方面，确保执行效率的最大化。

3. 治理政策的现代化

在陆疆治理体系现代化构建中，治理政策的制定和执行影响着治理目标和内容。治理政策制约着主体对客体施加影响的深度和广度，并制约着治理过程的科学性和合理性。制定和选择适宜的陆疆治理政策需要综合考量诸多因素：能否有效解决社会问题，并体现社会成本效益；能否体现政治公平原则；是否具有可执行性和可管理性，以及是否能够赢得广泛支持。只有能够同时达到上述要求，才能称为现代化的治理政策。

一是有效性。有效性是判断陆疆治理政策是否符合现代化的首要标准。有效性，一方面是指，通过治理政策的运用能够有效达到治理目标；另一方面也意味着该项治理政策能尽可能地降低治理成本，符合经济效益与社会效益。当然，第一点要求是优先于后者的，因为如果治理行为没有达到预定的目的，尽管只支付了很少的成本，这种治理也没有任何意义。然而成本也是选择治理政策的重要标准，即在各种能够解决公共问题的治理手段和方式中，最能减少支出的那项当然是最好的。现代化的治理政策关注的不仅是结果，还包括治理"收益"和成本的比率，能在结果和成本之间取得最佳平衡。在这里，治理成本不仅仅包括使用治理政策所直接消耗的治理资源，还应包括治理对象接受公共服务或管制所需要付出的代价，也就是所谓的社会效益。因此，按照有效性标准，现代化的陆疆治理政策就是能够有效治理陆疆事务、达到其预定目标，并能够体现治理效益的政策。当然，政策本身有时可能并不存在好坏之分，不同制度基础和治理环境下，同一治理政策发挥的效果可能大相径庭。另外，如若治理目标是模糊的，也无法准确判断出使用治理政策的成功与否。因此，治理政策现代化的前提便是设定明确的治理目标，并因时、因地制宜选择合适的执行方式。

二是公平性。公平性是现代政治所追求的核心价值之一，陆疆治理这项政治行为理应将追求区域间的公平与群体间的公平作为重要的治理目的。然而治理目的所设定的公平原则同治理结果的事实公平之间并没有直接因果关系，治理目的的公平只是实现结果公平的一个必要条件，而不是充分条件。在二者之间还存在着治理政策的变量，因为治理政策是连接目标和结果的桥梁，是将治理目标转化为具体行动的路径和机制。因此，陆疆治理只有通过有效运用治理政策，才能达到政治公平的理想状态。此外，政策的公平性还将给边疆人民带来最直接的公平感知，从而在情感和评价的心理机制上加深对整个治理体系的政治认同。这就为陆疆治理的合法性和权威性注入了积极因素。所以，治理政策的公平性应当作为评价陆疆治理体系和治理能力现代化的重要指标。

根据罗尔斯在《正义论》中的论述，政治的公平性正义应当包括两项基本原则："第一，每个人对与其他人所拥有的最广泛的基本自由体系相容的类似自由体系都应有一种平等的权利"；"第二，社会的和经济的不平等应这样安排，使它们在与正义的储存原则一致的情况下，适合于最少受惠者的最大利益；并且，依系于在机会公平平等的条件下职务和地位向所有人开放。"① 第一条原则可称为自由优先的原则，第二条原则实际上是机会平等原则和差别原则的结合。在价值次序上，第一条原则高于第二条原则；第二条原则中，机会平等原则高于差别原则。现代化的陆疆治理政策也应当具备这样的公平性特征。按照这样的价值导向，治理政策的公平性主要表现为以下几个方面：权利公平，即在治理对象层面，应保障不同群体的公民权利，不应因民族、职业、城乡等社会身份的不同而有所差异；机会公平，应将陆疆治理中产生的社会机会公平的向社会成员开放，避免在体制上形成政治排斥或社会排斥；分配公平，即社会保障、医疗卫生、教育科技、公共文化等公共产品能够为公民平等享有。

三是可操作性。治理政策的可操作性是指，政策规定的具体措施在实践中易于推行，是陆疆治理的有效执行在技术层面的体现。治理政策的可操作性是陆疆治理体系和治理能力现代化的必然要求。首先，在陆疆治理体系内部，治理主体的横向关系复杂，在纵向上层级较多，因此治理体系的内部管理问题将会十分突出。而治理政策从制定、选择到执行，都将在治理体系内部展开，所经过的流程复杂，涉及的参与者较多，实际操作的

---

① 〔美〕约翰·罗尔斯：《正义论》，何怀宏等译，中国社会科学出版社2009年版，第267页。

难度较大。所以，治理政策现代化的标准必须要有较强的可管理性和可执行性，才能够最终得以投入使用。其次，从治理能力的层面来看，对治理主体的权力、拥有的资源以及掌握的治理技术要求过高的治理工具，即便在其他领域行之有效也会被认为是脱离实际的。因此，现代化的治理工具不是越先进越好，关键在于切合实际，具有可操作性。

四是权威性。政策的权威性直接影响治理的成效。很明显，即便一项治理政策效率可能很高，预期效果也很好，但是如果缺乏权威性，那么也不可能在实际治理过程中得以顺畅执行。政策的权威性一般来自三个方面：首先，是治理政策的制定部门赋予其权威性。如全国人大决定的重大战略或政策，代表了国家意志，便拥有最高的法理权威；党中央选择的治理政策，则可以在民主集中制原则下得到贯通式的执行；国务院推动的政策工具，也会通过"条""块"管理得到相关部委和省级行政机关自上而下落实。其次，是治理政策的选择符合"公意"。通过利益表达和利益综合环节，可以把握利益相关者和其他各方的利益诉求，从各阶层的"民意"中整合抽象出"公意"，并按照这一原则选择能够被普遍接受的政策进行边疆社会的治理。最后，是通过政治沟通增加治理政策的权威性。如通过政治宣传、政府公关等途径，"说服"① 公众认同并支持某项治理政策的实施。现代化的治理政策应当通过上述三种途径不断获得权威性，唯有如此才能够在治理过程中减少强制手段的使用，并在整体上促使治理权力转换生成治理权威，从而增进治理能力。

4. 治理能力的现代化

治理能力是治理主体所具有的解决边疆问题和处置边疆事务的本事，也是治理体系运行产生的实际效果。从静态维度来看，现代化的治理能力必须是由多种能力综合而成的，也必须是具有较强治理效益的，同时还应该是相对稳定的；从动态维度来看，现代化的治理能力必须能够适应内外环境的变动而及时作出调整，因此必须具有创造性的特征。

第一，综合性。当代的陆疆问题由一系列复杂问题构成，而且这些问

---

① "说服"是指"通过提供有关行动的选择方针是有利还是不利的信息的传播手段所产生的影响力"，可分为"理性说服"和"操纵性说服"两种手段。参见〔美〕罗伯特 A. 达尔：《现代政治分析》，王沪宁等译，上海译文出版社 1987 年版，第 56—58 页。

题不是孤立存在的，而是相互交织在一起。主要表现为：政治问题同经济、社会问题交织，历史问题同现实问题交织，民族问题同宗教问题交织，国内问题同国外问题交织等等。这些问题的相互关联性使得陆疆治理必然是全面的治理，任何一个问题的恶化都会使其他问题产生连锁反应。陆疆问题的这一特性也决定了陆疆治理主体应在治理过程中，拥有多样性的治理能力。而且，这样的治理能力彼此之间存在相互支撑的关系，任何能力的缺失或弱化，都将导致"多米诺骨牌效应"。这种多样性、全面性的能力我们可称之为陆疆治理的"综合能力"。概括来讲，综合性的治理能力应该包括：维护政治稳定的能力，促进政治发展的能力，保障国家安全的能力，组织开发建设的能力，保护生态环境的能力，推动沿边开放的能力，管理社会问题与公共事务的能力，提供公共产品的能力以及促进边疆文化发展的能力。

第二，效益性。现代化的边疆治理能力要求不能只考虑结果而不计成本。相反，它应追求以更小的成本争取更大的效益。边疆是国家疆域的组成部分，边疆治理的首要主体也是国家，因此离开国家就无法说清楚边疆及边疆治理的一切问题。而边疆治理也不过是国家运用公共权力进行空间治理的一种表现而已。然而，既然是公共权力的运用，就离不开权力资源的支撑，这也就是治理资源。从广义上讲，一切能够为陆疆治理提供支持的资源都可以称为治理资源。国家进行陆疆治理的过程当中，所消耗的正是这样的治理资源。同一切社会资源一样，治理资源也具有稀缺性，这就决定了国家运用政权进行陆疆治理活动必须要考虑成本问题。从历史的经验来看，导致陆地边疆治理成本增加、降低治理效益的原因大致有三种情况：一是边疆规模的过快拓展超出治理能力限度，这主要发生在前主权国家时代；二是边疆治理失策造成成本增加；三是国外势力的干涉，策划、鼓动扰乱边疆秩序的行径，致使边疆问题不断，从而给国内治理带来额外内耗。因而现代化的陆疆治理能力，一方面，应有能力形成良好的治边政策，尤其是能够制定具有预见性和前瞻性的政策，防患于未然；另一方面，在地缘政治上有能力杜绝或减少国际反华势力的威胁与渗透。此外，治理的效益性同治理绩效又是密不可分的，只有高水平的治理绩效才能保证良好的效益性。现代化的治理能力要求日常的治理行为符合预期目标的导向，治理的结果能够通过严格的绩效评估体系考核，并同激励管理和问责机制有机联系起来。同时，陆疆治理绩效不能只关注短期目标，而是应该具备战略眼光。绩效考核不应是片面的，而应是全面的。因此，既杜绝"重稳定，轻发展"的传统套路，也要防止只顾经济发展而不顾社会效益和环境代价的GDP至上主义的非理性行为。①

第三，稳定性。现代化的治理能力不仅是有效的，而且还应该是稳定的。稳定性意味着，陆疆治理所产生作用的广度、深度和效度是平稳的，能够有条不紊地解决陆续出现或突然发生的边疆问题，同时能够持续不断地提供公共产品和公共服务。同时，稳定性还意味着边疆治理体系、过程和政策具有延续性，以及边疆治理所产生的实际效果具有平稳性。当然，稳定性绝不等同于静态化和刚性化，相反稳定性与动态性和弹性化是相辅相成的。在这个层面，稳定性表示陆疆治理体系有能力根据外部环境的变迁、国家政治形态转变和具体问题的更新换代来及时作出调适和转型。

第四，创造性。首先，治理能力的创造性最根本的特征在于能够根据治理环境和治理对象的变化，及时调整治理思路、治理结构和治理方式。中国陆疆治理所面临的公共事务和公共问题不仅复杂而且多变，特别是在边疆社会急剧转型的推动下，更是呈现出日新月异的面貌。这就要求现代化的治理必然是具备创造能力的，以应对来自国内外新事物的挑战。其次，治理能力的创造性还意味着能够理性对待国外陆疆治理的经验，既要积极借鉴又要有能力创制出符合中国国情的治理方式。中国的国情、陆疆的具体实际都决定了现代化陆疆治理的理论和实践都将是具备中国特色、中国风格、中国气派的。对此，弗朗西斯·福山的观点颇具启发性，"要想提高欠发达国家的制度能力，外来援助者就必须改变他们的期望值，他们不应将事先设计的蓝图强加给受援国，而是要通过提供资源来激励当地人设计和实施其制度改革与国家治理模式构建方案，任何外来援助都不能替代当地社会的实际适应能力"②。

---

① 陈水生：《统筹治理：国家治理现代化的内源式重构》，载《南京社会科学》，2014年第7期。

② 〔美〕弗朗西斯·福山：《国家构建：21世纪的国家治理与世界秩序》，黄胜强等译，中国社会科学出版社2007年版，第85页。

四、陆疆治理体系与治理能力现代化的实现路径

随着中国的崛起，周边环境已经发生了深刻变化，陆疆的地缘政治属性需要被重新认识和利用；在全球化和现代化的进程中，中国陆地边疆又不断涌现出各种新问题。在这样的国情、世情下，从整体上推进陆疆治理由传统型向现代型转变，便成为一种必然选择。具体来说，陆疆治理体系与治理能力现代化要求必须从治理取向调整、治理体系转型和治理能力重构等多个路径综合推进。

1. 陆地边疆治理取向的调整

任何一种类型的国家治理都不是盲目的活动，而是为了实现特定的治理任务、解决一系列治理问题和达成某类治理目的而展开的。陆地边疆治理也总是遵循了一定的治理需要和治理逻辑，或者说这种治理行为的背后蕴含着深刻的价值取向或目的取向。当代中国的陆疆治理取向总体上具有"族际主义""维稳型"和"内向型"的基本内涵和特征。在谋求边疆治理体系和治理能力由传统向现代转型的过程中，首先就是要对整个治理取向进行调整，这对治理体系和治理能力现代化的影响是根本性和决定性的。

第一，由"族际主义"取向转向"区域主义"取向。 陆地边疆问题林林总总，但归结起来无外乎三个基本问题：稳定问题、发展问题和安全问题。在这些问题中，民族问题无疑是占有很大成分的，它既涉及边疆稳定和发展，也关乎边疆的安全防控。尽管如此，民族问题也无法涵盖所有的边疆问题。民族是一个人群共同体的概念，而边疆作为国家疆域的边缘部分，是一个区域性概念。将两个不同范畴的概念等同起来，并以治理民族问题的思路来治理区域问题，无疑是一种站不住脚的逻辑。其实，归根结底来看，边疆地区存在的所有社会问题，以及所有边疆公共事务特征的形成，都是由边疆的地理空间位置所决定的，因此从根本上都是区域问题。即便是边疆民族问题，离开了边疆的特定区位，也无法深刻理解，更无法有效治理。

由此看来，边疆治理的模式应当尽快从族际主义转向区域主义，即便

是民族问题也应当放到区域治理的框架中予以解决,这种认识和结论是由边疆问题的现实所决定的。构建陆地边疆区域主义的治理模式,最为根本的就是要确立一种政治地理空间的思维,以国家疆域的视角而不是民族的视角来看待边疆及边疆治理。具体而言,大致应该涉及三个基本的方面:一是,在国家领土内,对陆地边疆的范围进行明确界定,进而制定国家层面的边疆治理战略。主要应该以省级区划为单位确定陆地边疆的范围,只有确定这种大口径的广义边疆,才能够形成"内地—边疆"的空间格局,转变或补充"东部、中部、西部"这样的空间区分方式,从而使得边疆治理在国家疆域整体规划中占有举足轻重的地位。二是,划分国土空间的不同功能区,明细边疆地区的主体功能界定。对此,党的十六届五中全会通过的国家"十一五"规划纲要曾提出:"根据资源环境承载能力、现有开发密度和发展潜力,统筹考虑未来我国人口分布、经济布局、国土利用和城镇化格局,将国土空间划分为优化开发、重点开发、限制开发和禁止开发四类主体功能区"。然而这样的规划,主要参照因素是环境承载能力,并不能全面有效地考察、发挥陆疆地区的开发潜能。中共十八大报告,进一步明确阐述了"优化国土空间开发格局"的原则。但是这样的阐述也只是从经济开发建设的角度来规划空间发展格局,并没有全面涉及区域主义治理思路下的所有领域。三是,制定陆地边疆地区各个行政区域的发展规划,"这主要涉及各级政府对辖区内不同区域的开发利用及布局"①。

第二,由"内向型"取向转向"外向型"取向。当代的陆地边疆实际上是具有双重属性的:一是内向型的属性,作为国家领土的外缘,陆疆区域是由边界作为起点,由外而内划定的。这个空间地带在地理上远离国家权力的中心,在社会形态上同腹地相比表现出很强的异质性。从这个意义上来看,边疆似乎成为核心区域的附属,人们往往也只有在谈论"边疆问题"时才会注重边疆及边疆治理。二是外向型的属性,边疆作为国际地缘政治格局中的一部分,是国家与国家间的交界地带。当然,由于对边疆口径的认识不同,这个地带的范围也有所变化。从这层属性上看待边疆及

---

① 周平:《国家治理须有政治地理空间思维》,载《探索与争鸣》,2013年第8期。

边疆治理，则会得出完全不一样的结论。此时的陆疆便不再仅仅是拱卫内地的安全屏障或战略缓冲，更是国家崛起，走向区域大国与世界性大国的起点和通道。边疆也不仅仅是地理偏远的少数民族聚居地，更是对外开放的前沿，是在国际地缘格局中谋取有利地位的根据地。边疆也不再是边缘地带，而是中国距离世界最近的地方。陆地边疆的内外双重属性要求我国的陆疆治理模式也应该是两个层面的，既包括针对边疆本身的内向型治理，又应包括外向型治理。简而言之，内向型治理是从国内政治地理的角度关注陆地边疆的内外环境、社会问题和治理水平；而外向型治理则是从国际地缘政治和地缘经济的角度充分利用陆疆的区位优势，进行积极治理。

外向型治理首先需要的是一种开放性的治理理念和治理思维。当然，近年来我国也逐渐认识到边疆的外向型属性，开始重视边疆的地缘政治和地缘经济价值。突出表现便是利用边疆的区位优势开展周边外交，国家的对外开放也由沿海、沿江地带转向沿边地带，并逐步提出了"新丝绸之路经济带"等发展战略。但是，与此同时，我们并未完全摆脱传统陆疆治理的思维。如在西南边疆面向东南亚、南亚开放，发展对外经济过程中，依然使用具有革命时期军事色彩的"桥头堡"的口号；而在立足西北边疆，开展周边外交，谋求在中亚地区的利益时，仍有许多学者在理论上使用"西进"这样一个战略意图明显的概念。而这些提法，使得国际社会特别是周边国家对于中国的外交辞令猜忌重重，甚至产生反感抵触情绪，这就给中国陆地边疆的外向型治理造成很大的障碍。显然，此种陆地边疆治理语言的使用，在表面上似乎是外向型的治理模式，但在深层次的治理理念上是内敛式的。从这些语言中，我们依旧可以感触到一种战略防御或主动排斥的根深蒂固的封闭性思维方式。

另外，要使得陆疆成为国家面向世界的窗口，成为对外开放的前沿，除了需要一种开放性的治理视野和治理思维，还需要切实的外向型治理措施。在这里，可以以20世纪90年代初新疆地区开展对外贸易、建设外向型治理体系为例。随着苏联的解体，中亚国家的轻工业产品严重短缺，而我国又亟需钢铁等重工业产品。借助这样的机遇，我国在新疆地区开放了13个边境口岸，边境互市贸易曾一度火爆。但是由于市场监管不足，主要来自内地的出口产品出现了严重的假冒伪劣问题,最终致使周边国家纷纷关闭口岸。通过这个案例我们能够看出,外向型治理对国家的陆疆治理体系和治理能力有着更高的要求。而只有满足这样的要求,才能够充分利用陆疆的地理空间优势,赢得更好的发展机遇和周边关系。

其实,外向型的治理模式并非对原有对陆疆内部治理的否定,而是作为一种补充,以充分开发利用陆地边疆的价值,迎合国家发展对外依存度日渐提高的趋势,实现国家的周边战略。这种治理模式要求我们以一种开放性的视角来看待边疆及边疆治理,在政治稳定、国防安全的基础上,使得陆地边疆成为"引进来、走出去"的重要通道。

第三,从"维稳"取向转向"发展"取向。"重稳定、轻发展"是当代中国陆地边疆治理遵循的基本思路。新中国成立初期,受到美苏争霸以及周边地缘环境的影响,国家的主权领土安全面临着严峻的威胁。冷战结束后,随着中国国家实力的不断增强以及周边关系的逐步改善,传统安全问题有所缓解而非传统安全问题则日渐抬头。再加上边疆地区复杂的民族问题和宗教问题,使得这一区域的治理生态变得更为复杂,社会政治稳定问题也极为突出。正因如此,中国的陆疆治理向来重视稳定问题的治理,并形成了"维稳型"的治理取向。这种特征是在特定条件下形成的,在一定历史时期具有合理性,并在边疆治理中曾起到过十分重要的作用。然而,在新的历史条件下,这种治理取向也开始显露出内在的弊端和缺陷。仅靠维稳,并不能完善当代中国的民族国家建设。维稳只是一个技术性手段,而非国家政策的终极目标。① "维稳"取向容易对"发展"取向形成挤占效应,不利于边疆的建设和长远发展。实际上,不仅应该看到"稳定是发展的前提",同时还应该看到"发展也是稳定的前提",特别是从长远来看,发展对于边疆稳定的影响是十分关键的。特别是"当发展的滞后积累到一定程度,巨大的反差就会成为影响稳定的重要因素"。② 要实现边疆治理体系和治理能力现代化,就要将治理思路和治理取向从维稳型向发展型转变。当然,这并不意味着否定边疆稳定的重要性,而是意味着更

---

① 关凯:《发展与稳定:边疆中国的话语政治》,载《学术月刊》,2014 年第 8 期。
② 周平:《论我国边疆治理的转型与重构》,载《云南师范大学学报》(哲学社会科学版),2010 年第 2 期。

加重视发展对边疆治理的长久意义，同时应在发展思路下看待稳定问题与解决稳定问题。

2. 陆地边疆治理体系的转型

陆疆治理的主体是政府，因此要实现有效的边疆治理，首先就必须建构一套有效的政府体系。"政府要在推进市场经济发展和社会建设中发挥有效作用，不仅要合理而有效地调整政府职能，而且要调整和重构政府的府际关系。"① 陆疆治理体系的调整也需从政府体系与府际关系入手。在此基础上，还应充分利用市场力量和社会力量，将企业组织、非政府组织乃至公民个体纳入到治理主体和治理结构中来，形成政府主导、多元参与的"包容型"治理。与此同时，不断建立健全边疆地方制度和边疆治理制度，提升整个陆疆治理体系的制度化水平。

一是加强中央政府的主导功能。从现实情况来看，中国陆地边疆治理的主体仍旧是以政府为主导的，因而处理好政府间的相互关系是实现治理体系与治理能力现代化的基础和前提。而在府际关系中，中央和地方的关系是根本性的，基本决定了国内政府间关系的格局。② 国家结构的研究中，人们普遍使用单一制的分析范式来认识我国的中央和地方之间的关系。然而这样的分析框架，并不能完全解释我国的央地关系。在中央集权的国家体制下，中国的国家结构形式表现出如下几点根本特性：第一，中央政府根据统治或管理国家的目的，来决定设立和调整地方及地方政府；第二，在权源上，地方的权力来源于中央；第三，权限和职能划分由中央决定；第四，中央和地方存在利益上的竞合关系。③ 因而无论是陆地边疆地区还是核心区域，都只是国家统治下的地方区域，不同的政府单位所管辖的地理空间就是不同的行政区域，即政区。尽管部分陆地边疆地区属于民族自治地方，但从根本上来说拥有和行使的国家权力也是由中央授予的。

如此看来，在整个国家治理体系中，中央政府是最终的主导力量，而陆地边疆治理的现代化也必须在中央政府推动下完成。第一，在中央层面需要陆地边疆治理的顶层设计。实现陆地边疆治理体系和治理能力现代

---

① 林尚立：《重构府际关系与国家治理》，载《探索与争鸣》，2011年第1期。
② 林尚立：《国内政府间关系》，浙江人民出版社1998年版，第19页。
③ 周平：《中国地方制度析论》，载《江汉论坛》，2013年第6期。

化，亟须从国家发展全局的高度来制定战略性目标，形成战略规划，制定陆疆治理的基本制度和政策。第二，由于陆地边疆地区自我发展的条件比较差，自我发展的能力比较弱，所以需要中央政府发挥"集中力量办大事"的制度优势，整合调配全国的资源支持陆地边疆的治理。第三，陆疆地区的政治体制与行政体制改革需要在中央的推动下进行，特别是省（自治区）、市（地、州）、县（旗、市、市辖区）的纵向政府关系的调整对于边疆治理十分必要。第四，由于陆地边疆的独特地缘属性，涉及周边关系的边疆事务也主要由中央政府出面协调。第五，陆地边疆治理除了边疆地方政府外，还需要内地省份的支援配合，而这种横向的政府关系也需要中央政府发挥"协调各方"的作用。

二是完善边疆地方政府的实践功能。按照我国现行的行政区划，边疆地方政府主要指辖有陆疆区域的省（自治区）、市（地、州）、县（旗、市、市辖区）以及乡（镇）四级政府。在整个治理体系中，边疆地方各级政府是落实中央政府的治理方略，承担治理任务，整合地方资源，履行具体治理职能的责任主体。在实际的陆疆治理过程中，不同层级的地方政府应各司其职，承担好不同的功能。

省级地方政府直接与中央政府对接，是中央政府决策的直接承接者。同时它们又是陆地边疆地区最高层级的政府，具有省区范围内的宏观调控能力，因而能够大力推进治理战略的实施。首先，"市场经济条件下，省级政府的主要职能是经济调节、市场监管、社会管理和公共服务"①，省级政府应在这样的职能框架下，针对陆地边疆的独特问题和事务制定相应的公共政策。其次，省级政府应该在省域范围内，协调其下辖的各州市政府间的关系，尤其是要形成省内的"对口支援"模式。最后，监督下辖的边疆地方政府，促成治理目标的实现。

边疆地州市在陆疆的地理格局中占有中心地位，应当产生经济辐射作用，带动周边地区尤其是边境县域经济的发展。此外，在以往的陆疆治理实践中，对各个地州市首府所在地的重点建设，已经形成了经济社会发展程度较高的若干个"节点"区域。而现在的任务是要将原有的治理成果进

---

① 施雪华、方盛举：《中国省级政府公共治理效能评价指标体系设计》，载《政治学研究》，2010年第2期。

行打造升级，使"点"连成"面"，不断加强各地州市的合作联系，形成经济圈，扩大经济辐射半径。

边疆县级政府是边疆地区最基层的完整意义上的政府单位，其优势在于能够在县域治理中将资源直接配置到沿边一线。为充分发挥县级政府的治理优势，应在政府体制上，在边疆地区继续积极探索"省管县"的改革，特别是省政府对边境县的直接管辖。在这样的"省—县"的政府结构中，减少了政府层级，提高了政府管理的时间效率。同时，也可减少治理资源的节流，避免边疆治理资源在省区范围调配时中心城市占尽先机的弊端，从而可以集中更多的资源直接用于边疆治理。这样的改革，固然增加了省级政府的管理幅度，加大了管理负担，然而在电子政务等现代化的管理技术不断推广的条件下，依然是具有可操作性的。但是需要注意的问题是，在省管县的改革探索中，应极力避免中心城市因丧失县域资源的支撑而发生经济功能萎缩的现象。

边疆乡镇政府是陆地边疆治理中各项具体任务、责任、指标的最终承受者，是实现边疆地区基层治理的主体。同内地相比，边疆乡镇政府在基层治理中所面临的环境更为复杂，实践中事权更为繁杂，而政府能力又相对更弱。这样的境况势必影响陆疆基层治理的效果。而化解这样的困境无外乎两种路径：一是通过加大扶持力度的方式强化乡镇政府的能力；二是渐进将乡镇政府虚置化，并最终将其改革为县级政府的派出机构，这样便可使用县级政府能力来治理具体的边疆事务。从长远来看，第二种路径更为符合中国政府体制改革的总体趋势。

三是完善内地地方政府的协同功能。陆地边疆治理体系与治理能力现代化，还离不开内地的支持。"对于内地来说，支持边疆的治理和建设，既是道义责任，也是政治责任。"[①] 在现行的边疆治理工具中，"对口支援"是一种有效的政策工具，也是内地的地方政府参与到边疆治理，与边疆地方政府结成合作关系的重要机制。然而对边疆地区的对口支援，在实际运行过程中也存在一些问题：支援项目带有权宜性的特点，缺乏连贯性和系统性；支援过程是单向性的扶持，缺乏合作共赢；支援模式是"输

---

① 周平：《论我国边疆治理的转型与重构》，载《云南师范大学学报》（哲学社会科学版），2010年第2期。

血"式的，缺乏"造血"功能；支援手段多是行政性的，缺乏市场机制；在支援政策的运行上，则缺少支援绩效评估与监督的环节。

面对这些问题的存在，应该进一步深化和发展内地对边疆的支援，并在陆地边疆治理体系的总体框架内进行对口支援，形成一种囊括政治、经济、社会、文化和生态建设在内的整体系统性支援。并且还应促使承担支援任务的地方与被支援的地方，都能将这种政策转化为各自发展的战略平台，从而将单向的支援逐渐转化为双向合作和战略互补的制度安排。此外，为弥补对口支援容易导致排他性的府际网络[1]，还应该尽快创制新的内地与边疆地方政府间横向合作机制。在这个过程中，应特别重视将常态化的非绑定的府际合作关系作为建设重点，以更具全局性和统筹性的方式将内地地方政府纳入到陆疆治理体系中来，并承担相应的治理功能。

四是健全陆地边疆治理机构。目前我国主要推动陆疆治理的专门机构便是国家民委。其实这样的机构设置除与边疆地区突出的民族问题息息相关外，还是对历史上边疆治理传统的延续。例如，近代的清朝理藩院以及南京国民政府时期的蒙藏委员会，都是将陆地边疆问题放在民族问题框架下进行治理的国家机构。然而如前所述，民族国家时代的边疆事务和边疆问题本质上是区域性问题，涉及领域也远远超出了民族问题的范畴。根据治理功能的分化，进行治理机构的分离，是政治体系现代化的重要表现。正如阿尔蒙德所言，"在分化中角色发生变化，变得更加专门化或自主化，出现了新型的专门角色，出现了或创制了新的专门化的结构和体系"构成了"政治发展在结构方面的表现"。[2]

况且，国家发展已经发生了从传统到现代、弱国到强国、封闭到开放的转型。边疆事务、边疆问题在当下较为突出，而边疆治理的机制缺乏导致了现实的尴尬。中国边疆战略的架构，需要完整的工作机制和常设机构，而现有的专门委员会对当下形势具有不适应性。在此背景之下，成立专门的边疆治理机构就成为了现实需要。在政府体系中，这种专门的边疆治理机构可作为国务院的直属机构，受国务院领导，对国务院负责。在政

---

[1] 林尚立：《重构府际关系与国家治理》，载《探索与争鸣》，2011年第1期。
[2] 〔美〕加布里埃尔·A.阿尔蒙德、小G.宾厄姆·鲍威尔：《比较政治学：体系、过程和政策》，曹沛霖等译，东方出版社2007年版，第21页。

府过程中，该机构应作为"输入结构"，提出边疆治理的政策方案，并在执行阶段推动边疆治理政策的实施。

五是构建政府主导、多元参与的"包容型"治理。应该明确的是在陆地边疆的治理体系中，仍然应当坚持国家或政府的主导作用。尽管现代意义上的"治理"一词意味着多元主体，多个中心，甚至带有"没有政府的治理"的意味，但是这样的内涵并不适合中国国情。在社会急剧变革，市场和社会力量发育尚不成熟的情况下，"无政府主义只是一种理论假设，现实情况不过是从绝对国家中心论到相对国家中心论的转变。在治理的时代，国家仍然是正式规则的主要制定者"①。此外，主体多元的网络治理模式"不是现代性产物，而是后现代社会的产物"②，在民主法治与官僚体制等现代政治形式尚未建成的现实条件下，中国尚处于"现代化"的进程。"现代性"尚未完全具备，试图直接过渡到"后现代"显得操之过急。

在政府主导的前提下，还应注重其他社会主体的参与作用。在传统的陆疆治理模式下，政府几乎是唯一行为者，治理成效也都是通过政府实现的，边疆社会仅仅被视为被治理的对象，完全处于被动地位。而随着改革开放的不断深入，市场在资源配置中的作用日益重要，企业组织和非政府组织的力量也逐渐增强。陆疆治理应该将市场主体和社会组织纳入进来，使其成为重要的行动者和参与者。在市场机制层面，应不断建立完善陆疆地区的经济体系，支持非公有制经济健康发展，促使多种所有制经济共同发展，并形成统一开放、竞争有序的市场体系。在推动市场在资源配置中的决定性作用的基础上，还要加强政府的调控能力。③ 在社会层面，应当培育社会组织体系，创新陆疆地区社会矛盾的调解体制，在个人与国家之间形成一层缓冲地带，并积极支持社会组织在提供公共服务、公共秩序和公共安全方面发挥更大作用。当然，政府在陆疆治理的过程中还应保持对社会组织的适度管控，达成社会与国家间的合作关系，使得社会组织成为

---

① 范逢春：《全球治理、国家治理与地方治理：三重视野的互动、耦合与前瞻》，载《上海行政学院学报》，2014年第4期。
② 胡伟：《国家治理体系现代化：政治发展的向度》，载《行政论坛》，2014年第4期。
③ 蔡文成：《改革发展与国家治理体系现代化的建构》，载《行政论坛》，2014年第4期。

连结个人与政府的纽带。在个人层面，应通过保障公民权利（而非民族身份带来的"超国民待遇"）来强化国家认同，建立健全利益表达和利益综合的制度化渠道，使得个人通过"输入"环节参与到边疆治理的实践中来。总之，包容型治理模式"实质就是在进一步收缩政府权力和干预范围的同时，通过政府、市场与公民社会三者的互动协调，造就一种更加有效的国家治理模式"①。

六是打造制度化的陆疆治理体系。陆地边疆的治理之所以能够称为体系或系统，除了要有一定的治理主体、治理角色、治理结构的组织要素以外，还要有保障这个组织得以顺畅、协调、高效和稳定运行的制度要素。因此，陆疆治理体系是由组织体系和制度体系有机结合而成的。当代中国的陆地边疆治理体系的一大不足之处就是治理制度欠缺和制度虚置化。因此，要实现治理体系现代化，就必须实现治理体系的制度化。具体来说，打造制度化的陆疆治理体系至少包括以下几个环节：治理体系设置的制度化，即陆疆治理结构的设置，以及不同治理结构间的权力和职能配置的制度化；治理体系运行的制度化，即保障陆疆治理体系在制度框架和法治轨道上规范的运行，既要不缺位也要不越位，既要有效也要有限；治理体系监督的制度化，即对陆地边疆治理过程与结果进行常规化和制度化的约束、评估和监督；治理体系支持的制度化，即体系外组织和个人对陆地边疆治理提供何种支持、如何提供支持这个行为领域的制度化。

3. 陆地边疆治理能力的重塑

如上所述，现代化的陆疆治理能力具有综合性、效益性和创造性的基本特征，唯有如此才能适应瞬息万变且日趋复杂的内外环境和现实问题。然而，陆地边疆的治理能力并非完全是自然"生成"的，而是人们在特定物质条件基础上按照治理需要而不断构建和塑造起来的。因此，要实现陆疆治理能力现代化，就必须不失时机地对治理能力进行重塑和再造。

首先，明确治理职能。陆疆治理的主体是政府，而政府职能则框定了

---

① 曾峻：《公共秩序的制度安排——国家与社会关系的框架及其运用》，学林出版社2005年版，第208页。

治理能力的基本内容和发展方向。陆疆治理能力"不是随意设定的，它是由政府承担的法定职能来决定和规定的，它与政府职能具有一一的对应关系"①。因此，只有明确了政府在陆疆治理中的职能，才能够确定着力点，以最有效的方式运用治理资源，这也是提高治理能力最基础的环节。具体来说，政府在陆疆治理中应当承担其以下几种职能。一是决策职能，不同层级政府在履行决策职能上有所差异，其中中央政府和省级政府进行宏观决策，地市级政府进行中观决策，而县级政府则进行微观决策。然而，无论何种层级，都应注重决策的科学性和前瞻性，并体现公平公正的原则。二是执行职能，在政府过程中，政策执行是十分关键的环节。地方各级政府应将中央层面的陆疆治理政策、方略进行贯彻执行，既要保持政策的基本要求，又要根据地方特色灵活把握。三是分配职能，政府是对社会资源进行权威性分配的主体，在陆疆治理过程中应通过对物质资源、公平机会、社会价值三种资源的分配承担好这项职能。四是保障职能，即边疆社会的秩序、安全应由政府来保障，这也是政府提供的最基本的公共产品。五是统筹职能，即通过协调和整合方式，全面驾驭改革发展、协调利益冲突以及达成社会共识。②明确了政府的基本职能，就明确了增强治理能力的方向和范围。这也是为了更准确地把握政府和社会、市场的关系，在治理能力建设方面跳出"大政府"与"小政府"的讨论框架，从而构建一套"有效政府"的治理体系和治理能力。

其次，强化治理权威。治理能力的基础在于治理权力，而所谓治理权威则是治理权力的合法化。韦伯曾将权威划分为传统型、魅力型和法理型三种类型。然而在现实政治中，政府治理的有效性也同权威密切关联，这种权威类型可称为绩效型权威。我们在此讨论强化陆疆治理权威，主要指法理型和绩效型的权威建设。治理权威越高对社会公众的号召力以及政治动员能力就越强，汲取治理资源的能力也就相应增强。巩固和发展政府的陆疆治理权威，至少应当包括以下几个途径：一是，改造边疆地区的政治文化。治理权威并非自然生成的，而是在特定的政治文化下构建起来的，

---

① 方盛举：《对政府能力内涵与结构的再认识》，载《云南行政学院学报》，2004年第3期。
② 陈水生：《统筹治理：国家治理现代化的内源式重构》，载《南京社会科学》，2014年第7期。

因而可以说有何种政治文化就有何种与之适应的治理权威。在地域型或村民型政治文化中,人们更为认同当地的传统权威,而对国家或政府的合法性倾向较为模糊;在依附型或臣民型的政治文化中,人们的政治认知、情感和评价仅限于政治过程的输出环节。因此,要树立并增强政府的治理权威,首先必须要对地域型政治文化进行改造,减少民族、宗教等传统权威对政府权威的软化。此外,根据边疆地区依附型政治文化的特点,应尤其注重治理绩效的评估与改进,以在"输入"环节获取更多的"支持"。①在此基础之上,还应积极培育一种参与型或公民型的政治文化,为构建政府法理型权威提供环境。二是,保障公民权利。陆疆治理属于国家治理的一种形式,需要解决两个基本问题:第一,公共权力的组织运用,即国家权力的建设问题;第二,公民权利的保障,包括政治权利、经济权利和社会权利的建设。第一个问题是政府建立治理权威的前提,因为没有权力就无所谓权威。在今天看来这个问题大体上已经得到了解决,集中表现在人民民主政权在边疆社会的建立以及国家权力渗透性和一体化的加强。而第二个问题是巩固治理权威的基础,因为在现代政治语境下,离开了公民权利,"主权在民"的逻辑将无法周延,政府权力将彻底丧失合法性。然而,在陆疆治理过程中,解决公民权利的建设和保障问题依旧任重道远。三是,陆疆治理的制度化。用亨廷顿的话来讲,制度就是"稳定的、受珍重的和周期性发生的行为模式"②。而陆疆治理的制度化,则意味着治理组织和治理主体不断获得某种价值观和稳定性。在这样的过程中,人们将更容易形成明确的政治认知,对治理效果将有更加理性的预期,更容易掌握陆疆治理的游戏规则,也更加容易参与到治理过程中来。因此,政府也会在稳定性的治理模式中,不断获得政治认同和政治信任。四是,增进政府回应性。陆疆治理权威能否持续,很大程度上在于边疆民众能否持续地接受和支持治理行为。因此,培育治理权威依赖的社会基础十分关键。传统的陆疆治理过程往往是单向的,表现为由治理主体指向治理客体的单一行

---

① 在这里"支持"是作为结构功能主义中一个特定的政治术语来使用。参见〔美〕戴维·伊斯顿:《政治生活的系统分析》,王浦劬译,华夏出版社1998年版,第31页、185页。
② 〔美〕塞缪尔·P. 亨廷顿:《变化社会中的政治秩序》,王冠华等译,上海人民出版社2008年版,第10页。

为。这样的治理模式缺乏政府和社会间的互动，使得治理体系无法同社会环境交流。现代化的陆疆治理，需要加强政府的回应性，对社会公众的利益表达、政治诉求以及各种质疑及时作出反应，从而增强公众参与陆疆治理的能力感和效能感。在信息大爆炸的互联网时代，这一点对于巩固政府权威尤为重要。

最后，拓展治理资源。陆疆的治理能力需要以治理资源作为支撑，因为只有占有丰厚的治理资源才能够拥有足够的能力支付治理成本，保障治理体系的正常运转，积聚力量巩固边疆、发展边疆，并从国家的整体角度获得边疆发展带来的利益最大化。离开治理资源的支撑，不但缺乏发展边疆的能力，还会使得边疆治理丧失可持续性。美国学者福山认为，汲取社会资源能力是衡量政府治理能力的重要维度。[①] 而所谓汲取能力，就是指吸收和整合各种社会资源的能力。具体到陆地边疆的治理，只有广泛汲取治理资源才能够增强治理主体的能力。具体来说这些资源包括权力资源、财政资源、人力资源、文化资源、制度资源、信息资源等等。要获得和拓展这些资源，可以从以下几条路径入手：一是制度路径，即发挥各项制度在陆疆治理方面的强大功能。当代中国，党领导人民建立了一整套政治制度，有效开发利用丰盛的制度宝库，将在陆疆治理中获得巨大的资源。其中，民族区域自治制度与陆疆关系最为密切，边疆地区的民族自治地方政府如能用好用足自治权，将大大增强政府的治理能力。二是组织路径，充分利用支撑制度运行的组织体系中的巨大力量。同其他国家相比，以中国共产党为领导核心的治理组织，是我国陆疆治理体系的最大优势。应当极力挖掘组织中的人力资源、物质资源、信息资源，并将其转化为治理资源。三是文化路径，即借鉴我国历史和国外的治理经验。古今中外的陆疆治理都沉淀了丰富的政治智慧，这构成了治理中的文化资源。特别是通过挖掘我国的治边史实，既可为当下提供参考，还可以为形成"文化型"的陆疆治理模式提供素材和依据。如今天"新丝绸之路经济带"的构建就是通过文化路径获取治理资源的典型。四是市场路径，即有效利用已经形成的市场机制和市场资源。通过政府营造良好的投资环境，将国内外资源引

---

① 转引自陈水生：《统筹治理：国家治理现代化的内源式重构》，载《南京社会科学》，2014年第7期。

入边疆地区。在这个方面,俄罗斯已经有较为成功的范例,在近年来的陆疆开发总预算中,中央政府以外的资金比例达到75%—80%,其中很大一部分来自企业投资和境外投资。①

---

① 周平主编:《中国边疆治理研究》,经济科学出版社2011年版,第375页。

参考文献

著作类：

1.《毛泽东文集》（第6卷），人民出版社1999年版。

2. 厉声：《中国边疆历史与现状》，新疆人民出版社2004年版。

3. 马大正主编：《中国古代边疆政策研究》，中国社会出版社1990年版。

4. 张植荣：《国际关系与西藏问题》，旅游教育出版社1994年版。

5. 江应澄：《中国的边疆》，学林出版社1994年版。

6. 陈联璧：《中亚民族与宗教问题》，新疆人民出版社2003年版。

7. 宁骚：《民族与国家——民族关系与民族政策的国际比较》，北京大学出版社1995年版。

8. 王希恩：《当代中国民族问题分析》，民族出版社2002年版。

9. 费孝通：《中华民族多元一体格局》，中央民族大学出版社2003年版。

10. 马大正：《国家利益高于一切——新疆稳定问题的观察与思考》，新疆人民出版社2002年版。

11. 周平：《中国边疆治理研究》，经济科学出版社2011年版。

12. 周平：《当代中国地方政府与政治》，北京大学出版社2015年版。

13. 周平、李大龙：《中国的边疆治理：挑战与创新》，中央编译出版社2014年版。

14. 周平、方盛举：《中国民族自治地方政府》，人民出版社2007年版。

15. 罗彩娟：《中国西南边疆治理模式研究》，黑龙江人民出版社 2014 年版。

16. 王逸舟：《当代国际政治析论》，上海人民出版社 1995 年版。

17. 何博：《我国边疆少数民族的"中国认同"及其影响因素研究》，中国社会科学出版社 2014 年版。

18. 赵曦：《西南边疆少数民族地区反贫困与社会稳定对策研究》，西南财经大学出版社 2014 年版。

19. 马戎：《中国少数民族地区社会发展与族际交往》，社会科学文献出版社 2012 年版。

20. 和少英：《云南跨境民族文化初探》，中国社会科学出版社 2011 年版。

21. 葛全胜：《中国边境旅游发展报告》，科学出版社 2014 年版

22. 司正家：《沿边开放和提高边疆民族地区开放型经济水平研究——以新疆为例》，中国经济出版社 2011 年版。

23. 张丽君、王玉芬：《民族地区和谐社会建设与边境贸易发展研究》，中国经济出版社 2008 年版。

24. 方盛举：《中国民族自治地方政府发展论纲》，人民出版社 2007 年版。

25. 方盛举：《中国省级政府公共治理效能评价的理论与实践——对四个省区的考察》，云南大学出版社 2010 年版

26. 陈为智：《转型期边疆社会问题的理论探讨》，中国社会科学出版社 2013 年版。

27. 胡鞍钢：《中国战略构想》，浙江人民出版社 2002 年版。

28. 何顺果：《美国边疆史——西部开发模式研究》，北京大学出版社 1992 年版。

29. 陆大道、樊杰主编：《2050：中国的区域发展——"中国至 2050 年区域科技发展路线图"研究报告》，科学出版社 2009 年版。

30. 〔美〕戴维·伊斯顿：《政治生活的系统分析》，王浦劬等译，华夏出版社 1998 年版。

31. 〔美〕弗雷德里克·杰克逊·特纳：《美国边疆论》，董敏等译，

中国对外翻译出版有限公司 2012 年版。

32. 〔美〕加布里埃尔·A. 阿尔蒙德、小 G. 宾厄姆·鲍威尔：《比较政治学：体系、过程和政策》，曹沛霖等译，东方出版社 2007 年版。

33. 〔美〕弗朗西斯·福山：《国家构建：21 世纪的国家治理与世界秩序》，黄胜强等译，中国社会科学出版社 2007 年版。

34. 〔美〕拉铁摩尔：《中国的亚洲内陆边疆》，唐晓峰译，江苏人民出版社 2010 年版。

35. 〔美〕塞缪尔·P. 亨廷顿：《变化社会中的政治秩序》，王冠华等译，上海人民出版社 2008 年版。

36. 〔美〕约翰·罗尔斯：《正义论》，何怀宏等译，中国社会科学出版社 1988 年版。

论文类：

1. 周平：《国家治理须有政治地理空间思维》，载《探索与争鸣》，2013 年第 8 期。

2. 周平：《全球化时代的民族与国家》，载《学术探索》，2013 年第 10 期。

3. 周平：《中国民族政策价值取向分析》，载《当代世界与社会主义》，2010 年第 2 期。

4. 周平：《国家治理须有政治地理空间思维》，载《探索与争鸣》，2013 年第 8 期。

5. 周平：《中国的边疆治理：族际主义还是区域主义？》，载《思想战线》，2008 年第 3 期。

6. 周平：《论我国边疆治理的转型与重构》，载《云南师范大学学报》（哲学社会科学版），2010 年第 2 期。

7. 方盛举：《中国陆地边疆治理的价值追求》，载《思想战线》，2016 年第 3 期。

8. 方盛举、王志辉：《我国边疆治理的一般客体与特殊客体》，载《思想战线》，2015 年第 5 期。

9. 方盛举、吕朝辉：《中国陆地边疆的软治理与硬治理》，载《晋阳学刊》，2013 年第 5 期。

10. 方盛举：《对政府能力内涵与结构的再认识》，载《云南行政学院学报》，2004 年第 3 期。

12. 方盛举：《论我国陆地边疆的软治理模式》，载《云南行政学院学报》，2016 年第 1 期。

13. 方盛举：《边疆治理在国家治理中的地位和作用》，载《探索》，2015 年第 6 期。

14. 方盛举：《论我国陆地边疆的情感型治理模式》，载《云南行政学院学报》，2013 年第 5 期。

15. 方盛举、吕朝辉：《宗教信仰与中国陆地边疆治理》，载《云南民族大学学报》，2014 年第 1 期。

16. 唐皇凤：《大国治理：中国国家治理的现实基础与主要困境》，载《中共浙江省委党校学报》，2005 年第 6 期。

17. 唐皇凤：《新中国 60 年国家治理体系的变迁及理性审视》，载《经济社会体制比较》，2009 年 5 期。

18. 赵明刚：《中国特色对口支援模式研究》，载《社会主义研究》，2011 年 2 期。

19. 陈水生：《统筹治理：国家治理现代化的内源式重构》，载《南京社会科学》，2014 年第 7 期。

20. 蔡文成：《改革发展与国家治理体系现代化的建构》，载《行政论坛》，2014 年第 4 期。

21. 孙柏瑛：《当代发达国家地方治理的兴起》，载《中国行政管理》，2003 年第 4 期。

22. 胡伟：《国家治理体系现代化：政治发展的向度》，载《行政论坛》，2014 年第 4 期。

23. 范逢春：《全球治理、国家治理与地方治理：三重视野的互动、耦合与前瞻》，载《上海行政学院学报》，2014 年第 4 期。

24. 薛泉：《论政策工具的公平属性》，载《四川行政学院学报》，2011 年第 3 期。

后　记

　　边疆治理一直都是云南大学政治学研究的特色领域。多年来几代学者围绕着历史上的边疆治理、当代边疆治理、未来边疆治理等重大理论和实践问题进行了全方位研究探讨，逐渐形成我国政治学研究中的"边疆治理学派"。近年来，云南大学在制定高水平大学建设规划中，把边疆和边疆治理研究确定为重点打造的学科高地，为云南大学政治学学科的特色化发展进一步夯实了基础。

　　2011年在学校的组织动员和有力支持下，由周平教授领衔的云南大学政治学研究创新团队成功申报国家社科基金重大招标项目"中国的边疆与边疆治理理论研究"。其中的子项目"中国陆地边疆治理研究"由方盛举教授负责。项目组成员先后深入到我国九个陆地边疆省区进行考察、调研、访谈，全面建立对我国陆地边疆及其治理的感性认识。之后在理性思考和热烈讨论的基础上拟定了研究思路和提纲，并分头进行资料收集、文献综述和研究写作。本书就是课题组集体智慧的产物。全书的具体分工是：

　　序，方盛举

　　第一章，方盛举、王志辉

　　第二章，方盛举

　　第三章，张　健

　　第四章，方盛举

　　第五章，吕朝辉

　　第六章，谭立力

第七章，方盛举、吕朝辉

第八章，方盛举、吕朝辉

第九章，孙保全

全书由方盛举统稿，并进行了修改完善。

在本项目的研究过程中，我们先后与中国社会科学院中国边疆研究所、四川大学、广西民族大学、黑龙江大学、内蒙古大学等建立了密切的合作关系。在此基础上我们共同组建协同创新体，成功申报了云南省"2011工程"智库建设项目中国陆地边疆治理协同创新中心。本成果也是协同创新中心的重要研究成果，并得到了协同创新中心的出版资助，在这里我们对中国陆地边疆治理协同创新中心主任周平教授表示衷心感谢。

在本项目的研究过程中还得到了黑龙江大学校长何颖教授、云南大学校长林文勋教授、云南大学社科处处长李晨阳教授、《思想战线》主编杨毅教授等的指导和帮助，在此向他们表示深深的谢意。

2016 年 3 月 16 日

图书在版编目(CIP)数据

当代中国陆地边疆治理 = The Frontier Governance of Contemporary China / 方盛举主编. —北京：中央编译出版社，2017.12
(边疆&边疆治理丛书 / 周平主编)
ISBN 978-7-5117-3303-0

Ⅰ. ①当…
Ⅱ. ①方…
Ⅲ. ①边疆地区-行政管理-研究-中国
Ⅳ. ①D63

中国版本图书馆 CIP 数据核字(2017)第 070157 号

当代中国陆地边疆治理

出 版 人：	葛海彦
出版统筹：	贾宇琰
责任编辑：	侯天保
责任印制：	刘 慧
出版发行：	中央编译出版社
地 址：	北京西城区车公庄大街乙5号鸿儒大厦B座(100044)
电 话：	(010)52612345(总编室)　　(010)52612339(编辑室)
	(010)52612316(发行部)　　(010)52612346(馆配部)
传 真：	(010)66515838
经 销：	全国新华书店
印 刷：	北京紫瑞利印刷有限公司
开 本：	710毫米×1000毫米　1/16
字 数：	340千字
印 张：	21.75
版 次：	2017年12月第1版
印 次：	2017年12月第1次印刷
定 价：	95.00元
网 址：	www.cctphome.com　　邮　箱：cctp@cctphome.com
新浪微博：	@中央编译出版社　　微　信：中央编译出版社(ID: cctphome)
淘宝店铺：	中央编译出版社直销店(http://shop108367160.taobao.com)　(010)55626985

本社常年法律顾问：北京市吴栾赵阎律师事务所律师　闫军　梁勤
凡有印装质量问题，本社负责调换，电话：(010)55626985